京师比较高等教育研究丛书（第二辑）

王英杰 刘宝存◎总主编

POLICIES TO BUILD WORLD-CLASS UNIVERSITIES:
A COMPARATIVE PERSPECTIVE

创建世界一流大学
政策的国际比较研究

刘宝存 张梦琦◎主编

北京师范大学出版集团
BEIJING NORMAL UNIVERSITY PUBLISHING GROUP
北京师范大学出版社

总 序
FOREWORD

　　习近平总书记在中国共产党第十九次全国代表大会的报告中明确提出新的"三步走"战略目标。从党的十九大到 2020 年，是全面建成小康社会的决胜期，全面建成得到人民认可、经得起历史检验的小康社会。从 2020 年到 2035 年，在全面建成小康社会的基础上，再奋斗十五年，基本实现社会主义现代化。从 2035 年到本世纪中叶，在基本实现现代化的基础上，再奋斗十五年，把我国建成富强、民主、文明、和谐、美丽的社会主义现代化强国。这是我国社会主义现代化建设和民族复兴的宏伟蓝图和总体方略，也是我国各项事业发展的基本依据和最终旨归。

　　为了贯彻落实党的十九大精神，2019 年 2 月中共中央、国务院印发了《中国教育现代化 2035》，明确提出推进教育现代化的总体目标：到 2020 年，全面实现"十三五"发展目标，教育总体实力和国际影响力显著增强，劳动年龄人口平均受教育年限明显增加，教育现代化取得重要进展，为全面建成小康社会做出重要贡献。在此基础上，再经过 15 年努力，到 2035 年，总体实现教育现代化，迈入教育强国行列，推动我国成为学习大国、人力资源强国和人才强国，为到本世纪中叶建成富强、民主、文明、和谐、美丽的社会主义现代化强国奠定坚实基础。2035 年的主要发展目标是建成服务全民终身学习的现代教育体系、普及有质量的学前教育、实现优质均衡的义务教育、全面普及高中阶段教育、职业教育服务能力显著提升、高等教育竞争力明显提升、残疾儿童少年享有适合的教育、形成全社会共同参与的教育治理新格局。为了推进我国教育现代化，《中国教育现代化 2035》提出了教育改革与发展的八大基本理念：更加注重以德为先，更加注重全面发展，更加注重面向人人，更加注重终身学习，更加注重因材施教，更加注重知行合一，更加注重融合发展，更加注重共建共享。基于上述基本理念，《中国教育现代化 2035》聚焦教育发展的突出问题和薄弱环节，重点部署了面向教育现代化的十大战略任务：一是学习习近平新时代中国特色社会主义思想；二是发展中国特色世界先进水平的优质教育；三是推动各级教育高水平、高质量普及；四是实现基本公共教育服务均等化；五是构建服务全民的终身学习体系；六是提升一流人才培养与创新能力；七是建设高素质、专业化、创新型教师队伍；八是加快信息化时代教育变革；九是开创教育对外开放新格局；十是推进教育治理体系和治理能力现代化。

《中国教育现代化 2035》是我国第一个以教育现代化为主题的中长期战略规划，是新时代推进教育现代化、建设教育强国的纲领性文件。《中国教育现代化 2035》的颁布标志着我国新一轮教育改革的开始。为了实现高等教育的现代化，我国将推动高等教育思想创新，分类建设一批世界一流高等学校，建立完善的高等学校分类发展政策体系，制定多样化的高等教育人才培养质量标准，促进高等教育的共建共享，加强高等学校创新体系和中国特色新型智库建设，打造一支高水平的教师队伍，利用现代技术加快推动人才培养模式改革，扩大和加快高等教育对外开放，完善高等教育治理体系，全面推进教育改革。

　　他山之石，可以攻玉。北京师范大学国际与比较教育研究院是首批入选的教育部人文社会科学重点研究基地之一，几十年来一直围绕世界和我国教育改革与发展的重大理论、政策和实践前沿问题开展比较研究，探索教育发展的规律，把握国际教育发展的趋势，为我国教育改革与发展提供理论支撑。正是基于此，我们在北京师范大学出版社的支持下，在 2011 年组织出版了"京师比较高等教育研究丛书"，取得了良好的社会反响。现在我们再次把基地研究人员近期的在比较高等教育领域的研究成果结集出版，希望通过丛书第二辑的出版为我国新一轮高等教育的改革与发展做出一点贡献，同时也对比较教育学科的发展有所帮助。

王英杰

2020 年 10 月

前 言
PREFACE

20世纪80年代以来，以现代科学技术特别是信息技术为基础的知识性产业逐渐取代传统的基础产业，成为全球产业体系中的主导产业。世界经济在经历了农业经济和工业经济之后，正在进入一种新的知识经济形态。知识经济是建立在知识和信息的生产、分配和使用基础之上的经济。在知识经济时代，知识、技术和信息成为推动经济发展的最重要的因素。知识、技术和信息发展靠创新、靠人才，归根结底要靠教育，特别是要靠肩负着高层次人才培养、科学研究和社会服务等多重使命的高水平大学。高水平大学逐渐由以往远离社会现实的"象牙塔"转变成为社会的"轴心机构"，成为社会经济发展的动力源和发动机，成为国家创新体系和创新型国家建设中的核心因素，从社会经济发展舞台的边缘走向舞台的中心。与知识经济的发展交织在一起的是经济全球化进程的深入。经济全球化进程的主要推动力是经济的全球化与信息技术的发展。在知识经济时代，经济全球化呈现出新的特征。知识经济条件下的经济全球化，与以往经济全球化的根本区别在于：经济全球化的内容从贸易、生产向科研转变，科学技术知识与信息的全球交流成为当代经济全球化的核心。① 信息技术的发展使科学技术知识与信息的全球交流速度更快，范围更广，程度更深。在经济全球化的时代，所有的机构都需要以全球性的竞争力为策略上的目标，不论企业、大学、医院等，除非它能与同业中世界级的领导者并驾齐驱，否则不会有存活的希望，更不用说成功了。② 因此，世界各国都把创建世界一流大学甚至创建世界一流的教育体系、提升教育的全球竞争力作为教育改革与发展的战略目标。

20 世纪 90 年代，面对知识经济和经济全球化的挑战，美国、英国等传统高等教育强国为了维护其在知识创新和技术创新方面的领先地位，加大了对其研究型大学的支持力度。中国、日本、韩国、德国、法国、俄罗斯、印度等国家纷纷制定了创建世界一流大学的政策，提高其大学的创新能力和国际竞争力。据统计，先后有 30 多个国家开启了政府主导的世界一流大学建设计划，建设世界一流大学逐渐成为高等教育改革的一个世界性趋势。与此同时，许多大学也把创建世界一流大学作为自己的发展目标。制订政府主导的世界一流大学建设计划的国家中，既包括传统的高等教育强国德国、法国、俄罗斯，也包括后发的发达国家日本和韩国，还包括一些发展中国家如中国和印度等。

韩国于 1999 年启动"智力韩国 21 工程"（Brain Korea 21，简称"BK21 工程"），通过培植一批具有世界水准的研究生院，建设世界一流的研究型大学，培养一大批知识经济时代所需要的富有创造性的研究与开发人才。2008 年 6 月，韩国又公布了"世界

---

① 盛世豪：《知识经济与经济全球化的新特征》，载《中共宁波市委党校学报》，2001 (5)。
② 于风雨：《知识经济时代企业人力资源管理发展趋势研究》，载《商业研究》，2008 (12)。

一流大学建设工程"（The World Class University Program，简称"WCU 工程"）。该工程主要通过聘请国际知名的外国学者来韩国大学任教，提高韩国大学的教学和科研水平，从而使一批韩国大学达到世界一流水平。2013 年 5 月，韩国颁布了"智力韩国 21-PLUS 工程"（Brain Korea 21 Program for Leading Universities & Students，简称"BK21-PLUS 工程"）。"BK21-PLUS 工程"以提高大学的研究质量并提升大学的国际竞争力为工程总目标。

日本文部科学省于 2002 年出台了"21 世纪卓越研究中心计划"（21st Century COE Program，简称"21 世纪 COE 计划"），通过建设具有世界最高水平的研究和教育中心，创建具有国际竞争力的、特色鲜明的世界最高水平的大学。在"21 世纪 COE 计划"取得积极成果的基础上，日本政府又于 2007 年启动了作为其后续计划的"全球卓越研究中心计划"（Global COE Program，简称"全球 COE 计划"）。在"21 世纪 COE 计划""全球 COE 计划"以及其他多个提升大学教育质量和研究水平项目实施的基础上，日本在 2014 年又出台了"全球顶尖大学计划"（Top Global University Project，简称"TGU 计划"），通过支持日本大学与世界一流大学开展合作、实施大学改革、深入推进国际化的教育与研究等措施，使日本大学成为达到世界水平的顶尖大学和引领国际化的全球大学，提高了日本高等教育的国际竞争力。

法国为了创建世界一流大学，改善法国大学在全球大学中的排名，在 2006 年开始筹建"高等教育与研究集群"（PRES），按照地域将大学和科研机构进行合理的资源整合，共同培养博士生等高端人才，合作开展科学研究。2008 年，法国开始实施"校园行动计划"（Opération Campus，或 Plan Campus），旨在使法国高校重获魅力，吸引法国乃至国外最好的学生、最好的学者和最好的教授，建设能与美国的哈佛大学及英国的剑桥大学相媲美的大学。2011年，该计划发展成为高等教育与研究的"卓越大学计划"（Initiative d'Excellence，IDEX）。由于法国政府和教育部部长更迭频繁，在不同的时期计划的名称不同，但创建世界一流大学的目标并没有改变。

德国在2005年6月通过了"联邦与各州促进德国高校科学与研究的卓越计划"，简称"卓越计划"（Exaellenzinitiative），通过资助一些优秀的博士生培养项目，支持大学建立具备国际竞争力的卓越研究及培训机构，帮助德国顶级大学拓展各自强势学科的国际竞争力，从而最终奠定德国高校在国际竞争中的优势，重塑德国大学的辉煌。2016年6月，在"卓越计划"的基础上，德国又推出了"卓越战略"（Exzellenzstrategie），进一步推进德国建设世界一流大学的进程。

俄罗斯在2005年9月提出"国家优先发展项目——教育工程"，把创新型大学的建设作为教育领域国家优先发展的重点项目。2006年2月，俄罗斯政府又颁布《关于国家对高校引进创新教育计划支持措施》，规定由俄罗斯教育科学部负责制定和批准"创新型大学建设项目高校创新教育计划"选拔的程序和标准以及国家资助金的分配工作。俄罗斯的创新型大学建设项目，实质上就是要求俄罗斯大学创建世界一流大学，在世界水平范围内取得最高成就。2008年10月，俄罗斯政府正式颁布了《建设国家研究型大学的实施计划》，提出要建设一批具有世界水平的研究型大学，使它们成为俄罗斯高水平的科研基地和人才培养基地。2012年5月，俄罗斯政府正式实施《关于国家政策在教育科学领域的实施措施》，并首次提出2020年前俄罗斯要有不少于5所大学进入世界权威大学排行榜前 100 名的目标，即"5-100 计划"，从而加快了俄罗斯世界一流大学建设的进程。

印度作为一个发展中大国，近年来也开始重视世界一流大学的建设，在其"十一五"高等教育规划（2007—2012 年）中，明确提出新建 14 所世界一流大学的计划。印度虽然后来在新建还是在原有高水平大学的基础上建，由中央政府主办还是公私合办，名称叫世界一流大学还是叫创新型大学等方面有些摇摆不定，但毕竟已经把世界一流大学建设计划正式提上日程。

我国在 20 世纪 90 年代启动的旨在建设世界一流大学的"211 工程"和"985 工程"，既是我国大学主动适应知识经济发展和服务我国国家战略的行动，也是世界性大趋势的一个组成部分。为了应对时代的挑战，我国于 1995 年开始实施"211 工程"，即面向 21 世纪，重点建设 100 所左右的高等学校和一批重点学科、专业，力争在 21 世纪初有一批高等学校和学科、专业接近或达到国际一流大学的水平，开启了我国创建世界一流大学的序幕。"985 工程"是我国政府 1998 年为建设若干所世界一流大学和一批一流学科而实施的建设工程。2015 年 10 月，国务院印发《统筹推进世界一流大学和一流学科建设总体方案》（简称《总体方案》）；2017 年 1 月，经国务院同意，教育部、财政部、国家发展和改革委员会联合印发《统筹推进世界一流大学和一流学科建设实施办法（暂行）》（简称《实施办法（暂行）》）；2017 年 9 月，《教育部 财政部 国家发展改革委关于公布世界一流大学和一流学科建设高校及建设学科名单的通知》，我国的世界一流大学和一流学科建设进入一个新的阶段。

综上所述，许多国家都制定了创建世界一流大学的政策，探索打造自己的世界一流大学的道路。如果能对主要国家创建世界一流大学政策进行比较研究，掌握主要国家创建世界一流大学的政策及其制定、实施和评价的各个环节，分析其得失成败，吸取其经验教训，为我国的世界一流大学建设提供借鉴，无疑对于我国相关政策的完善和加快我国建设世界一流大学的进程具有重要的意义。2013年，教育部人文社会科学重点研究基地北京师范大学国际与比较教育研究院的课题"创建世界一流大学政策的国际比较研究"获得批准，使我们得以有机会对主要国家创建世界一流大学政策进行深入、系统的研究。本书是在该课题研究成果的基础上修改而成的。

本书是集体攻关的结晶。第一章"创建世界一流大学政策的理论研究"由济南大学杨尊伟博士撰写；第二章"日本创建世界一流大学政策研究"由北京联合大学李润华博士撰写；第三章"韩国创建世界一流大学政策研究"由韩国首尔大学博士李昕撰写；第四章"印度创建世界一流大学政策研究"由上海电机学院何倩博士撰写；第五章"法国创建世界一流大学政策研究"由北京航空航天大学张惠博士撰写；第六章"德国创建世界一流大学政策研究"由德国图宾根大学 Hongmei Sziegat 博士撰写；第七章"俄罗斯创建世界一流大学政策研究"由梧州学院赵伟博士撰写；第八章"中国创建世界一流大学政策研究"由华中科技大学李函颖博士和上海师范大学宋佳博士撰写；第九章"创建世界一流大学政策的比较研究"由中国教育科学研究院张永军博士撰写；第十章"中国创建世界一流大学的对策研究"由华中科技大学李函颖博士撰写。最后由刘宝存和张梦琦博士统稿。在此，作为课题负责人，谨对他们参与课题研究和撰写报告所做出的贡献表示衷心的感谢。

　　毋庸置疑，由于我们水平有限，我们深知本书还有疏漏，希望专家、学者和读者提出批评、建议，我们一定聆听、学习和修改。在研究和撰写过程中，我们参考了国内外的许多研究成果，未能一一列出，敬请谅解。

北京师范大学国际与比较教育研究院

刘宝存

2020 年 2 月 28 日

目 录
CONTENTS

第一章 创建世界一流大学政策的理论研究

　　随着经济全球化和国际竞争的加剧，许多国家和地区纷纷出台了不同名称的"世界一流大学建设计划"支持世界一流大学建设，以增强大学的学术竞争力和提升大学的国际排名，创建世界一流大学成为国际高等教育研究的一个热点问题。杰米尔·萨米（Jamil Salmi）著的《世界一流大学：挑战与途径》（*The Challenge of Establishing World Class Universities*）一书认为，创建世界一流大学需要深入研究以下几个重要的问题：为什么国家总希望在本国的高等教育体系内建立一部分以"世界一流"为标准的学校？是不是对很多国家来说，不关注其在国际比较中的优势而发展本土化的教育制度能更好地促进自身的发展？这一提法本身是不是就对非西方国家的传统高等教育文化持有偏见？是不是只有研究型大学才是世界一流大学？其他类型的高等教育机构，如教学型大学、工业学院、社区学院以及开放大学，是不是也能追求同类型高校中的世界一流？[①] 以上问题关乎各个国家或地区制定世界一流大学发展战略和政策的价值取向，但杰米尔·萨米并没有对上述问题进行深入系统的探讨。因此，本章将首先分析世界一流大学的内涵与特征、世界一流大学的发展模式以及创建世界一流大学政策的价值取向等重要问题，为后续研究做好理论铺垫。

---

　　① ［摩洛哥］杰米尔·萨米：《世界一流大学：挑战与途径》，2页，孙薇、王琪译校，上海，上海交通大学出版社，2009。

第一节　世界一流大学的内涵

美国高等教育专家菲利普·G. 阿特巴赫(Philip G. Altbach)指出："每个国家都想拥有世界一流大学，没有一个国家认为可以没有一所世界一流大学。问题是没有人知道世界一流大学究竟是什么，也没有人指出如何才能建成世界一流大学。然而，人们却时常提到世界一流大学这个概念。"①尽管创建世界一流大学是国际高等教育研究的一个热点问题，但迄今为止，关于世界一流大学的定义还没有达成共识。虽然世界一流大学是一个较新的术语，难以给出确切和清晰的定义，但世界一流大学的形成和发展都有着共同的规律和特征。

一、世界一流大学内涵的不同界定

世界银行(World Bank)、联合国教科文组织(UNESCO)和经济合作与发展组织(OECD)等国际组织对世界一流大学的英文表述是 world class universities，其他的英文表述还有 world top universities 等。尽管表述有所不同，但世界一流大学有其自身的发展规律和共同特征。世界一流大学是一个模糊的群体性概念，目前还没有大家普遍认同的明确的定义，不同的研究者对世界一流大学的定义给出了自己的看法。

研究世界一流大学的一部权威力作是杰米尔·萨米博士于 2009 年出版的《世界一流大学：挑战与途径》一书。该书指出，世界一流大学有三个卓著的成果：高度受欢迎的毕业生、领先的前沿研究、动态的知识和技术转化。以上三个卓著的成果主要归因于世界一流大学三个相互补充的因素：第一个因素是高度的人才汇聚，包括教师、学生、研究者和国际化；第二个因素是管理规范，包括鼓励领导、战略愿景、创新和灵活性，使大学不受官僚主义的影响做出决策和管理资源；第三个因素是资源丰富，包括提供丰富的学习环境和从事高级研究所需资源，从公共财政预算、捐赠收入、学费和研究资助获得大量的资金。② 三种因素的有机互动共同界定了世界一流大学的内涵。

---

① Philip G. Altbach, "The Costs and Benefits of World-Class Universities," *Academe*, 2004(1), pp. 20-23.

② Jamil Salmi, *The Challenge of Establishing World-Class Universities*, Washington, DC, The World Bank, 2009, pp. 19-20.

菲利普·阿特巴赫指出，世界一流大学的标准包括研究卓越、学术自由和知识激发的环境、学术生活主要方面的内部自治、充足的设施和经费。[①]美国大学联合会常务副主席约翰·冯(John Vaugh)认为，世界一流大学应当要有足够广泛的学科领域，其中需要涵盖所有主要的学术和人文领域；世界一流大学的教育质量应该是世界顶级水平的，世界一流大学的地位应受到全世界大多数国家的关注和认可。[②]哈佛大学前校长陆登庭(Rudenstine)把世界一流大学概括为：一流的设施、一流的师资、一流的学生和一流的评价。[③]莫尔曼·凯瑟琳(Mohrman Kathryn)等认为世界一流大学包括 8 个要素：全球使命、深度研究、教授职能、资金多元化、全球招聘、复杂性日益增加、与政府和企业的新型关系以及全球合作。[④]

在我国，1998 年 5 月 4 日，江泽民同志在北京大学 100 周年校庆讲话中明确提出了我国建设世界一流大学的目标，并指出："这样的大学，应该是培养和造就高素质的创造性人才的摇篮，应该是认识未知世界、探求客观真理、为人类解决面临的重大课题提供科学依据的前沿，应该是知识创新、推动科学技术成果向现实生产力转化的重要力量，应该是民族优秀文化与世界先进文明成果交流借鉴的桥梁。"[⑤]此后，关于世界一流大学内涵的讨论越来越多。

袁贵仁在学习江泽民同志关于建设一流大学思想的文章中认为，一流大学有丰富的内涵：一流大学是个建设性概念，即一流大学是动态的和开放的；一流大学是个过程性概念，世界先进水平的一流大学要经过一个从国内一流到世界一流的长期发展过程；一流大学是个总体性概念，无论是世界一流还是国内一流，都是指它的总体办学水平，并不意味着它在每一个方面都是一流的；一流大学还是个精神性概念，要求所有大学都办成一流大学不现实，

---

①　Philip G. Altbach, "The Costs and Benefits of World-Class Universities," Academe，2004(1)，pp. 20-23.

②　王晓阳、刘宝存、李婧：《世界一流大学的定义、评价与研究——美国大学联合会常务副主席约翰·冯(John Vaugh)访谈录》，载《比较教育研究》，2010(1)。

③　袁新文：《中国大学，如何迈向世界一流?》，载《人民日报》，2008-05-06。

④　Mohrman Kathryn, Ma Wanhua, & Baker David, "The Research University in Transition: The Emerging Global Model," Higher Education Policy，2008(1)，pp. 5-27.

⑤　引自江泽民：《在庆祝北京大学建校一百周年大会上的讲话》，2018-10-18。

但争创一流、追求卓越的意识和精神，应该是所有大学都必须具备的。① 北京大学原校长许智宏认为，世界一流大学主要有三个标准：一是有从事一流研究工作的国际知名教授；二是有一大批影响人类文明和社会经济发展的成果；三是培养出一大批为人类文明做出很大贡献的优秀学生。如果满足这三个条件，才能称之为世界一流大学。丁学良认为，世界一流大学应具有普遍主义的精神气质，主要体现为三个方面②：一是世界一流大学教员的来源必须是普遍的，不能仅仅来自本校或本地，也不能仅仅来自本国。因为知识无疆界，越是近亲繁殖的大学，衰败得越快，而且，重新恢复它的生命力的代价也越高。二是世界一流大学学生的来源必须尽可能的广泛和多样化，不能用一种标准来筛选学生。现在世界一流大学的学生都来自世界上各个不同的国家。三是世界一流大学研究和教学的内容必须是普遍主义的，是世界主义的。韩立文等认为，一所好的大学通常需要具备三个因素：一是卓越的教导学生的能力，指本科及研究生教育的资源及机构设置、专业的学术指导以及提供给学生受教育的机会。要达成这个目标需要有优秀的教员、高质量的教学水准以及良好的图书馆、实验室或其他相关设施，还包括乐意为其他同学服务的学生。二是研究、发展和传播高深学问的能力，指的是对理念和观点的酝酿、发展和延伸，并将它们转化为实际用途、产品和服务等以加深理解及增加财富。三是在文化、科学技术和文明等方面对社会的回馈能力，包括学术会议、印刷出版、艺术活动以及提供诊所、医院、博物馆等服务，这些活动既是社区参与又是对社区的回馈，也可以由社区扩大至地区性、全国性甚至全球性范围的社群。③ 阿特巴赫和刘念才认为，世界一流大学是致力于在一系列学科领域范围内传播创造知识，在各层面实施人才教育，服务国家需要，并促进国际公共事业发展的学术机构。④

---

① 袁贵仁：《建设社会主义高水平大学的动员令——学习江泽民同志关于建设一流大学的论述》，载《求是》，2002(7)。

② 丁学良：《什么是世界一流大学》，载《高等教育研究》，2001(3)。

③ 韩立文、程栋昱、欧冬舒：《什么是世界一流大学》，载《北京大学教育评论》，2006(4)。

④ 王琪、程莹、刘念才：《世界一流大学：共同的目标》，2页，上海，上海交通大学出版社，2013。

二、世界一流大学概念的特征

综上所述，人们对世界一流大学有着不同的界定，这与世界一流大学概念本身的特征有着密切的联系。

第一，世界一流大学是动态性概念。从历史发展来看，世界一流大学是随着世界科学中心的转移而不断发展变化的，世界科学中心发生了三次重要的转移，即从英国到德国再到美国。以英国牛津大学和剑桥大学为代表的世界一流大学的职能主要是培养人才；德国模式的世界一流大学强调教学与科研的有机结合；而现在的美国式世界一流大学则集教学、科研和社会服务于一身。可见世界一流大学的内涵不是一成不变的，而是随着社会的发展而不断变化的，是一个动态的概念。

第二，世界一流大学是综合性概念。这里的综合性并不是指大学的性质，而是指世界一流大学的综合实力。因为从已有世界一流大学的成长和发展来看，这些大学不仅仅是综合性的大学，还有很多学科门类不是那么齐全的多科性或理工类大学，但不管什么性质和类型的大学，能成为世界一流大学必须是综合实力非常强大的一所大学。

第三，世界一流大学是战略性概念。有学者把世界一流大学与国家发展战略结合起来。比如，谢维和提出了世界一流大学是一种战略性大学的认识，他认为：一流大学作为一种战略性大学，它的基本意思应该是，它不仅应当去适应国家社会经济的发展，而且能对国家社会经济起一个引领、带动的作用。在整个国家知识创新和教育创新的体系中，在实现我们的目标中这种战略性大学应该发挥一种上游创新的作用。[①]

第四，世界一流大学是比较性概念。世界一流大学，也被广泛称为"全球研究型大学"（global research universities）或"旗舰大学"（flagship universities）。[②] 世界一流大学和研究型大学是既有区别又有联系的两个概念：一方面，二者之间有紧密的联系。从大学发展的历史来看，世界一流大学绝大多数是研究型大学，如美国的哈佛大学、耶鲁大学、麻省理工学院、普林斯顿大学、斯坦福大学等。丁学良认为：世界一流大学首先必须是研究型大学，

---

① 谢维和：《战略性大学与一流大学建设的新定位》，载《清华大学教育研究》，2003(3)。
② 王琪、程莹、刘念才：《世界一流大学：共同的目标》，2 页，上海，上海交通大学出版社，2013。

以研究为自己最突出的特点；研究型大学有严格的评价标准，包括教师的素质、学生的素质、课程的广度和深度、研究基金的数量、师生比例、办学的硬件设施、财源、毕业生的声望和成就、学校的学术声望等。① 另一方面，二者也有明显的区别。研究型大学是一种类型的大学，有明确的分类标准。1973年，美国卡内基促进教学基金会将2827所高等教育机构分为五大类：①博士学位授予大学；②综合性高等院校；③文理学院；④两年制学院；⑤专业学校和专门机构。按照获得联邦科研经费和授予博士学位的数量，它把博士学位授予大学分为研究型大学Ⅰ类、研究型大学Ⅱ类、博士学位授予大学Ⅰ类和博士学位授予大学Ⅱ类。② 有的人把世界大学排名中的前50或100名界定为世界一流大学，引起了众多质疑的声音，原因就在于世界一流大学不像研究型大学，还没有一个大家公认的评价基准，只是一所大学相对于其他大学而言被称为世界一流大学。

第五，世界一流大学是复杂性概念。首先，从大学的办学历史来看，世界一流大学没有历史长短之分，既有数百年的古老大学，如英国的牛津大学和剑桥大学、美国的哈佛大学和耶鲁大学等，也有建校历史并不长的新大学，如香港科技大学等。其次，从大学的性质来看，世界一流大学既有公立大学也有私立大学，没有公私之分，如英国顶尖的一流大学，都是公立大学，而美国世界一流大学则公私兼有。最后，从大学的规模来看，世界一流大学既有所谓"巨无霸"大学也有"小而精"的大学，如美国的加州理工学院、普林斯顿大学和法国的巴黎高等师范学校等，都是规模较小、质量卓越的世界一流大学。

总之，世界一流大学是极其模糊的一个概念，要想清晰、明确地界定世界一流大学并非易事。我们认为简单地界定世界一流大学也是不明智的，因为世界一流大学是一个相对的和与时俱进的概念。但不可否认，分析世界一流大学的特征则是现实且有据可循的。

第二节　世界一流大学的特征与分析路径

从整体上分析和总结世界一流大学的特征，需要运用量化数据和定性材

---

① 丁学良：《什么是世界一流大学》，载《高等教育研究》，2001(3)。

② Carnegie Commission on Higher Education，*A Classification of Institution of Higher Education*，New Jersey，McGraw-Hill Book Company，1973，p. 133.

料相结合的方法，我们认为世界一流大学在办学理念、管理制度、大学校长、教师队伍、学生群体、科学研究水平、国际化程度、办学条件等方面具有共性特征。此外，世界一流大学还有一定的个性特征，也就是说世界一流大学并不是同质化发展的结果，而是在共性基础上保持个性特色。本节主要探讨世界一流大学特征的三种分析路径以及世界一流大学的基本特征。

一、世界一流大学特征的分析路径

从已有研究来看，有关世界一流大学特征的研究主要有如下三种路径。

第一种路径是通过与普通大学的比较，得出世界一流大学的特质。一些研究指出世界一流大学具有的基本特征，如高质量的教师、卓越的研究、高质量的教学、高层次的政府和非政府资助、国际化的优秀学生、学术自由、良好的自治治理结构以及良好的教学、研究、管理和学生生活设施等。比如，澳大利亚大学校长协会前会长约翰·尼兰德(John Niland)强调世界一流大学应具有以下9个方面的特征：教师的质量是核心部分；科研能力强，能吸引教师和博士生；大量聪明、有才能的追求第一学位的本科生；国际化程度高，既兼收并蓄又走出国门；合理的资源配置，有效平衡各种费用和公众基金；战略联合和网络，达到像欧洲和北美洲既有的一流水平；学科多样化，尽量开展多领域的教学和研究；科技成就，包括新知识的发现和知识的转化；实现良好的管理，不是为管理而管理，而是为支持教学和科研进行管理。[①]

第二种路径是通过研究世界一流大学的形成过程，从中归纳和总结其特征。李进才认为，一流的办学规模、一流的教师队伍、一流的学科、一流的教学质量与科研水平、一流的办学经费、一流的教学科研设施以及一流的学风、一流的管理等构成了世界一流大学办学水平的共同特征。[②] 张杰认为，世界一流大学一般具有10个基本特征：追求卓越目标，服务国家战略；办学理念清晰，发展定位明确；学科门类齐全，学术声誉卓著；教师素质超群，学术大师汇聚；教学资源丰富，教学水平先进；生源质量优良，创新人才辈出；科研经费充裕，科研成果斐然；国际交流广泛，学术氛围浓厚；促进文

①　刘念才等：《世界一流大学：特征·排名·建设》，85~92页，上海，上海交通大学出版社，2007。

②　李进才：《世界一流大学办学水平的启示》，载《武汉大学学报(哲学社会科学版)》，1997(3)。

化繁荣，引领社会进步；杰出校长掌舵，管理科学规范。① 周光礼通过抽取关键要素的方式，归纳了世界一流大学的七大共同特质：具有一流的国际声誉；具有世界一流的师资队伍；具有世界一流的优势学科；培养出大批的人才；具有充足而灵活的办学资源；具有完善的管理构架；具有较高的国际化水平。②

第三种路径是运用世界大学排名的指标体系归纳世界一流大学的特征。最早的是 1983 年美国的《美国新闻与世界报道》(*U. S. News & World Report*)推出的全美大学排名，其指标体系包括本科学术声誉(undergraduate academic reputation)、新生录取的竞争性(student selectivity)、教师资源(faculty resources)、毕业率及保持率(graduation and retention rates)、经费资源(financial resources)、毕业率改进绩效(graduation rate performance)和校友捐赠(alumni giving)七大方面。英国的《泰晤士报高等教育副刊》(*Times Higher Education*)的大学排名(简称 THE)开始于 1986 年，每年发布世界大学排名，该排名体系的指标有：同行评议(peer review)、国际教师(international faculty)、国际学生(international students)、师生比(faculty/student)、论文引用/教师(citations /faculty)和雇主评议(recruiter review)。上海交通大学的"世界大学学术排名"(Academic Ranking of World Universities，ARWU)于 2003 年开始推出世界大学学术排行，其指标主要有：教育质量(quality of education)，包括获诺贝尔奖和菲尔兹奖的校友数量；教师质量(quality of faculty)，包括诺贝尔奖和菲尔兹奖获得者、21 个学科领域论文引用最高的教师数；科研成果(research output)，包括《自然》(*Nature*)和《科学》(*Science*)上发表的论文数、SCI 和 SSCI 收录的论文数；师均表现(per capita performance)，指全职教师的人均学术表现。

此外，国内还有一些大学和科研机构设计了衡量一流大学的标准。2006年，武汉大学中国科学评价研究中心开始对世界大学的科研竞争力进行评价，其指标主要有科研生产力，指论文发表数；科研影响力，包括论文被引次数和高被引论文数；科研创新力，包括专利数和热门论文数；科研发展力，指高被引论文占有率。浙江大学也开展了"国际大学创新力客观评价"研究，其指标有：创新实力，包括获得诺贝尔奖的教师数、教师总数、人均科研经费；

① 张杰：《世界一流大学一般具有 10 项基本特征》，载《科学新闻》，2008(23)。
② 周光礼：《世界一流大学的特质》，载《中国高等教育》，2010(12)。

创新活力，包括《自然》和《科学》上发表的论文数、1‰顶级学科数、高被引论文数、ESI 引文数、ESI 论文数、专利数、人均 ESI 引文数和论文数；创新影响力，包括大学当年培养博士生数和本地指数(大学对地方经济和社会发展的影响)。我国台湾地区财团法人高等教育评鉴中心的大学排名，其指标有：科研成果(research productivity)，包括过去 11 年发表的文章数量和本年度发表的论文数量；研究影响(research impact)，包括过去 11 年的论文引用次数、过去 2 年的论文引用次数、过去 11 年论文被引的平均数；研究卓越(research excellence)，包括过去 2 年论文引用的 H 指数、高引用论文的数量、本年度在高引用期刊上发表论文数量。

戴晓霞通过上海交通大学的"世界大学学术排名"结果和英国的《泰晤士报高等教育副刊》的"世界大学排名"结果，分别对美国、英国、欧陆国家和亚太地区的顶尖大学进行了特征分析，得出世界一流大学具有的一些共同特征：世界一流大学除了美国公立、私立大学兼具之外，其他国家全部都是公立大学，而且多数学术领域完整，属综合型大学；世界一流大学的学术产出之量固然重要，但让大学在国际领先的关键因素在于研究品质及其重要性；世界一流大学绝大多数设有医学院，上海交通大学的指标显示生物医学及基础科学系大学卓越发展之关键领域；世界一流大学都有相当规模，不论学生数或教师数都达卓越发展所需的临界数量；多数世界一流大学之大学部学生远多于研究生，显示一流大学不只是各国学术研究之重镇，更是未来社会及经济发展所需之各类人才的培育基地；世界一流大学的生师比低，能提供学生适才适性的优质教育及教师从事学术研究的机会；世界一流大学之行政及技术支持人力充沛，教师可专注于研究与教学，不必分心于行政与技术性杂务，提升学术人力之生产力与附加价值；世界一流大学的经费充裕；多数世界一流大学的国际化程度高，不只吸引各国优秀人才，亦可提供本国学生的全球性视野。①

二、世界一流大学的基本特征

关于世界一流大学的基本特征，我们将综合世界一流大学特征的不同分析路径，结合世界一流大学形成与发展过程中的基本规律和特点以及世界大

---

① 刘念才等：《世界一流大学：特征·排名·建设》，75～77 页，上海，上海交通大学出版社，2007。

学排名的情况，从优势学科、教师队伍、大学职能、管理、国际化和办学条件 6 个方面展开论述。

（一）一流的优势学科

学科是大学发展的基础，世界一流大学的形成和发展具有这样的规律：一流的优势学科汇聚一流的教师，一流的教师带来一流的科研和教学，一流的学科和教师队伍吸引一流的学生，进而培养一流的毕业生，一流的研究成果和一流的毕业生为大学赢得一流的学术声誉和社会声誉，这就形成了一个良性的循环，众多的一流就集合成了一流的大学。一流大学必须有一流的学科，但并不是所有的学科都是一流的。徐之力指出：没有一所世界一流大学是无所不能的，每所大学都有自己擅长的方面：哈佛大学的政治学、医学非常好，却没有工学院。耶鲁大学的法学和生物学绝对一流，斯坦福大学在信息领域闻名于世，加利福尼亚理工学院以航空学科见长……一所优秀的大学，不一定拥有所有的学科，而必须学会放弃一些东西。对于一所学校来说，最重要的是特色，是比较优势。①

世界一流大学都具有自己的一些优势学科，如哈佛大学的工商管理、政治学、化学、哲学；斯坦福大学的心理学、电子工程、植物学、教育学；麻省理工学院的电机工程、计算机工程、经济学、语言学、物理学、生物学；加州大学伯克利分校的原子物理学、化学、经济学、生理学、人类学；加州理工学院的航空学、天文学、应用数学、应用物理；康奈尔大学的农业及农业科学、医学、旅店管理、政治经济学；普林斯顿大学的数学、哲学、理论物理、天文学、化学；约翰·霍普金斯大学的医学、生物医学工程、化学、生物化学、国际问题研究；剑桥大学的物理学、医学、数学；牛津大学的古典文学、数学、计算机科学、物理、生物学、医学等。

（二）卓越的教师队伍

我国著名教育家梅贻琦曾提出："一个大学之所以为大学，全在于有没有好教授。孟子说：所谓故国者，非谓有乔木之谓也，有世臣之谓也。"我

---

① 邱均平等：《世界一流大学与科研机构学科竞争力评价研究报告（2011—2012）》，24 页，北京，科学出版社，2011。

现在可以依照说：'所谓大学者，非谓有大楼之谓也，有大师之谓也'。"①无独有偶，美国著名教育家、哈佛大学前校长科南特（Conant）也指出："大学者，大师荟萃之地也。如果一所大学聘任的终身教授是世界上最优秀的，那么这所大学必定是最优秀的大学。"②世界一流大学的办学水平很大程度上取决于教师队伍的质量，如科南特所说："大学的荣誉不在于它的校舍和人数，而在于它一代又一代教师的质量。一个学校要站得住，教师一定要出色。"③

对于大学，两位教育家提出了相同的"大师论"，都强调高层次人才在世界一流大学建设中的重要作用。同时，世界一流大学发展的规律表明，师资是世界一流大学建设的重要资源，拥有世界一流的师资，就会有充足的研究经费，有了高质量的研究成果就会产生好的社会影响，就能吸引优秀的学者和学生，产生"滚雪球效应"，即"最出色的科学家在获得经费开展研究的同时，也吸引着其他的学者和最优秀的学生，逐渐成为一种任何一个要进入该研究领域的年轻人都不能抗拒的力量"④。2019 年，斯坦福大学共有 2276 名教职员工，有 17 名诺贝尔奖获得者（建校以来共有 32 名）、31名麦克阿瑟学者、4 名美国人文学科奖获得者、4 名普利策奖获得者、12 名美国科学奖获得者、1 名美国技术奖获得者、285 名美国艺术与科学院院士、162 名美国科学院院士、109 名美国工程院院士、76 名美国医学科学院院士、29 名美国教育科学院院士、47 名美国哲学协会成员、5 名沃尔夫奖获得者、2 名总统自由奖章获得者、1 名美国艺术奖获得者、4 名卡夫奖获得者、7 名图灵奖获得者。⑤截至 2019 年，麻省理工学院的社区成员多年来获得了多项著名的荣誉和奖项，包括 19 名约翰·贝茨·克拉克奖获得者、33名富布赖特学者、197 名古根海姆学者、77 名麦克阿瑟学者、2 名千禧年技

① 黄延复、刘述理：《梅贻琦教育论著选》，10 页，北京，人民教育出版社，1993。

② 转引自王英杰、刘宝存：《世界一流大学的形成与发展》，358 页，太原，山西教育出版社，2008。

③ 陶爱珠：《世界一流大学研究——透视、借鉴、开创》，9 页，上海，上海交通大学出版社，1993。

④ 张惠：《困境与超越：论世界一流研究型大学的建设》，载《河南大学学报（社会科学版）》，2013(6)。

⑤ Stanford University，" Stanford Facts 2020，"2020-05-28.

术奖获得者、631名美国工程院院士、56名美国医学科学院成员、237名美国科学院院士、59名美国科学奖获得者、29名美国技术和创新奖获得者、95名诺贝尔奖获得者、6名普利策奖获得者、15名图灵奖获得者。① 加州大学伯克利分校是全美较好的公立大学之一，拥有14个学院、170个系和项目，有一批著名的学术大师。截至2019年，其全职教师获得的重要荣誉包括242名美国艺术与科学院院士、90名美国工程院院士、15名美国科学奖获得者、136名美国科学院院士、48名美国哲学协会成员、24名诺贝尔奖获得者（包括8名现任教师）。② 此外，在世界一流大学的教师队伍中，教授所占比例较高，如斯坦福大学终身教职教师中，教授占总数的63%；麻省理工学院有1067名终身教职教师，教授有678名，约占总数的64%。其生师比明显低于其他大学，如斯坦福大学的生师比是5∶1，麻省理工学院的生师比为3∶1，加州大学伯克利分校的生师比为17.8∶1。③

（三）一流的大学职能

一般来说，现代大学具有人才培养、科学研究和社会服务的三大职能，世界一流大学更是如此。与其他大学相比，世界一流大学不仅要从一般意义上履行以上三大职能，而且要开展高水平的科学研究、培养国际公认的优秀人才和开展专业性的社会服务。

1. 开展高水平的科学研究

世界一流大学都把科学研究作为大学的核心职能，其人才培养和社会服务职能都是建立在优秀的科学研究之上的。世界一流大学都有卓越的研究成果和较高的学术声誉，创造性的和具有划时代意义的重大科研成果都诞生在世界一流大学。其中有代表性的创新性研究成果有加州大学伯克利分校的欧内斯特·劳伦斯（Ernest Lawrence）发明的回旋加速器、罗伯特·奥本海默（Robert Oppenheimer）发明的原子弹和氢弹；卡文迪什实验室发明的电磁理论、气体分子运动理论、核物理、晶体物理、原子物理、分子生物学和射电

---

① Massachusetts Institute of Technology，"MIT Facts 2019，"2020-05-29.

② University of California，"Cal-Facts-2019，"2020-05-28.

③ Stanford University.，"Stanford Facts 2019，"2020-05-28；Massachusetts Institute of Technology，"MIT Facts，"2020-05-29；University of California.，Berkeley，"By the Numbers，"2020-05-28.

天文学等。卓越的科研成果往往产生于著名的实验室和研究中心，如普林斯顿大学的等离子物理实验室、航空实验室，斯坦福大学的辐射实验室，麻省理工学院的林肯实验室，加州大学伯克利分校的劳伦斯伯克利实验室、洛斯阿拉莫斯实验室，剑桥大学的卡文迪什实验室。

2. 培养国际公认的优秀人才

世界一流大学由于拥有一流的学科和师资队伍，能够吸引优秀的生源，本科生的招生录取率较低，而被一流大学录取的高中成绩前 10% 的学生比例很高。比如，根据 2015 年《美国新闻和世界报道》公布的美国大学排名，2013 年秋季，排名前 10 的大学录取率情况为：普林斯顿大学为 7.4%，哈佛大学为 5.8%，耶鲁大学和哥伦比亚大学均为 6.9%，斯坦福大学为 5.7%，芝加哥大学为 8.8%，麻省理工学院为 8.2%，杜克大学为 12.4%，宾夕法尼亚大学为 12.2%，加州理工学院为 10.6%；排名第 11 的达特茅斯学院仅为 10.4%，排名第 16 的布朗大学也只为 9.2%。除了招收优秀的高中毕业生以外，世界一流大学重视发展研究生教育，研究生的比例都比较高。一般来说，私立一流大学的研究生数量会超过本科生数量，而公立一流大学的研究生比例虽然会远远超过其他公立大学，但是研究生数量会少于本科生数量。[①] 一流大学通过招收优秀的高中生提供优质的本科教育，再经过高质量的研究生教育，进而培养大批的优秀人才。

世界一流大学为社会培养了一大批学术人才、政治和商业领袖。作为美国政府的智库，哈佛大学为美国培养了 8 位总统、44 名诺贝尔奖获得者和 30 名普利策奖获得者。耶鲁大学培养了 5 位美国总统和其他政治和商业界领袖。此外，耶鲁大学还培养出了约翰·霍普金斯大学、康奈尔大学、普林斯顿大学、哥伦比亚大学、芝加哥大学等著名大学的创始人或首任校长，也被称为"美国学院之母"。

3. 开展专业性的社会服务

1862 年，美国联邦政府出台的《赠地法案》(*The Land-Grant Act*) 是大学服务社会思想的开端，之后经过威斯康星大学和康奈尔大学的发展，逐渐形成了美国大学的社会服务功能。世界一流大学都通过研究和教学为社会提供高层次的专业服务，而不能是低层次的服务。美国高等教育专家约翰·S. 布

---

① 王英杰、刘宝存：《世界一流大学的形成与发展》，361 页，太原，山西教育出版社，2008。

鲁贝克(John S. Brubacher)指出：大学作为一个探索和传播高深学问的学术团体，为社会提供的直接服务也必须是学术性的，要以研究为基础，要有教育内涵，而坚决反对低层次的社会服务。① 为社会提供学术性服务比较成功的典型是斯坦福大学和"硅谷"、麻省理工学院和"128公路"以及北卡罗来纳的"科研三角园区"。

"硅谷"是依托斯坦福大学的学术科研优势而形成的。20世纪30年代，斯坦福大学工程学院的教师弗雷德里克·特曼(Frederick Terman)提出了学术发展战略的三个重要方面：①在科学与工程系之间建立紧密的联系；②将学院各系与当地科学型公司联系起来；③将资源集中到少数几个关键的、具有理论和实践潜力的研究领域。② 直到1951年，在校长斯特林(Sterling)的推动下，斯坦福大学决定划出一些土地建立一个高技术科技园区。该科技园区集研究、开发、生产、销售于一体。最早在"硅谷"创业的是特曼的两位学生：威廉·休利特(Wiliam Hewlett)和戴维·帕卡德(David Packard)，他们在特曼教授的鼓励和指导下，于1938年在一个车库里因研制出音频振荡器建立了惠普公司(Hewlett-Packard)，开创了大学教师创业的先河。硅谷由最早的半导体和计算机产业，发展为计算机与电子业、电信业、生命科学、多媒体、环境技术等组成的高技术产业集群。"128公路"是波士顿地区的高技术园区，主要依靠麻省理工学院和哈佛大学的资源，特别是在麻省理工学院"手脑结合、创新世界"③的办学理念下发展起来的。1962年，为了加强科学、教育与工业的联系，麻省理工学院实施了"麻省合作者计划"，积极、主动地联系工业、企业为其服务。现在，"128公路"已发展成一个高技术产业集群，主要包括人工智能、生物技术、导航、通信、软件工程、微型计算机等产业，创造了所谓"马萨诸塞州奇迹"。"科研三角园区"是以北卡罗来纳大学、北卡罗来纳州立大学和杜克大学为支撑的科研园区。它的成立主要源于北卡罗来纳大学奥德姆(Odum)教授在1952年提出的创意，即把三所大学连接起来，利用三点支撑一个三角形的平面地区，用来做科学研究基地；把三所大学的人才集中起来，充分发挥他们的聪明才智；利用当地的优势吸引政府、财团、企

---

① ［美］约翰·S.布鲁贝克：《高等教育哲学》，王承绪、郑继伟、张维平等译，17页，杭州，浙江教育出版社，1998。

② ［美］亨利·埃兹科维茨：《麻省理工学院与创业科学的兴起》，王孙禺、袁本涛等译，146页，北京，清华大学出版社，2007。

③ Massachusetts Institute of Technology，"About MIT Key Facts：Motto，"2016-09-29.

业来此投资创办技术开发机构，以科技进步为龙头，使北卡罗来纳州摆脱落后面貌。① "硅谷"和"128公路"是世界一流大学促进国家和区域经济发展的成功模式，被其他国家效仿，如英国的"剑桥现象"，日本、韩国的高技术产业集群的形成。

(四)规范的管理

1. 先进的办学理念

大学理念是对大学的性质、使命和功能等基本问题的认识，是指导大学正确处理大学内外部关系的原则。大学办学理念是大学使命的定位和发展愿景的构想，引导大学不断追求卓越。世界一流大学的主要办学理念是求真崇实、使命导引、学术自由、服务社会、以人为本和改革创新。② 比如，哈佛大学始终坚守"求是崇真"的办学理念，其校训"以柏拉图为友，以亚里士多德为友，更要以真理为友"就是办学宗旨的写照。牛津大学的核心使命是追求卓越，具体陈述为："在教学和科研的每一个领域都达到和保持卓越；保持和发展作为一所世界一流大学的历史地位；通过科研成果和毕业生的技能而造福于国际社会、国家和地方。"③

2. 优秀的大学校长

大学校长在世界一流大学的形成和发展过程中起到非常重要的作用，被称为大学的"舵手"，掌握着一流大学的发展方向和办学目标，指引着一流大学的前进道路。纵观世界一流大学校长的成长历程和办学实践，他们有一些共同的特征：世界一流大学的校长都毕业于著名的研究型大学，是这些大学的知名教授，有自己的学科专长；他们不仅是教授和学者，而且还是出色的管理者，优秀的规划者、评价者、招募者、革新家、鼓动者和企业家；他们都有极强的事业心和责任心，把校长的工作当作自己终生的事业；他们都潜

---

① 王雁：《创业型大学：美国研究型大学模式变革的研究》，37~38页，上海，同济大学出版社，2011。

② 陈光军：《办学理念：世界一流大学发展的立足点及对中国的启示》，载《煤炭高等教育》，2003(3)。

③ 转引自刘宝存：《如何创建研究型大学——牛津大学和哈佛大学的经验》，载《教育发展研究》，2003(2)。

心研究高等教育，具有清晰的大学理念和明确的办学目标。①

3. 完善的管理制度

一流的大学还必须有一流的管理制度，世界一流大学都有内部自治的传统，主要共同之处有：①董事会制度。欧美国家的世界一流大学管理普遍采取董事会（理事会）制度。董事会是大学的最高权力机构和决策机构，其成员来自政府、法律、商业、教师和管理人员等方面的代表，规模大小不等。董事会的主要职责是选拔和任命校长，批准大学的任务和目标，支持和监督校长，处理大学和政府之间的关系，推动世界一流大学建设。②教授会制度。教授会是学术管理的专门组织，负责教育和研究的资源分配，处理一流大学的学术事务，避免行政权力的干涉。③师生组成的委员会。以师生代表组成的委员会，使教师和学生充分利用大学章程中规定的权利和义务，实现一流大学的民主管理。

4. 学术自由

学术自由既是大学学术研究的基本原则，也是世界一流大学形成与发展的主要特征和条件。学术自由是学者不受雇用他们的院校的控制与限制，进行科研、教学和出版的权利。没有学术自由，大学就不能履行其主要职能之一：成为新思想（包括那些可能不受欢迎的新思想）的催化剂和庇护所……学术自由承认学者确定自己的探究领域和以自己的方式追求真理的权利。学术自由可以对提高高校质量以及整个高等教育制度的质量作出重大贡献，但是它既需要在高校内部得到理解和尊重，也需要高校的上级部门的理解与尊重。② 英国的牛津大学坚持"大学是自我管理的学者社团"的理念，倡导学术自由，追求真理。哈佛大学把学术自由看作知识进步的原则，如哈佛大学前校长洛厄尔（Lowell）所说："教师在课堂上应绝对自由地讲授其研究的课题，责无旁贷地传授他所发现的真理。这是学术自由的首要条件，违背这一原则就会危及知识的进步。"③

---

① 王英杰：《规律与启示——关于建设世界一流大学的若干思考》，载《比较教育研究》，2001(7)。

② 王英杰：《规律与启示——关于建设世界一流大学的若干思考》，载《比较教育研究》，2001(7)。

③ 转引自王英杰、刘宝存：《世界一流大学的形成与发展》，369页，太原，山西教育出版社，2008。

(五)较高程度的国际化

随着经济全球化进程的深入,高等教育国际化的广度和深度有了新的变化,新的国际化内容包括:①学生的国际流动飞跃发展,无论是全日制留学生还是短期出国学习的学生;②培训教育者在多元文化背景下能够有效地开展工作;③随着需求的不断增长,在新教师和学术人员招聘时既面向国际又面向国内;④大学的预算越来越多地依赖于教育服务市场的国际化;⑤具有相似理念的同层次组织之间提供双学位和联合资格证书;⑥在保留本国文化特点的前提下适应国际化的教学或学习;⑦职业劳动力市场的国际化使毕业生常常能取得国外大学的资格证书。①

首先,世界一流大学具有国际化的发展战略。比如,哈佛大学为应对经济全球化的挑战而提出了 21 世纪的方针战略:"将哈佛大学定义为在国际舞台上具有国际影响力的大学,而不仅是马萨诸塞州和美国的大学;要求哈佛大学更多地承担推动国际社会的教育、卫生、经济发展和沟通交流的责任,在国际事务中发挥更加积极的作用。"②麻省理工学院的发展战略为:"在科学、技术和其他学术领域增进和发展知识,教育学生,更好地服务 21 世纪的国家和世界。"③

其次,世界一流大学有国际化的师资队伍。师资队伍的国际化既是世界一流大学的共同特征,也是世界一流大学建设的根本保证。从世界范围来看,世界一流大学必须有世界一流的教师,而要建设世界一流的教师队伍,就必须从全球范围内招贤纳士。国际化是通向世界一流的必要途径和重要手段,只有具有国际视野、国际水平的教师,才能承担世界一流的教学、科研和学科建设,才能培养出一流的人才,也才能得到世界的认可。比如,麻省理工学院不但在全球招聘教师,而且每年有超过 2000 名国际学者,包括访问研究者、教授和讲演者来学院进行交流。2013—2014 学年,麻省理工学院接受了来自 90 个国家的 2305 名国际学者,参与了学院 70 个院系、实验室和中心的

---

① 刘念才等:《世界一流大学:特征·排名·建设》,88 页,上海,上海交通大学出版社,2007。

② 王英杰、刘宝存:《世界一流大学的形成与发展》,366 页,太原,山西教育出版社,2008。

③ Massachusetts Institute of Technology,"MIT Facts 2015:Misson,"2016-12-29.

研究和教学活动。国际学者的来源情况为：亚洲占 42％，欧洲占 37％，加拿大占 6％，拉丁美洲和加勒比海地区占 5％，中东地区占 7％，非洲占 2％，大洋洲占 1％。①

最后，世界一流大学有国际化的学生群体。比如，根据 2014 年的统计，斯坦福大学有 7018 名本科生，其中外国学生占 8％，加利福尼亚州的学生占 28％，美国其他州的学生占 54％；研究生共有 9118 人，其中外国学生占 33％，加利福尼亚州的学生占 36％，美国其他州的学生占 31％。② 2015—2016 学年，有 3220 名学生注册麻省理工学院的学位项目，包括 436 名本科生和 2784 名研究生，另外还有 405 名交换生、访问学生和特殊学生。该学年学生的具体情况如表 1-1 所示。

表 1-1　2015—2016 学年麻省理工学院学生数量统计

学位层次	国际学生	美国公民	美国居民	国际学生占总数的比例(％)
本科生	440	3856	206	9.77
研究生	2849	3562	242	42.82
特殊本科生	49	4	0	92.45
特殊研究生	88	80	5	50.87
交流或访问生	402	712	6	35.89
总数	3828	8214	459	30.62

资料来源：Massachusetts Institute of Technology，"MIT Facts 2016：Enrollment 2015—2016,"2016-12-28.

从表 1-1 可以得出，麻省理工学院 2015—2016 学年各种学位层次的国际学生数共有 3828 人，学院当年度的学生为 12501 人，国际学生占全体学生总数的比例为 30.62％。麻省理工学院国际学生来源国的前 10 名为：中国学生总数为 770 人，占 20.11％；印度学生总数为 355 人，占 9.27％；加拿大学生

---

① Massachusetts Institute of Technology，"MIT Facts 2015：Mission,"2016-12-29.
② Stanford University，"Stanford Facts 2015,"2016-10-28.

总数为 273 人，占 7.13％；韩国学生总数为 217 人，占 5.67％；法国学生总数为 114 人，占 2.98％；巴西学生总数为 109 人，占 2.85％；德国学生总数为 105 人，占 2.74％；新加坡学生总数为 102 人，占 2.66％；英国学生总数为 87 人，占 2.27％；墨西哥学生总数为 85 人，占 2.22％。①

(六)优越的办学条件

充足的资金是支持世界一流大学研究、教学和服务职能的关键因素，也是世界一流大学的基本特征。世界一流大学的资金来源包括政府研究补助金、学生助学金、学生的学费、咨询服务和出售产品的收入以及大量的社会捐赠等各种来源。比如，斯坦福大学 2014—2015 学年的经费收入为 51 亿美元，其中赞助研究资金占 18％，捐赠收入占 21％，学费收入占 16％，卫生医疗服务收入占 16％，国家加速器实验室收入占 8％，礼品和资产收入占 6％，其他投资收入占 4％，其他收入占 11％。2013—2014 学年，斯坦福大学收到了 9.285 亿美元的捐款，截至 2014 年 8 月，总捐赠收入达到 214 亿美元。② 麻省理工学院 2014 年度收入 31.243 亿美元，其中林肯实验室研究收入占 27％，其他研究收入占 21％，新加坡-麻省理工学院联盟研究收入占 1％，投资收益占 20％，学费收入占 10％，附属企业收入占 4％，礼物和遗产收入占 5％，其他收入占 12％。③

社会捐赠也是世界一流大学办学经费的主要来源之一。由于良好的社会声誉和杰出的校友，世界一流大学每年都能获得大量的社会捐赠。比如，据全美国高校经营管理者协会(NACUBO)2014 年的统计结果，哈佛大学以获得超过 300 亿美元的捐赠收入荣登榜首，耶鲁大学、斯坦福大学和麻省理工学院分别位于第 3、4 和 6 名，获得捐赠收入前 20 名的大学和获赠额度如表 1-2 所示。

---

① Massachusetts Institute of Technology，"MIT Facts 2016 ：Enrollment 2015—2016,"2016-12-28.

② Stanford University，"Stanford Facts 2015,"2016-10-28.

③ Massachusetts Institute of Technology，"MIT Facts 2015：Finanical Data,"2016-12-28.

表 1-2　2014 年美国大学获赠捐款排名

名次	大学名称	获捐赠基金（亿美元）	名次	大学名称	获捐赠基金（亿美元）
1	哈佛大学	359	11	哥伦比亚大学	92
2	得克萨斯大学系统	254	12	圣母大学	80
3	耶鲁大学	239	13	芝加哥大学	76
4	斯坦福大学	214	14	加州大学	74
5	普林斯顿大学	210	15	杜克大学	70
6	麻省理工学院	124	16	埃默里大学	67
7	得克萨斯农机大学系统	111	17	华盛顿大学（圣路易斯）	66
8	西北大学	98	18	弗吉尼亚大学	60
9	密歇根大学	97	19	康奈尔大学	59
10	宾夕法尼亚大学	96	20	莱斯大学	55

资料来源：National Association of College and University Business Officers，"NACU-BO-Commonfund Study of Endowments,"2015-12-28.

另外，世界一流大学图书馆的藏书丰富，设施一流，为教师和学生提供各种学术资源。哈佛大学的图书馆是全美最大的学术图书馆，藏书量超过 1500 万册，此外还有 80 多个分图书馆。斯坦福大学有 17 个图书馆，每个馆的藏书量为 700 万册左右，馆里还有 150 万卷微缩胶卷、100 多万份档案文件和手稿、50 多万份政府文件、25 万多张地图等重要资料。

第三节　世界一流大学的发展模式

当前关于世界一流大学发展模式的研究并不多。比如，刘宝存认为世界一流大学是一个比较性的群体概念，其发展模式实现着共性与个性的统一，主要包括学科门类齐全的综合型模式与重点发展有限学科的模式、"巨无霸"与"小而精"的发展模式、创新与保守的发展模式、秉承传统与适时转型的发展模式。① 耿有权指出美国世界一流大学的建设模式的经验有：建设自由、开放、昂贵、竞争的环境；以多样化的投资支持大学的特色发展；将全球名校纳入美国大学的循环体系；以学术中心及顶尖项目集聚全球人才；以危机和忧患凝聚共识，保障教育投资；以常春藤理念引领一流大学的精神境界。② 马陆亭认为世界一流大学有两种基本的参照模式：美国的研究型大学模式和法国的"大学校"模式。③ 还有一些研究提出了世界一流大学的发展路径和策略。比如，英国皇家艺术协会特聘研究员保罗·川内（Paul Kawachi）提出了改进大学的三种方式：第一种方式是通过提高老大学的质量建设世界一流大学，其前提是要有自主权和充足的资金；第二种方式是通过合并两所或两所以上的大学建设世界一流大学，这种方式是经得起考验的；第三种方式是通过建立新大学来发展世界一流大学。④ 杰米尔·萨米总结了各国政府建设世界一流大学的三种基本策略：择优建设少数现有的具有实现一流潜力的大学（择优式）；鼓励现有的一些大学合并，通过协同合作发展成为世界一流大学（合并式）；从头创建新的世界一流大学（新建式）。⑤ 陈其荣指出发达国家创建世界一流大学的经验中有两个基本路径可供我国学习：一是美国的哈佛大学和耶鲁大学、英国的牛津大学和剑桥大学等历史悠久的大学是循序渐进发展为世界一流大学，但这种发展途径会有保守的一面；二是通过改革创新，在办学理念、办学机制、管理体制等方面突破原有的范式，实现跨越式发展而成为世界一流大学。⑥

从世界范围来看，世界一流大学有先发型和后发型两种发展模式：先发型主要是指历史上欧美发达国家世界一流大学的发展模式；后发型主要是指 20 世纪 90 年代以来世界各国和地区创建世界一流大学的模式。亚太地区国家世界一流大学的发展模式，主要有萨米提出的择优式、合并式和新建式三种模式。

---

① 刘宝存：《世界一流大学发展模式的个性化选择》，载《比较教育研究》，2007(6)。
② 耿有权：《论美国世界一流大学建设模式的战略构建》，载《外国教育研究》，2010(10)。
③ 马陆亭：《"世界一流大学"建设的基本模式与经验》，载《中国教育报》，2007-01-08。
④ ［英］保罗·川内：《建设世界一流大学：实施策略的全球调查》，载《开放教育研究》，郭可慧译，2013(6)。
⑤ ［摩洛哥］杰米尔·萨米：《世界一流大学：挑战与途径》，33 页，孙薇、王琪译校，上海，上海交通大学出版社，2009。
⑥ 陈其荣：《诺贝尔自然科学奖与世界一流大学》，载《上海大学学报（社会科学版）》，2010(6)。

一、先发型世界一流大学发展模式

美国高等教育学家伯顿·R.克拉克(Burton R. Clark)在《探究的场所——现代大学的科研和研究生教育》一书中分析了德国、法国、英国、美国和日本5个国家的大学发展模式,认为德国大学是研究所型大学,法国大学是研究院型大学,英国大学是学院型大学,美国大学是研究生院型大学,每个国家的大学发展模式都有各自的特点。下面以几所著名大学为例探讨先发型世界一流大学发展模式的多样性和个性化。

(一)创新与保守和谐统一的发展模式[①]

哈佛大学创立于 1636 年,其从一所小学院发展成世界一流大学,主要在于哈佛大学选择了一种创新与保守和谐统一的发展模式。哈佛大学发展历史上的 4 次改革创新成为其创建世界一流大学的重要推动力量:一是建校初期的改革创新,包括冲破当时英国只有大学才能授予学位的传统,哈佛大学于1642 年授予首届 9 名毕业生文学学士学位;受益于"达特茅斯学院诉讼案"判决的影响,哈佛学院明晰了私立高校的性质;首创了大学"双院制"管理模式,形成了独特的由校外人士和校内人士共同管理学校的制度。二是 18 世纪末、19 世纪初留德学者 G. 蒂克纳(G. Tichnor)按照德国大学模式推动的改革创新,包括打破传统的"固定课程",允许高年级学生选修一定数量的科目;以系为单位重组学院,允许学生按照自己的能力和兴趣安排学习进程,允许学生和教授相互选择;摒弃纯粹背诵式的教学方法,倡导研讨式的教学方法,启发学生加入探讨学问的行列,培养学生的学术兴趣;实行住校研究生计划,为哈佛大学和其他大学的毕业生提供进一步研究学术的机会。蒂克纳的改革计划虽然没有完全实现,但还是使哈佛大学迈出了从传统学院向现代大学的第一步,从一所地区性学院发展为地区性的现代大学。三是 19 世纪后期、20世纪初期艾略特(Eliot)领导的改革创新,包括改造专业学院,提高专业教育质量;创办研究生院,发展研究生教育;确立科研职能,加强学术研究;改革课程体系,建立选修制度。艾略特的创新使哈佛大学从地区性大学发展为美国最早的研究型大学之一,为哈佛大学创建世界一流大学奠定了坚实的基

---

① 刘宝存:《大学的创新与保守——哈佛大学创建世界一流大学之路》,载《比较教育研究》,2005(1)。

础。四是科南特任校长时期以提高学术水平和人才培养质量为重心的改革创新，包括制定以学术标准为基础的教师聘任和升迁制度，把学术创造力和学术造诣作为遴选教师最主要的标准，并以学术标准为基础，在教师聘任和升迁上制定了"非升即走"的原则；把科研和研究生教育置于大学的中心地位，鼓励教师积极从事科学研究和加强研究生教育；制订通识教育计划。为提高人才培养质量，培养感性和智力全面发展的人，哈佛大学于1945年发表了《自由社会中的通识教育》的报告，要求本科生在学习本专业的课程之外必须学习6门通识教育课程，以达到通识教育和专业教育的平衡。哈佛大学在创新的同时一直固守着自己的被证明是正确的"求是崇真的办学宗旨、以教学和科研为中心的多种职能"，守望着大学精神，保留着自由教育的传统，实现创新与保守的和谐统一。

(二)重点发展有限学科的模式

麻省理工学院和加州理工学院是两所著名的理工科院校，这两所学院都选择了重点发展有限学科的模式。麻省理工学院创建于1861年，在美国联邦政府《莫雷尔法案》的资助下，麻省理工学院是一所具有"赠地学院"性质的私立研究型大学。在"手脑并用"的办学宗旨指导下，麻省理工学院在人才培养上重视理论与实践相结合，在科学研究上积极承担联邦政府的研究任务，在社会服务上大力加强大学和工业的密切关系。在150多年的发展历程中，麻省理工学院在数代卓越校长的领导下，开创了大学和企业合作研究的模式，并进而推广到美国甚至世界其他国家的高等院校，起到了世界一流大学的先导性和示范性作用。将基础研究和教学与产业创新结合在一起的麻省理工学院模式，正在取代哈佛模式成为学术界的榜样。[①] 在历史上，从1870年到1920年，麻省理工学院曾经三次面临着被哈佛大学"吞并"的危机，由于麻省理工学院坚持自己的办学理念和学科优势，把工程学科作为麻省理工学院重点发展的优势学科，在波士顿地区与哈佛大学很好地形成了学科互补，与哈佛大学共同成为世界一流大学。麻省理工学院的学科并不齐全，主要有建筑及规划学院、工程学院、理学院、人文艺术与社会科学学院、斯隆管理学学院、维泰克健康科学技术学院以及施瓦茨曼计算机学院7大学院，其工程科

---

① ［美］亨利·埃兹科维茨：《麻省理工学院与创业科学的兴起》，王孙禺、袁本涛等译，1页，北京，清华大学出版社，2007。

技一直是世界第一，自然科学、计算机科学、经济学和语言学也是强势学科。麻省理工学院发展成世界一流的理工科技类的研究型大学，被誉为世界上最好的理工大学、科学家的摇篮和莘莘学子向往的科学殿堂。①

加州理工学院是 1891 年由芝加哥政治学家阿莫斯·色罗珀（Amos Throop）创建的一所私立大学，其前身是色罗珀大学，1893 年更名为色罗珀工艺学院。1920 年，学校更名为加州理工学院，已经发展成一所有限发展纯科学的研究型大学。1928 年，加州理工学院在物理学、化学、工程学、地质学、航空学以及生物学和数学方面具有博士学位授予权，后来增加了化学生物学、行星科学、原子核天体物理学和地球化学以及一些人文和社会科学方面的学科。这些学科的发展与学校的办学定位紧密相关，加州理工学院的办学宗旨为："通过研究并结合教学达到扩展人类知识、造福社会的目的，学院鼓励在多学科的特殊环境下，研究科学与工程领域的一些最具挑战性和基础性的问题，并把杰出的学生培养成社会的创造性人才。"②加州理工学院主要设有生物学，化学与化学工程，工程学与应用科学，地质学与行星学，人类学与社会学，物理、数学和天文学 6 个学系，其物理学、化学、生物学、航空航天、地球科学等学科在《美国新闻与世界报道》排名中名列前茅。

（三）重点突破的发展模式

斯坦福大学成立于 1885 年，是一所典型的私立研究型大学，其办学经费和研究资助主要来自个人和社会捐助、学生的学费。受万尼瓦尔·布什（Vannevar Bush）思想的影响，弗雷德里克·特曼校长将哈佛大学作为斯坦福大学的发展目标，希望把斯坦福办成"西部的哈佛"，但其在发展路径上选择了哈佛大学和麻省理工学院之间的中间道路，选择了重点突破的发展模式，主要思路包括：①结合斯坦福大学的尖端学科，努力使斯坦福大学成为工业研究和开发的中心，促使大学和工业联合起来，为高科技发展、地区经济增长做出贡献，同时也为该校毕业生提供优越的就业机会。②把大学的财力、物力集中起来，用以吸引一流的研究人员，组建各种前沿性的研究所、实验室等，培育在某些方面"引领世界"的人才。③重视大学的基础教育，在教学

---

① 黄亚生、张世伟、余典范等：《MIT 创新课：麻省理工模式对中国创新创业的启迪》，3 页，北京，中信出版社，2015。

② 马璟：《加州理工学院与世界一流大学定位》，载《高等工程教育研究》，2004（2）。

和科研的战略上把大学的二级学科视为潜在的"成长工业"的技术储备。④制定刺激教师与工业进行积极性联系的报酬制度，优先考虑可能对大学学术目标做出贡献的企业进入研究园区。① 在以上学术发展战略的指导下，斯坦福大学选择了重点发展物理学、化学和电子工程等学科。现在，这三大学科都称得上是世界一流水平。

(四)"小而精"的发展模式

法国巴黎高等师范学校是"小而精"的世界一流大学发展模式的典型代表之一。该学校创建于大革命时期的 1794 年，是法国"大学校"中的杰出代表。其成立之初的使命是培养受过实用知识训练的公民，使他们在各方面最有能力的教授的指导下，学习教书的艺术。② 巴黎高等师范学校由传统的"师范"学校转型发展成世界一流大学，主要得益于学校始终坚持人才教育理念和法国学术与科技中心的定位："用高水平的文化和科学教育培养未来从事科学基础研究、中高等教育的人才，而且也培养服务于国家和地方行政各部门以及进行私人实业经营的人才。"③巴黎高等师范学校保持着"小而精"的大学发展模式，设有数学系、物理系、地球-大气-海洋系、化学系、生物系、计算机科学系、认知研究系、社会科学系、地学系、哲学系、历史系、文学和语言系、古代科学研究系以及新成立的艺术教育部门等。该学校是世界一流大学中规模最小的高校之一，这种"小而精"的巴黎高等师范学校却培养出了数学、科学、人文艺术等领域的巨匠和政治人才。

二、后发型世界一流大学发展模式

从世界范围来看，20 世纪 90 年代以来创建世界一流大学的努力大都是政府驱动型的，多数国家和地区都采取了萨米所提出的择优建设少数世界一流大学的策略。一些国家和地区都相继出台了名称各异的世界一流大学建设计划，以重点支持世界一流大学建设。比如，我国大陆地区的"211 工程"（1993 年）、

---

① 徐旭东：《斯坦福大学成为世界一流大学形成研究》，载《现代教育科学》，2005(1)。

② 夏瑾：《"小师范"为何能出大人物》，载《环球时报》，2005-10-05。

③ 转引自马丽君：《法国"双轨制"下的世界一流大学建设——以巴黎高等师范学校为例》，载《现代教育管理》，2016(8)。

"985 工程"(1998 年)和"双一流建设计划"(2015 年)，韩国的"智力韩国 21 工程"(1999 年)、"世界一流大学建设工程"(2008 年)和"智力韩国 21-PLUS 工程"(2013 年)，德国的"卓越计划"(2005 年)和"卓越战略"(2016 年)，日本的"21 世纪 COE 计划"(2002 年)、"全球 COE 计划"(2007 年)和"全球顶尖大学计划"(2014 年)，法国的"校园行动计划"(2008 年)、"卓越大学计划"(2011 年)，俄罗斯的"国家优先发展项目——教育工程"(2005 年)、"5-100 计划"(2012 年)，以及我国台湾地区的"发展国际一流大学及顶尖研究中心计划"(2004 年)、"迈向顶尖大学计划"(2010 年)等。这些国家和地区把有限的资源集中在少数几所大学以实现世界一流大学的目标。

第一种是择优式创建世界一流大学发展模式，即政府从现有大学中选择少数实力较强的大学，采取政策倾斜和重点支持的方式，建设世界一流大学。日本的东京大学和新加坡的国立大学是应用这种模式的成功案例。这种模式的优点是可以集中财力、物力和人力，力争用较短的时间赶超世界一流大学，与新建式相比，建成世界一流大学的费用要少很多。

第二种是合并式世界一流大学发展模式，即合并现有大学，通过大学之间的"强强联合"建立规模更大、学科门类更齐全的研究型大学，建立世界一流大学。这种模式的好处在于合并后的新学校实力更强大，人力和财力的整合可能会产生规模效应。但是，并校也可能是有风险的，它未必能解决存在的问题，甚至使问题更为严重。不同类型的大学合并后带来管理、学校文化、资源分配、人事等方面的冲突是阻碍世界一流大学的不利因素。

第三种是新建式世界一流大学发展模式，即通过新建大学发展成世界一流大学。这种模式需要耗费大量的资金，阿特巴赫认为："创建一所与世界一流大学相当的大学到底要花费什么，艾略特曾说过需要花费 5000 万美元和200 年的时间，艾略特的回答只说对了一半。因为 20 世纪初芝加哥大学仅用了 20 年时间发展为世界一流大学，当时洛克菲勒本人捐赠的资金略超过 5000万美元。"①阿特巴赫指出，现在创建世界一流大学的花费像吹气球一样飞速上涨。可见，创建新的世界一流大学确实需要巨大的资金支持，这种模式的好处是不仅可以促使现有大学和新建大学之间的竞争，而且可以按照理想的大学理念设计大学的学科设置、使命、职能、组织结构和管理体制机制，没

---

① Philip G. Altbach, "The Costs and Benefits of World-Class Universities," *Academe*, 2004(1), pp. 20-23.

有历史包袱，能够提高大学的办学水平。芬兰阿尔托大学就是这种新建式世界一流大学发展模式的代表。芬兰阿尔托大学成立于 2010 年。根据该大学《2016—2020 年战略：塑造未来》，阿尔托大学的国家使命是通过一流的研究、艺术和教育来增强芬兰的创新能力，并致力于建立一个由创新和企业家精神驱动的可持续发展的社会。因此，阿尔托大学的任务是通过将前沿科学与设计专业知识和商业思维相结合，为最紧迫的社会挑战提供解决方案；通过结合不同学科的知识，并与最好的大学、行业和商业界建立长期合作关系，提高竞争优势。芬兰希望在政府主导和整合国家高等教育资源的基础上，通过创新创业驱动使阿尔托大学在较短的时间内快速发展为世界一流大学。

第四节　创建世界一流大学政策的价值取向

约翰·S. 布鲁贝克在《高等教育哲学》一书中论述了政治论和认识论两种高等教育哲学，并指出二者交替在美国高等教育发展中占主导或统治地位。随着高等教育从社会的边缘走向社会的中心，高等教育在国家政治和经济社会中的作用日益突出，换句话说，现代大学已经走出"象牙塔"而承担更多的社会责任。特别是在经济全球化和知识经济时代，世界一流大学既肩负着研究高深学问、培养高级专门人才的重任，又承担着服务国家发展战略和经济社会发展的使命。世界各国和地区出台的创建世界一流大学政策的价值基础是高等教育政治论哲学和认识论哲学的有机结合。价值取向直接影响着教育政策的性质、方向、有效性、合法性和社会公正的程度。[①] 从各国和地区创建世界一流大学政策出台的背景及其实施目的和内容来看，其价值取向主要有五个层面：一是在国家层面上，通过创建世界一流大学服务于国家发展战略的实现；二是在高等教育系统层面上，通过创建世界一流大学推动高等教育系统的改革和发展，起到示范和引领作用，建设高等教育强国；三是在大学层面上，通过创建世界一流大学促进大学自身追求卓越、创新发展；四是在学科层面上，通过创建世界一流大学和一流学科推进学科发展前沿；五是在人才培养层面上，通过创建世界一流大学培养一批拔尖创新人才。

① 胡德鑫：《我国建设世界一流大学政策的演变逻辑与价值取向——基于多源流理论的分析视角》，载《中国人民大学教育学刊》，2018(1)。

一、服务国家发展战略

对于创建世界一流大学和国家战略的关系，闵维方认为："创建世界一流大学必须是也应该是一种国家战略、一种国家行为，必须由国家重点支持。"①我国的"211工程""985工程"以及《统筹推进世界一流大学和一流学科建设总体方案》等创建世界一流大学的政策文件都是为了服务国家的"科教兴国"等国家战略。1996年，我国政府颁布的《中共中央、国务院关于加速科学技术进步的决定》明确提出了"科教兴国"战略，并指出："科教兴国，是指全面落实科学技术是第一生产力的思想，坚持教育为本，把科技和教育摆在经济、社会发展的重要位置，增加国家的科技实力及向现实生产力转化的能力，提高全民族的科技文化素质，把经济建设移到依靠科技进步和提高劳动力素质的轨道上来，加速实现国家的繁荣强盛。"对于"211工程"的战略意义，1993年我国发布的《关于重点建设一批高等学校和重点学科点的若干意见》指出："实施这一工程，将有力地推动高等教育体制的改革，提高我国高等教育的教育质量、科研和管理水平，实现高层次人才的培养立足国内的原则，为我国进入21世纪准备骨干人才。加快国家经济建设、促进科学技术和文化发展，增强综合国力和国际竞争能力，保证我国现代化建设的第二、第三步战略目标的实现，并使我国高等教育在国际上占有重要位置。这是一项为迎接21世纪的挑战，适应现代化建设事业的需要，加快改革和积极发展我国高等教育而采取的重大战略决策。"对于"985工程"的战略意义，1998年我国制定的《面向21世纪教育振兴行动计划》强调："为了实现现代化，我国要有若干所具有世界先进水平的一流大学。"2004年，国务院发布的《2003—2007年教育振兴行动计划》再一次重申了建设世界一流大学的战略意义，指出："建设世界一流大学和高水平大学是党和国家的重大决策，对于增强高等教育综合实力，提高我国国际竞争力具有重要的战略意义。"2015年10月24日，国务院发布的《统筹推进世界一流大学和一流学科建设总体方案》又一次明确提出："建设世界一流大学和一流学科，是党中央、国务院作出的重大战略决策，对于提升我国教育发展水平、增强国家核心竞争力、奠定长远发展基础，具有十分重要的意义。""以国家重大需求为导向，提升高水平科学研究能力，为经济社会发展和国家战略

---

① 闵维方：《以改革开放精神创建世界一流大学》，载《中国高等教育》，2008(24)。

实施作出重要贡献。"可见，服务国家发展战略是我国创建世界一流大学政策的一个重要价值取向。

在国外，一些国家创建世界一流大学的政策也是在国家发展战略的指导下出台的。比如，日本的"21世纪COE计划"就是在"科学技术创造立国"战略下制定的。1995年，日本政府出台的《科学技术基本法》提出了"科学技术创造立国"战略，指出科技创造立国，是以技术革新和发明创造为中心来推动科技革命和科技进步，在科技领域达到世界一流水平，确保世界领先地位，以加强产业和企业的竞争力，进而搞活日本经济，提高国民生活。① 从战略意义上说，日本的"COE计划"除了上面提到的大学本身追求卓越发展的价值以外，更重要的是通过学科建设和培养青年科研人员，提升日本科学研究的整体实力，保持优势领域的国际领先水平，实现科技创造立国战略。法国的"卓越大学计划"是为了服务国家的"未来投资计划"战略。该计划旨在不断提高法国的生产效率、创新能力及企业竞争力，促进高等教育与培训、科学研究、工业等领域中投资和创新的平等机会，推动经济增长与社会就业。②

二、引领高等教育改革和发展

创建世界一流大学不仅对于实现国家发展战略和促进社会经济发展等有着重要的外在价值，而且还有引领高等教育改革和发展的本体价值，推进高等教育强国建设。

创建世界一流大学政策的本体价值体现在各国创建世界一流大学的政策文件中。在我国，1995年11月18日，国家计划委员会、国家教育委员会、财政部联合出台的《"211工程"总体建设规划》（简称《总体规划》）指出："'211工程'是一项跨世纪的战略工程，是我国高等教育面向现代化、面向世界、面向未来，上水平、上质量、促改革、增效益的工程。"2010年7月29日，我国出台的《国家中长期教育改革和发展规划纲要（2010—2020年）》（简称《教育规划纲要》）明确了争创世界一流大学的政策引导和特色发展的要求："发挥政策指导和资源配置的作用，引导高校合理定位，克服同质化倾向，形成各自的办学理念和风格，在不同层次、不同领域办出特色，争创一流。"《总体方案》

---

① 引自刘昌黎：《日本科技创新立国战略的实施、成效与问题》。

② 张惠、刘宝存：《法国创建世界一流大学的政策及其特征》，载《高等教育研究》，2015(4)。

强调:"积极探索中国特色的世界一流大学和一流学科建设之路,努力成为世界高等教育改革发展的参与者和推动者。"

在国外,德国"卓越计划"旨在打破德国高等教育传统的"均质化结构",建立由顶尖大学、普通大学和应用科学大学构成的"金字塔型结构"。少数的顶尖大学位于金字塔的顶端,获得"卓越计划"的重点资助,在科研后备人才培养和科学研究上引领德国高等教育的发展。德国政府期望通过"卓越计划"提升德国大学的国际竞争力,加强大学的科研实力,打造出引领德国大学复兴的灯塔。① 法国的"卓越大学计划"将突破法国高等教育的保守模式,消除法国综合性大学、高等职业院校和科研机构之间的隔阂,促进大学自治和管理的革新,推动法国高等教育的科研革新、体系转型和层次整合。该计划为综合性大学、高等职业院校和科研机构间建立更加密切的联系开辟了道路,将在法国教育和科学领域的现代化变革中发挥主导作用,通过融合教学与科研机构、创新人才培养模式并接轨地方经济,切实承担起大学科技创新、人才培养和服务社会的职责。② 日本文部科学省于 2001 年出台了《大学结构改革方针:作为构建充满活力、富有国际竞争力的国、公、私立大学的一环》(简称《大学结构改革方针》或"远山计划"),该方针提出了日本高等教育改革的三大要点:①推进国立大学的重组与合并,大幅度削减大学数量。②引入民间经营体制,实现国立大学的法人化。③通过引入竞争机制、导入第三方评价体系,提升大学的国际竞争力,实现建设具有世界最高水平的大学的"远山计划"。③ 日本的"21 世纪 COE 计划"是"远山计划"的重要措施之一,旨在改变政府投入主要面向国立大学的局面,引入竞争机制,通过第三方评价从国立、公立和私立大学中优选重点资助对象,推动世界一流大学建设。日本的"全球COE 计划"重在加强和提高研究生院的教育和研究功能,通过体验和实践世界最高标准的研究,培养高创造性的青年研究人员,使他们成为各自研究领域的世界领导者。

---

① 张帆:《德国大学"卓越计划"述评》,载《比较教育研究》,2007(12)。

② 张惠、刘宝存:《法国创建世界一流大学的政策及其特征》,载《高等教育研究》,2015(4)。

③ 刘宝存、李润华:《我国世界一流大学建设与日本创建大学卓越研究中心政策比较研究》,载《外国教育研究》,2011(8)。

三、追求大学卓越

创建世界一流大学政策对大学自身的价值就是追求卓越。在创建世界一流大学的政策中，追求卓越的价值明显地体现在很多国家出台的创建世界一流大学政策的目的中。我国的《教育规划纲要》指出："到 2020 年，高等教育结构更加合理，特色更加鲜明，人才培养、科学研究和社会服务整体水平全面提升，建成一批国际知名、有特色、高水平的高等学校，若干所大学达到或接近世界一流大学水平，高等教育国际竞争力显著增强。"《总体方案》强调："坚持以一流为目标。引导和支持具备一定实力的高水平大学和高水平学科瞄准世界一流，汇聚优质资源，培养一流人才，产出一流成果，加快走向世界一流。"

日本的"21 世纪 COE 计划"的基本目的为：为提高研究水平，培养世界顶尖的创造型人才，在日本的大学中建立若干以学科方向为单位的世界最高水平的研究教育基地，并由国家提供重点财政资助，旨在建设特色鲜明且具有国际竞争力的大学。① "全球 COE 计划"旨在提供资助建立全球卓越水平的教育和研究中心，提升日本大学的国际竞争力。日本的"全球 COE 计划"在评选资助对象上引入竞争机制，国立大学、公立大学和私立大学需进行公平竞争，才能入选"COE 计划"，这将推动大学制定追求卓越的发展战略和目标。

德国卓越计划的"卓越集群计划"就是推动大学追求卓越的计划，旨在加强大学和应用科学大学、校外的科研机构以及经济界的合作，建立具备国际知名度的卓越研究机构，提高大学的整体实力和国际竞争力。2006 年，德国的"卓越计划"第一轮确定慕尼黑大学、慕尼黑工业大学和卡尔斯鲁厄工业大学为第一批重点资助对象，获得第二批资助的大学有亚琛工业大学、柏林大学、弗莱堡大学、哥廷根大学、海德堡大学和康斯坦茨大学，重点资助的 9 所大学被赋予"卓越大学"的头衔，推动大学追求卓越。"卓越计划"在评选资助对象上引入了竞争机制，这在 2010 年开始的第二轮"卓越计划"评选中得以体现。相比第一轮"卓越计划"，本次"卓越计划"增加了不来梅大学、柏林洪堡大学、科隆大学、图宾根大学和德累斯顿大学 5 所新入选的大学，而弗莱堡大学、哥廷根大学和卡尔斯鲁厄工业大学则在本次评

---

① 　杨栋梁：《日本推行高等教育改革的新举措》，载《日本学刊》，2003(5)。

选中落选。经过两轮的"卓越计划"评选，德国的卓越大学数量由原来的 9 所增加为 11 所，其中显著的变化是新入选了 5 所大学，但有 3 所大学退出了"卓越计划"。德国"卓越计划"的动态评选机制使大学之间相互竞争，促进大学的卓越发展。

四、推进学科发展前沿

对于世界一流大学的评价标准来说，美国大学联合会主席约翰·冯认为："不仅要关注科研方面的数量和科研方面的广度，也要考虑质量，以及教师们在相关学科做了多少前沿性重要研究，在世界范围内是否处于领先地位等。我觉得，认识到这点很重要。"①可见，学科建设是创建世界一流大学的关键，各国创建世界一流大学政策都确定重点发展的学科领域，着力推进学科发展的前沿，这就是创建世界一流大学政策的学科价值。

强化重点学科建设是我国创建世界一流大学政策的一个重要价值取向。我国的《总体规划》指出："重点学科建设是核心，是体现教学科研水平的重要标志，是带动学校整体水平提高的有效途径。""要努力形成覆盖我国经济建设和社会发展主要行业和领域、带动学科和科技发展、分工合理、相互配套的重点学科体系。"《教育规划纲要》指出："以重点学科建设为基础，继续实施'985 工程'和优势学科创新平台建设，继续实施'211 工程'和启动特色重点学科项目。"《总体方案》强调："坚持以学科为基础。引导和支持高等学校优化学科结构，凝练学科发展方向，突出学科建设重点，创新学科组织模式，打造更多学科高峰，带动学校发挥优势、办出特色。"2017 年 1 月 24 日，教育部、财政部、国家发展和改革委员会出台的《统筹推进世界一流大学和一流学科建设实施办法（暂行）》指出："坚持以学科为基础，支持建设一百个左右学科，着力打造学科领域高峰。支持一批接近或达到世界先进水平的学科，加强建设关系国家安全和重大利益的学科，鼓励新兴学科、交叉学科，布局一批国家急需、支撑产业转型升级和区域发展的学科，积极建设具有中国特色、中国风格、中国气派的哲学社会科学体系，着力解决经济社会中的重大战略问题，提升国家自主创新能力和核心竞争力。"

---

① 王晓阳、刘宝存、李婧：《世界一流大学的定义、评价与研究——美国大学联合会常务副主席约翰·冯（John Vaugh）访谈录》，载《比较教育研究》，2010(1)。

国外创建世界一流大学政策的学科价值主要体现在确定重点发展的学科领域或学科群。日本的"21世纪COE计划"重点发展的学科群有11个：①生命科学，包括外空生物学、生物学、医用工程学、农学、药学等；②信息电气电子类，包括情报科学、电气通信工学等；③化学与材料科学，包括化学、材料科学、金属工学、纤维工学、工艺工学等；④人文科学，包括文学、史学、哲学、心理学、教育学、戏剧、语言学、艺术等；⑤医学类，包括医学、牙科学、护理学、保健学等；⑥数学、物理与地球科学，包括数学、物理学、地球科学、应用物理学等；⑦机械、土木、建筑及其他工学，包括机械工学、系统工学、土木工学、建筑学等；⑧社会科学，包括法学、政治学、经济学、经营学、社会学、综合政策等；⑨交叉学科、复合科学、新兴学科，包括环境科学、生活科学、区域研究、能源科学、国际关系等；⑩创新前沿科学领域；⑪革新性学术领域。[1] 韩国"智力韩国21工程"重点资助四大学科领域：①应用科学，包括信息技术、生命工程、机械、材料、物理和化学等；②人文与社会科学，包括语言、历史、哲学、管理、政治、经济、教育、心理、韩国学研究和韩国文化等；③传统特色科学，包括韩医药学和食品发酵等；④新兴产业科学，包括设计、影像、动画等。[2] 德国"卓越计划"的未来构想项目就是要推动卓越大学尖端科学的研究，提升青年科学家和研究者的学术水平，增强大学优势学科的国际竞争力，与其他世界一流大学竞争，推进学科发展前沿。

五、培养拔尖创新人才

根据美国高等教育学家马丁·特罗（Martin Trow）的高等教育发展阶段理论，世界高等教育发展经历了精英型高等教育阶段、大众型高等教育阶段和普及型高等教育阶段。世界发达国家高等教育发展已经实现了大众化的发展目标，基本上进入了普及化阶段，高等教育的"金字塔"结构基本形成。从大学发展的历史来看，人才培养始终是大学的核心职能，只是不同时期大学的人才培养目标有所不同。在高等教育大发展的时代，拔尖创新人才是世界各

---

[1]　龚兴英、陈时见：《日本"21世纪COE计划"：背景、内容及意义》，载《比较教育研究》，2007(7)。

[2]　连进军：《韩国的世界一流大学建设：BK21工程述评》，载《大学教育科学》，2011(2)。

国大学人才培养的目标和追求，世界一流大学兼具人才培养、科学研究、社会服务三大职能。知识经济社会和经济全球化的深入发展，世界各国综合国力的竞争日益激烈，大学在提升综合国力中的作用更加凸显。为此，世界各国和地区纷纷出台创建世界一流大学的政策，加大投入重点支持部分大学争创世界一流水平，提升大学的国际竞争力和世界声誉。无论是国家综合国力的竞争还是大学综合实力的竞争，说到底都是高层次人才的竞争，特别是拔尖创新人才的竞争。世界一流大学处于各国大学阶层的最顶层，除了承担学术创新、推进学科发展前沿、引领高等教育改革与发展之外，还要肩负着培养拔尖创新人才、服务国家发展战略的重任。

我国的《教育规划纲要》强调："牢固确立人才培养在高校工作中的中心地位，着力培养信念执着、品德优良、知识丰富、本领过硬的高素质专门人才和拔尖创新人才。""加快创建世界一流大学和高水平大学的步伐，培养一批拔尖创新人才"。2011年，我国实施的《高等学校创新能力提升计划》（简称"2011计划"）在人才培养上强调集聚和培养一批拔尖创新人才。《总体方案》提出了培养拔尖创新人才的重要任务，进一步强调："坚持立德树人，突出人才培养的核心地位，着力培养具有历史使命感和社会责任心，富有创新精神和实践能力的各类创新型、应用型、复合型优秀人才。"日本"21世纪COE计划"的人才培养目标是大力提升日本大学的基础研究和尖端技术研究的科学水准，努力培养世界顶尖的高科技创新人才。[①] 韩国实施公平的竞争机制，鼓励高校培养社会所需要的高级专门人才。德国"卓越计划"在人才培养上着力推动高素质科研人才的培养。

从国际比较视野来看，服务国家发展战略、引领高等教育改革和发展、追求大学卓越、推进学科发展前沿以及培养拔尖创新人才是世界各国和地区出台的创建世界一流大学政策的共同价值取向。创建世界一流大学的总目标是服务国家发展战略和建设高等强国，总目标的实现需要大学卓越发展、学科创新发展、拔尖创新人才培养等方面的支撑和奠基。创建世界一流大学政策的价值取向由处于内核的政治论高等教育哲学和处于外围的认识论高等教育哲学组成一个循环图，如图1-1所示。价值系统的内核是服务国家发展战略；价值系统的外围包括引领高等教育改革和发展、追求大学卓越、推进学

---

① 刘宝存、李润华：《我国世界一流大学建设与日本创建大学卓越研究中心政策比较研究》，载《外国教育研究》，2011(8)。

科发展前沿和培养拔尖创新人才。创建世界一流大学政策的五大价值取向是一个系统，系统各部分之间紧密联系、共同作用，构成一个有机整体，从而促进大学走向世界一流。

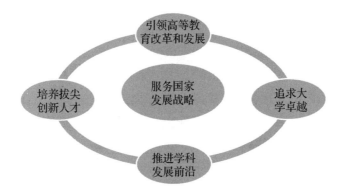

图 1-1 创建世界一流大学政策的价值系统图

第二章 日本创建世界一流大学政策研究

　　在知识经济时代，一个国家只有坚持以科技进步和知识创新为先导，才能促进生产力发展实现质的飞跃，才能在激烈的国际竞争中占有一席之地。而加快高等教育的发展，创建世界一流大学和高水平研究型大学，则是迅速提升人力资源水平和科技创新能力的关键，是保证在激烈的国际竞争中占据主动地位的战略性措施。在20世纪90年代末至21世纪初这一历史阶段，创建世界一流大学成为许多国家高等教育改革的重要举措。各国把关系国家综合国力强盛的世界一流大学建设工程切实提升到国家战略层面来予以考虑和推动。

　　为了建设具有国际竞争力的世界最高水平大学，日本政府从提升本国国际竞争力的迫切需要出发，结合高等教育的发展实际，于2002年出台了"21世纪COE计划"。该计划以《大学结构改革方针：作为构建充满活力、富有国际竞争力的国、公、私立大学的一环》为政策依据，成为文部科学省"卓越研究中心建设费补助基金制度"中的一项重要改革措施。"21世纪COE计划"旨在向具有世界最高水平的研究教育中心倾斜经费资助，以引导和促进各大学发挥自身的优势、个性和特色，创建具有国际竞争力的、特色鲜明的世界最高水平的大学。在该计划取得积极成果的基础上，日本政府于2007年启动了作为其后续计划的"全球COE计划"。2014年，日本政府为区别以学科领域为单位组织建设、由政府按照学科领域实施经费资助的"COE计划"，又推出"全球顶尖大学计划"，希望大学以整体为单位，对获得立项的大学进行拨款资助，进而提升大学的整体实力。

第一节 日本创建世界一流大学政策产生的背景

教育政策的制定需要一个漫长的过程，并不是能够在短期内形成方案并即刻付诸实践的。影响教育政策制定的主要因素包括教育政策的制定环境与教育政策的制定主体这两大方面。① 任何一项重大教育政策措施的出台，都有其特定的政策制定环境。日本创建大学卓越研究中心政策的出台亦是如此。"科学技术创造立国"战略的出台、经济全球化背景下日趋激烈的国际竞争、基础科研能力相对薄弱与科技体制改革滞后等因素都直接或间接地推动了该政策的出台。

一、大学在"科学技术创造立国"战略中的地位与作用

在"科学技术创造立国"战略的大背景下，自《第一期科学技术基本计划》(1996—2000 年)出台以来，日本政府就开始从战略性高度审视大学(研究生院)在"科学技术创造立国"战略中的地位与作用，并把大学(研究生院)教育发展规划纳入国家创新体系。其后日本政府相继出台的一系列法律法规中，都明确提出了日本未来最应强化基础性、创造性研究开发领域，尤其要重视以基础研究为中心的大学的作用，大学成为日本国家创新体系中举足轻重的基础创新基地。

20 世纪 90 年代中期以来，日本的大学在"科学技术创造立国"战略中的定位，主要体现在《科学技术基本法》《科学技术基本计划》《科学技术白皮书》、政府各有关审议会的报告以及产业界的教育改革建议中。例如，日本文部省公布的 1995 年版《科学技术白皮书》曾指出："大学作为学术研究的中心，除了肩负人才培养的根本任务外，还承担着创造开拓未来的新知识、继承人类的知识文化遗产、利用知识资源开展国际合作等重要使命。从以上诸方面来看，大学应在科学技术体系中发挥中心的作用。"②其后，日本文部省在公布2002 年版《科学技术白皮书》之际再次重申了大学在"科学技术创造立国"战略中的中心地位，即"大学具有在人文科学、社会科学以及自然科学等广泛领域

---

① 孙绵涛：《教育政策学》，130～131 页，北京，中国人民大学出版社，2010。
② 文部科学省，平成 7 年版科学技術白書［第 3 部第 4 章第 2 節 3］，2015-08-01.

内推动高深学问的发展的特色，应该继续在国家科学技术创新体系中发挥中心的作用，综合推进研究与教育活动"①。

除此之外，中央教育审议会的《展望二十一世纪日本的教育》、大学审议会的《关于提高研究生院教育研究质量的审议总结》、大学审议会的《二十一世纪的大学与今后的改革对策——在竞争环境中闪耀个性的大学》、学术审议会的《以科学技术创造立国为目标整体推进日本的学术研究》等一系列咨询报告中，均有提出振兴大学基础科学研究的建言。例如，1998年，大学审议会在向文部大臣提交的《二十一世纪的大学与今后的改革对策——在竞争环境中闪耀个性的大学》咨询报告中指出，"从积极开展跻身世界最高水准的高水平研究，以及培养满足国家社会和国际社会期待的、在各个领域积极而活跃的优秀人才的观点出发，需要考虑形成和支援作为卓越研究中心的研究生院"。同时，"面向二十一世纪，实现科学技术创造立国已成必要，鉴于科技革命迅猛发展和知识陈旧加剧而导致寻求继续教育机会的社会成员的日益增多，今后，（国家）将进一步加大大学研究生院培养具有高度专业素质人才的力度"。② 因此，无论是从发展科研角度还是从培养专业人才角度，加强大学研究生院建设都变得更加重要。

1999年，学术审议会在《以科学技术创造立国为目标整体推进日本的学术研究》的咨询报告中明确提出日本应积极开展开创新领域、新学问的具有先导性、独创性的世界最高水平的研究。同时，该报告还建议政府为开展此类科学研究进行科研体制改革，形成竞争的研究环境，建设具有世界水平的卓越研究中心等。③

20世纪90年代以来的"科学技术创造立国"战略对日本大学的改革与发展产生了重大而深远的影响。为了在激烈的国际竞争中占据主动，大力发展研究生教育、加快高素质人才的培养摇篮——大学研究生院的改革、实施"21世纪 COE 计划"和"全球 COE 计划"等，这些都是在"科学技术创造立国"战略的背景下日本大学改革的新举措和新进展。

---

① 文部科学省，平成 14 年版科学技術白書，2015-08-01.

② 文部科学省，大学審議会「21 世紀の大学像と今後の改革方策について—競争的環境の中で個性が輝く大学—（答申）」，2015-08-01.

③ 文部科学省，学術審議会「科学技術創造立国を目指すわが国の学術研究の総合的推進について：知の存在感のある国を目指して」，2015-08-01.

二、经济全球化背景下日趋激烈的国际竞争

在当今激烈的国际竞争中，大学作为创新知识、传播知识的核心机构，已经成为经济发展和提升国家、地区竞争力的重要推动力量以及影响国家核心竞争力的重要因素。大学的创新与研发能力往往被视为一个国家发展及经济繁荣最关键的指标之一。大学的卓越发展更是提高国家竞争力的有效途径。大学逐渐走出象牙塔，被卷入全球范围内的国际竞争。因此，建设世界一流大学，提升国家和地区在知识创新领域的竞争力，已经成为很多国家和地区政府应对经济全球化挑战的一项重要的战略举措。面对日趋激烈的高等教育竞争趋势，唯有发挥高等教育在知识经济时代举足轻重的作用，即培养高素质的创新型人才，朝高新科技、高附加价值产业发展，才能在全球性竞争的环境中生存。因此，为避免国家竞争力被边缘化，追求学术卓越、提升高等教育整体水平成为世界各国和地区的第一要务。作为全球高等教育体系有机组成部分的日本高等教育，自然也无法漠视或置身事外。

1998年，大学审议会发布了一份对21世纪日本高等教育产生重要影响的咨询报告，即《二十一世纪的大学与今后的改革对策——在竞争环境中闪耀个性的大学》。大学审议会的这份报告在日本教育改革历史上首次提出了"大竞争时代"的概念，指出"随着'追赶型'经济时代的结束，大竞争时代已然到来，现在，日本的社会和经济正面临着一个重要的转折点。此外，伴随着信息通信技术的日新月异和自由贸易体制的扩大，世界经济的一体化进程日益加快。……为从容应对挑战，全面提升日本的国际竞争力成为当务之急"。同时，报告还强调"知识的重构不仅将成为增强经济、科技和国家竞争力的基础，而且将促使大学的科学研究和学术研究的重要性日益突显……在新世纪，作为国家的知识源泉，大学应立足于更加广阔的视野，在推进个性化、多样化的同时，必须进行结构性改革，积极探讨如何充实教育研究体制和开拓新学术领域，进一步提高大学基础研究和尖端科学技术研究的水平，强化大学的地域贡献职能和国际竞争力，确保日本高等教育系统整体教育研究的国际通用性与共通性"。①

---

① 文部科学省，大学審議会「21世紀の大学像と今後の改革方策について—競争の環境の中で個性が輝く大学—(答申)」，2015-08-01.

为了在 21 世纪激烈的国际竞争中站稳脚跟、抢占发展先机，日本政府先后于 2002 年和 2007 年分别启动了"21 世纪 COE 计划"和"全球 COE 计划"。日本的这一"卓越研究中心计划"充分体现出为实现可持续性发展、确保国际竞争优势的战略性思考。日本政府意识到真正从根本上决定日本的学术、科研和高等教育能在国际上取得独立先进地位，决定日本的大学能建设成世界最高水平大学，关键取决于处于高等教育最高层次的研究生特别是博士生的教育水平。因此，"21 世纪 COE 计划"和"全球 COE 计划"通过在科研实力雄厚、设置博士课程的国立、公立、私立大学创建卓越研究中心，培养出创新、杰出的博士生，在科学与学术上做出原创性的重大发现和贡献，改变日本曾经在国际学术体系和高等教育体系中处于模仿、借鉴别人和缺少自主权、话语权的边缘地位。"COE 计划"的最终目的在于通过大学创新研发提升国家的整体竞争力，将竞争原理导入大学教育，提升大学研究水平，使日本高等教育迈向优质新纪元，早日实现"科学技术创造立国"战略目标，并创造日本发展的新契机与经济发展的新地位。

三、基础科研能力薄弱与科研体制改革滞后

从 20 世纪 80 年代末起，日本经济开始进入漫长的停滞期，90 年代甚至出现了负增长。曾经风光无比的、适应于工业经济时代的"模仿赶超型"经济发展模式已经无法维持经济的持续增长态势。究其根本，其原因在于日本长期奉行的实用主义的科技发展路线。日本采取的技术发展路线都是在引进他国知识和技术的基础上开展进一步的技术开发和应用研究，对具有探索性、风险性特点的基础科学研究缺乏兴趣和耐力。这种科技政策利弊兼存。其优点是帮助日本短期内实现向经济大国的跨越，带来日本经济的崛起；其隐患与弊端是导致日本基础研究、前瞻性研究的落后和自主开发能力的低下，科技发展潜力不足，不利于经济的长期发展。在创新已经成为时代主旋律的今天，这种科技发展战略已经走入穷途，只有依靠自力更生，致力于独创性高新科技研发，才能从容应对时代的召唤。

从技术引进到自主创新，日本的技术创新体系面临着发展模式的转变。但是，日本科技行政管理体制积弊丛生，制度创新滞后于技术创新，成为阻碍技术创新的主要因素。日本的科学技术研究机构从设置类型和组织主体上说，大致可以分为"官""产""学"三大系统。其中，"官"是指由政府和地方设立的国立、公立实验研究机构和法人研究机构（包括独立行政法人研究机构和

特殊法人研究机构），主要从事应用研究为主的经常研究和应社会经济发展急需而实施的特别研究；"产"是指企业内的附属研究开发机构和由民间（私人企业）自主创建的专门研究开发机构，主要从事以产品开发和应用技术研究为主的科研活动；"学"是指大学（包括研究生院）附属科研机构，主要从事所谓"真理探究"的基础科学研究，并应社会的要求，也从事一部分特别研究、特定研究、综合研究和试验研究等。此外，日本还存在一种具有特殊法人地位的专门研究开发机构。这种机构是由政府和民间共同出资设立的专门研究机构，主要从事大规模的、复杂的、长期的、先导性基础研究开发，如日本原子能研究所、宇宙开发事业团、海洋科学技术中心等。①

　　日本的科学研究管理开发体制属于"民间主导型"，科研活动的大部分是在产业部门进行的，大学并不是进行科研活动的"主战场"。日本政府在技术研发过程中重视政策引导，其总体指导思想是把研究重点集中放在短期内能够获取巨大经济效益的科研领域。这种"自上而下"政府主导型科研模式再加上"民间主导型"科研管理开发体制，直接导致日本的科研活动具有较强的应用性质，科学研究的天平向与产品生产密切相关的、容易产生经济效益的实用技术的研发倾斜，而对于那些高费用、高风险、高难度的基础研究避之不及。由此，日本政府的"短视"行为使周期长、见效慢或存在巨大风险又难以在短期内产生经济效益的基础科学研究在日本长期备受冷落。

　　此外，"官""产""学"三大科研系统分属不同的管理机构。国立、公立实验研究机构和具有特殊法人地位的专门研究开发机构根据各自研究目的的不同，分别归属科学技术厅、通产省、农林水产省和其他省厅管辖，其工作通常受相应省厅的领导与监督，其任务和研究范围与相应省厅的职能基本保持一致；企业内的附属研究开发机构和由民间（私人企业）自主创建的专门研究开发机构归属各企业管辖；大学归属文部科学省管辖。

　　日本科技行政管理部门的职能交叉、政出多门、多头管理的体制导致这三大科研系统无论是在组织上，还是在专业领域上，都缺少合作的长效机制。同时，科学技术会议和科学技术厅在政策协调方面也缺乏系统性、连贯性和综合性。长此以往，这种落后的科研管理体制既不利于研究交流和创造性人才的培养，也不利于尖端性基础研究活动的开展。

　　除以上影响政策出台的动因外，日本社会日趋严重的"少子化"现象也给

---

　　①　米建国：《日本的科研体制与科研重点》，载《现代日本经济》，1985(4)。

日本的高等教育带来了严重冲击。日本高等教育进入普及化阶段后，升学率持续走高，高等教育机构之间的生源竞争日趋白热化。与之形成鲜明对比的是，"少子化"现象带来的接受高等教育的适龄入学人口的逐年递减。为化解生源危机，确保能够招收到充足的生源，从而维持正常的办学秩序，各类高等教育机构通过各种方式来吸引生源，降低入学门槛成为综合能力与竞争实力薄弱的大学借此解决"生存大计"的"下下策"。此举成为高等教育质量下滑的直接诱因。为了解决此类危及高等教育发展根基的质量下滑问题，同时也为了拯救已陷入或即将陷入倒闭窘境的高等教育机构，日本政府遵循市场原理，重视自由竞争，展开了一场以"竞争和开放"为基调的高等教育改革，以多项举措来确保高等教育质量得以提升。"21世纪COE计划"就是诸多措施中的重要一环。

综上所述，日本创建大学卓越研究中心政策的出台并不是一件孤立的、偶然的事件，它体现了作为现代化"后发外生型"国家的日本为实现可持续性发展、确保国际竞争优势的战略性思考，与其整个国家的宏观政策目标是一致的。

第二节　日本创建世界一流大学政策的内容

"21世纪COE计划"主要包括"建设愿景与目标""资助对象""申报资格及审查要点""审查标准及程序""实施周期""计划实施领域""经费来源及分配"等几方面的内容。作为"21世纪COE计划"的二期工程，"全球COE计划"的基本框架和内容与前者基本相同。

一、"21世纪COE计划"的具体内容

(一)建设愿景与目标

世界最高水平的大学和世界顶尖卓越研究中心或学科领域的建设是日本政府推出"21世纪COE计划"的最终目标所在。该目标的提出并不是脱离日本高等教育发展实际的简单式跨越发展，而是通过在现有高等教育体系中建立相应竞争机制、营造良性的竞争环境的方式，来实现最高水平大学和世界顶尖卓越研究中心建设的目标。2002年6月，日本政府正式启动"21世纪COE计划"。文部科学省将"21世纪COE计划"出台的背景归纳为："为了使日本大

学与世界顶级大学为伍进行教育及研究活动，根据基于第三方评价的竞争原理，进一步形成竞争环境，使国、公、私立大学之间的竞争更加活跃地展开。"①为此，文部科学省从构筑核心竞争力的战略高度确定了出台该计划的目标，即在日本大学各学术领域中建立若干以学科方向为单位的具有世界最高水平的教育研究基地；进一步促进大学提升基础研究和尖端技术研究的水准，培养世界顶尖的高科技创新人才，加速学术成果的产出；采取倾斜式重点投资的方式，把资金重点分配给具有高水平和发展潜力的研究生院的教育研究基地，引导和促进各大学形成自身的优势、个性和特色，创建具有国际竞争力的、特色鲜明的世界最高水平的大学，进而带动整个日本科学研究的发展。综上所述，我们可以把文部科学省的改革意图理解为：在教育资源相对短缺的前提下，坚持"目标集中、重点突破"的原则，集中有限的财政性教育支出，对大学中的具有优势和特色的学科予以重点投入和建设，使之能够更快更好地发展，力争在国际学术领域占据一席之地，从而起到"以点带面、全盘皆活"的效应，带动相关学科乃至大学的整体发展。

（二）组织、实施与管理部门

作为"21世纪COE计划"的配套措施，日本文部科学省于2002年专门设立了卓越研究中心建设费补助基金，详细规定了该计划的组织管理、申请、建设学科领域和审批等内容。为了确保卓越研究中心计划评审过程的独立性、客观性、公正性和专业性，文部科学省将卓越研究中心计划的评审工作委托给中介机构——独立行政法人日本学术振兴会（Japan Society for the Promotion of Science）执行。日本学术振兴会作为中心机构，联合大学评价与学位授予机构、日本私立学校振兴与共济事业团和大学基准协会等组织共同组建了"21世纪COE计划委员会"，负责卓越研究中心计划评审细则的制定、卓越研究中心计划的审查及监督评价、卓越研究中心计划的实施效果等相关事务。"21世纪COE计划委员会"下设"综合评价部会"和"各学科领域审查与评价部会"，负责对卓越研究中心计划做全面的书面审查、公听审查与和议审查。其中，"21世纪COE计划委员会"由来自教育界和产业界的有识之士组成，委员人数基本控制在30人以内。委员长由曾获诺贝尔物理学奖的芝浦工业大学校长江崎玲于奈担任。"综合评价部会"由"各学科领域审查与评价部会"的部长

---

① 　独立行政法人日本学術振興会，21世紀COEプログラムの概要，2015-08-09.

组成，负责协调各学科领域卓越研究中心的审核工作，以保障总体的平衡及重点领域的突出。"各学科领域审查与评价部会"由来自大学（包括研究生院）附属科研机构，国、公立实验研究机构，企业附属研究开发机构的人员构成。为避免名牌大学委员过多所导致的相互庇护和内部"利益均沾"行为的发生，在委员会人选的安排上充分体现了参与的广泛性。例如，2002年度化学与材料科学领域审查与评价部会的正、副委员长是来自公益法人研究机构的所长，其余18名委员有9名来自不同大学的教授，6名来自国、公立研究机构的负责人，2名来自企业研发机构的负责人，1名来自大学评价与学位授予机构的教授。

（三）资助对象与研究组织形式

"21世纪COE计划"的资助对象限定为国立、公立、私立大学中设置博士课程的专业或学科。设置博士课程即具备博士研究生培养能力或拥有博士学位授予权。计划中提及的国立大学①、公立大学②和私立大学③须满足《学校教育法》所规定的条件，即它们是"国家（包括2003年《国立大学法人法》规定的国立大学法人及独立行政法人国立高等学校）、地方公共团体（包括2003年《地方独立行政法人法》规定的公立大学法人）及《私立学校法》规定的学校法人能够设置的学校"④。

为了突出和强化大学的研究功能，日本政府曾经在落实研究生院重点化改革政策的时候，选择了东京大学、京都大学、大阪大学、名古屋大学、东北大学、九州大学、北海道大学、东京工业大学、筑波大学、广岛大学、庆应大学和早稻田大学12所历史悠久、基础研究实力较强的大学，实施研究生院重点化建设，以期达到提高研究生院的学术研究水平、建立卓越研究中心和强化研究型大学体制的目的。日本政府对上述12所大学也是采取了重点投

①　国立大学是由国家设立，并遵照《学校教育法》《国立学校设置法》、同法施行规则及其他规章制度运行经营的大学。

②　公立大学是由都、道、府、县、市、区、町、村等地方公共团体设立并维持其日常运营的大学。

③　私立大学是指遵照《私立学校法》，由个人或民间团体等学校法人设立、管理，并维持其日常运营的大学。其经费来自学校法人的自筹资金和学生交纳的费用。

④　法庫，学校基本法（昭和22年3月31日法律第112号、最终改訂平成15年7月16日法律第119号），2015-08-09.

资的方式，有计划地在教师编制和物资设备以及资金分配上给以倾斜，每年在原有国家拨款的基础上再增加 25％的投入。

"21 世纪 COE 计划"没有仿照研究生院重点化改革的做法，将卓越研究中心的建设局限于某些研究实力雄厚的大学，而是面向所有设置博士课程的大学，给其他符合资助条件的大学提供了一个公平的竞争和发展的机会。这就调动了那些基础相对较差、底子相对较薄、科研实力相对较弱的大学的积极性。过去在政府重点资助中被边缘化的地方性公立大学或私立大学终于能够凭借自身特色学科在卓越研究中心计划申报中抢占一席之地。但是，这种公平是在承认差别的前提下的相对公平，并不是绝对的。日本高等教育是由承担不同社会职能的"官学"和"私学"两种设置主体构成的双元结构。大学设置主体的不同决定了不同类型大学的教育研究功能、资源分配模式的不同，进而确定了高等院校体系内部的等级序列，形成了独具日本特色的"官学"与"私学"并存、中央与地方并重的多层次的高等教育格局。"官学"和"私学"根据各自的办学目的、特色，发挥了应有的高等教育职能。位于高等教育金字塔尖的"官学"——国立大学作为知识、科学技术的创新基地、培养核心人才的教育基地，主要是实施人才教育，承担研究的功能；位于金字塔基座的"私学"——私立大学主要承担了普及和发展大众教育的任务，特别是在非义务教育阶段，私立教育占据了主导地位，在人才培养方面起到了不可或缺的重要作用。

文部科学省公布的 2010 年度《学校基本调查》的统计数据显示，日本当年有 778 所大学，其中国立大学 86 所，公立大学 95 所，私立大学 597 所。设置博士课程的大学共 431 所，其中国立大学 76 所，占国立大学总数的 88.4％；公立大学 59 所，占公立大学总数的 62.1％；私立大学 296 所，占私立大学总数的 49.6％。[①] 从设置博士课程的不同类型大学的数量占该类大学总数的比例来看，国立大学明显高于公立大学和私立大学。这从一定程度上可以反映出一所大学科研实力的强弱，国立大学整体的科研实力和科研水平高于公立大学和私立大学。在"21 世纪 COE 计划"给出的设置博士课程这一前提条件之下，国立大学占据了先天的优势，赢在了起跑线上。

在日本大学内部，从事科学研究的主体是研究生院（日文是"大学院"），它由不同的研究科组成，同一个研究科内包括若干不同研究方向的学科专攻

---

① 　政府統計の総合窓口，平成 22 年度学校基本调查(2)類型別学校数，2015-08-09.

领域。与以往的科研项目申报大多是以大学为单位不同，"21世纪COE计划"的特色之一是以学科或专业为单位进行卓越研究中心计划申报，体现出弹性和多样化的特点，即可以以学科为单位进行申报，且同一所大学内可以有多个学科同时进行卓越研究中心计划申报。其具体的研究组织形式为：①大学研究生院的单个学科或多个学科的联合；②大学附属研究所、研究中心或多个研究组织的联合；③大学研究生和附属研究所、研究中心或组织的联合组织形式，且联合组织形式仅限于同一所大学内部。① 此外，由于大学的多科性、综合性趋势的增强以及科研的内在驱动力使学科内研究向跨学科研究转变，同时跨学科研究所、研究中心的设立也成为科学发展的新趋势。为顺应这种科技发展的新潮流、大趋势，打破传统而保守的研究组织形式的"桎梏"，促进大学内部或校际研究者之间的合作，"21世纪COE计划"鼓励新兴学科和跨学科领域的发展，提倡不同大学间或同国外大学的优势学科采取"横向联合"的研究组织方式进行卓越研究中心计划申报。从该计划的最终实施结果来看，卓越研究中心计划立项在突出学校自身科研特长的基础上，既有适合于传统学科领域的、以常设性研究机构为中心开展研究活动的研究组织形式，也有适合于交叉学科、新兴学科领域的临时性的、打破学科或专业限制开展跨专业、跨校合作研究的研究组织形式。

(四)实施周期与经费分配

"21世纪COE计划"是以政府资金为推动型的卓越研究中心计划，由国家下拨专项经费支持卓越研究中心的建设，其特点是经费分配相对集中，资助额度较大，并呈逐年递增的趋势。对入选"21世纪COE计划"的项目，原则上立项期限为5年，资助金额为一个基地每年给予1～5亿日元(2004年度实施的"创新前沿科学领域"卓越研究中心计划的资助金额限定在1000万日元～5亿日元)，连续资助5年。文部科学省根据委员会的审查结果向获准立项的卓越研究中心基地下拨研究经费。委员会对基地实行动态管理，在立项2年后对该卓越研究中心的科研活动业绩进行中期评价考核，将评价结果作为后3年下拨研究经费的参考依据，与新的预算分配挂钩，评价结果不合格的卓越研究中心将被及时淘汰，终止资助。立项5年后实施结果评价。卓越研究中

---

① 独立行政法人日本学术振兴会，平成14年度21世纪COEプログラム公募要領，2015-08-09.

心在下一个 5 年能否继续获得资助要看其研究、教育的业绩及学科、社会的发展需要。如此巨额的经费资助必然会对设置卓越研究中心的大学产生积极的影响，同时强有力的经济援助也有利于研究活动的深入发展和研究成果的取得。

卓越研究中心计划的资助经费主要包括仪器设备费、差旅费、劳务费及其他费用。具体如下：①仪器设备费直接用于科学研究，即专用仪器设备购置费，包括购买图书(杂志除外)、经久耐用的设备器材的费用。对购买的仪器设备须给予编号并妥善管理。原则上，仪器设备费不能超过各年度申请资助经费的 90％。②差旅费是指开展卓越研究中心科研活动所必需的费用，其开支范围包括国内差旅费、国外差旅费、邀请外国研究人员来访的差旅费等。③劳务费是指用于为卓越研究中心建设提供了研究支援、劳动及专业知识等的研究人员的补助、各种酬谢金、租金等劳务费用。④其他费用是指开展卓越研究中心科研活动所必需的消耗品费用(如办公用的消耗器材、药品、饲养动物的饲料及消耗品必备的配件购置费)，土地及房屋的租金(但不得用于建筑物的扩建、购置等费用的开支)，印刷费，通信运输费，电费水费，会议费，委托费等。其中，委托费原则上不能超过各年度资助金额的 50％。

在上述经费范畴之内，卓越研究中心计划的资助经费可用于邀请世界顶级研究人员，资助优秀学生的自主研发，资助助教(teaching assistant)、研究助理(research assistant)、博士后等优秀的青年研究人员的研究活动，开展与资助项目研究工作有直接关系的国际合作与交流活动等。

(五)学科领域分类

在国际竞争日益抢占高新技术战略制高点的大背景下，日本政府从战略性、前瞻性的高度统筹规划科学技术的发展蓝图，将 21 世纪初期日本科技发展的基础研究重点领域确定为生命科学、信息通信、纳米技术与材料、环境及其复合学科四大领域。这一点在第二期(2001—2006 年)、第三期(2006—2010 年)的《科学技术基本计划》中都有所体现。此外，日本政府重点推进的科研领域还包括物质与材料科学、信息与电子科学、数学物理科学、人文社会科学、制造技术、边缘科学等。在"科学技术创造立国"战略的指导下，文部科学省把大学学术研究所固有的前沿性、基础性等特质作为立脚点，摒弃"平均主义"倾向，"有所为，有所不为"，开展了有计划、有导向选择地建设大学卓越研究中心的活动。

"21世纪COE计划"的申报是严格按照学科领域进行的，原则上每年对其中的5个专业领域群进行申报、评审。文部科学省公布的"21世纪COE计划"的10大学科领域分类涉及人文科学、社会科学及自然科学等广泛的领域，研究领域涵盖了生命科学，信息电气电子类，化学与材料科学，人文科学，医学类，数学、物理与地球科学，机械、土木、建筑及其他工学，社会科学，交叉学科、复合学科、新兴学科和创新前沿科学领域。2002年在生命科学，信息电气电子类，化学与材料科学，人文科学，交叉学科、复合学科、新兴学科5大学科领域，2003年在医学类，数学、物理与地球科学，机械、土木、建筑及其他工学，社会科学，交叉学科、复合学科、新兴学科5大学科领域进行了卓越研究中心计划的申报与审查，每个领域的卓越研究中心计划名额控制在10～30个；2004年仅在创新前沿科学一个领域进行了卓越研究中心计划的申报与审查工作。综上可以看出，该计划所谓按学科领域进行卓越研究中心计划申报并非只是简单地按学科门类分列，而是突出了推动知识创新的战略意图，体现了日本政府科技发展战略规划的基本思路，即以学术前沿突破为先导，以基础知识创新为根本，以学科知识整合与革新为抓手，以文理兼备为特质。

除创新前沿科学领域外，其他9大学科领域群又进一步细分为若干个具体的二级学科及专业。其中，①生命科学领域细分为生命科学、生物学、医用工学、生体工学、农学、药学等；②信息电气电子领域细分为信息科学、电气通信工学等；③化学与材料科学领域细分为化学、材料科学、金属工学、纤维工学等；④人文科学领域细分为文学、史学、哲学、心理学、教育学、戏剧、语言学、艺术等；⑤医学领域细分为医学、齿学、看护学、保健学等；⑥数学、物理与地球科学领域细分为数学、物理学、地球科学、应用物理学等；⑦机械、土木、建筑及其他工学领域细分为机械工学、土木工学、建筑科学、系统科学等；⑧社会科学领域细分为法学、政治学、经济学、经营管理学、社会学、综合政策等；⑨交叉学科、复合学科、新兴学科领域细分为环境科学、生活科学、能源科学、区域研究、国际关系等。各大学根据自身的办学实力、科研水平和发展规划，明确在科研发展方面的战略定位，申报优势学科领域的基地项目。一所大学既可以在同一学科领域中进行两项或两项以上的申请，也可以在不同学科领域进行不同专业的申请。

与我国参照二级学科的规模和内容进行研究基地申报不同，日本"21世纪COE计划"参照二级学科下的某一个重点研究方向进行卓越研究中心的建设，对于实现世界最高水平的卓越研究中心建设更具有现实意义。此外，文部科学省在学科领域中，单独列出交叉学科、复合学科、新兴学科和创新前沿科学领域两大方向，且连续两年在交叉学科、复合学科、新兴学科领域进行了卓越研究中心计划的申报与评审，反映出日本政府推动学科发展的综合化、融合化、交叉化，抢占国际学术发展制高点的决心。

(六)申报资格、审查程序及审核标准

1. 申报资格

"21世纪COE计划委员会"对于卓越研究中心计划申请人应具备的条件，做出了严格的规定。具体内容如下：①申请人应当是各大学学科研究代表的大学校长。②从事卓越研究中心计划推进的参与人员应由大学校长及入选卓越研究中心计划学科领域的负责人组成。卓越研究中心计划负责人须为该学科研究领域的专职研究人员，其他卓越研究中心计划主要参与者可以是专职人员，也可以是兼职人员。此外，如果聘请其他系部的研究人员加入卓越研究中心计划时，须获得其所在系部负责人的认可。③卓越研究中心计划的研究人员不能同时提交两项以上的卓越研究中心计划申请。

卓越研究中心计划申报坚持学科基础厚实、方向凝练、特色明显、可持续发展的遴选标准和预期建设目标。具体规定如下：①该研究中心已在某研究领域取得优异成果，且具有巨大的发展潜力与良好的发展前景，有条件成为培养卓越研究人才的研究教育中心；②在校长负责制下，该研究中心能够调动全校资源支援自身的重点建设，并通过可行性发展规划和有效领导，有望跻身世界最高水平的研究教育中心之列；③该研究中心能够发挥特色，开拓、凝练学科方向，引领创新潮流，取得具有划时代意义的创造性成果；④该研究中心能够在"21世纪COE计划"结束之后，继续作为世界最高水平的研究教育中心开展研究活动。

2. 审查程序

为了更好地推动"21世纪COE计划"的实施，以独立行政法人日本学术振兴会为中心的"21世纪COE计划委员会"建立了相对完善的审核评价机制，对该计划的运营管理实行严格的三级审查机制管理制度，对卓越研究中心计划的审查依次分初审、复审、协调与确认、最终认可四个阶段进行。遴选审批的流程分六个步骤具体实施：①由"21世纪COE计划委员会"确定审核评议的方法与基准，委托"综合评价部会"及"各学科领域审查与评价部会"进行具体

实施；②在初审阶段，"各学科领域审查与评价部会"根据审查基准举行卓越研究中心计划遴选听证会，主要从卓越研究中心计划申报者的建设规划、调查记录等方面进行审查，并提交书面评价报告；③"各学科领域审查与评价部会"在初审的基础上，再次举行卓越研究中心计划审查听证会，主要就卓越研究中心计划负责人——以校长为首的大学管理层的领导力及有关研究基地建设计划等内容进行复审；④确定卓越研究中心计划候选名单；⑤经由"各学科领域审查与评价部会"对卓越研究中心计划进行全方位审查、筛选之后，返回"综合评价部会"协调各学科领域的评审结果，确定最终审核结果；⑥最终审核结果获"21 世纪 COE 计划委员会"批准后，由委员会公布最终入选卓越研究中心计划的大学名单。

在整个卓越研究中心计划的评审过程中，制订该计划的文部科学省自始至终都没有进行直接的行政干预，只是根据委员会的评审结果向获准立项的研究中心拨付科研资助金。此外，为体现竞争性选拔过程的公开性、透明性，卓越研究中心计划的遴选与评审皆通过听证会实施。并且，有关卓越研究中心计划的申请、立项、经费资助、中期检查的结果都如实地公之于众，立项建设的卓越研究中心在接受委员会审查的同时，也在接受业界同行及社会舆论的监督。这种公开公平的竞争以及公正透明的招标形式体现了该计划区别于以往教育改革措施的新特点。严格的审核评价机制和淘汰机制的建立无疑会在一定程度上保证"21 世纪 COE 计划"的顺利实施，同时也是该计划能否最终实现其建设愿景与目标的重要保证。

3. 审核标准

大学或研究机构在接受卓越研究中心计划的审查时，需要提交大学未来发展规划报告、卓越研究中心计划报告和研究教育活动报告。其中，大学未来发展规划报告的内容涉及大学规划卓越研究中心建设的蓝图及如何推进卓越研究中心的具体建设；卓越研究中心计划报告的内容包括卓越研究中心的名称、专业方向、负责人、事业经费、每个建设阶段的负责人、建设的目的及必要性、建设实施计划、教育实施计划、经费明细等；研究教育活动报告的内容包括研究教育活动的实际业绩、研究成果的发表情况及水平、竞争性资金的获得状况、教员的流动性状况、研究生教育状况及卓越研究中心相关研究人员的报告等。

卓越研究中心计划的审核与设置基准主要包括研究现状评价和卓越研究中心发展规划评价两部分。研究现状评价主要侧重在：①研究实力从世界水平来看在本领域中是否优秀；②目前的研究水平和实力对卓越研究中心的设置及今后的学科发展能产生何种效果；③研究实力的现状目前虽有不满意的地方，但将来能否达到世界最高水平。卓越研究中心发展规划评价方面主要侧重在：①在校长负责制的经营体制下，学校是否将建设国际最高水平的研究中心作为学校的重点发展战略；②卓越研究中心发展规划评价是否瞄准本学科的国际最高水平；③卓越研究中心发展规划评价是否具有合理性与可操作性；④通过卓越研究中心的设置，能否开拓具有特色的学术领域，是否有望取得独创的、划时代的科研成果；⑤在大学整体发展规划中是否将卓越研究中心发展规划放在战略性高度的位置上；⑥青年研究人员在卓越研究中心发展规划的实施过程中能否独立有效地发挥其科研能力；⑦卓越研究中心计划实施结束后，该学科或专业能否继续保持国际高水平的研究实力。针对卓越研究中心发展规划的评价包括对学校配套措施及卓越研究中心在学校总体发展规划中定位的评价，折射出"21世纪COE计划"的长远目标是以点带面，通过一个或几个国际最高水平的研究中心的设置，带动日本大学整体的发展。

在初审阶段，评审内容兼顾学科科研现状与今后发展规划的审核，既要考虑申报学科与专业目前的研究实力，也要注重申报学科与专业今后的发展潜力和前景。具体评审内容包括三个方面：①申报学科与专业的当前研究实力；②申报学科与专业的发展潜力；③申报学科与专业发展规划的合理性与可操作性。针对以上内容，评价分成四个评分等级：①研究实力非常强，从现状及发展规划判断能够建设成世界最高水平的研究中心；②研究实力比较强，从发展规划判断有可能建设成世界水平的研究中心；③从研究实力与发展规划判断，建设世界水平的研究中心存在一定的难度；④难以建成世界水平的研究中心等。根据评分等级确定进入复审的名单。

在复审阶段，评价分为四个评分等级，审核重点集中在对卓越研究中心发展规划的评价上：①卓越研究中心发展规划非常出色，实现的可能性与今后的发展较好；②卓越研究中心发展规划比较出色，实现的可能性与今后的发展值得期待；③卓越研究中心发展规划比较出色，但实现的可能性与今后的发展方面存在很大问题；④卓越研究中心发展规划的问题较多，需要重新制定规划等。由此确定立项、有可能立项、不立项三种评审结果，报送"综合评价部会"与"21世纪COE委员会"审核认可。

二、"全球 COE 计划"的具体内容

2007 年，日本政府启动了作为"21 世纪 COE 计划"后续事业的"全球 COE 计划"。"全球 COE 计划"以日本中央教育审议会于 2005 年 9 月发表的《新时代的研究生院教育》的咨询报告和日本政府于 2006 年 3 月公布的《第三期科学技术基本计划》为理论依据。在继承"21 世纪 COE 计划"的基本理念的同时，"全球 COE 计划"旨在根据各大学的个性与特色"进一步充实和强化大学（研究生院）的教育研究功能，在世界最高水准的研究基础上培养引领世界潮流的富有创新能力的人才，在各学科领域重点支援创建卓越的国际性教育研究基地，以此推动更加具有国际竞争力的大学建设"。① 与"21 世纪 COE 计划"相比，"全球 COE 计划"的要求更高，提出要实现飞跃式发展，加强对高素质创新人才的培养，在学术研究上鼓励突出创新性与原创性科研成果。

在组织管理方面，文部科学省将"全球 COE 计划"的评审与监督工作同样委托给日本学术振兴会执行。日本学术振兴会联合大学评价与学位授予机构、日本私立学校振兴与共济事业团和财团法人大学基准协会组成"全球 COE 计划委员会"，共同负责卓越研究中心计划评审细则的制定、卓越研究中心计划的审查及监督评价、卓越研究中心计划的实施效果等相关事务。委员长一职由 2001 年诺贝尔化学奖获得者、独立行政法人理化学研究所理事长野依良治担任。

在资助对象方面，"全球 COE 计划"的资助对象是大学研究生院研究科专业（博士课程水平）、大学附属研究所、研究中心等。如果是满足一定条件的计划，采取含其他大学在内的国内外研究机构等的合作形式亦可。在经费分配方面，"全球 COE 计划"在精简了入选计划数量的同时提高了每个计划的资助金额，希望通过收缩规模、加大投入，进一步突出资助的重点，提高重点资助的效果。在具体措施方面，将"21 世纪 COE 计划"所资助的 274 个学科点削减为 150 个，同时把每个学科点的年资助额度的下限提高了 5 倍。其资助金的支援规模为每年 5000 万日元～5 亿日元，立项期限为 5 年。此外，根据卓越研究中心计划申报学科领域的不同，5000 万日元以下的申请亦可。

在学科领域划分方面，该计划继承了"21 世纪 COE 计划"的 9 大学科领域群，分别是生命科学，化学与材料科学，社会科学，医学类，数学、物理与

---

① 文部科学省，平成 19 年度グローバルCOEプログラム公募要領，2015-08-09.

地球科学，机械、土木、建筑及其他工学，信息电气电子类，人文科学，交叉学科、复合学科、新兴学科领域。2007 年与 2008 年分别将 9 大学科领域群分为两组进行了卓越研究中心计划的申报与审查，每个领域的卓越研究中心计划的名额控制在 10～15 个；2009 年再次在交叉学科、复合学科、新兴学科领域进行了卓越研究中心计划的申报与审查工作。

"21 世纪 COE 计划"和"全球 COE 计划"是日本政府为维系和进一步提升大学的国际竞争力的重要政策，是日本高等教育整体改革和发展的重要组成部分。该计划通过教育资源的集中投入，以保障日本高等教育追求学术卓越、提升高等教育整体水平之终极目标的实现。从政策已经实施近 10 年的情况来看，严格的评价和审核机制以及在此基础上所建立起来的竞争淘汰机制是该政策的重要特色所在。

第三节 日本创建世界一流大学政策的实施、评估与调整

截至目前，"21 世纪 COE 计划"和"全球 COE 计划"有关卓越研究中心计划的立项审批工作已经全部结束。本节主要从各学科领域中卓越研究中心计划的申报、评审及审批通过率，卓越研究中心在国立、公立、私立大学中的分布情况，卓越研究中心建设资助金在各学科领域及国立、公立、私立大学中的分布情况等几个方面详细介绍"21 世纪 COE 计划"和"全球 COE 计划"的具体实施过程，归纳总结卓越研究中心计划立项审核的特点；参考文部科学省实施的问卷调查，对政策的实施效果进行概括分析。

一、日本创建世界一流大学政策的实施过程

"21 世纪 COE 计划"自 2002 年 6 月正式启动后，分别于 2002、2003、2004 年开展了卓越研究中心计划的申请和遴选工作；"全球 COE 计划"自 2007 年接棒"21 世纪 COE 计划"后，分别于 2007、2008、2009 年继续开展卓越研究中心计划的审查与遴选工作。

(一)"21 世纪 COE 计划"的实施过程
1. 2002—2004 年"21 世纪 COE 计划"的具体实施情况
2002 年，"21 世纪 COE 计划"首先在生命科学、信息电气电子类、化学与材料科学、人文科学和交叉学科、复合学科、新兴学科 5 大学科领域实施，

预算金额为 182 亿日元，共有 163 所大学提出 464 项申请。其中，国立大学提交 283 项申请，占 61.0％；公立大学提交 38 项申请，占 8.2％；私立大学提交 143 项申请，占 30.8％。经过"21 世纪 COE 计划委员会"的审查，在 2002 年 10 月日本文部科学省公布的"21 世纪 COE 计划"首批立项资助名单中，共有 50 所大学的 113 项研究课题入选，审批通过率为 24.4％。

从大学类别、入选卓越研究中心计划的数量和资助金额的具体分布来看，在入选 2002 年卓越研究中心计划的大学中，国立大学有 31 所，入选项目有 84 个，占入选计划总数的 74.3％，获得的资助金为 130.02 亿日元，占总金额的 77.6％；公立大学有 4 所，入选项目有 4 个，占入选计划总数的 3.6％，获得的资助金为 5.32 亿日元，占总金额的 3.2％；私立大学有 15 所，入选项目有 25 个，占入选计划总数的 22.1％，获得的资助金为 32.09 亿日元，占总金额的 19.2％。

从各学科领域中卓越研究中心计划的申请与审批状况来看，审批通过率由高至低依次为：生命科学领域的申请共计 112 项，获批 28 项，审批通过率为 25.0％；交叉学科、复合学科、新兴学科领域的申请共计 113 项，获批 24 项，审批通过率为 21.2％；化学和材料科学领域的申请共计 82 项，获批 21 项，审批的通过率为 25.6％；信息电气电子类领域的申请共计 78 项，获批 20 项，审批通过率为 25.6％；人文科学领域的申请共计 79 项，获批 20 项，审批通过率为 25.3％。[①]

2003 年，文部科学省在对 2002 年已选定的计划拨付第 2 年的科研资助金的同时，还在医学类，数学、物理与地球科学，机械、土木、建筑及其他工学，社会科学，交叉学科、复合学科、新兴学科 5 大学科领域进行公开招标并遴选出了新一批的卓越研究中心计划。2003 年，"21 世纪 COE 计划"的总预算金额为 334 亿日元，其中除 2003 年预算 158 亿日元外，还包括对 2002 年选定计划的第 2 年的拨款 176 亿日元。委员会从 225 所大学申报的 611 项研究课题中，选定了 56 所大学的 133 个基地项目，审批通过率为 21.8％。其中，国立大学提交 337 项申请，占 55.2％；公立大学提交 55 项申请，占 9.0％；私立大学提交 219 项申请，占 35.8％。

从大学类别、入选卓越研究中心计划的数量和资助金额的具体分布来看，在入选 2003 年卓越研究中心计划的大学中，国立大学有 31 所，入选项目有

---

① 文部科学省，平成 14 年度「21 世纪 COE プログラム」の研究教育拠点の選定について，2015-08-10.

97 个，占入选计划总数的 72.9％，获得的资助金为 121.81 亿日元，占总金额的 77.0％；公立大学有 4 所，入选项目有 5 个，占入选计划总数的 3.8％，获得的资助金为 4.16 亿日元，占 2.6％；私立大学有 21 所，入选项目有 31 个，占入选计划总数的 23.3％，获得的资助金为 32.21 亿日元，占 20.4％。

从各学科领域中卓越研究中心计划的申请与审批状况来看，审批通过率由高至低依次为：医学类领域的申请共计 138 项，获批 35 项，审批通过率为 25.4％；社会科学领域的申请共计 105 项，获批 26 项，审批通过率为 24.8％；交叉学科、复合学科、新兴学科领域的申请共计 176 项，获批 25 项，审批通过率为 14.2％；数学、物理与地球科学领域的申请共计 86 项，获批 24 项，审批通过率为 27.9％；机械、土木、建筑及其他工学领域的申请共计 106 项，获批 23 项，审批通过率为 21.7％。①

2004 年，"21 世纪 COE 计划"仅在创新前沿科学领域进行了卓越研究中心计划的公开遴选工作，总预算金额为 365 亿日元（除 2004 年预算 34 亿日元外，还包括对 2002 年、2003 年选定项目的第 2、3 年的拨款 331 亿日元）。委员会从 186 所大学的 320 项申请中选定了 24 所大学的 28 个基地项目，审批通过率为 8.8％。其中，国立大学提交 156 项申请，占 48.8％；公立大学提交 34 项申请，占 10.6％；私立大学提交 130 项申请，占 40.6％。②

从大学类别、入选卓越研究中心计划的数量和资助金额的具体分布来看，在入选 2004 年卓越研究中心计划的大学中，国立大学有 19 所，入选项目有 23 个，占入选计划总数的 82.1％，获得的资助金为 27.14 亿日元，占总金额的 88.4％；公立大学有 1 所，入选项目有 1 个，占入选计划总数的 3.6％，获得的资助金为 1.10 亿日元，占 3.6％；私立大学有 4 所，入选项目有 4 个，占入选计划总数的 14.3％，获得的资助金为 2.47 亿日元，占 8.0％。③

2. "21 世纪 COE 计划"的申报、立项、项目资助经费等的分布情况

通过研究和分析 2002—2004 年"21 世纪 COE 计划"的具体实施情况，我

---

①　文部科学省，平成 15 年度「21 世紀 COE プログラム」の研究教育拠点の選定について，2015-08-10.

②　文部科学省，平成 16 年度「21 世紀 COE プログラム」申請状況について，2015-08-10.

③　文部科学省，平成 16 年度「21 世紀 COE プログラム」申請結果について，2015-08-10.

们可以做出如下分析。

从不同类型大学每年的申报情况来看，无论是卓越研究中心计划的申报数、立项数，抑或是审批通过率，都呈现出对国立大学的方向性倾斜的特点。"21世纪COE计划"在10大学科领域共设置了274个卓越研究中心，这些卓越研究中心分别隶属于93所大学，其中国立大学有51所，占学校总数的54.8%；公立大学有7所，占学校总数的7.5%；私立大学有35所，占学校总数的37.6%。从卓越研究中心在各类大学的分布情况来看，国立大学占据一定优势，在国立大学设置的卓越研究中心数为204个，占卓越研究中心设置总数的74.7%；公立大学为9个，所占比例最低，仅占卓越研究中心设置总数的3.3%；私立大学为60个，占22.0%，居于中位。① 2002年，国立大学的卓越研究中心计划立项数分别是公立大学的21倍、私立大学的3倍左右；2003年，国立大学的卓越研究中心计划立项数分别是公立大学的19倍、私立大学的3倍左右；2004年，国立大学的卓越研究中心计划立项数分别是公立大学的23倍、私立大学的5倍左右，差距逐渐拉大。

从不同类型大学提交的卓越研究中心计划申请占总数的比例来看，虽然国立大学所占比例始终拔得头筹，但是逐渐呈下滑趋势，由2002年的61.0%滑落至2004年的48.8%。与此形成鲜明对照的是，私立大学与公立大学提交的卓越研究中心计划申请所占比例呈稳步上升趋势，其中尤以私立大学所占比例的提升速度明显加快，由2002年的30.8%上升至2004年的40.6%，一度逼近了国立大学的比例。②

从卓越研究中心计划的立项成功率来看，无论是国立大学、公立大学，还是私立大学，都呈现出逐年递减的趋势。国立大学2002年的立项成功率为29.6%，2003年微降为28.8%，2004年跌至14.7%，降幅为一半以上；公立大学2002年的立项成功率为10.5%，2003年微降为9.1%，2004年跌至2.9%，降幅超过三分之二；私立大学2002年的立项成功率为17.5%，2003年微降为14.2%，2004年跌至3.1%，降幅远超过四分之三。③ 影响不同类型大学立项成功率大幅变化的关键因素是国立大学在卓越研究中心计划申请总数中所占的比例。2004年的立项成功率大幅度降低的一个重要原因在于该

---

① 文部科学省，21世纪COEプログラムの成果，2015-08-10.

② 文部科学省，21世纪COEプログラムの成果，2015-08-10.

③ 文部科学省，21世纪COEプログラムの成果，2015-08-10.

年国立大学卓越研究中心计划申请数占总数的比例较低。从这一点可以得出"21世纪COE计划"在立项审核的政策上"偏袒"国立大学的结论。

从卓越研究中心计划资助经费的分配情况来看，如表2-1所示，2002—2004年立项的274个卓越研究中心计划在"21世纪COE计划"实施的7年间（2002—2008年）共计获得政府资助的卓越研究中心建设费补助基金1759.78亿日元。其中，国立大学的资助经费合计为1381.74亿日元，占总经费的78.5％；公立大学的资助经费合计为46.66亿日元，占总经费的2.7％；私立大学的资助经费合计为331.38亿日元，占总经费的18.8％。

表2-1 "21世纪COE计划"国立、公立、私立大学资助经费分配一览表

单位：千日元

年份	国立大学	公立大学	私立大学	总计
2002年	13002000	532000	3209000	16743000
2003年	23907000	869000	5983000	30759000
2004年	26776200	883800	6170000	33830000
2005年	27667200	882400	6640400	35190000
2006年	27354510	875430	6652690	34882630
2007年	17106100	524700	4186160	21816960
2008年	2361260	99000	296538	2756798
合计	138174270	4666330	33137788	175978388

资料来源：文部科学省，平成14年度「21世紀COEプログラム」採択拠点補助金交付決定について；平成15年度「21世紀COEプログラム」（平成14年度採択拠点）補助金交付決定について；平成15年度「21世紀COEプログラム」（平成15年度採択拠点）補助金交付決定について；平成16年度「21世紀COEプログラム」（平成14、15年度採択拠点）補助金交付決定について；平成16年度「21世紀COEプログラム」（平成16年度採択拠点）補助金交付決定について；＜21世紀COEプログラム＞平成17年度補助金交付決定（平成14、15、16年度採択拠点）について；＜21世紀COEプログラム＞平成18年度補助金交付決定（平成14、15、16年度採択拠点）について；「21世紀COEプログラム」平成19年度補助金交付決定（平成15、16年度採択拠点）について；「21世紀COEプログラム」平成20年度補助金交付決定（平成16年度採択拠点）について，2015-08-11. 表格数据由千日元转化为亿日元时保留小数点后两位。

从卓越研究中心计划在10大学科领域中的设置情况来看，交叉学科、复合学科、新兴学科领域的卓越研究中心设置数量位居榜首，2002、2003年共计设置49个卓越研究中心；其次是医学类领域，为35个卓越研究中心；再次为生命科学领域和创新前沿科学领域，各为 28 个卓越研究中心。以下依次为：社会科学领域为 26 个卓越研究中心；数学、物理与地球科学领域为 24 个卓越研究中心；机械、土木、建筑及其他工学领域为 23 个卓越研究中心；化学与材料科学领域为 21 个卓越研究中心；信息电气电子类领域和人文科学领域的卓越研究中心设置数为最低，各设置了 20 个卓越研究中心。从各学科领域的卓越研究中心计划的审批通过率来看，由高至低依次为：交叉学科、复合学科、新兴学科领域的审批通过率为 40.0％（2002 年与 2003 年之和）；医学类领域的审批通过率为 26.3％；生命科学领域的审批通过率为 24.8％；社会科学领域的审批通过率为 19.6％；化学和材料科学领域的审批通过率为 18.6％；数学、物理与地球科学领域的审批通过率为 18.0％；信息电气电子类领域的审批通过率为 17.7％；人文科学领域的审批通过率为 17.7％；机械、土木、建筑及其他工学领域的审批通过率为 17.3％；创新前沿科学领域的审批通过率为 8.8％。① 这一方面反映出日本大学在创新前沿科学领域的研究能力的欠缺；另一方面也反映出日本政府为提升学科创新力和带动力，开展高水平的研究活动，催生高水平的研究成果，坚持高标准、严要求，从严控制卓越研究中心计划立项的决心与力度。

3. 2002—2004 年"21 世纪 COE 计划"立项审批的特点

通过对 2002—2004 年入选"21 世纪 COE 计划"的 93 所大学的 274 个卓越研究中心在国立、公立、私立大学的具体分布情况做进一步深入考察和探究后发现，该计划的立项审批具有如下几个特点。

(1)具有悠久历史传统和雄厚科研实力的综合性研究型大学——7 所旧制大学占据绝对优势地位

19 世纪中叶的明治维新之后，为实现文明开化、殖产兴业和富国强兵的目标，日本政府在其本土设立了"以攻研国家进展所必要之学理及有关应用之蕴奥为目的，以陶冶学徒之人格，涵养国家思想为使命"，"育就国家需要之才"②的 7 所大学。按成立时间的先后顺序依次为：东京大学(1877 年)、京都大学(1897 年)、东北大学(1907 年)、九州大学(1911 年)、北海道大学(1918 年)、大阪大学(1931 年)和名古屋大学(1939 年)。以上 7 所大学被定位为具有国家最高水平的国立高等教育机构和研究机构，承担着培养国家急需的最高层的统治管理人

---

① 文部科学省，21 世纪 COEプログラムの成果，2015-08-11.

② 文部科学省，学制百年史资料编，2015-08-11.

员、学者、医生、高级技术人员等拔尖人才的重要任务。这些大学都是门类齐全的综合性大学，并在设立之初就设置了研究生院。1949 年，日本政府开始全面实施新制大学制度，采取升格、改编合并、直接过渡等方法对旧制高等教育机构进行改造，建立了新制大学。经过"二战"后的新学制改革，从表面上看，国立大学整体是被国家平等对待、一视同仁的。但是，在实际上，国立大学内部分化为如下三层结构：第一梯队，直接过渡为四年制新制大学的旧制大学；第二梯队，升格为新制大学的旧单科大学，如现在的一桥大学、东京工业大学、神户大学、筑波大学、广岛大学、千叶大学等；第三梯队，"二战"后建立的新制大学。长期以来，日本政府对于这 7 所国立大学在资金分配上实行政策性倾斜，加大扶持力度，使旧制大学盘踞高等教育"金字塔尖"经年，始终位居国立大学中的第一梯队。如表 2-1 所示，7 所旧制大学获得立项的卓越研究中心计划达到 113 个；获得的科研补助金拨付金高达 169.46 亿日元。这 7 所大学无论是在卓越研究中心计划申报数、立项数，还是在科研补助金拨付金上都令其他大学难望其项背。国立大学在日本学术研究中的优势地位是毋庸赘言的。

表 2-2　2002—2004 年入选"21 世纪 COE 计划"项目数量排名前列的大学

排名	大学名称	学校性质	2002 年	2003 年	2004 年	合计	科研补助金拨付金（日元）
			入选个数（/申请项目数）				
1	东京大学	国立	11	15/24	2/8	28	43.393 亿
2	京都大学	国立	11	11/15	1/7	23	33.748 亿
3	大阪大学	国立	7	7/13	1/4	15	24.698 万
4	名古屋大学	国立	7	6/12	1/3	14	17.863 亿
5	东北大学	国立	5	7/14	1/8	13	19.546 亿
6	东京工业大学	国立	4	5/9	3/8	12	17.806 亿
6	北海道大学	国立	4	6/16	2/5	12	17.545 亿
6	庆应义塾大学	私立	5	7/9	0/1	12	17.511 亿
9	早稻田大学	私立	5	4/10	0/6	9	10.373 亿
10	九州大学	国立	4	4/13	0/3	8	12.664 亿
11	神户大学	国立	1	6/9	0/4	7	13.872 亿

资料来源：文部科学省，平成 14 年度国公私别申请・采択状况；平成 15 年度国公私别申请・采択状况；平成 16 年度国公私别申请・采択状况，2015-08-12.

(2)享有日本"私学双璧"美誉的庆应义塾大学与早稻田大学力保前十，拥有国际知名学者的普通私立大学奋力"突出重围"

文部科学省公布的 2010 年《学校基本调查》的统计数据显示，日本有 778 所大学（国立 86 所、公立 95 所、私立 597 所），大学在校学生总数为 2887396 人（国立 625026 人、公立 142568 人、私立 2119802 人）。在日本 778 所大学中，私立大学有 597 所，占学校总数的 76.7％，为国立大学和公立大学的 3.291 倍；私立大学在校学生数为 2119802 人，占在校学生总数的 73.4％，为国立大学和公立大学在校学生数的 2.759 倍。虽然日本的私立大学在数量上以压倒性优势胜过国立大学与公立大学，但在"21 世纪 COE 计划"的整个实施过程中，综观其立项数量不足总数的四分之一。其中声誉影响较大且可以同旧制大学一搏的私立大学只有两所，那就是在日本享有"私学双璧"美誉的庆应义塾大学与早稻田大学。这两所著名的私立大学分别获得立项数量为 12 项和 9 项，分别位列入选"21 世纪 COE 计划"项目数量排行榜的第 6 和第 9，占立项总数的 7.7％；获得的科研补助金拨付金达 27.88 亿日元，占资助经费总数的 5.9％。此外，一些拥有国际知名学者的普通私立大学也在该计划中崭露头角。虽然该计划的评审方针对于研究领域的"世界领先性"与"独特性"堪称苛刻的要求使一些大学"无功而返"，却也使一些在整体实力上无法与名校抗衡的普通院校"异军突起"，通过打"特色牌"，争取到卓越研究中心计划的资助。例如，曾在国际上率先发现一种新型金属类高温超导材料二硼化镁的青山学院大学固体物理学教授秋光纯所在的理工学部附属先端技术研究开发中心①、曾因发现碳素纳米管而获得富兰克林奖章的名城大学饭岛澄男教授所在的理工学研究科等。②

(3)旧单科大学、旧专门学校发挥特色学科优势，"分得一杯羹"

虽然那些历史底蕴厚重、科研实力强大的国立大学在卓越研究中心计划的评选中斩获颇丰，但一些富有鲜明个性特色的地方单科性大学同样获得青睐。由于卓越研究中心计划的评选摒弃了以往按大学的综合实力进行评比的方式，而是以具有博士及优秀科研人员培养能力的学科为对象进行评审，因

---

① 文部科学省，平成 14 年度「21 世纪 COE プログラム採択拠点」[分野：化学·材料科学]，2015-08-12.

② 文部科学省，平成 14 年度「21 世纪 COE プログラム採択拠点」[分野：情報·電気·電子]，2015-08-12.

此规模较小的地方大学和单科性大学只要拥有优势学科照样可以在评审中脱颖而出。例如，在审批通过率仅为 8.8% 和竞争趋白热化的 2004 年卓越研究中心计划评审中，鸟取大学医学系研究科机能再生医科学专业的染色体工学技术开发研究中心、琉球大学理工学研究科海洋环境学专业的珊瑚礁岛屿系的生物多样性的综合解析研究中心、九州产业大学艺术研究科造型表现专业的柿右卫门样式陶艺研究中心等一些地方性大学的特长学科突破国立大学的重重"包围圈"成功获得卓越研究中心计划立项。① 神户大学在 2002 年仅入选了一项，而一桥大学、千叶大学、德岛大学、冈山大学等综合实力并不弱的大学更是颗粒无收，铩羽而归。上述大学深感危机，采取了校内预审，对申请内容进行精查、筛选、锁定等一系列对策，摆脱"吃老本"，萌生了竞争意识。在其后的 2003、2004 年的评审中，神户大学"一雪前耻"，取得了辉煌成绩。2002 获得卓越研究中心计划立项的旧制专门学校有带广畜产大学、秋田大学、东京农工大学、名古屋工业大学、爱媛大学等；2003 年电气通信大学、山梨大学、九州工业大学各入选 1 个卓越研究中心计划，利用旧工业专门学校的传统发挥出最大的潜力。

(4)卓越研究中心计划设置数量偏低凸显公立大学的科研实力薄弱

从"21 世纪 COE 计划"3 年的评审结果来看，日本 95 所公立大学中仅有 9 所入围，设立了 10 个卓越研究中心，占设置总数的 3.6%，成果不可不谓"惨淡"。② 公立大学卓越研究中心设置数量偏少的原因在于其自身特点与功能定位。日本的公立大学普遍规模较小，偏重于特定的专业领域，学科门类不齐全，仅设置一个学部的大学在公立大学中约占五成以上。公立大学的设置目的主要是通过与产业界的共同研究，向企业进行知识产权的转让，与企业共同创办公司等活动满足学校所在地区的经济发展需求；通过开展非营利、非政府组织等活动，提供满足市民学习需求的循环教育等终身教育活动；作为区域知识交流的据点，通过提升和充实区域的文化水平，挖掘所在地区的内在潜力；对地方政府实施的政策、法规等进行事前与事后的评价，积极献言献策，发挥"智囊团"的作用等。在人才培养方面，公立大学侧重于对各类应

---

① 文部科学省，平成 16 年度「21 世纪 COE プログラム採択拠点」[分野：革新的な学術分野]，2015-08-12.

② 文部科学省，平成 14 年度国公私别申请・採択状况；平成 15 年度国公私别申请・採択状况；平成 16 年度国公私别申请・採択状况，2015-08-12.

用型人才的培养，如医生、看护师等。在科学研究方面，公立大学大多扎根于所在地区，接受地区产业界的委托研究，开展具有地区特色的产学合作等共同研究，科研实力相对薄弱。

(二)"全球 COE 计划"的实施过程

1. 2007—2009 年"全球 COE 计划"的具体实施情况

2007 年，"全球 COE 计划"首先在生命科学、信息电气电子类、化学与材料科学、人文科学和交叉学科、复合学科、新兴学科 5 大领域进行公开遴选，共有 111 所大学提出 281 项申请。其中，国立大学提交 200 项申请，占 71.2%；公立大学提交 22 项申请，占 7.8%；私立大学提交 59 项申请，占 21.0%。经过"全球 COE 计划委员会"的审查，选定了 28 所大学的 63 个基地项目，审批通过率为 22.4%。

从大学类别、入选卓越研究中心计划的数量和资助金额的具体分布来看，在入选 2007 年卓越研究中心计划的大学中，国立大学有 21 所，入选项目有 50 个，占入选计划总数的 79.3%，获得的资助金为 134.64 亿日元，占总金额的 84.9%；公立大学有 3 所，入选项目有 3 个，占入选计划总数的 4.8%，获得的资助金为 4.74 亿日元，占总金额的 3.0%；4 所私立大学的 10 个项目入选，占入选计划总数的 15.9%，获得的资助金为 19.11 亿日元，占总金额的 12.1%。"21 世纪 COE 计划"2002 年的卓越研究中心计划平均经费分配额为 13174 万日元，而"全球 COE 计划"2007 年的卓越研究中心计划平均经费分配额为 25156 万日元，是前者的 2 倍左右。①

从各学科领域中卓越研究中心计划的申请与审批状况来看，审批通过率由高至低依次为：信息电气电子类领域的卓越研究中心计划申请共计 37 项，获批 13 项，审批通过率为 35.1%；人文科学领域的卓越研究中心计划申请共计 39 项，获批 12 项，审批通过率为 30.8%；化学和材料科学领域的卓越研究中心计划申请共计 45 项，获批 13 项，审批通过率为 28.9%；生命科学领域的卓越研究中心计划申请共计 55 项，获批 13 项，审批通过率为 23.6%；交叉学科、复合学科、新兴学科领域的卓越研究中心计划申请共计 105 项，

---

① 文部科学省，「グローバルCOEプログラム」平成 19 年度採択拠点の補助金交付決定について，2015-08-12.

获批 12 项，审批通过率为 11.4％。①

　　2008 年，文部科学省在对 2002 年已选定的项目拨付第 2 年的科研资助金的同时，还在医学类，数学、物理与地球科学，机械、土木、建筑及其他工学，社会科学，交叉学科、复合学科、新兴学科 5 大学科领域进行公开招标并选定了新一批的卓越研究中心计划。如表 2-3 所示，2008 年"全球 COE 计划"的总预算金额为 349 亿日元（除 2008 年预算 180 亿日元外，还包括对 2007 年选定项目的第 2 年的拨款 169 亿日元）。2008 年，"全球 COE 计划"从 130 所大学的 315 项申请中选定 29 所大学的 68 个基地项目，审批通过率为 21.6％。其中，国立大学提交 211 项申请，占 67.0％；公立大学提交 24 项申请，占 7.6％；私立大学提交 80 项申请，占 25.4％。

表 2-3　"全球 COE 计划"国立、公立、私立大学资助经费分配一览表

单位：千日元

年份	国立大学	公立大学	私立大学	总计
2007 年	13463970	473590	1911000	15848560
2008 年	29282304	575705	5033470	34891479

　　资料来源：文部科学省，「グローバルCOEプログラム」平成 19 年度採択拠点の補助金交付決定について；「グローバルCOEプログラム」平成 20 年度補助金交付決定（平成 19 年度採択拠点）について；「グローバルCOEプログラム」平成 20 年度補助金交付決定（平成 20 年度採択拠点）について，2015-08-14. 表格数据由千日元转化为亿日元时保留整数。

　　从大学类别、入选卓越研究中心计划的数量和资助金额的具体分布来看，在入选 2008 年卓越研究中心计划的大学中，国立大学有 21 所，入选项目有 55 个，占入选计划总数的 80.9％，获得的资助金为 148.8 亿日元；私立大学有 8 所，入选项目有 13 个，占入选计划总数的 19.1％，获得的资助金为 30.2 亿日元。公立大学虽然也有 15 所大学申请了 24 个项目，但无一入选。

　　从各学科领域中卓越研究中心计划的申请与审批状况来看，审批通过率由高至低依次为：数学、物理与地球科学领域的卓越研究中心计划申请共计 36 项，获批 14 项，审批通过率为 38.9％；社会科学领域的卓越研究中心计划申请共计 48 项，获批 14 项，审批通过率为 29.2％；机械、土木、建筑及

──────────

　　①　文部科学省，平成 19 年度「グローバルCOEプログラム」申請・採択状況一覧，2015-08-12.

其他工学领域的卓越研究中心计划申请共计 48 项，获批 14 项，审批通过率为 29.2％；医学类领域的卓越研究中心计划申请共计 72 项，获批 14 项，审批通过率为 19.4％；交叉学科、复合学科、新兴学科领域的卓越研究中心计划申请共计 111 项，获批 12 项，审批通过率为 10.8％。①

2009 年，"全球 COE 计划"仅在交叉学科、复合学科、新兴学科领域进行了卓越研究中心计划的公开遴选工作，资助金的支援规模为 5000 万日元～3 亿日元。最终从 85 所大学的 145 项申请中选定了 9 所大学的 9 个基地项目，审批通过率为 6.2％。其中，国立大学提交 103 项申请，占 71.03％；公立大学提交 7 项申请，占 4.83％；私立大学提交 35 项申请，占 24.14％。从大学类别、入选卓越研究中心计划和资助金额的具体分布来看，在入选 2009 年卓越研究中心计划的大学中，国立大学有 7 所，入选项目有 7 个，占入选计划总数的 77.78％；私立大学有 2 所，入选项目有 2 个，占入选计划总数的 22.22％；公立大学再次"名落孙山"。②

2. 2007—2009 年"全球 COE 计划"立项审批的特点

通过对 2007—2009 年入选"全球 COE 计划"的 66 所大学的 140 个卓越研究中心在国立、公立、私立大学的具体分布情况做进一步深入考察和探究后发现，该计划的立项审批具有与"21 世纪 COE 计划"相似的特点。

表 2-4 列举了 2007—2009 年 3 年间入选"全球 COE 计划"项目数量排名前列的 13 所大学及其具体入选基地的个数。其中国立大学有 10 所，私立大学有 3 所。科研实力强大的 7 所旧制大学继"21 世纪 COE 计划"后再创辉煌，无论是在申请基地项目数还是在最终入选基地数上都位居前茅；熊本大学和神户大学作为"二战"后建立的新制地方国立大学，发挥各自的学科优势，在生命科学，数学、物理与地球科学，机械、土木、建筑及其他工学，医学类等领域有所斩获。在科学技术研究方面，一直与主要国立大学无法相提并论的私立大学中，早稻田大学、庆应义塾大学、立命馆大学 3 所著名的私立大学通过采取加大科研经费的投入和积极招揽优秀的科研人员等方法，在此次"全球 COE 计划"重点科研基地项目遴选中突出重围，取得了骄人的成绩。

---

① 文部科学省，平成 20 年度グローバルCOEプログラム申請・採択状況一覧，2015-08-12.

② 文部科学省，平成 21 年度「グローバルCOEプログラム」の採択拠点の決定について，2015-08-15.

表 2-4　2007—2009 年入选"全球 COE 计划"项目数量排名前列的大学

排名	大学名称	学校性质	2007 年	2008 年	2009 年	合计
			入选个数/申请项目数			
1	东京大学	国立	6/19	10/17	1/6	17/42
2	京都大学	国立	6/12	6/15	1/7	13/34
3	东北大学	国立	5/11	7/11	0/4	12/26
3	大阪大学	国立	7/11	4/11	1/3	12/25
5	东京工业大学	国立	5/6	3/7	1/3	9/16
6	早稻田大学	私立	4/7	3/7	1/2	8/16
7	北海道大学	国立	3/6	3/9	1/7	7/22
7	庆应义塾大学	私立	3/5	4/8	0/3	7/16
7	名古屋大学	国立	3/7	3/11	1/7	7/25
10	九州大学	国立	2/9	2/13	1/4	5/26
11	熊本大学	国立	1/2	2/3	0/0	3/5
11	立命馆大学	私立	2/6	1/4	0/2	3/12
11	神户大学	国立	1/5	2/7	0/2	3/14

资料来源：文部科学省，平成 19 年度「グローバルCOEプログラム」大学别申请・採択状况一览；平成 20 年度「グローバルCOEプログラム」大学别申请・採択状况一览；平成 21 年度「グローバルCOEプログラム」申请・採択状况，2015-08-15.

虽然"21 世纪 COE 计划"与"全球 COE 计划"的科研资助金额并不大，但从以往历年应募的状况来看，各大学为争取获得卓越研究中心基地的提名付出了大量的时间和精力，展开了十分激烈的竞争。能否入选"21 世纪 COE 计划"已经成为衡量一所学校的科学研究水平的重要指标之一，它不仅直接关系到大学及其直属科研机构的形象，而且也直接影响到大学的社会声誉和社会地位。一方面，对于身陷生源危机之中的日本大学而言，能够入选"21 世纪 COE 计划"或"全球 COE 计划"同时也意味着增加了吸引优秀生源的砝码。① 故而为争取到更多财政支持和办学资源，提高自身的科研信誉，各类大学均积极申请重点科研基地项目以期能够入选。另一方面，对于政府来说，通过"21 世纪 COE 计划"和"全球 COE 计划"的实施，仅动用年约 250 亿日元左右小额的财政预算，国家科研政策就能够得以通过资金支持的形式深入大学科研活动，且能够达到促进大学之间营造良性竞争环境的目的，不失为一项"一石二鸟"之良策。此外，卓越研究中心计划在评审及立项审核方针上虽然宣称秉承一视同仁、公平竞争的原则，但无论是从"21 世纪 COE 计划"还是从"全球 COE 计划"的评审结果来看，始终没有改变以 7 所旧制大学为重点、以国立大学为中心的传统做法。卓越研究中心计划的绝大部分科研资助经费向具有国际领先水平的学科群倾斜，有助于这些优势学科得以继续保持世界领先水平，推动日本的基础科学研究中心进一步集中化的发展。

二、日本创建世界一流大学政策的实施效果

日本创建大学卓越研究中心政策实施以后，日本政府和社会对该政策的实施效果都表现出极大的关注。为了考察和检验日本创建大学卓越研究中心政策作用于预期目标的影响和效果，日本文部科学省分别于 2005 年和 2010 年展开了对"21 世纪 COE 计划"实施效果的问卷调查，于 2007 年展开了对"全球 COE 计划"实施效果的问卷调查。

(一)2005 年文部科学省对"21 世纪 COE 计划"实施效果的问卷调查

2005 年 12 月，在对 2003 年立项的第二批卓越研究中心计划进行中期评价考核之后，文部科学省对设置研究生院的 558 所大学的校长②实施了关于"21 世纪 COE 计划"实施效果的问卷调查。与此同时，"21 世纪 COE 计划委员会"也以 274 个立项的负责人和"21 世纪 COE 计划委员会"委员为对象实施了针对"21 世纪 COE 计划"的评价及成果检验的专项调查。其中，504 所大学的校长、265 个立项的负责人和 198 位"21 世纪 COE 计划委员会"委员对调查

---

① 朝日新聞教育取材班，大学激動—転機の高等教育，大阪，朝日新聞社，2003，10.

② 以大学校长为对象的调查既包括拥有卓越研究中心计划立项的大学，也包括没有卓越研究中心计划立项的大学。

做出了回应。①

　　文部科学省和"21世纪COE计划委员会"设计的调查问卷主要就"是否有利于推动大学改革，改善教育研究环境""是否有助于优秀科研人员的培养""是否有助于提高大学科研的水平"三大方面进行了具体的问题设置。例如，为了全方面了解"21世纪COE计划"实施后，设置博士课程的研究生院在人才培养方面具体取得的成就，调查问卷设置了如下几个问题，即"21世纪COE计划"的实施是否有助于培养学生自主开展科研活动的能力；通过海外实践是否有助于激发和提高学生的研究欲望和兴趣；是否有助于加强跨专业学生之间的交流等。

　　关于"21世纪COE计划"取得的实际成效，下面从"推进大学改革、改善教育和研究环境""培养优秀的青年研究人员""提高研究的水准"等几个方面对此次的问卷调查结果进行归纳和总结。

　　在推进大学改革、改善教育和研究环境方面，卓越研究中心计划取得了明显成效。首先，99％的立项负责人、92％的审查与评价委员以及76％的大学校长认为"21世纪COE计划"对于激活日本国内整体的教育研究环境起到了积极的推动作用，并且通过卓越研究中心计划申报的程序与过程，也在一定程度上起到了改善大学自身运营机制的间接效果，有助于激发大学的活力。其次，在拥有卓越研究中心计划立项的大学中，98％的校长认为"为了申报卓越研究中心计划而在校内开展的讨论有助于激发组织活力"，而在没有卓越研究中心计划立项的大学中，只有39％的校长做出了肯定回应。最后，在入选"21世纪COE计划"的大学中，97％的立项负责人和100％的大学校长对于该计划激发组织活力给予了极高的评价，具体体现在推进了"超越校内组织界限的实质性的合作、联合体制的构建"和"项目参与人员为共同的目的在研究教育活动中配合的意识改革"。公开竞争机制对于今后的大学管理及其科研教育内容、方式方法和大学定位的明确产生深刻影响，必将促进大学内部研究者之间的合作和新的研究群体的形成，合作研究的趋势将进一步得到加强。

　　在培养优秀的青年研究人员方面，卓越研究中心的获批有利于优秀的青年科研人员的成长。首先，入选"21世纪COE计划"成为大学吸引生源的亮点和"资本"。拥有卓越研究中心计划立项的大学所属研究生院博士课程的报考人数、入学人数、在校人数整体比该校申报卓越研究中心计划时增长了10个

---

① 文部科学省，21世纪COEプログラムの成果，2015-08-17.

百分点。其次，博士研究生毕业后去大学、国家研究机构、企业的研究开发部门就职的人数是申报卓越研究中心计划之前的 1.1 倍、1.2 倍和 1.3 倍，培养了一大批活跃在广泛研究领域中的青年研究人员。特别是去企业的研究开发部门就职的博士毕业生人数较之前明显增加。再次，"21 世纪 COE 计划"对于充实研究生院博士课程学生的经济性支援所起到的作用得到了受访者的一致好评。在卓越研究中心计划立项中，在校博士研究生被聘为研究助理的人数是之前的 2.6 倍。此外，聘用博士后、外国研究人员、其他研究机构的研究人员的人数分别是之前的 2.2 倍、2.6 倍和 3.2 倍，为提高研究组织的国际化和人员流动性做出了贡献。最后，博士研究生发表学术论文的数量是之前的 1.3 倍，由申报卓越研究中心计划前的 1.2 万篇增长至 1.6 万篇，其中约有四分之三的文章发表在该领域代表世界最高水准的学术刊物上。此外，在学术会议中发表论文的数量是之前的 1.3 倍，特别是在国外学术会议中发表论文的数量是之前的 1.5 倍，促进了各卓越研究中心学生研究水平的提升和国际化进程。

在提高研究的水准方面，卓越研究中心计划促进了质量与数量的提升，促进了国际合作。首先，卓越研究中心计划的参与人员发表论文的数量整体上是之前的 1.1 倍，由 2.5 万篇增长至 2.7 万篇，研究成果实现了质与量的双突破。其次，卓越研究中心计划立项与国内外的大学、研究机构、企业等的共同研究，由之前的 9694 项增长至 14707 项，在研究方面进一步推动了产学合作和国际化进程。最后，举办学术研讨会的次数以及学术研讨会中包括外国研究者在内的参加人数较之前大幅增加。拥有卓越研究中心计划立项的大学举办学术研讨会的次数由申报时的 1366 次上升至 3078 次，是之前的 2.3 倍。

(二)2010 年文部科学省对"21 世纪 COE 计划"实施效果的问卷调查

2010 年 4—5 月，文部科学省再次实施了关于"21 世纪 COE 计划"的问卷调查。① 调查对象是设置研究生院的 615 所国立、公立和私立大学的校长以及入选"21 世纪 COE 计划"的 274 位立项负责人。其中，497 所大学的校长、226 个立项的负责的人对调查做出了回应。

---

① 文部科学省，国公私立大学を通じた大学教育改革支援プログラムにおける成果，2015-08-18.

1. 针对大学校长的问卷调查结果

问卷共有 12 个问题。其中，针对大学校长的问题，主要调查结果如下。

对问卷调查做出回应的 497 所大学中拥有卓越研究中心计划立项的大学占 17％，提交申报却没有获批卓越研究中心计划的大学占 17％，没有提交卓越研究中心计划申报的大学占 66％。

当被问到"如何看待'21 世纪 COE 计划'的实施对激活日本整体研究教育环境的贡献"时，13％的校长认为做出了巨大的贡献；47％的校长认为做出了贡献；34％的校长表示出中立的态度；6％的校长认为没做出什么贡献。

当被问到"如何看待该计划对激发大学运营机制的活力做出的贡献"时，12％的校长认为做出了巨大的贡献；23％的校长认为做出了贡献；36％的校长依然保持了中立的态度；20％的校长认为没做出什么贡献；9％的校长认为完全没有贡献。

2. 针对卓越研究中心计划立项负责人的问卷调查结果

针对立项负责人的问题（多项选择），主要调查结果如下。

当被问到"在'21 世纪 COE 计划'中立项的研究活动是否依然在开展"时，56％的负责人认为研究活动经过进一步充实依然在进行；31％的负责人认为缩小了研究活动的规模但活动依然在开展；13％的负责人认为研究活动在保持原规模的状态下进行着。

当被问到"是在什么样的体制下开展卓越研究中心的研究活动"时，42.5％的负责人认为通过采取新设或改组的方式，组建崭新的专业、研究科、研究所等研究组织开展研究活动；52.2％的负责人认为通过构建推进两个或两个以上的专业、研究科等相关组织间合作的体制开展研究活动；30.1％的负责人认为通过维持和强化校长直接管辖的支援组织等为形成研究教育活动而建立的支援体制，推动研究活动的进一步开展；19.0％的负责人认为在各专业、研究科等既有组织体制的范围内开展研究活动。

当被问到"在继续开展研究活动的过程中，受到了何种形式的资金援助"时，49.1％的负责人认为入选了"全球 COE 计划"，受到新计划的研究补助金援助；49.1％的负责人认为受到其他竞争性资金的援助；45.6％的负责人认为受到所属大学的资金援助；17.3％的负责人认为受到其他的资金援助；6.2％的负责人认为受到特别资金援助。

　　当被问到"通过入选该计划，国际化程度及国际竞争力得到进一步强化的具体成果体现在哪些方面"时，34.1％的负责人认为留学生人数的增加；12.4％的负责人认为外国教师的增加；23.5％的负责人认为在国际上公开招聘青年研究人员；75.2％的负责人认为教师及学生在国际学术会议上发表论文数量的增加和学生参加海外派遣项目、实习活动等海外活动机会的增加；54.4％的负责人认为邀请海外研究人员演讲次数的增加；46.9％的负责人认为刊登在国外学术杂志等上论文数量及论文被引用次数的增加；5.8％的负责人认为取得国外发明专利数量的增加；15.9％的负责人认为在国外的学会奖项中得奖次数的增加；73.5％的负责人认为与国外大学、研究机构开展共同研究次数的增加；58.8％的负责人认为与国外大学、研究机构等签订交流协议；31.0％的负责人认为教育英语授课等课程的国际化；42.9％的负责人认为促进了科学英语教育、用英语完成论文写作、演讲技术的提升；47.3％的负责人认为提升了研究内容在海外的知名度；69.5％的负责人认为国际会议等的召开；11.9％的负责人认为学生在国外企业、研究机构中就业机会的增加；15.0％的负责人认为设置了海外办公室及负责海外交流工作的职位。

　　当被问到"通过入选该计划，教育改革和人才培养的具体成果体现在哪些方面"时，33.6％的负责人认为对招收学生起到了良好的宣传效果；35.0％的负责人认为对教师教育的意识改革；46.5％的负责人认为系统性教育课程的改善和充实；16.4％的负责人认为教师教育教学能力开发等组织性教育体制的推进；59.3％的负责人认为在跨学科领域的两位或两位以上教师指导下开展的多样化教育活动；14.2％的负责人认为学位授予过程的改善与充实；25.7％的负责人认为博士学位授予率的提高；58.0％的负责人认为学生学习与研究环境的改善；27.0％的负责人认为学生流动性的提高；63.3％的负责人认为国内学生研究活动水准（在学会及学术期刊中发表论文数量等）的提高；74.8％的负责人认为国际上学生研究活动水准（在学会及学术期刊中发表论文数量等）的提高；29.6％的负责人认为学生自立能力的养成；65.5％的负责人认为对学生经济支援的充实；33.2％的负责人认为学生积累了有效的工作经验；69.5％的负责人认为推进了国际化进程；11.1％的负责人认为推广了网络教育等教育新模式。

当被问到"通过入选该计划，研究活动的具体成果体现在哪些方面"时，62.4％的负责人认为优化了教师（含博士后等研究人员）的研究环境；21.7％的负责人认为增强了教师的流动性；78.8％的负责人认为实现了研究成果（论文、专利等）质与量的飞跃；77.4％的负责人认为与国内外大学及企业间共同研究项目的增多；56.2％的负责人认为对获取外部资金产生的波及效果；38.1％的负责人认为推动了校内项目的开展；42.0％的负责人认为邀请教员演讲次数的增加；74.8％的负责人认为召开学术研讨会议、国际会议等次数的增加；55.8％的负责人认为通过既有学术领域的互动、合作与融合得出了学术性新见解和开拓了学术领域；65.5％的负责人认为促进了研究成果的传播；24.8％的负责人认为研究成果对社会做出了一定的贡献。

当被问到"今后是否应该推出与'21世纪COE计划''全球COE计划'相似的政策"时，74％的负责人认为应该实施；19％的负责人认为条件允许的情况下应该实施；6％的负责人认为没有实施的必要；1％的负责人认为完全没有实施的必要。

当被问到"'21世纪COE计划'终止后维持卓越研究中心继续运营的课题是什么"时，88.5％的负责人认为运营资金的确保；28.8％的负责人认为学生数量的维持与确保；30.1％的负责人认为教师数量的维持与确保；44.7％的负责人认为设施设备的维持与确保；50.4％的负责人认为事务组织等支援体制的维持与确保；12.4％的负责人认为学生质量的保障；9.3％的负责人认为教师质量的保障；35.0％的负责人认为针对研究生院教育社会需求等的变化；15.9％的负责人认为研究环境的变化（如社会各界的强烈希望、技术革新等）；2.7％的负责人认为制度的变化（如药学系改成6年制等）；9.3％的负责人认为校内研究科等组织的变化；24.3％的负责人认为新旧计划移交过程中如何应对研究焦点的变化；25.7％的负责人认为学生及项目推进负责人等积极性的维持；26.1％的负责人认为针对继续维持卓越研究中心运营教员意见等的汇集与统一；2.7％的负责人认为针对继续维持卓越研究中心运营学生意见等的汇集与统一；7.5％的负责人认为与未能入选"21世纪COE计划"校内相关人员之间关系的调整（如校内差距等）；2.7％的负责人认为在继续维持卓越研究中心运营上没有什么问题。

(三)2008 年文部科学省对"全球 COE 计划"实施效果的问卷调查

继对"21 世纪 COE 计划"的实施效果分两次展开问卷调查后，文部科学省还针对 2007 年入选"全球 COE 计划"的 63 个卓越研究中心，做了一个入选卓越研究中心计划前(2006 年)与入选卓越研究中心计划后(2008 年)两年间各项指标的对比调查。①

首先是关于卓越研究中心教育能力的相关指标。博士课程修学者②的就业率由 74.9％升至 75.9％(日本全国平均就业率为 64.3％)；在大学、企业、国家研究机构等研究岗位就业的比例由 66.1％升至 68.6％；博士课程在校生在学术会议上发表论文的数量由 14778 篇升至 15360 篇，增幅为 3.9％，其中在国外发表的数量由 4621 篇升至 5797 篇，增幅为 25.4％；博士课程在校生在学术核心期刊上发表论文的数量由 6213 篇升至 7335 篇，增幅为 18.1％；外国留学生的人数由 2049 人增至 2256 人，增幅为 10.1％；担任研究助理(research assistant)的人数由 3234 人增至 3677 人，增幅为 13.7％。

其次是关于卓越研究中心研究能力的相关指标。与大学研究机构之间的共同研究数量由 5354 项增至 7309 项，增幅为 36.5％，其中与国外大学研究机构之间的共同研究数量由 1690 项增至 2199 项，增幅为 30.1％；与企业等之间的共同研究数量由 3464 项增至 4400 项，增幅为 27.0％，其中与国外企业等之间的共同研究数量由 130 项增至 185 项，增幅为 42.3％；教师在国际学术会议上发表主题演讲及特邀演讲的次数由 1972 次增至 2369 次，增幅为 20.1％；教师发表学术核心期刊论文的数量由 7938 篇增至 8328 篇，增幅为 4.9％；卓越研究中心获得的竞争性研究资金(不包括卓越研究中心计划研究资助金)的金额由 403 亿日元增至 500 亿日元，增幅为 24.1％。

---

① 文部科学省，国公私立大学を通じた大学教育改革支援プログラムにおける成果—グローバルCOEプログラムの成果，2015-08-18.

② 在日本，设有研究生院的大学，对于该院完成博士课程、毕业考试合格且学位论文审查通过的毕业生可授予博士学位。博士生即使实际并不在学，根据相关规定，通过博士论文审查，并具有博士课程修学者同等以上的学历，亦可授予博士学位。通常称前者为课程博士，称后者为论文博士。课程博士的课程修学条件为：须在研究生院在学 5 年以上，修满 30 个以上的学分，并且在接受研究指导的基础上，通过该研究生院的博士论文审查及考试。

三、日本创建世界一流大学政策的评估与调整

自"21 世纪 COE 计划"和"全球 COE 计划"出台以来，备受社会各界关注。计划的执行机构日本学术振兴会、入选卓越研究中心计划大学、日本国内主流媒体纷纷针对该政策给予了不同的评价。其中，日本学术振兴会侧重对各卓越研究中心的研究活动进展状况实施了中期评价与事后评价；入选卓越研究中心计划的大学对卓越研究中心的研究实绩进行了自我评价。

(一)独立行政法人日本学术振兴会的评价

"21 世纪 COE 计划"和"全球 COE 计划"的实施周期原则上为 5 年，获批卓越研究中心计划须在立项 2 年后与 5 年期满后分别接受"21 世纪 COE 计划委员会"和"全球 COE 计划委员会"对其研究活动进展状况实施的中期评价考核与事后评价，评价考核的结果将与经费分配直接挂钩。一方面，"21 世纪 COE 计划委员会"于 2004 年、2005 年、2006 年分别对 2002 年、2003 年、2004 年立项的卓越研究中心计划进行了中期评价考核；又于 2007 年、2008 年、2009 年分别对 2002 年、2003 年、2004 年度立项的卓越研究中心计划进行了事后评价。另一方面，"全球 COE 计划委员会"于 2009 年、2010 年分别对 2007 年、2008 年立项的卓越研究中心计划进行了中期评价考核。

1. "21 世纪 COE 计划委员会"对卓越研究中心计划立项的中期评价

"21 世纪 COE 计划委员会"实施的中期评价考核对于卓越研究中心计划立项运营状况的评审基准主要侧重于以下几方面：①是否按照卓越研究中心计划立项时提交的建设实施计划开展研究活动；②在研究活动中，是否创造出新的学术成果；③是否建立培养青年研究人员的有效机制；④在以卓越研究中心计划负责人为中心的研究团队成员之间，是否形成了进行有机合作和开展具有活力的研究活动的组织形式；⑤在具有国际竞争力的大学建设方面进行了何种尝试与努力；⑥在校长负责制的运营体制下，是否受到学校的重点支持；⑦是否有效地使用了研究经费；⑧面向国内外，采取何种形式进行学术成果相关信息的对外宣传等。

中期评价考核采取书面评价与听证会合议评价两种方式。其中，在书面评价阶段，各立项负责人须提交"21 世纪 COE 计划"或"全球 COE 计划"中期评价报告(包括进展状况报告书和卓越研究中心计划报告)、审查结果表、卓越研究中心计划报告(基于审查结果的修正版)。

中期评价考核的综合评价结果共分为 5 个等级：A 为计划进展顺利，保持现有状态可达成预定目标；B 为达成预定目标，还须进一步努力；C 为若维持现状恐难达成预定目标，须对原计划做适当的调整与修订；D 为鉴于当前进展状况，今后即使尽最大的努力恐也难以达成预定目标，有必要对原计划做大幅度的缩小调整；E 为鉴于当前进展状况，今后即使尽最大的努力恐也难以达成预定目标，故决定终止资助该研究中心建设。①

在 2006 年对 2004 年卓越研究中心计划立项进行的中期评价考核中，"21 世纪 COE 计划委员会"终止了对两所大学的卓越研究中心建设费补助金资助。其中，一个是社会科学领域的东京都立大学社会科学研究科经济政策专业的项目，名为"金融市场的微观构造与制度设计"的卓越研究中心计划；另一个是数学、物理与地球科学领域的旧制大学之一的名古屋大学多元数理科学研究科多元数理科学专业的项目，名为"创造等式的数学新概念"的卓越研究中心计划。前者是由于卓越研究中心所在的东京都立大学面临着与东京都立科学技术大学、东京都立保健科学大学、东京都立短期大学三所大学重组合并，而在构建新大学的过程中，由于机构调整导致教师与研究人员的外流，致使研究工作无法继续开展。鉴于此，大学方面不得不于 2004 年 12 月向"21 世纪 COE 计划委员会"提交退出卓越研究中心计划的申请。后者是由于在卓越研究中心计划申报资料中出现与事实不符的描述，发现学术造假现象，项目推进负责人因此引咎辞职，导致项目被迫终止。大学方面于 2005 年 9 月向委员会主动提交退出申请。委员会对其研究活动进展状况做出了以下总结：现在的进展状况与预期相距甚远，今后即使尽最大的努力也无法达成预期目标。② 表 2-5 为"21 世纪 COE 计划"中期评价考核结果一览表。

---

① 文部科学省，「21 世纪 COE プログラム」（平成 14 年度採択拠点）中間評価について，2015-08-19.

② 文部科学省，「21 世纪 COE プログラム」（平成 15 年度採択拠点）中間評価について，2015-08-19.

表 2-5 "21 世纪 COE 计划"中期评价考核结果一览表

等级	生命科学	化学材料	信息	人文科学	交叉 I	医学类	数理	工学	社会科学	交叉 II	创新前沿	总计
A	12	13	6	2	8	16	11	11	13	7	10	109
B	16	8	13	10	13	17	12	11	12	17	17	146
C	0	0	1	6	3	2	0	1	0	1	1	15
D	0	0	0	2	0	0	0	0	0	0	0	2
E	0	0	0	0	0	0	1	0	1	0	0	2
合计	28	21	20	20	24	35	24	23	26	25	28	274

资料来源：文部科学省，「21 世紀 COE プログラム」平成 16 年度（平成 14 年度採択拠点）中間評価について；「21 世紀 COE プログラム」平成 17 年度（平成 15 年度採択拠点）中間評価について；「21 世紀 COE プログラム」平成 18 年度（平成 16 年度採択拠点）中間評価について，2015-08-20.

从表 2-5 中可以看出，"21 世纪 COE 计划"的实施基本上还是顺利的。从整体来看，在总计 274 个卓越研究中心计划中，"计划进展顺利，保持现有状态可达成预定目标"的有 109 个，占总数的 39.8％；"达成预定目标，还须进一步努力"的有 146 个，占总数的 53.3％；"若维持现状恐难达成预定目标，须对原计划做适当的调整与修订"的有 15 个，占总数的 5.5％；"鉴于当前进展状况，今后即使尽最大的努力恐也难以达成预定目标，有必要对原计划做大幅度的缩小调整"的有 2 个，占总数的 0.7％。从学科及专业领域来看，问题最多的是人文科学领域，有 6 个"须对原计划做适当的调整与修订"，有 2 个"有必要对原计划做大幅度的缩小调整"，占人文科学领域卓越研究中心计划总数的 40％。

根据上述中期评价考核的结果，文部科学省对 2005 年、2006 年与 2007 年的资助经费进行了重新审核，设置卓越研究中心的各大学接受的卓越研究中心计划补助金也发生了相应的调整。如表 2-6 所示，2005 年获得 A 等评价的卓越研究中心计划经费比 2004 年有一定幅度的增加，平均增幅为 18.3％，其中人文科学领域的增幅最大，为 67.9％；获得 B 等评价的卓越研究中心计划经费在基本维持 2004 年水平的基础上略有增加，平均增幅为 2.8％；获得 C 等评价的卓越研究中心计划经费除交叉学科、复合学科、新兴学科领域外，其余比 2004 年减少 10％左右；获得 D 等评价的卓越研究中心计划经费大幅减少，比 2004 年减少 70％左右。

表 2-6　中期评价考核结果影响 2005 年补助金分配情况一览表

单位：百万日元

等级	A			B			C			D		
年份	2004年	2005年	增幅	2004年	2005年	增幅	2004年	2005年	增幅	2004年	2005年	增幅
生命科学	1878	2235	19.0%	1829	1839	0.5%	—	—	—	—	—	—
化学材料	1893	2141	13.1%	1012	1012	0	—	—	—	—	—	—
信息	848	1037	22.3%	1589	1604	0.9%	103	95	−7.8%	—	—	—
人文科学	140	235	67.9%	802	917	14.3%	546	484	−11.4%	139	44	−68.3%
交叉Ⅰ	1222	1429	16.9%	1680	1734	3.2%	160	154	−3.8%	—	—	—
合计	5981	7077	18.3%	6912	7106	2.8%	809	733	−9.4%	139	44	−68.3%

资料来源：文部科学省，中间评价结果の17年度補助金配分への反映状况(14年度採择拠点)，2015-08-20.

如表 2-7 所示，2006 年获得 A 等评价的卓越研究中心计划经费比 2005 年有一定幅度的增加，增幅在 15%～20%，平均增幅为 16.9%；获得 B 等评价的卓越研究中心计划经费除交叉学科、复合学科、新兴学科领域出现小幅度下降外，其余在基本维持 2005 年水平的基础上略有增加；获得 C 等评价的卓越研究中心计划经费比 2005 年减少 10%左右。

表 2-7　中期评价考核结果影响 2006 年补助金分配情况一览表

单位：百万日元

等级	A			B			C			D		
年份	2005年	2006年	增幅	2005年	2006年	增幅	2005年	2006年	增幅	2005年	2006年	增幅
医学	3068	3529	15.0%	2428	2456	1.2%	205	193	−5.9%	—	—	—
数理	1425	1694	18.9%	1511	1513	0.1%	—	—	—	—	—	—
工学	1685	1943	15.3%	1586	1589	0.2%	175	155	−11.4%	—	—	—

续表

等级	A			B			C			D		
年份	2005年	2006年	增幅	2005年	2006年	增幅	2005年	2006年	增幅	2005年	2006年	增幅
社会科学	1394	1666	19.5%	1143	1145	0.2%	—	—	—	—	—	—
交叉Ⅱ	950	1099	15.7%	1846	1809	−2.0%	106	91	−14.2%	—	—	—
合计	8522	9931	16.5%	8514	8512	0	486	439	−9.7%	—	—	—

资料来源：文部科学省，中間評価結果の18年度補助金配分への反映状況（15年度採択拠点），2015-08-20.

2007 年在创新前沿领域中获得 A 等评价的卓越研究中心计划经费由 2006 年的 10.08 亿日元增至 11.60 亿日元，增幅为 15.1%；获得 B 等评价的卓越研究中心计划经费由 13.71 亿日元增至 14.33 亿日元，增幅为 4.5%；获得 C 等评价的卓越研究中心计划经费由 1.21 亿日元降至 1.17 亿日元，降幅为 3.3%；D 等空缺。①

这几轮经费资助的调整情况反映出"21 世纪 COE 计划"在运营管理方面的动态性和淘汰性。这种特征在一定程度上有利于竞争性经费获得机制的建立，即经费的分配与绩效考核结果直接挂钩，从而达到提高有限教育研究经费的使用效率和效益。

2."21 世纪 COE 计划委员会"对卓越研究中心计划立项的事后评价

"21 世纪 COE 计划委员会"对卓越研究中心计划立项实施的事后评价的评审基准主要侧重于以下几方面：①关于大学的未来规划。在校长负责制的经营体制下，是否开展了重点支援；卓越研究中心计划资助项目结束后，大学是否打算为维持世界性研究教育中心的研究教育活动进行具体的支援活动，或者是否已经着手实施了。②世界最高水准的卓越研究中心计划的整体目标的达成度，是否达成卓越研究中心计划立项时的预期目标。③在人才培养方面取得的成果对研究教育中心建设做出的贡献。青年研究人员的培养效果是否显著，为卓越研究中心的建设做出了哪些贡献。④在研究活动方面是否创建了新的领域及取得了重大学术成果等。⑤项目推进负责人之间的有机合作

---

① 中間評価結果の19年度補助金配分への反映状況（16年度採択拠点），2015-08-21.

等。以项目负责人为中心的各项目推进负责人之间是否进行了有机合作，构建了能够开展研究活动的组织形式。⑥是否有助于具有国际竞争力的大学建设。⑦是否面向国内外进行了积极的信息公开。⑧是否有效地使用了卓越研究中心计划补助金等。⑨是否设计了研究教育中心的未来发展愿景。⑩世界性研究教育中心的建设与形成给大学内外带来哪些影响。⑪是否对入选时的审查结果与中期评价考核结果中提及的注意事项做出了适当的反馈等。

事后评价采取书面评价、听证会合议评价或现场调查等方式。其中，在事后评价的书面评价阶段，各立项负责人须提交实绩报告(5年总结)、"21世纪COE计划"中期评价报告(含代表性学术论文在内的进展状况报告书、卓越研究中心计划报告)、审查结果表及中期评价总结。在评价结束后，各研究教育中心须将中期评价结果、事后评价结果、研究进展状况等公布在各自的网站主页上。

事后评价的总结评价结果共分为4个等级：A为达成预定目标，取得超出预期的研究成果；B为基本上达成预定目标，取得预期的研究成果；C为在一定程度上达成预定目标；D为完全没有达成预定目标。

从表2-8的事后评价结果中评价等级的分布情况来看，"21世纪COE计划"的实施取得了较好的成果。在总计271个卓越研究中心中，"达成预定目标，取得超出预期的研究成果"的有106个，占总数的39.1%；"基本上达成预定目标，取得预期的研究成果"的有141个，占总数的52.0%；"在一定程度上达成预定目标"的有24个，占总数的8.9%；"完全没有达成预定目标"的为0。

表2-8 "21世纪COE计划"事后评价结果一览表

等级	生命科学	化学材料	信息	人文科学	交叉Ⅰ	医学类	数理	工学	社会科学	交叉Ⅱ	创新前沿	总计
A	5	9	6	4	7	19	15	9	11	6	15	106
B	20	9	14	11	14	12	8	11	12	17	13	141
C	3	3	0	5	3	4	0	2	2	2	0	24
D	0	0	0	0	0	0	0	0	0	0	0	0
合计	28	21	20	20	24	35	23	22	25	25	28	271

资料来源：文部科学省，「21世紀COEプログラム」平成19年度(平成14年度採択拠点)事後評価について；「21世紀COEプログラム」平成20年度(平成15年度採択拠点)事後評価について；「21世紀COEプログラム」平成21年度(平成16年度採択拠点)事後評価について，2015-08-22.

3. "全球 COE 计划委员会"对卓越研究中心计划立项的中期评价考核

"全球 COE 计划"自 2007 年实施以来，共开展过两次中期评价考核。从表 2-9 中可以看出，"全球 COE 计划"的实施基本上还是顺利的。从综合评价等级分布来看，在总计 130 个卓越研究中心中，"计划进展顺利，保持现有状态可达成预定目标"的有 89 个，占总数的 68.5％；"达成预定目标，还须进一步努力"的有 38 个，占总数的 29.2％；"若维持现状恐难达成预定目标，须对原计划做适当的调整与修订"的有 3 个，占总数的 2.3％；"鉴于当前进展状况，今后即使尽最大的努力恐也难以达成预定目标，有必要对原计划做大幅度的缩小调整"的为 0。通过对上述综合评价结果的分析可以得出以下结论：入选"全球 COE 计划"的大学在经过"21 世纪 COE 计划"的历练之后，在卓越研究中心的建设上取得了明显的成效并积累了一定的经验，已经可以做到从容应对评价考核。

表 2-9　"全球 COE 计划"中期评价考核结果一览表

等级	生命科学	化学材料	信息	人文科学	交叉 I	医学类	数理	工学	社会科学	交叉 II	总计
A	11	10	8	8	5	12	13	8	8	6	89
B	2	3	5	4	7	1	1	5	6	4	38
C	0	0	0	0	0	1	0	1	0	1	3
D	0	0	0	0	0	0	0	0	0	0	0
E	0	0	0	0	0	0	0	0	0	0	0
合计	13	13	13	12	12	14	14	14	14	11	130

资料来源：文部科学省，「グローバルCOEプログラム」平成 19 年度採択拠点中間評価結果について；グローバルCOEプログラム」平成 20 年度採択拠点中間評価結果，について，2015-08-22.

(二)入选"21 世纪 COE 计划"大学的自我评价

1. 名古屋大学的自我评价

在卓越研究中心计划的评审结果引起媒体的大肆报道的背景下，有关入选卓越研究中心计划大学的具体状况却鲜少触及。那么，卓越研究中心计划究竟是如何改变大学教育的呢？在此，下面以名古屋大学为例考察"21 世

COE 计划"给大学教育带来的影响。①

2003 年 7 月 17 日，文部科学省公布了"21 世纪 COE 计划"的第二批评审结果。至此，涉及人文科学、社会科学、自然科学的 10 个学科领域的评审落下帷幕。名古屋大学分别在 2002 年、2003 年的卓越研究中心计划评审中获批7 个和 6 个，在获批卓越研究中心计划总数排行榜中位列东京大学（26 个）、京都大学（22 个）、大阪大学（14 个）之后，排名第 4。名古屋大学能取得如此骄人的成绩，是全校齐心协力、努力拼搏的结果。在"21 世纪 COE 计划"还被称为"远山计划"，并且计划内容尚不明朗的时候，名古屋大学就已经进入"准备状态"，成立了由各学科领域 10 余名专家教授组成的"关于学术研究计划具体化工作小组"。或许正是这种强烈的恐为人后的危机意识才使该校能够在卓越研究中心计划评审中脱颖而出。

在卓越研究中心计划的校内预审阶段，名古屋大学首先确定了校内预审的评审方针，即《名古屋大学学术宪章》第一条：创造世界顶尖的科研成果，培养富有逻辑思维与想象力、勇于探索和挑战的知识人才。其次，在项目的选择上从学校全局出发，在明确学校的个性、发挥学校的特色的基础上判断研究的重要性及合理性。该校成立了以校长为首的专家评审组，主要从是否真正具备发展为世界水平的研究中心的潜力、研究计划的内容、研究组织的人员构成、迄今为止的研究业绩等方面进行了严格的审查精选。具体实施过程要求把一些主题相似的研究计划及相关性强的研究整合为一个研究主题，要求一些在内容上欠缺创新的研究放弃申报，对项目申报者进行了时限为 35分钟的模拟口头审查等措施。再次，扩大了研究单位的规模，打破学科及专业界限，实现研究活动的跨领域合作。此举大大激发了校内青年研究人员的研究热情，在一些由研究经验丰富的前辈研究人员掌握主导权的研究项目中，青年研究人员也开始积极地参与进来。最后，制订重视人才培养的研究计划，大幅度改善研究环境。"21 世纪 COE 计划"在寄望于提高先端领域的研究能力的同时，还重视担负未来使命的青年研究人员的培养。例如，在卓越研究中心的研究活动中有偿聘用博士后及研究生，充实学生的经济支援体系。2003年的卓越研究中心计划评审中进一步明确了这一目标。在名古屋大学获批的卓越研究中心计划中，有的研究计划将研究资助金的 80% 左右用于人才培养方面。许多入选卓越研究中心计划的研究单位每年大约需要 10 亿日元的研究

---

① COEは大学教育をどのように変えるのか，2015-08-23.

经费，而卓越研究中心计划预算顶多也就是一两亿日元。因此，许多卓越研究中心都将筹措的科学研究费补助金等竞争性外部资金作为研究经费，而把卓越研究中心计划预算全部用在人才培养方面。这是因为入选卓越研究中心计划后就会提升知名度，对于外部资金的获取也更加有利。

名古屋大学的教授坂神洋次与福井康雄高度评价了"21世纪COE计划"，称其为"数十年来日本最成功的大学改革政策"。他们认为，该计划固然存在许多问题，"滋生大学等级序列化""忽视基础研究"等也都是不可否认的事实。名古屋大学一直以来笼罩在旧制大学的光环之下，大学自身的特色并不被社会认同，而"21世纪COE计划"给予其一个向外界彰显个性、展示实力的机会。此外，该计划在改善研究环境方面也起到了不可估量的意义。特别是对于有意向报考研究生院的学生是一种鼓励。或许，再过5年、10年，拥有卓越研究中心的大学与落选大学之间学生能力的差距就会出现。

2. 广岛大学高等教育研究开发中心入选"21世纪COE计划"前后的比较

"21世纪COE计划"自2002年实施以来，文部科学省7年间先后投入1759.78亿日元的卓越研究中心建设费补助基金，重点建设世界最高水平的研究教育中心，从而达到创建世界最高水准大学的终极目标。该计划在财政资源重点配置方面对推动与促进大学研究活动的开展具有重大的意义。以广岛大学高等教育研究开发中心入选"21世纪COE计划"人文科学领域（教育学）的卓越研究中心为例，在卓越研究中心设置以前，高等教育研究开发中心每年接受文部科学省下拨的经常性教育科研经费约4000万日元。卓越研究中心设置以后，2002—2007年5年间在经常性教育科研经费的基础上，每年接受文部科学省下拨的约5000万日元的竞争性经费——卓越研究中心建设费补助基金。① 这笔研究补助金有利于高等教育研究开发中心改善研究环境，推动研究教育工作的深化以及积极开展对外学术交流活动。

在研究成果方面，从2003年3月至2006年9月，该中心已经出版卓越研究中心计划相关研究报告22份；从2002年至2006年在学术期刊《大学论集》上集中发表卓越研究中心计划相关学术论文共计6期；从2002年10月至2006年在《高等教育研究评论》(*Reviews in Higher Education*)上发表卓越研

---

① 高等教育研究开发中心设置卓越研究中心后，历年接受的补助金具体为5100万日元（2002年）、4400万日元（2003年）、4120万日元（2004年）、5940万日元（2005年）、5390万日元（2006年）。

究中心计划专题共计 18 期等。此外，为及时了解并掌握全球范围的高等教育改革与现状，从 2003 年 2 月至 2006 年 5 月，卓越研究中心计划参与研究人员先后对 13 个国家及地区的 50 多所大学进行了实地考察并开展调查研究活动。

在对外学术交流方面，从 2002 年 4 月至 2006 年 12 月，该卓越研究中心共主办国际学术研讨会 6 次，聘请国内外著名的高等教育研究专家举办专题报告会 72 次，卓越研究中心参与研究人员研究会 8 次。由此，扩大了广岛大学在高等教育学研究方面的国际知名度。①

在青年研究人员培养方面，高等教育研究开发中心利用卓越研究中心计划资助经费按国立大学助教的薪酬标准从博士研究生及博士后中聘用了 5 名研究员。此外，由于卓越研究中心计划研究经费的相对充裕，研究组织规模得以扩大。该研究中心的研究人员由卓越研究中心设置前的 10 余名扩充至 65 名，其中卓越研究中心计划负责人 1 名、专职教员 10 名、研究员 3 名、校内兼职研究员 22 名、客座研究员 29 名。除专职教员外，其他研究人员一律采用任期制的形式。例如，卓越研究中心计划负责人的任期为 2 年；研究员的任期至卓越研究中心计划结题时，一般为 5 年；校内兼职研究员和客座研究员的任期为 4 年。② 在国立大学普遍削减经费和人员编制规模普遍受到抑制的趋势下，设置卓越研究中心的研究组织规模反而得到大幅的扩大，这在一定程度上反映出日本科研经费的分配开始打破旧有的按人头平均摊派的传统，提高经费的使用效率，呈现重点倾斜式分配的趋势。同时，在卓越研究中心计划研究过程中科研机构大量聘用有任期限制的研究人员，大大冲击了国立大学教师终身制的固有观念，对于打破封闭的大学现状，促进大学研究的灵活性具有积极的意义。通过任期制推动人才的合理流动，促进青年研究人员的成长也是日本政府实施"21 世纪 COE 计划"的一个主要目的。

（三）日本创建世界一流大学政策的调整与延续

在大学教育再生战略实施的大背景下，在"21 世纪 COE 计划"和"全球

---

① 有本章，21 世纪 COEプログラム（平成 14 年度採択）研究教育拠点 21 世纪型高等教育システム構築と質の保証－COE 最终报告书－第 1 部（中），広岛，広岛大学高等教育研究开発センター，2007.

② 広岛大学高等教育研究开発センター「21 世纪 COEプログラム」（2002～2007），2015-08-24.

COE 计划"实施的基础上，日本政府又陆续推出了多个全面提升大学综合实力的重大战略举措。例如，打造引领世界的教育高地系列项目，推进创新性与先导性教育研究项目开发的系列项目等。其中，在推进高等教育国际化、创建汇集世界优秀人才的基地方面，日本文部科学省于 2009 年 4 月出台了"构筑国际化据点项目"(Global 30)(简称"全球 30 计划")①，9 月遴选出 13 所大学(其中国立大学 7 所，分别是东北大学、筑波大学、东京大学、名古屋大学、京都大学、大阪大学、九州大学；私立大学 6 所，分别是庆应义塾大学、上智大学、明治大学、早稻田大学、同志社大学、立命馆大学)，计划连续 5 年给予这 13 所大学每年 2~4 亿日元的财政资助。② 但是，由于日本政权更替频繁，"全球 30 计划"遭到了 2010 年日本政府的尖锐批评，极大地影响了政策的连续性。文部科学省公布了首轮 13 所入选大学后，再没有公布下轮入选大学的名单。并且由于"全球 30 计划"的资助资金采取一次核定、按年分期分批办法下达，当日本政局变动、政党轮换后，13 所首轮获批大学并未获取足够的资金预算，一些大学在宿舍建设方面更因资金不足一度出现停滞，"全球 30 计划"无奈搁浅。

针对"全球 30 计划"存在的辐射面窄、难以持续以及缺乏有效性三大主要弊端③，日本政府进行了全面反思。文部科学省对已接受部分资助的 13 所首轮获批大学展开了问卷调查和论证评估，并基于"教育再生执行会议"④等咨

---

① 文部科学省，平成 21 年度国际化据点整备事业(グローバル 30)公募要领，2018-04-20.

② 文部科学省，平成 21 年度国际化据点整备事业(グローバル 30)の採択拠点の决定について，2018-04-20.

③ "全球 30 计划"存在的三大问题依次如下：一是辐射性。即在适龄入学人口减少和人文科学类及私立大学招生日趋困难的形势下，该计划偏重对已有相当实力的研究型、综合型、传统型大学给予丰厚的财政资助，而对支撑日本高等教育大众化的地方大学及后起大学则不予考虑。这势必加大日本高校国际化发展程度的差距，最后能否提高日本高等教育国际竞争力的整体水平还有待论证。二是持续性。"全球 30 计划"结束后，需要各校自筹资金维持新设的全英语学位课程、奖学金的财政来源及海外办事处经费等，经费的持续性也有待验证。三是有效性。仅依靠设立全英语学位课程，而不从建设师资队伍及优质的研究教育体系入手，难以稳定地吸引优秀的国际留学生，难以从根本上提高日本大学的国际竞争力。

④ 2013 年年初，日本政府设立了作为其私人教育咨询机构的"教育再生执行会议"。这是日本政府的"教育再生会议"(2006 年)之后再次以首相直属机构的形式讨论教育的重大现实问题。

询机构提出的有关促进大学教育改革、调整教育结构的意见和建议①，于 2014 年 4 月推出了"TGU 计划"②。区别于以学科领域为单位组织建设、政府按照学科领域实施经费资助的"COE 计划"，"TGU 计划"是以大学整体为单位组织实施，政府对获得立项的大学拨款资助。

1."TGU 计划"的主要内容

（1）实施目标

日本政府为实施"TGU 计划"制定了明确的目标，即"以提高日本高等教育的国际竞争力为目的，与制度改革相结合，重点支持与世界一流大学开展合作、实施大学改革、深入推进国际化的教育与研究符合世界水平的顶尖大学和引领世界化的国际化大学的要求"。③

（2）资助对象

"TGU 计划"将资助对象即重点扶持的大学一分为二。其中 A 类为"顶尖大学"，即"以进入世界大学排行榜前 100 名为目标，开展世界水平的教育与研究"的大学；B 类为"国际化大学"，即"基于已有的实绩，勇于探索创新，并引领日本社会国际化进程"的大学；重点支持的大学数量为 A 类 10 所左右，B 类 20 所左右；重点支持的经费为 A 类大学每所每年 5 亿日元，B 类大学的招生规模 1000 人以上的每所每年 3 亿日元，招生规模 1000 人以下的每所每年 2 亿日元；重点支持的期限为最长 10 年。为了保证计划实施的效果，除了事后评价外，分别于 2017 年、2020 年实施两次中期评价，中期评价的结果将影响后续经费的投入以及计划本身的持续与否。2014 年，由文部科学省设立的、以独立法人日本学术振兴会为中心运营的"TGU 计划委员会"作为第三方，遵照"资助审查要项"的规定，对 104 所申报大学提交的 109 份申报书进行了评审。④ 申报 A 类计划的大学有 16 所，其中国立大学 13 所，公立大学 1 所，私立大学 2 所；申报 B 类计划的大学有 93 所，其中国立大学 44 所，公立大学 11 所，私立大学 38 所。从申报大学的构成情况来看，在私立大学占四分之三的日本，国立大学的申报数量却超过了总数的一半，尤其是在申报

---

① 文部科学省，教育再生実行会議これからの大学教育等の在り方について（第三次提言），2018-04-20.

② "TGU 计划"的日文标识为"スーパーグローバル大学"，因此亦有学者译为"全球顶级大学"。

③ 日本学術振興会，スーパーグローバル大学創成支援，2018-04-20.

④ 由于一所大学可同时申报 A 类和 B 类计划，从而使申报院校数与申报书份数不一致。

A 类计划的大学中国立大学占了 80％以上，这充分说明了日本大学结构的一个重要特点，即私立大学以数量见长，国立大学以水平占优。"TGU 计划"评审包括书面评审与会议评审，评审的关注点主要在于创造性、是否有明确的目标、是否构建了实现目标的相应体制、是否有提升国际评价水平的举措、是否具有在国际评价中进入前列的教育与研究水平等。经过约半年的申报、评审，2014 年 9 月 26 日"TGU 计划"的评审结果正式公布。如表 2-10 所示，首批入选"TGU 计划"的 A 类大学有 13 所，B 类大学有 24 所。①

表 2-10 2014 年首批入选"TGU 计划"的大学名单

A 类"顶尖大学"	B 类"国际化大学"
国立：北海道大学、东北大学、东京大学、名古屋大学、京都大学、大阪大学、广岛大学、九州大学、筑波大学、东京工业大学 私立：庆应义塾大学、早稻田大学、东京医科大学	国立：千叶大学、东京外国语大学、东京艺术大学、长冈科学技术大学、金泽大学、丰桥科学技术大学、京都工艺纤维大学、奈良先端科学技术大学院大学、冈山大学、熊本大学 公立：国际教养大学、会津大学 私立：国际基督教大学、芝浦工业大学、上智大学、东洋大学、法政大学、明治大学、立教大学、创价大学、日本国际大学、立命馆大学、关西学院大学、立命馆亚洲太平洋大学

资料来源：日本学術振興会，スーパーグローバル大学創成支援事業 採択事業一覧，2018-05-01.

从入选名单的大学构成情况来看，在入选 A 类计划的 13 所大学中，除少数理工、医科大学外，其余均为实力雄厚的老牌综合性研究型大学——包括东京大学、京都大学、东北大学、九州大学、北海道大学、大阪大学、名古屋大学 7 所旧制大学以及被称为"私立双雄"的庆应义塾大学和早稻田大学。而入选 B 类计划的 24 所大学中，既有历史悠久的人文类大学（如东京艺术大学、东京外国语大学等），又有在某一特定学科领域具有显著办学特色的单一学科大学（如丰桥科学技术大学、京都工艺纤维大学、会津大学等），还有办学历史虽短却有鲜明的国际化办学特色的大学（如国际教养大学和立命馆亚洲

---

① 日本学術振興会，スーパーグローバル大学創成支援事業 採択事業一覧，2018-05-01.

太平洋大学）。

（3）评价指标

为了使计划的评审与评价客观、具体及公开，"TGU 计划"设计了全面的评价指标和应达到的数值目标。这些指标由所有申报大学必须填写的通用指标和体现申报大学的办学理念及特色的个性指标两大部分组成。

通用指标包括国际化、大学治理改革和教学改革三大模块。其中，国际化模块主要是由多样性、流动性、留学支援体制、语言能力、教务体系的国际通用性和大学的国际开放度 6 个大项、24 个小项构成；大学治理改革模块主要由人事制度、教务管理两大项、9 小项构成；教学改革模块包括提高教育质量与促进自主学习、入学考试改革及灵活多样的入学学制体系 3 个大项、11 个小项。

在个性指标方面，申报 A 类"顶尖大学"的大学要求填写学校在国际上的地位、国际评价以及研究成果的产出状况，具体包括被引用的论文数、国际合作的论文数、共同研究及受托研究的状况等。申报 B 类"国际化大学"的大学要求填写办学特色及采取的措施等。①

（4）改革构想与行动目标

"TGU 计划"要求各申报大学按照下列框架做出具体的规划：①大学改革的整体构想与路线图；②10 年的发展规划、阶段性成果及进度表；③所有申报院校统一的通用成果指标与其 10 年后的预期目标；④体现申报院校特色的个性成果指标与其 10 年后的预期目标；⑤实施路径；⑥组织体制建设与管理；⑦ 在教育研究领域上的国际评价（在世界大学排行榜所处的位置），以及为提高国际评价采取的各种措施（A 类"顶尖大学"）；⑧本校的特色以及采取的措施（B 类"国际化大学"）；⑨经费预算及使用等。这些规划不仅是计划实施的依据，而且也是政府评价计划实施状况的指标。

以东京大学的计划申报书为例，可以看到东京大学对其改革构想、行动目标、实施路径、现状分析及 10 年后的预期目标都做了战略性的规划。东京大学制定的规划题目为："东京大学全球校园模本的构建"。规划中提出的东京大学的建设目标为："经济全球化时代世界最高水平的研究型综合大学"。这一总目标具体化为：①在各学术领域推进具有世界最高水平的尖端研究；②构建适应经济全球化时代的教育体系和富有流动性与多样性、以培养具有

---

① 　陈瑞英：《日本推进高等教育国际化新举措》，载《比较教育研究》，2016(3)。

全球视野的知识人才为目的的课程体系；③加强英语学位项目和系统的英语教学与课程；④在用本国语开展高水平的教育与研究的同时，加强多种语言的教学；⑤在师生构成的日益多样化的校园实施平等且富有多样性的教育、研究及管理活动；⑥构建能有力推进全球校园规划的组织体系。规划中不仅有这些定性的目标，而且还制定了定量的目标。例如，到计划结束的 2023 年，外籍教师数的比例要从 2013 年的 8.5％提高到 20％；外国留学生数的比例从 2013 年的 11％提高到 24.7％；用外语教学的课程数的比例从 2013 年的 8％提高到 18.6％；国际交流英语考试(TOEIC)成绩 800 分以上的职员人数比例从 2013 年的 5.2％提高到 25％；国际合作发表的论文数从 2013 年的 2652 篇增加到 6500 篇等。为了实现在尖端领域开展研究、在最高水平上实施教育的目标，规划中还列出了包括与世界一流大学开展战略合作、通过推进综合教育改革构建新的教育体系、实施大学治理改革等诸多具体的举措。①

2. "TGU 计划"的中期评价及初步成效

2017 年"TGU 计划"迎来了第一个中期考核评价。首轮获批的 37 所大学的阶段性成效如何？以下基于"TGU 计划"年度评价资料和入围大学官网公开的信息，进行简要归纳与分析。②

(1)大学的国际化建设方面

名古屋大学、东北大学等部分顶尖大学启动了与海外著名大学协同创建国际联合研究生院的工作，将传统的互换学分、授予双学位的办学模式扩展到了联合培养博士研究生、授予国际联合学位的模式。东北大学基于 10 年内与世界顶级大学联合创建 7 个国际联合研究生院的构想，于 2015 年与德国美因茨大学签署了在"自旋电子学"领域联合培养博士生的合作协议，并已启动实施。名古屋大学医学系大学院与澳大利亚阿德莱德大学协同推进的"国际联合综合医学专业研究生院"计划，已获文部科学省的批准，并从 2015 年开始招生，开启了日本首个授予国际联合学位的项目。

为了进一步开拓留学生市场，吸引更多的海外留学生，东京大学开发了英语版的"Studying at Japanese Universities"网络系列课程，并通过

---

① 胡建华：《日本世界一流大学建设新动向》，载《华东师范大学学报（教育科学版）》，2016(3)。

② 陈瑞英：《日本创建世界一流大学的政策措施："全球顶级大学计划"》，载《比较教育研究》，2018(3)。

Coursera 公司提供的慕课平台向全世界免费播放。早稻田大学和九州大学分别建设了可容纳 900 名和 1300 名国内外学生合住的学生宿舍，并于 2014 年开始投入使用。大阪大学计划建设具有国际特色的国内外师生同寝共食型的"全球村"，其规模达到 2600 户。今后的学生宿舍将不再是单一的居住场所，而将成为能感受异国文化、获得解决跨文化冲突的能力和提高外语能力的多功能空间。

（2）教学、教务改革方面

在教学方面，首轮入选大学的改革特点主要表现为：重构人才培养目标，创新教学模式，加强英语教学，注重"厚人文、善沟通、强英语、敢创新"的人才培养。例如，东京工业大学自 2016 年 4 月起，取消了 4 年本科教育，导入了"本科＋硕士"及"硕士＋博士"的连读培养模式。该模式的特点为：实施大类招生，邀请诺贝尔奖级别的著名科学家为新生上课，本科部分基础课及研究生全部课程使用英语授课，将通识课程延续至博士阶段，导入慕课及小规模限制性在线课程（Small Private Online Course）学习等。筑波大学于 2016 年正式运行"Campus in Campus"（即将本校与海外合作院校的办事处相互设置在对方的校园内，并相互派遣教师员工，形成一个双方师生共享互动的教育公共平台），其最大特点是导入了"Juke Box 型"课程体系（由数所海外合作院校提供共享课程，以实况转播、网络远程等方式轮流授课。学生可以不出校门，如同"投币自动点唱机"一样，点击选修"Juke Box 型"的网络课程，其成绩评估按照课程提供方制定的成绩评价标准，由学生所在校负责评定）。目前，筑波大学已经在该系统中开设了 100 多门课程，并与海外的 7 所院校达成了协议，力争在 2023 年前开设 500 门"Juke Box 型"课程、设立 12 个"Juke Box 型"专业学位。九州大学从 2018 年开始在新校区每年招收日本学生和国际学生，共计 400 人，并采用国内外学生"混合班"的教学模式。该模式的特点为：入学后国内外学生集中接受外语培训，教师在通识课程中使用英语授课，所有学生赴海外留学 3 个月以上并在入学 1 年后选择专业方向等。这些新型教学模式打破了日本传统的国内学生和海外留学生"各自为营"的上课模式，学生不出国门，就可以近距离地体验"海外留学"生活，开阔国际视野。

在教务改革方面，东京大学实施了由 4 个短学期和 1 个长假期构成的新校历，在时间上为海外留学提供了保障。早稻田大学完成了按学科和水平等级设置的课程编码导入工作，学生从 2015 年起可使用国际编码选修课程。北海道大学制定了"海外大学学习及课程学分认定管理办法"，同时增设了海外大学提供学分认定的科目数。京都大学实施了"京都大学特色入学考试"制度，并在 2014 年从 616 名有特长的学生中录取了 81 人。

（3）大学治理及提高国际评价方面

在大学治理及提高国际评价方面，入选大学开展的主要工作有：推进一元化领导的组织建设，开设教职员工的英语培训讲座，导入年薪制，加入世界联盟组织等。例如，东京大学成立了由规划宣传、教育推进和学生交流 3 个部门组成的一元化领导小组——"国际本部全球校园推进办公室"，统筹协调各个部门的建议规划。东北大学自筹 1 亿日元资金，成立了"外籍教员的雇用经费发展基金"，使外籍教员的雇佣人数由 2014 年的 185 人增长至 2016 年的 219 人。庆应义塾大学加入了由爱思唯尔（Elsevier）公司开发的研究员信息系统"Pure"，旨在让更多的海外学者可方便检索到 SCOPUS 数据库中该校教师的信息，从而提高其知名度和国际合作的机会。东京医科大学加入了由世界 50 多所高校加盟的医科大学联盟，以期开拓新的合作院校伙伴，吸引更多的外国留学生。①

日本"TGU 计划"是以创建世界一流大学为目标、以大学整体为实施对象、以大学的国际化为切入点、以培养创新人才为核心的政策措施，其政策主导思想和运作体系具有鲜明的特点。在最新的 2020QS 世界大学综合排名中，东京大学排在第 22 位，京都大学排在第 33 位，东京工业大学排在第 58 位，大阪大学排在第 71 位，东北大学排在第 82 位，名古屋大学排在第 115 位，九州大学排在第 132 位，北海道大学排在第 132 位，庆应义塾大学排在第 200 位。入选"TGU 计划"A 类的 13 所大学全部进入 QS 世界大学排名的前 400 名。不过，进入前 100 名的只有 5 所大学。由此可以看出，日本政府 2014 年推出"TGU 计划"，一方面是基于日本大学发展的现实基础，另一方面更是为了在竞争激烈的世界高等教育环境中进一步提升日本大学的地位与水平。该计划实施至今，时间已经过半，2020 年迎来第二次中期评价。其预期目标和改革规划能否如期实现，值得我们继续关注。

---

① 日本学術振興会，フォローアップ，2017-01-24.

第三章 韩国创建世界一流大学政策研究

随着经济全球化与知识经济时代的到来，知识生产与创新成为决定国家竞争力的核心要素，而主导知识创新的研究人才则取代传统的技术人才成为创造经济价值的核心动力。[1]研究型大学作为集知识生产、研发与研究人才培养等功能于一体的重要机构，在国家发展和创新体系中的作用越发凸显。为了在全球舞台上持续提升或保持国家的竞争力，世界主要国家，尤其是东亚地区，竞相拉开创建世界一流大学的序幕。[2]

虽然目前国际上对于"世界一流大学"并没有一个统一的边界清晰的概念界定，但杰米尔·萨米通过对 THE、QS 和 ARWU 几大排名中排名前列的大学进行比较分析后得出世界一流大学的核心特征框架，大体包括三大要素：人才的集中、充足的资源以及合理的治理结构。各主要国家为创建世界一流大学，围绕着这三个方面制定了许多战略和政策，具体措施根据国家发展水平、高等教育特色和国家制度文化等各有不同。[3]例如，以德国、法国和日本为代表的非英语发达国家由于高等教育的发展已经成熟，且研究水平较高，因此主要面临的是国际化和治理结构改革等

---

[1] Jamil Salmi, *The Challenge of Establishing World-Class Univerities*, Washington, DC, The World Bank, 2009, pp. 1-2.

[2] Philip G. Altbach & Jamil Salmi, *The Road to Academic Excellence*: *the Making of World-Class Research Universities*, Washington, DC, The World Bank, 2011, pp. 1-3.

[3] Simon Marginson, "Different Roads to a Shared Goal," In *Building World-Class Universities*, Rotterdam, Sense Publishers, 2013, pp. 13-16.

问题；而以中国和韩国等为代表的非英语、经济和高等教育均处于高速发展中的国家，则同时面临研究人才培养、研究水平提升、国际化发展和治理结构改革等多项课题。①

韩国自 20 世纪 90 年代以来始终围绕着"人才强国"的发展战略，将提升大学的国际竞争力作为高等教育发展的重要方向。政府通过"智力韩国 21 工程"和"世界一流大学建设工程"等代表性的财政拨款政策，着重从人才培养、研究水平提升、国际化发展和制度改革等方面入手，引导国内优秀大学不断向世界一流水平迈进。目前，根据 QS、CWTS Leiden 等多项世界排名，韩国多年保持约 7 所左右的大学跻身世界前 200 名，其中 2～4 所在前 100 名。

第一节　韩国创建世界一流大学政策产生的背景

韩国创建世界一流大学政策形成于 20 世纪 90 年代中后期。从纵向来看，它是韩国自身现代高等教育一路发展而来的历史产物；从横向来看，它也是在经济全球化和知识经济时代开启之时对高等教育的国际市场变化和韩国经济发展转型需求的一种回应。

一、韩国高等教育发展的历史趋势

在韩国建国之初，韩国政府在此前日本的影响和美国的援助下，迅速建立起现代高等教育体制。虽然韩国现代高等教育的历史并不长，却在较短的时间里迅速实现了规模的扩大。

20 世纪 70 年代末，在政府强有力的主导下，韩国的经济增长模式由劳动密集型的轻工业向技术密集型的重化工业转型。随着国家对技术型劳动力的需求不断增加，韩国政府通过实施初中免试入学和高中平准化②等政策扩大基础教育阶段学生的受教育机会，实现了基础教育规模的扩大。进入 20 世纪 80 年代后，基础教育的迅速普及极大地刺激了民众对高等教育的需求，同时韩国经济的迅猛发展也促使国家对高级人才的需求增加。一方面民间资本开

---

① Jung Cheol Shin & Barbara M. Kehm，*Institutionalization of World-Class University in Global Competition*，Dordrecht，Springer，2013，pp. 3-4.

② 译自고교평준화정책，是指学生通过统一的入学资格考试后，按照学生居住地划分学区，通过抽签的方式安排入学，同时政府通过对质量低下的高中提供支持拉平高中教育质量的差距。

始扩大对私立大学的投资，另一方面韩国政府通过实施"大学毕业名额定额"制度①迅速开放了高等教育门户，韩国高等教育由此进入规模增长期。进入20世纪90年代中后期，韩国政府通过实施"大学设立准则主义"政策，放宽对私立大学设立的限制，使大批私立大学如雨后春笋般应运而生。大学的数量由1990年的265所增加至2005年的419所；大学的净入学率由1965年的4.2%提高至1990年的23.6%左右，并于1999年以50.1%的入学率正式进入普及化阶段。②

高等教育规模的急剧扩大带来的结果是高等教育质量的普遍低下以及高校办学千篇一律。私立大学以首尔大学等为模板，纷纷建设成以研究为主的综合大学，这使高校人才培养与经济发展对人才的需求之间产生错位。同时，地区间大学水平的差距不断拉大，阻碍了高等教育的均衡发展。③

由此，伴随着高等教育普及化的加深，推进地区间高等教育的均衡发展，推动大学的多样化和特色化发展，以及提高大学的竞争力、提升高等教育质量及研究水平成为韩国自21世纪初期以来高等教育发展的三大主旋律。

二、经济全球化下的高等教育国际环境变化

随着科技的迅猛发展，资本、商品、服务、人力资源的全球流动深刻地改变着世界各主要国家的经济发展模式；与此同时，新公共管理等理念乘着经济全球化也在世界范围内掀起国家治理模式的改革。各主要国家——尽管在政治体制、发达程度、社会文化等多方面存在差异——均被席卷至这场经济全球化之潮中，并呈现出相似的变化。这些变化包括但不限于：政府角色从"管控"（control）转变为"监督"（supervision），"国家统筹"被"市场配置"逐渐取代，国家治理的权限逐渐向准政府（quasi-governmental）或非政府（non-governmental）机构开放，政策制定的理念更多地关注"效率"与"竞争"；政府不再直接管控，取而代之的是评估与对"绩效"（performance）的强调。这些变化深刻地改变着政府与大学之间的关系，影响着高等教育治理模式的转型。

---

① 译自대학졸업정원제，是指开放对大学入学名额的限制，相应地设置大学毕业人数限制，以此扩大大学的入学规模，同时保障大学的学位资质。

② 이종재，김성열，돈애덤스，한국교육 60 년，서울，서울대학교출판문화원，2010，136-137，532-539.

③ 변도영，대학특성화의개념및지표개발에관한연구，교육인적자원부，2005(11)，1.

　　知识经济时代的到来也对大学最基本的功能结构——教育与研究的二元结构带来了不可避免的冲击和变革。一方面受美国模式的影响建立起来的高等教育机构普遍面临着如何提高研究水平以及如何协调教育与研究的课题；另一方面教育与研究也不再仅限于大学的内部活动，而是作为国家研发和创新体系的一部分，必须与产业和社会发展需求等多方部门协调进行。这就要求国家建立起自己的研究型大学，并加深发展产学研融合。

　　事实上，在有着儒家文化传统的东亚地区，包括中国、韩国、日本、新加坡等主要国家也在这种经济全球化和知识经济的深远影响下，于世纪之交，在高等教育治理方面开始呈现出相似的变化趋势。例如，高等教育市场化发展，国立大学法人化改革，对质量保障（quality assurance）和问责（accountability）的强调，投入使用基于绩效评估的财政拨款方式，政府放权和增加大学的自主性，以及鼓励大学竞争等。韩国自 20 世纪 90 年代开始的一系列高等教育改革正是在这样的国际环境变化和西方思潮的影响下得到开展的。

三、韩国社会发展环境的变化

　　在经济方面，20 世纪 90 年代对韩国的经济发展而言是充满机遇与危机的一段时期。1995 年，韩国加入世界贸易组织，而后于 1996 年加入经济合作与发展组织，这成为韩国包括高等教育在内的多个市场领域对外开放的契机。[1] 然而，1998 年，东南亚货币危机爆发，由于韩国自身经济结构失调，加之国际金融环境不断恶化，韩国也随之被卷入第二轮的亚洲金融危机。[2] 由此，实现经济复苏成为韩国政府的第一要务。韩国政府为了向包括国际货币基金组织等在内的国际社会申请援助，作为受到援助的条件开始实行经济体制和政治体制改革，同时对债务累累的银行及企业进行整顿。

　　在政治方面，20 世纪 90 年代至 21 世纪初，韩国社会各个部分掀起了以"简政放权"和"鼓励民营"为主旋律的管理制度改革。例如，韩国政府设立行政革新委员会、经济行政规定委员会等，同时在各政府部门以设立"放宽限制

---

　　① 　Jean S. Kang, "Initiatives for Change in Korean Higher Education: Quest for Excellence of World-Class Universities," *International Education Studies*, 2015 (7), pp. 169-180.

　　② 　付艳:《"21 世纪智慧韩国工程"研究》，硕士学位论文，西南大学，2009。

委员会"等方式促进放权和"松绑"。1994 年，为进一步放宽政府对社会各部门的管理，韩国颁布了一项《行政规定及民事基本法》。①

在教育方面，当时韩国社会在高等教育方面主要面临以下两个问题：一是前文提到的高等教育质量低下、缺乏竞争力。这也是韩国政府面临已久的高等教育发展课题。1997 年，韩国国内发表的全部论文数量仅达到日本两所一流大学（东京大学与东北大学）发表论文数的 82％。② 1998 年，洛桑国际管理发展学院（International Institute for Management Development, IMD）发布的数据显示，韩国国内学者发表的 SCI 论文数量在世界排名第 17；同时，1999 年，《亚洲周刊》（*Asia Week*）对亚洲大学进行排名，韩国顶尖的首尔国立大学仅排名第 3。在同年 IMD 报告中，韩国的人力资源国际竞争力在47 个国家中排名最末。③二是一流大学的入学竞争过于激烈，教育费用负担庞大。在韩国社会学历主义盛行的文化之下，进入一流大学学习热门专业被认为是成为人生赢家的第一步。这造成大学升学的激烈竞争，同时给学生家庭带来巨大的经济负担。韩国 1997 年包括课外辅导费用在内的教育费用达年均100 万亿韩元以上，高达韩国公共教育财政预算的二分之一以上，相当于韩国政府总预算的 8％。④此时，"培养世界水平的以研究为中心的大学"被认为是同时能解决当时高等教育研究质量低下以及国民高考应试补习费用负担过重这两大问题的良策。当时的韩国政府认为，国民对高等教育的认识受到社会学历主义文化的影响，将一流大学的热门专业（如医学院、法学院）直接与未来的高社会经济地位挂钩，这种功利性的认知及其对大学教育发展的影响导致了上述的两大问题。因此，只要淡化本科阶段的大学和学科的一流化，减少招生，着力发展研究生阶段的热门学校与专业等，问题就可迎刃而解。⑤

与此同时，此前韩国政府秉承的"教育福利国家"的政策理念也随着欧洲

---

① 안병영，하연섭 한국교육의패러다임전환：5.31 교육개혁그리고 20 년，다산출판사，2015，24-27.

② 교육인적자원부，한국학술진흥재단，단계두뇌한국（BK）21 사업백서（대학원연구중심대학육성），2007(12)，2.

③ 교육인적자원부，한국학술진흥재단，두뇌한국（BK）21，바로알기，BK21 설명자료，제주특별자치도，2006，4.

④ 교육부，두뇌한국 21 사업핸드북，국회도서관，2000，1.

⑤ 교육인적자원부，한국학술진흥재단，1 단계두뇌한국（BK）21 사업백서（대학원연구중심대학육성），2007(12)，5.

国家纷纷陷入危机而遭到质疑并引发反思。西方福利国家的经验表明，国民福利可能转变成国家的巨大负担，还将带来一系列生产水平下降等问题。由此，韩国采取了"生产性福利"（workfare）的路线，即对获得福利的人进行培养，使他们具备参与创造该项福利的能力。在这一观念下，教育不再处于福利或者非福利的争论之中；作为一种"生产性福利"，教育同时被认为可以解决经济问题，人们对于以教育促进国家发展的期待也越发高涨。①

四、韩国创建世界一流大学政策的形成

韩国政府对"创建世界一流大学"的提法可以追溯到建国初期。1946 年，韩国政府在首尔国立大学成立之初颁布《首尔国立大学设立法》，其中第三条对该大学的设立目标进行明确规定：为了把首尔国立大学建设成能与世界一流高等教育机关的学术水准相匹敌的学府，将对首尔市以及周边地区的 9 所国立专科学校、1 所私立专科学校以及京城大学进行合并。②

此后 30 年间，韩国政府及美国政府分别从财政支持、学科建设、体制改革、软硬件设施水平提升等各个方面为首尔国立大学提供了多种多样、强有力的支撑。③ 首尔国立大学作为韩国第一所同时拥有文、理、工科，并且同时具有本科和研究生学位教育的综合型大学，在政府主导和美国教育援助之下不断夯实基础，为迈入世界一流阵营做准备。

但韩国政府真正将建设世界水平的高质量大学作为高等教育发展的重要方向，是在 1993—1997 年开始的。在世纪之交，为推动韩国由工业社会向信息社会的转型，韩国政府提出"尖端科技立国"的发展战略，将"提升大学竞争力"作为高等教育发展的核心。1994 年成立教育改革委员会。作为总统咨询机构，教育改革委员会在 1995 年出台《5·31 教育改革方案》，开篇提出为积极应对 21 世纪经济全球化、信息化和知识经济时代的到来，要将建设世界水平的高质量教育作为发展目标，教育应大力培养兼具实践经验及专业理论、具

---

① 한국교육정치학회，한국교육개혁정치학，서울，학지사，2014，226-227.

② 转引自袁本涛：《世界一流大学建设中的政府角色研究：以日本和韩国为例》，载《清华大学教育研究》，2006(1)。

③ 袁本涛：《世界一流大学建设中的政府角色研究：以日本和韩国为例》，载《清华大学教育研究》，2006(1)。

有国际视野的专业高层次人才。①

在高等教育领域，该方案提出四个发展方向：一是大学的多样化与特性化。例如，单设专业研究生院②，建立研究生教育的多样化办学模式。二是大学的设立、招生及管理的自主化。三是发展世界一流水平的学术研究。例如，成立尖端学术信息中心，加强大学评估与财政支持之间的联结。四是大学教育的国际化。例如，培养国际关系专才，改善留学生政策，加强韩国文化教育，为韩国高等教育走向国际提供支持。③

"5·31 教育改革"对至今为止各届政府在高等教育政策的制定上产生了深远影响。各届政府所推行的高等教育政策也都以"提升大学竞争力"为主旨，并从财政支持、大学结构调整、大学评估改革等不同方面延续了"5·31 教育改革"的理念。

韩国政府将市场机制引入教育，追求卓越、鼓励竞争、讲求效率，并提出了许多追求卓越的高等教育政策。例如，"智力韩国 21 工程"、自由选课制④、"WCU 工程"、本科教育先进化先驱大学支援计划（Advancement of College Education）以及全球博士奖学金计划（Global PhD. Fellowship）等。其中"BK21 工程"与"WCU 工程"均明确以建设世界级优秀的研究生教育和世界水平的大学为政策目标。

在上述包括国内外环境和高等教育发展趋势的综合背景下，韩国政府从 20 世纪 90 年代末期开始建立起一整套创建世界一流大学的政策，并随着政策的不断成熟和完善逐渐制度化，发展为一个颇具特色的创建世界一流大学的模式。

---

① 대통령자문교육개혁위원회，세계화정보화시대를주도하는 새 교육체제수립을위한교육개혁방안，제 2 차대통령보고서，1995，1-8.

② "单设"指该专业并无本科毕业生，仅仅进行研究生阶段的人才培养和教育；"专业"指在分工和技能上区别于原来的一般研究生院和特殊研究生院。

③ 대통령자문교육개혁위원회，세계화정보화시대를주도하는 새 교육체제수립을위한교육개혁방안，제 2 차대통령보고서，1995，1-8.

④ 译自学부제，指大学生在入学后不分专业，先学习大类通识课，在三年级再选择专业；将大学相同领域的专业、科系重新整合，避免大学课程的重复，改善不同学科之间的封闭性。2000 年正式实施，2006 年开始大学自主决定是否实施。

第二节　韩国创建世界一流大学政策的内容

　　韩国政府自 21 世纪以来制定并实施了许多以提升大学竞争力、提高大学教育和研究水平为目标的财政支持项目。其中，旨在重点发展研究生教育、提升韩国研究水平的"智力韩国 21 工程"和"世界一流大学建设工程"被视为韩国创建世界一流大学的代表性政策。[①] 其中，"BK21 工程"自 1999 年至 2012 年分两个阶段实施，"WCU 工程"作为"BK21 工程"的补充从 2008 年开始实施。2013 年开始，"WCU 工程"被纳入"BK21 工程"的总框架内，在内容上得到扩展的"BK21 工程"更名为"BK21-PLUS 工程"并延续至今。具体如图 3-1 所示。

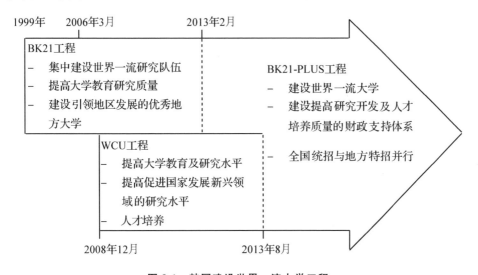

图 3-1　韩国建设世界一流大学工程

　　资料来源：2 단계 BK21 사업，7 년을돌아보다，서울，서울대학교대학신문，2012-09-23.

　　"BK21-PLUS 工程"虽然是"WCU 工程"和"BK21 工程"前两个阶段合并后的延续工程，但总体目标、内容和实施方式与"BK21 工程"更为接近；相比之下"WCU 工程"的目标、内容和实施方式与"BK21 工程"差距较大。因此为

---

　　① Jung Cheol Shin & Barbara M. Kehm，*Institutionalization of World-Class University in Global Competition*，Dordrecht，Springer，2012，pp. 147-149.

方便阐述，下面将"BK21-PLUS工程"作为"BK21工程"的最新阶段进行介绍，对"WCU工程"单独进行论述。

一、世界一流研究生教育建设工程——"智力韩国21工程"

韩国教育人力资源部认为，在知识经济时代，高水平人才培养与知识创新是决定国家未来发展的关键所在，并由此提出"人才强国"的发展战略。为了能够集中培养本国的高水平硕、博士等新晋研究人员，韩国教育人力资源部制定并实施了"智力韩国21工程"，主要通过直接向高等院校研究生院下设的学系和专业等提供财政支持，来提升研究生院的教育质量和研究水平，以建设世界一流水平的研究生教育。①

作为一项有着特定目标的政府拨款项目，"BK21工程"将"选择与集中"作为整体设计的核心原则，以保证有限的财政拨款被精准划拨给最符合目标需求的对象。"选择与集中"有两层含义：一是对学科领域的选择与集中资助。由于受到经费限制，"BK21工程"不可能在短时间内向所有学科领域提供教育财政支持，只能选择那些有潜力在最短时间内跻身世界一流水平的学科和领域进行资助。由此，"BK21工程"最初主要选择对包括信息技术、生命科学等学科在内的科学技术领域集中提供财政支持，这是当时最为高效的发展战略。二是对学校（学院、专业）的选择与集中拨款。"BK21工程"在特定学科领域只为那些最具发展潜力和有明确意向进行结构改革的大学提供经费。在上述原则的基础上，为合理甄选出最具发展潜力并最符合国家发展需求的学校（学科、专业），"BK21工程"采用"申报—竞争"的方式②，鼓励设有研究生院的大学提出项目申请，通过对提交申请的项目单位③进行评审，决定入选单位并提供经费。

---

① 교육인적자원부，한국학술진흥재단，두뇌한국，（BK）21，바로알기，（BK）21 설명자료，제주특별자치도，2006，3.

② 이정열，제1단계두뇌한국21（Brain Korea 21）사업효율성분석，서울，서울대학교，2010，44.

③ 译自事业团，一般构成项目单位的最小单位为专业。单个专业可以独立或与其他专业合作以一个"项目单位"的名义申请拨款，学院、研究生院和大学也都可独立或与其他同级单位合作以"项目单位"的名义申请拨款。

"BK21 工程"自 1999 年 6 月开始实施，共分为三个阶段：第一阶段（1999—2005 年）、第二阶段（2006—2012 年）和 PLUS 阶段（2013—2020 年）。在不同阶段，"BK21 工程"的总体设计框架虽保持不变，但政策目标和主要内容却在不断调整。

（一）"BK21 工程"第一阶段

"BK21 工程"的构想最初源于"5·31 教育改革"的第五次改革计划，是韩国大学结构调整工程中的重要一环。在经过持续的民意调查、专家研讨、国外优秀研究型大学的实地考察之后，教育部最终于 1999 年 6 月正式发布了"关于实施'BK21 工程'（科学技术领域）的公告"，并在之后陆续发布其他领域的相关公告。

1. 政策目标

"BK21 工程"第一阶段的政策目标是"建设世界水平的优秀研究生院，提升大学研究力量，构建优秀高等人才的培养体系"，同时"促进地方大学的特色化发展，提升地方大学的教育质量，构建地区所需优秀人才的培养体系"。[①]

在上述"BK21 工程"的总体目标之下，各学科领域也分别设立了各自的建设目标。以科学技术领域的具体目标为例，包括"研究质量""研究生教育"及"产学合作"三个方面，共八项目标。例如，增加 SCI 国际学术期刊发表论文数及论文引用数、博士学位论文的国际发表数、外国语言授课量，以及扩大产学合作规模等。[②]

同时，"BK21 工程"作为政府重点推行的财政拨给项目，它的重要作用还在于通过与其他大学的改革政策挂钩，引导和促进大学其他方面的改革。例如，进行大学结构改革，开放研究生院门户（招收 50％以上非本校毕业生），以及推行研究经费中央管理制度、自由选课制、教授绩效评估制度等，并通过这些改革措施从整体上提升高等教育的竞争力。

---

①　안병영，하연섭，한국교육의패러다임전환：5.31 교육개혁그리고 20 년，서울：다산출판사，2015，335.

②　이정열，제 1 단계두뇌한국 21（Brain Korea 21）사업효율성분석，서울，서울대학교，2010（8），50.

此外,"BK21 工程"在制定之时被视作解决韩国社会主要教育问题的良策。政府认为通过对研究生教育的资助,可以打破本科阶段僵化的大学排名结构,鼓励大学竞争与合作,以缓和本科阶段的大学入学竞争压力,同时一定程度上改善基础教育过于强调应试的问题等。

2. 主要内容

1999 年 1 月,韩国政府公布"中期财政计划",其中为"BK21 工程"第一阶段划拨的财政总额为 14000 亿韩元。经费主要用于两方面:一是建设世界一流研究生院和地方优秀大学,包括提高科学技术领域与人文社会领域的研究水平、建设地方大学、完善研究生院的专用设施等;二是提升研究生院的研究质量,主要是集中发展特色领域(专科研究生院)与核心领域。

"BK21 工程"第一阶段在 1999 年 6 月公布之后,由于过于偏重科学技术领域,受到韩国学界的反对,因此在 10 月公布了对人文社会领域支援项目的补充内容。两次公告均对不同领域参与"BK21 工程"第一阶段的申请学科、申请条件、计划内容(包括各学科的具体目标和项目组的构成等)、合约与中期评估、国库经费支持、经费使用规定等方面的具体内容做出了详细规定。

"BK21 工程"第一阶段的实施方案规定,建设世界一流研究生院和地方优秀大学两个方面连续 7 年每年投入的经费为 2000 亿韩元;在提高研究生院的研究质量方面投入 2080 亿韩元。其中,直接用于建设世界一流研究生院的总经费预算计划为 10500 亿韩元。① 具体各项目领域经费预算如表 3-1 所示。

表 3-1 "BK21 工程"第一阶段各项目领域经费预算

项目内容		项目时间	年均预算(亿韩元)
建设世界一流研究生院	科学技术领域(有竞争力的领域)	7 年 (1999—2005 年)	900
	人文社会领域(所有领域)		100
	研究生院专用设施建设		500

---

① 이귀로,제 1 단계 BK21,사업성과에대한한국내외전문가등의평가및분석연구,교육인적자원부,2005,11.

续表

项目内容		项目时间	年均预算(亿韩元)
建设地方优秀大学(本科)	建设地方优秀大学(本科)	7 年(1999—2005 年)	500
提高研究生院的研究质量	特色领域(专科研究生院)	5 年(1999—2003 年)	110
	核心领域	3 年(1999—2001 年)	340
	新兴产业领域	3 年(1999—2001 年)	170

资料来源：이귀로，제 1 단계 BK21 사업성과에대한국내외전문가등의평가및분석연구，교육인적자원부，2005，11.

从"BK21 工程"第一阶段经费投入的分配比例来看，50％以上的经费直接提供给研究生、博士后及签约教授，如表3-2 所示。通过审核的项目组需要每月向硕士研究生提供人均 40 万韩元以上，向博士生提供人均 60 万韩元以上的人力建设经费(可以奖学金的形式提供)。同时，通过审核的项目单位必须聘用博士后及签约教授，每年向博士后提供人均 1500 万韩元以上，向签约教授提供人均 2400 万韩元。

第一阶段约 10％的经费投入在以研究生为主的长期及短期国际合作活动方面。"BK21 工程"规定通过审核的项目单位必须保障研究生可以通过各种长、短期的国际交流活动赴外国优秀大学进行研究和学习；同时，必须为硕、博士研究生参与国际学术会议并发表论文提供充分的支持；必须保障与外国优秀研究生院进行持续的合作研究、人才交流等。

表 3-2　"BK21 工程"第一阶段经费投入的分配比例

支援项目	具体内容
研究生经费(40％以上)	硕、博士生补贴
新晋研究人才经费(10％以上)	博士后及签约教授经费
项目课题实施经费(40％以内)	材料费、设备费、论文发表费等必要的经费(不得用于教授本人的现金补贴)
国际合作经费(10％)	研究生长期及短期海外研修、邀请外国专家的经费

资料来源：교육인적자원부，한국학술진흥재단 . 두뇌한국，（BK）21，바로알기，BK21 설명자료，제주특별자치도，2006，6.

(二)"BK21 工程"第二阶段

"BK21 工程"第二阶段在继续延续第一阶段建设世界一流研究生院的工程体系的同时，主要对第一阶段政策实施过程中产生的问题进行改善。这些问题包括：在对项目单位的选拔和评估过程中过于偏重量化的研究成果，尤其是 SCI 论文数量；过于偏重科学技术等应用领域，导致对基础学科及融合型领域的经费资助不足；对地方大学特色化发展的资助不足，使首都与地方之间研究水平的差距扩大①等。"BK21 工程"第二阶段更加强调人才培养的过程，而非论文成果，因而进一步加大了对硕、博士研究生及新晋研究人才的经费资助比例。此外还进行了包括重新划定工程资助的学科领域，在评估指标中提高产学合作所占的比例，对建设地方优秀研究生院单设专门的财政支持等在内的多项调整。

1. 政策目标

"BK21 工程"第二阶段仍然符合"BK21 工程"的总体方向，即集中提升研究生院的教育质量和研究水平，继续建设世界一流研究生院和地方优秀大学。

围绕着上述方向，第二阶段的"BK21 工程"提出三个细化目标。一是在每个指定的学科领域建成 10 所世界一流水平的研究型大学，同时将全国 SCI 论文发表数排名从 2006 年的世界第 13 位提高至前 10。二是将大学人才培养与企业需求之间的匹配度排名从 2006 年的世界第 21 位提升至前 10。三是将硕、博士生资助规模扩大到每年 2 万名以上。同时，第二阶段的实施也旨在改善第一阶段实施过程中产生的三大问题，具体如表 3-3 所示。

表 3-3　"BK21 工程"第二阶段针对第一阶段问题的调整

第一阶段(问题)	第二阶段(改善)
过于强调研究开发的成果人才培养的目标被弱化	更加强调人力资源开发，强调与研发部门的协调
过度要求大学进行制度改革	引导大学进行与自身发展直接相关的制度改革
各学科领域设定的具体目标之间差异太小	各学科领域设定更加符合学科特色的具体目标

资料来源：BK21 기획단，2 단계 BK21 사업계획，교육인적자원부，2006(1)，7.

---

①　据统计，第一阶段科学技术领域与人文社会领域分别有 68％、95％的项目单位集中在首都地区的大学研究生院。见 BK21 기획단，2 단계 BK21 사업계획，교육인적자원부，2006(1)，2.

与第一阶段相比，第二阶段更强调产教融合，将产教融合在评估中所占比例由第一阶段的 5％提升至 25％，同时对与企业合作的项目单位给予优待，以此促进大学科研人才向企业流动。①

2. 主要内容

"BK21 工程"第二阶段的重点推进内容主要包括三个方面：一是建设世界一流研究生院，集中在科学技术、人文社会和少数优秀研究领域；二是建设地方优秀大学，集中在科学技术、人文社会和少数优秀研究领域；三是培养国际水平的高级专业服务人才，集中在医学、牙医学及工商管理等学科。

第二阶段与第一阶段在重点建设的具体学科领域有所不同。首先，在建设世界一流研究生院方面，第一阶段将重点建设学科粗略地划分为科学技术和人文社会两大类；而第二阶段则更加将学科进一步细化为科学技术、人文社会两个大类以及核心领域，其中将科学技术划分为基础类、应用类和融合类，将人文社会具体分为人文类、社会类和融合类。并且在第二阶段，在科学技术与人文社会两个大类领域中，主要选拔较大规模的项目单位；而在核心领域则主要选拔中小规模的创新研究项目单位。核心领域具体的支援学科分为三类，分别是科学技术、人文社会及融合类。其次，在地方优秀大学建设方面，第二阶段更加注重与整个地区发展战略的一致，以及与其他地区发展政策的联系，包括地方大学特色化发展、地方大学改革工程等。具体建设的学科也从第一阶段的工科扩展到科学技术、人文社会两个大类，以及中小规模的创新研究领域。最后，第二阶段在第一阶段的支援领域基础上，另外新设了国际水平的高级专业服务人才的培养项目。主要支援学科包括医疗（医学、牙医学）与管理（金融、物流、信息技术管理等）。从 2006 年韩国公布的"BK21 工程"第二阶段的基本计划方案来看，第二阶段计划的 7 年经费预算总额为 23000 亿韩元。按照计划，经费主要投入在硕、博士研究生补贴经费，国际合作及其他项目实施经费与新晋研究人才经费三个方面。首先用于硕、博士研究生补贴经费所占比例最高，为 56％以上（高级专业服务人才培养除外）；其次为国际合作及其他项目实施经费，控制在 26％以内；最后为新晋研究人才经费，控制在 20％左右。其

---

① BK21 기획단，2 단계 BK21 사업기본계획，교육인적자원부，2006(1)，6.

中，对硕、博士研究生的资助标准由第一阶段的每人每月 40 万韩元和 60 万韩元，增加至硕士每人每月 50 万韩元和博士每人每月 90 万韩元。对新晋研究人才的资助标准也有所提高，对博士后的资助标准由每人每月 125 万韩元增加至 200 万韩元，对签约教授的资助标准由每人每月 200 万韩元增加至 250 万韩元。①

(三)BK21-PLUS阶段

"BK21-PLUS 工程"，由韩国教育部大学财政支援科制定并于 2013 年 5 月颁布，实施至 2020 年。"BK21-PLUS 工程"是此前"BK21 工程"以及"WCU 工程"的共同后续工程，仍然以提高大学研究质量并提升大学国际竞争力为工程总目标，旨在通过扩大大学的自主性，强化大学的责任，从"质"上提升大学教育与研究水平等，培养发展创新经济所必备的硕、博士创新人才。

此前"BK21 工程"与"WCU 工程"均在提升大学的质量、人才培养质量及提高海外知名度方面取得成绩；但同时存在实施过程中缺乏自主性，注重"量"的上升而忽视了"质"，缺乏符合各学科领域特色的国际化策略等问题。"BK21-PLUS 工程"既是对前两项建设世界一流大学工程总体模式的继承，同时也对此前的不足进行补充和完善。并且，"BK21-PLUS 工程"继续扩大对地方研究型大学的支援，与前两项工程相比，地方大学入选项目单位的比例从 35％左右上升至 40％左右，对地方大学的经费支持占总经费的比例从 24％左右上升至 30％以上。②

1. 政策目标

在"BK21 工程"的总体框架下，"BK21-PLUS 工程"分别设立三大目标：一是建设世界一流研究型大学，计划实现有 11 所大学进入 QS 世界大学排名前 200 的目标；二是培养各学科及融合学科的高级人才，在 PLUS 阶段每年资助 1.5 万名左右的优秀硕、博士及新晋研究人才；三是提高国内大学的学术研究水平，并将 SCI 论文被引用指数排名由世界第 30 提升至第 20 以内。③

---

① BK21 기획단, 2 단계 BK21 사업계획, 교육인적자원부, 2006(1), 12.

② 김성수, 한국대학원지원정책의진화과정분석：BK21 및 WCU 사업을중심으로, 한국공공관리학보, 2013(6), 72.

③ 대학재정지원과, "BK21 플러스사업"기본계획, 교육부, 2013, 5.

2. 主要内容

"BK21-PLUS工程"的主要内容包括三个部分：一是国际化人才培养，通过促进研究生教育阶段以融合型学科为主的国际合作，提升这类研究生院在研究方面的国际竞争力；二是应用专业人才培养，主要是为应用科学的专业人才培养提供集中支持；三是未来社会创新人才培养，主要为建设各个学科领域的一流研究生院提供财政支持，并对研究生提供研究奖学金。[①]

第一，国际化人才培养部分是此前"WCU工程"的延续，旨在将促进未来国家发展的核心领域的大学教育及研究质量提升至国际一流水平，主要聚焦在推动创新经济发展的融合型与复合型研发领域。从经费分配上看，全部经费的40%以上用于研究生奖学金，其他项目还包括新晋研究人才经费、国际化经费（聘请海外学者）、项目单位日常运行经费（占全部经费10%以内）和间接经费（占全部经费2%以内）。

第二，应用专业人才培养部分是此前"BK21工程"第一阶段和第二阶段的延续，主要是为了在能带来高附加价值的新兴应用学科领域及国家发展战略内的学科领域培养高级专业人才。学科领域大体分为科学技术及人文社会领域，包括产业、工业、时尚设计、电子多媒体、文化产业、观光、信息安全、特殊设施等学科在内的以应用学科为主的研究生院。经费主要用于研究生奖学金、教育研究人才补贴（不得用于补贴专职教授）、国际化经费、项目单位日常运行经费（占全部经费10%以内）和间接经费（占全部经费2%以内）。

第三，未来社会创新人才培养部分是在PLUS阶段新设的部分，旨在培养各学科领域面向未来社会的创新型人才。重点扶持的学科与"BK21工程"第二阶段类似，包括基础科学（数学、物理、化学、生物及地球科学），应用科学（信息技术、机械、材料、化工、农林水产等），以及融合型、复合型学科。经费主要用于研究生奖学金（占全部经费60%以上，人文社会与医学领域的资助标准为50%），新晋研究人才经费和国际化经费等。

"BK21-PLUS工程"的经费主要用于各部分的研究生奖学金、新晋研究人才经费、国际化经费、项目单位日常运行经费和间接经费。其中，各部分总经费的40%以上必须用作研究生奖学金。

总的来说，"BK21工程"的重点是建设研究型大学，即促成大学研究力量的提升，因此采取了减少本科招生、大学结构调整等政策。政府的财政资助

---

① 教育部，BK(두뇌한국)21 플러스사업-총괄공고문，2013，2-3.

也主要用于提升研究生院的研究与开发质量。但与其他财政资助政策不同，"BK21 工程"等主要以人力建设费的形式进行经费资助，即直接对硕、博士研究生以及博士后和新晋研究人才等研究人员以奖学金的形式进行资助，通过为这些研究人才提供丰厚的资金，减少他们生活上的后顾之忧，为他们提供有保障的、可以潜心研究的环境。

根据"BK21 工程"的政策方案，"BK21 工程"第一阶段有 70％以上的经费都用于对硕、博士研究生，博士后以及签约教授的直接资助，第二阶段增加至 75％以上；"WCU 工程"用于国外学者，国内参与教授，硕、博士研究生等的资助费用约为 76.9％；"BK21-PLUS 工程"的研究人才资助经费的不同领域占比不同，其中国际化人才培养部分的经费必须有 40％以上，未来社会创新人才培养部分的经费必须有 60％以上用于研究生奖学金，具体如表 3-4 所示。入选资助项目的教授和学生相应地要以论文、论著发表等成果来接受项目评估。①

表 3-4　韩国创建世界一流大学政策的研究人才资助标准及经费比例

单位：万韩元

阶段	硕士研究生	博士研究生	博士后	签约教授	合计比例
BK21 第一阶段（每人每月）	40	60	125	200	70％
BK21 第二阶段（每人每月）	50	90	200	250	75％
BK21-PLUS 阶段（每人每月）	60	100	250	250	40％～60％

资料来源：笔者根据韩国教育部公布的"BK21 工程"第一阶段政策白皮书以及第二阶段和 PLUS 阶段的政策公报整理而成，见 단계두뇌한국（BK21）사업백서（대학원연구중심대학육성），2007；단계 BK21 사업계획，2006；BK（두뇌한국）21 플러스사업-총괄공고문，2013.

---

① 총괄공고문，한국학술진흥재단，두뇌한국（BK）21，바로알기，BK21 설명자료，제주특별자치도，2006，5.

二、世界一流人才引进工程——"世界一流大学建设工程"

"世界一流大学建设工程"从 2008 年开始实施至 2013 年，是对"BK21 工程"的补充政策。虽然"BK21 工程"的第一、二阶段的实施促进了韩国高等教育机构研究人才培养质量的提高，但大学教授队伍的教育研究水平以及大学的国际化水平还十分不足。2006 年，韩国国内大学的国外专聘教授比例仅占教授总数的 3.75%；而按照美国科学信息研究所（ISI）的标准，2007 年全球引用率高的著名学者中，美国有 3929 人，德国有 256 人，日本有 253 人，而韩国仅有 3 人。① 由此，"WCU 工程"将引入国外优秀学者和专家作为政策重点，旨在通过财政支持集中引进海外知名教授和学者，以提高国内大学的国际化水平和研究成果的质量，从而为国家和社会发展提供新动力。

在整个"WCU 工程"实施期间，韩国政府平均每年向入选的课题组提供 1650 亿韩元的经费支持，共计 8250 亿韩元。经费来源包括"WCU 工程"专项基金，以及建设地方研究生院的项目经费。

（一）政策目标

"WCU 工程"的目标包括两点：一是提高未来国家发展所需核心领域的研究质量，并培养研究人才；二是通过大批引进国际一流学者，改善大学教育的研究环境，最终推动世界一流研究型大学的建设。

（二）主要内容

基于上述两个目标，"WCU 工程"主要分三种途径吸引海外专家学者，并为每种途径提供财政支持。

途径一是在高校设立新兴学科领域的学院与专业，从国外高等教育机构、研究所和企业聘请高水平学者和研究人员作为专职教授，与韩国国内教授共同承担新设学院与专业的研究及教育任务。引进对象包括外国国籍学者、具有外国国籍的韩国裔学者以及在海外任职的韩国国籍学者等。项目规定引进学者的聘用年限至少在 3 年以上，其中助理教授必须以专职教授的身份受聘；

---

①　이정열，제 1 단계두뇌한국 21（Brain Korea 21）사업효율성분석，서울，서울대학교，2010，44.

副教授每年至少有 1 个学期以专职教授的身份受聘。不同规模的项目单位聘用比例的标准不同，如由 7～10 名教授构成的项目单位中，国外学者的人数必须达到 40％以上；由 11～20 名教授构成的项目单位中，国外学者的人数必须达到 35％以上。

途径二是资助项目单位在韩国国内既有的新兴学科领域内聘请海外高水平学者。具体做法是在符合国家发展需求的新兴融合型学科领域内，从国外聘请具备相当研究实力的顶尖学者，作为大学已有学院和专业的专职教授，与国内教授共同承担教育及研究的工作。同样，国外教授的聘用期必须满 3 年以上，其中助理教授必须保证 3 年均为专职聘用，副教授必须保证连续 3 年以上且每年至少 1 个学期作为专职教授被聘用。

途径三是资助项目单位引进世界顶尖学者。具体做法是鼓励项目单位引进世界一流大学的顶尖学者（包括尖端核心技术人员）作为客座教授，定期与项目单位合作开展教育及研究工作。这里的顶尖学者主要是指诺贝尔奖获得者、美国工程院研究员、世界一流研究成果获得者等各领域的最高水平研究学者，以及掌握尖端核心技术的人员等。顶尖学者的聘用期须在 1～3 年，同时每年必须有 2 个月以上与项目单位共同开展学术活动，具体包括与韩国国内教授进行共同研究，或共同开设讲座、授课，以及其他类型的研究、实验和咨询等。

从提供经费拨给的学科领域来看，"WCU 工程"主要为那些引领国家发展、为国家创新提供新动力的学科领域提供财政支持。例如，纳米、生物、信息和认知领域，融合技术、颠覆性技术和突破性技术领域，以及能源科学、生物制药、嵌入式软件、认知科学、金融数学、金融工程、数字故事、人力资源与组织发展以及宇宙国防等学科领域。①

此外，在基础科学、人文社会和交叉学科领域，能够引领社会发展以及推动学术发展的融合型、复合型学科也是"WCU 工程"的资助范围。例如，管理与工业、艺术与工学、数学与管理、生物与哲学、人文与自然科学、社会与自然科学等融合型、复合型学科。

从经费使用的具体项目来看，"WCU 工程"的经费分为人力建设费用、直接费用及间接费用等。人力建设费用包括对国外学者的资助和对参与教授的资助（每人 3500 万韩元以内）。直接费用包括为国外学者及国内参与教授提供

---

① 교육과학기술부，세계수준의연수중심대학（WCU）육성사업계획，교육과학기술부，2008(6)，3.

的研究费，以及为硕、博士研究生提供的资助等。还有为国外学者提供研究室等设备方面的资助。

第三节　韩国创建世界一流大学政策的实施、评估与调整

韩国建设世界一流大学系列政策自 1999 年开始实施一直延续至今，其间按照时间顺序经历"BK21 工程"第一阶段（1999—2005 年）及第二阶段（2006—2012 年），以及"WCU 工程"（2008—2013 年）和"BK21-PLUS 工程"（2013—2020 年）。"BK21 工程"与"WCU 工程"围绕着"教育科研质量提升"及"国际化"两大核心任务，通过财政资助的形式推进建设世界一流研究型大学，将提升研究生的教育科研质量作为重点。其中，"BK21 工程"着力于前者，直接资助特定领域的研究人才；"WCU 工程"着力于后者，直接资助特定领域聘请外籍教师；而"BK21-PLUS 工程"则同时延续前两项工程，财政资助面更广、更全。三项财政资助政策总体采用的模式比较一致，但随着国家对人才需求的变化，不同时期的三项工程在部分细节内容上也存在不同。从资助的学科领域来看，政府提供资助的学科领域的重心逐渐从单纯的科学技术领域转变为融合型、复合型的学科领域，从偏重理论研究领域转变为兼顾应用研究领域，现阶段主要以能够创造出新知识和新技术的创新学科领域为主。从资助的地区来看，从过去过度集中于首都地区，转变为兼顾平等，逐渐扩大对地方研究型大学的资助。同时项目的评估方式也从偏重"量"的方式转变为更加注重"质"的方式，以监管控制为主转变为以咨询建议为主。

一、韩国创建世界一流大学政策的实施

（一）"BK21 工程"的运作与管理

在不同阶段，"BK21 工程"的管理组织架构有所不同，但总体工程的运作与管理基本上都是采用公开申请、公开竞争和成果管理的方式。运作步骤都可大体分为项目单位的审核与评选、经费预算的管理及分配以及评估审核与经费调整。

1. 管理组织架构

"BK21 工程"在初期的管理和评估主要由一个位于教育部、财团和大学之间的中间协调机构——"BK21 工程支持管理委员会"进行总体负责。从第二阶段开始，教育部逐步弱化中间协调机构的管理力量，一方面在教育部

下属的大学支援局单设"BK21 工程负责科"，直接负责项目的具体实施，另一方面委托韩国高等教育评价院负责"BK21 工程"的评估事务；"BK21 工程支持管理委员会"主要作为政府管理和第三方评估的咨询机构。具体分如下几个阶段。

在第一阶段，"BK21 工程"的管理主体是"BK21 工程支持管理委员会"。该委员会由教育部下设的大学支援局学术振兴科组织成立，分别在科学技术领域、人文社会领域、特色领域、核心领域、地方大学支持及国际化支持等方面设立各领域的分委员会。在整个管理体系中，教育部主要负责政策决策，同时为年度评估及中期评估等制订基本计划，并进行后期管理等；韩国学术振兴财团下设"BK21 工程支持部"，为管理委员会和各领域分委员会提供支援，同时主要负责评估事务的具体实施。"BK21 工程支持管理委员会"主要由企业及企业相关研究所的代表、舆论界中坚代表、有关机构人士及各领域专家等 10 余人构成；委员长由委员会推选产生，主要负责制定评估标准并对评估结果进行审议等；管理委员会下属的各领域分委员会负责项目单位评选与评估的具体事务。项目单位所在大学具体负责各学校内的经费发放与评估审核等具体事宜，并对项目单位提供行政支持。具体如图 3-2 所示。

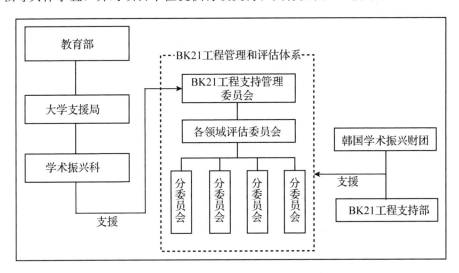

图 3-2 "BK21 工程"第一阶段评估管理组织图

资料来源：译自 교육인적자원부，한국학술진흥재단，두뇌한국（BK）21，바로알기，BK21 설명자료，제주특별자치도，2006，10.

在第二阶段，教育人力资源部颁布《第二阶段智力韩国（BK）21工程管理实施规定》，对第二阶段"BK21工程"实施的管理主体和执行主体等管理架构以及其他具体实施过程做出了规定。与第一阶段相比，"BK21工程支持管理委员会"更名为"BK21工程评估支援委员会"，不再对项目单位进行直接管理和财政支持；相反，项目单位所在大学的校长的管理职责得到扩大，包括签署工程合同，对项目单位进行综合管理和支援，承担工程实施过程中必需的配套资金，为项目的实施提供人力、设施及制度支持等。一方面项目单位的运作管理由教育人力资源部专设的"BK21工程负责科"进行整体统筹；另一方面项目单位评估由教育人力资源部委托的第三方——高等教育评价院为此下设的"BK21工程评估团"负责管理。各项目单位负责人作为"BK21工程"管理体系的最末端，主要负责具体工程计划书的撰写和提交、具体执行过程的安排，以及项目成果及项目经费使用情况报告的撰写等，具体如图3-3所示。

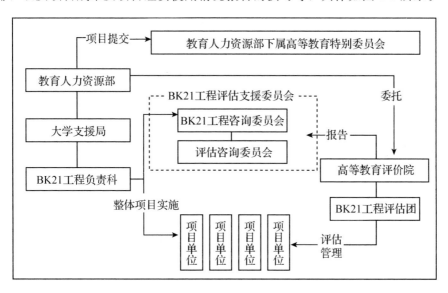

图3-3　"BK21工程"第二阶段评估管理组织图

资料来源：교육인적자원부，2단계 BK21 사업개요(안)．

在BK21-PLUS阶段，"BK21工程评估支援委员会"作为中间机构的管理职权进一步被弱化。整个管理和评估组织大体分为三级，自上而下分别是韩国教育部、韩国研究财团及大学项目单位或项目单位。其中，韩国教育部依然主要负责工程方向的确定和基本计划的制订及实施等，包括公布实施计划方案和评选项目单位。韩国研究财团负责工程具体实施计划的制订和项目单位课题的接收、审核，并对委员会提供支持，同时还是具体实施工程管理及评估管理的主体组织。大学项目单位或项目单位负责制订各自详细的工程计划书，并定期提交实施报告。另外，教育部还组织成立工程总管理委员会，为教育部推进"BK21-PLUS 工程"提供咨询，并负责对教育部制订的工程计划进行审议。

2. 项目单位的审核与评选

以项目单位为单位进行申请和评估是"BK21 工程"的一大特点，但不同阶段规定的构成项目单位的最小单位有所不同。在第一阶段，大学下设的研究生院整体作为构成项目单位的最小单位，既可以单独申请成为项目单位，也可与其他大学的研究生院合作，申请成为联合项目单位。在申请联合项目单位的情况下，必须有一所研究生院作为主管单位，另一所参与单位可以获得主管单位资助金 30% 以内的经费支持。在第二阶段，项目组可由研究生院下设的学系单独构成或由几个学系合作构成；同时，考虑到融合型专业的特殊性，允许融合学科领域构成的项目单位中参与教授同时属于两个学系。此外，如果是产学合作的情况，包括大学与企业之间，以及大学、企业与研究所三者之间，通过签订"BK21 工程"合作合同①构成的人才培养项目单位，向"BK21 工程"提出申请时可获得特殊优待。在 BK21-PLUS 阶段，项目单位的构成更加灵活，最小单位从学系降为专业，不仅可以接受学系组成的项目单位申请，而且能向专业组成的中小规模项目组开放申请；同时，大学的分校还可以作为独立学校申请参与"BK21 工程"。

项目单位的组织架构主要包括项目单位总负责人、项目单位小组负责人、参与教授、博士后、参与博士生、参与硕士生等。对于教授而言，SCI 论文发表情况与发表主题等是参与资格审核的主要考察内容，参与博士生和硕士生必须满足在读全日制学生的条件。

项目单位的招募和评选主要采用"公募竞争"的方式进行。有参与意向的项目单位提交申请后，由"BK21 工程"的评审部门对提出申请的项目单位以及所在学校进行综合考核与评审，在此基础上决定受拨款的项目单位名单。其

---

① 合同的内容主要包括四项：企业参与大学教育课程的开设和教学；为学生提供 3 个月以上的实习、现场见习、合作研究开发等机会；共同制订研究生聘用计划；每年国库资助金的 20% 以上必须用于人才培养、研究开发等。见 BK21 기획단，2 단계 BK21 사업계획，교육인적자원부，2006(1)，13.

中评审部门成员包括计划调整委员会和各领域小组委员会成员，以及少数海外学术顾问；在第二阶段，为加强人才培养与企业需求之间的联系，项目单位评审委员会还加入了来自企业的代表。具体的评审过程大体分三步进行：首先是申请资格审核，其次是项目单位科研计划审核，最后是项目单位综合评审。其中项目单位科研计划审核根据具体情况采用书面审核或面试审核的形式进行。

在对申请单位的评选过程中，委员会主要考虑三个关键问题：一是该项目单位是否拥有能力充足的人才体系，如研究团队水平、科研成果、国际化水平等；二是项目单位是否根据自身特色制定了合适的目标，同时是否为达成目标制订了完备的短期和长期规划，包括人才培养方案设计、科研方向和计划、研发方案等；三是项目单位所在学院或大学总体的制度改革情况、教育质量、研发水平、产学合作水平（仅针对部分学科）等，其中制度改革主要包括入学制度改革、缩小招生规模、研究费用中央管理制度实施、教授绩效考核制度和大学结构改革等。不同学科领域评审标准下的不同指标所占比例有所不同。例如，在科学技术的应用型学科领域，产学合作所占比例较大；在科学技术的基础学科和人文社会学科领域，教育、研究所占比例更大。BK21-PLUS 阶段由于加入了国际化人才培养的申报类型，这一类型下的项目单位评选上较此前有所不同，分为专业审查及国外同行评议两部分；审查的内容是申请单位的教育和科研水平以及海外学者招聘计划等。同时由于此前项目评选过于偏重科研成果等量化指标，在 BK21-PLUS 阶段，定性评估指标所占比例大幅提升，总体上与定量指标的比例相当。

最终，1999 年，"BK21 工程"第一阶段共选出 164 所大学的 580 个项目单位；第二阶段选出 74 所大学的 568 个项目单位；PLUS 阶段选出 550 个项目单位，比计划多出 50 个项目单位。虽然"BK21 工程"在各阶段均兼顾到了地方大学建设，但绝大部分项目单位仍然主要来自首尔大学、高丽大学、延世大学、浦项工业大学、汉阳大学、成均馆大学、西江大学、东国大学和梨花女子大学等韩国国内尤其是首都圈的一流大学。地方优秀大学支援项目涉及的专业较少且均为工科，如信息技术、电子信息、信息通信、机械工业、海洋开发等。

3. 经费预算的管理与分配

"BK21 工程"的项目资金由国库拨给的经费与大学、企业和地方政府配套资金（自筹）构成。由国库拨给的部分是通过项目单位所在大学向教育部提交国库经费申请的形式实现的。教育部主要对项目单位所在大学提交的该年度计划预算，以及管理委员会对该大学上一年度进行的年度评估结果等审核之后，算定该年度国库拨给预算的金额。各所大学由校长作为经费使用的总负责人，根据工程对不同领域的经费使用标准进行分配。"BK21 工程"还专门规定不同领域对硕、博士研究生的资助经费必须达到国库拨给经费的一定比例之上，各个领域的标准均有所不同。

"BK21 工程"的经费管理有三大原则：一是工程经费的中央管理制，设立单独的"BK21 工程"账目，在预算时对国库支援费用与配套资金统一管理；二是工程经费必须按计划执行，不得用于其他目的；三是由大学校长对工程经费的预算及具体实施计划的制订负主要责任。

在"BK21 工程"第一阶段，总预算经费约为 1.3 万亿韩元，其中国库拨给 1.29 万亿韩元，企业、学校的配套资金分别为 1908 亿韩元和 950 亿韩元，地方政府的配套资金为 240 万韩元。从资助内容来看，用于建设世界一流研究生院及建设地方优秀大学的预算为 1.2 万亿韩元。其中 40.8％的经费用于科学技术领域，地方大学培养经费占 23.9％，人文社会领域及新型产业领域所占比例最低，分别为 4.2％与 3.8％。同时首尔国立大学研究生院的专用设施建设经费高达 1900 亿韩元。① 从资助对象来看，70％以上的经费用于对硕、博士研究生和博士后及签约教授等的直接资助。硕士研究生的受资助人数达 53362 人，每人每月获资助的金额在 40 万韩元以上；博士研究生的受资助人数达 24945 人，每人每月获资助的金额在 60 万韩元以上；博士后的受资助人数为 6159 人，每人每月获资助的金额在 125 万韩元以上；签约教授有 3598 人受资助，每人每月获资助的金额为 200 万韩元以上。在第一阶段实施的 7 年，每年教育部门的预算占政府总预算的 20％左右，而每年"BK21 工程"的经费都占教育部门总预算的 0.6％以上，分别为 1.14％（1999 年）、1.30％（2000 年）、1.09％（2001 年）、0.64％（2002 年）、0.70％（2003 年）、0.66％（2004 年）、0.66％（2005 年）。②

在第二阶段，总经费预算达到 2.1 万亿韩元。为了改善第一阶段的经费资助过于偏重科学技术领域的问题，"BK21 工程"在第二阶段大大增加了在人

---

① 교육인적자원부，한국학술진흥재단，1 단계두뇌한국(BK)21 사업백서(대학원연구중심대학육성)，2007(12)，81-82.

② 교육인적자원부，한국학술진흥재단，1 단계두뇌한국(BK)21 사업백서(대학원연구중심대학육성)，2007(12)，80.

文社会领域的经费资助。科学技术领域总共在 35 所大学选出 157 个项目单位，每年资助的经费达 1738 亿韩元；而人文社会领域虽然总共在 20 所大学选出 61 个项目单位，但每年获得资助的经费达 1900 亿韩元，其中 280 亿韩元作为研究生经费提供给研究生。此外，在医学与牙医学领域，共有 21 个项目单位入选，每年资助的经费达 168 亿韩元，其中用于建设世界一流医学研究生院及牙医学研究生院的经费达到每个项目单位 5 亿韩元左右。在工商管理领域，为了通过"选择与集中"的竞争机制保持大学的国际竞争力，在申请的 14 所大学中只有 4 所入选，"BK21 工程"最多提供 13 亿韩元用于聘请外国学者和国际水平教育课程的开发。在小型核心领域，共有 71 所大学的 325 个项目入选，每年资助的经费达 574 亿韩元。值得注意的是，这一阶段主要经费同样集中投入韩国首都圈的一流大学。例如，首尔大学获得资助的经费为 497 亿韩元，延世大学获得资助的经费为 255 亿韩元，高丽大学获得资助的经费为 200 亿韩元。

在 BK21-PLUS 阶段，以 2013 年的实际预算为例，年度总预算达到 2526 亿韩元，其中高达 90% 的经费投入未来社会创新人才培养项目，总额达 2277 亿韩元，为 1.85 万名硕、博士研究生提供经费资助。其中科学技术领域的硕、博士研究生约为 1.43 万人，人文社会领域为 2500 人左右；而在科学技术领域，有 79% 的受资助的硕、博士研究生来自应用科学领域，而基础科学领域及融合、复合领域仅占 21%。国际化人才培养项目投入的预算为 160 亿韩元，用于培养 1000 余名硕、博士研究生及 110 余名新晋研究人才。应用专业人才培养项目投入的预算为 50 亿韩元左右。[①]

4. 评估审核与经费调整

"BK21 工程"主要采用目标管理法（Management by Object，MBO）对拨款进行成果管理，即要求各项目单位自主分阶段制定目标并实施，如设定参与计划的教授及研究生每年需发表的论文数，之后再对目标达成情况进行评估。评估指标包括四个方面：制度改革情况、项目目标达成情况、项目推进体系的完善程度以及项目经费的使用和管理情况等；各阶段的各领域均制定详细具体的评估指标。例如，在"BK21-PLUS 工程"下的未来社会创新人才培养类型中，各领域的评估指标主要分为教育水平、研究水平及制度改革三类。教育水平包括教育目标、教育课程、人才培养计划与方案、研究生研究水平、

---

① 　대학재정지원과，"BK21 플러스사업"기본계획，교육부，2013，8.

国际化战略等评估指标；研究水平包括研究目标、研究队伍的构成、研究的国际化水平、教授研究水平及产学合作情况等评估指标；制度改革包括向研究型大学转型的制度改革方案、研究伦理规范强化、K-MOOC 参与等评估指标。

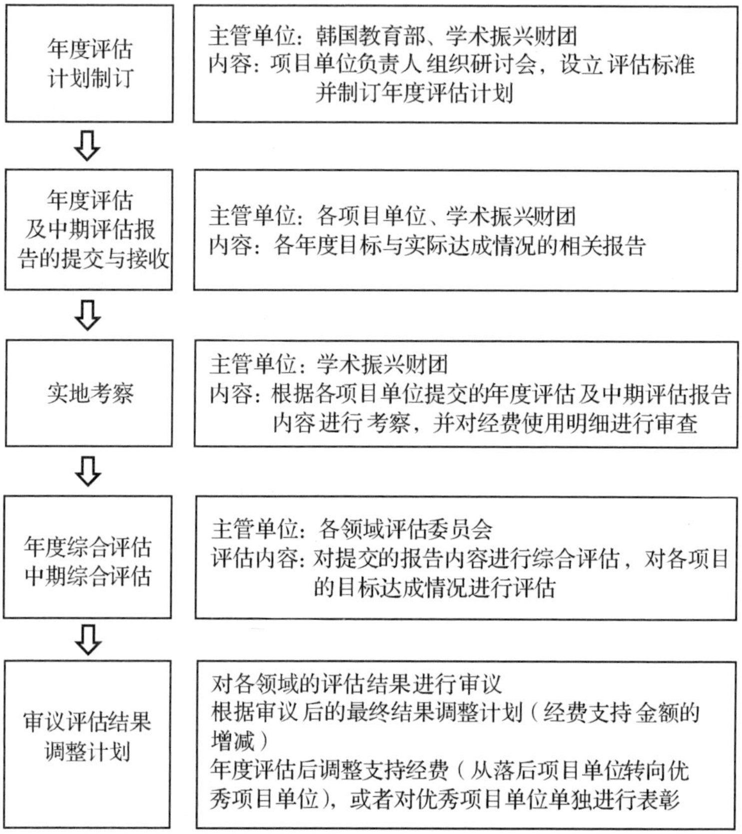

年度评估计划制订	主管单位：韩国教育部、学术振兴财团 内容：项目单位负责人组织研讨会，设立评估标准并制订年度评估计划
年度评估及中期评估报告的提交与接收	主管单位：各项目单位、学术振兴财团 内容：各年度目标与实际达成情况的相关报告
实地考察	主管单位：学术振兴财团 内容：根据各项目单位提交的年度评估及中期评估报告内容进行考察，并对经费使用明细进行审查
年度综合评估中期综合评估	主管单位：各领域评估委员会 评估内容：对提交的报告内容进行综合评估，对各项目的目标达成情况进行评估
审议评估结果调整计划	对各领域的评估结果进行审议 根据审议后的最终结果调整计划（经费支持金额的增减） 年度评估后调整支持经费（从落后项目单位转向优秀项目单位），或者对优秀项目单位单独进行表彰

图 3-4 "BK21 工程"第一阶段项目单位评估管理实施步骤

资料来源：教育人的资源部，韩国学术振兴财团，头脑韩国（BK）21，바로알기，BK21 설명자료，제주특별자치도，2006，10.

评估步骤主要分为年度评估、中期评估和综合评估，其中综合评估主要是对评估结果进行整体审议并在此基础上对工程计划进行调整。从第二阶段开始，为增强大学在这一过程中的责任意识，在年度评估的部分还加入了大学的自主评估。评估结果将会影响接下来的项目经费调整：第一阶段实施末位淘汰制，被淘汰的项目单位从次年开始不再获得经费拨给，评估结果排名最后的项目单位将被除名；但在第二阶段，被淘汰的项目单位在针对问题进行整改之后仍然有机会重新参与项目。同时，从第二阶段开始，所有评估指标、相关规定和评估结果都要求公开发布。总体而言，随着"BK21工程"的不断推进，评估管理在不断朝着透明化、法制化、弹性化（评估频率减少）和柔性化（部分评估改为咨询）的方向转变。

(二)"WCU工程"的运作与管理

"WCU工程"分三期实施：第一期从2008年12月实施至2009年10月，2009年11月在对第一期的实施进行年度评估之后着手实施第二期。2010年8月，第三期工程开始对提出申请的项目单位进行评选，2010年经过中期评估之后，第三期于2011年正式实施，至2013年8月结束。

1. 管理组织架构

"WCU工程"的管理体系的主体由韩国教育科学技术部、韩国科学财团及工程综合管理委员会构成，其中工程综合管理委员会由各学术领域专家、企业界代表及舆论界代表等16人构成，由教育科学技术部副部长委任。其管理组织架构与主要职责如图3-5所示。

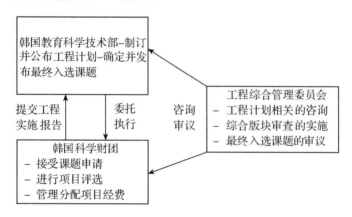

图3-5 "WCU工程"的管理组织架构与主要职责

资料来源：세계수준의연수중심대학(WCU)육성사업계획，교육과학기술부，2008(6)，18.

2. 项目单位的审核与评选

"WCU工程"同样采取"公募竞争"的方式，课题研究组与个人均可构成申请单位，以提出课题的方式申请参与项目。其中设立新学科领域的学院与专业与聘用新兴学科领域的高水平学者由课题负责人直接向"WCU工程"提出申请；聘请世界一流学者则由课题负责人及大学校长以共同的名义提出申请。

"WCU 工程"在项目单位的评选上不分领域按照统一标准进行，但为了照顾地方大学，分全国统招大学和地方特招大学两类分别评选。入选的项目单位也不分领域，均按统一标准获得资助。

在对项目单位进行评选时，主要考虑项目单位在最近 5 年内的科研实力。参考内容包括收录到 SCI、SSCI、A&HCI、SCOPUS 或登载于同级别国外著名期刊（人文社会领域）的文章数、被引用率，或者曾在上述期刊担任编辑委员的经历等。"WCU 工程"项目单位的评审阶段与"BK21 工程"相似，分为三个步骤，具体内容如表 3-5 所示。

表 3-5 "WCU 工程"项目单位的评选过程及审核内容

阶段一（2008 年 12 月）	阶段二（2009 年 4 月）	阶段三（2010 年 10 月）
专业版块评审（60％）：聘请国外研究专家的计划；项目单位参与人员的研究成果；大学的条件和资助计划	国际同行评审（30％）：国外学者及国内参与教授的代表性论文及研究计划书	综合版块评审（10％）：发展潜力评估；为国家发展提供新动力的潜力评估；创新实用知识的创出潜力评估；引领新兴学科领域发展的程度

资料来源：이정열，제 1 단계두뇌한국 21（Brain Korea 21）사업효율성분석，서울，서울대학교，2010(8)，51.

"WCU 工程"总共有 169 个课题入选，其中一期入选的学校主要集中在首都地区，并且偏重理工科；二期评选开始采用全国统招大学与地方特招大学分别评选的办法，并向人文社会领域倾斜。

3. 经费预算的管理与分配

"WCU 工程"在 7 年内总共投资 8.25 千亿韩元，每年投资约 1.65 千亿韩元。该工程的实施计划对每种类型使用经费的标准分别进行规定。

在设立新学科领域的学院和专业部分（类型一），用于资助国外学者的经费总体控制在 3 亿韩元左右；用于国外教授研究资助的费用标准为每人每年 1 亿韩元以内；用于国外教授研究设备资助的费用标准为每年 2 亿韩元以内（人文社会领域除外）。

在聘用新兴学科领域的高水平学者部分（类型二），用于国外学者资助的费用标准为每年 3 亿韩元左右；用于教授研究资助的费用标准为每人每年 1 亿韩元以内；用于国外学者研究设施资助的费用标准为每年 2 亿韩元以内（人文社会领域除外）。

在聘请世界一流学者部分(类型三),用于一流学者及尖端技术人员资助的费用标准为每年 1 亿韩元以内,包括学者在韩国境内的滞留费用、往返交通费用等;用于学术及研究活动资助的费用标准为每年 1 亿韩元以内;每人叠加受资助的费用最高为 2 亿韩元,在类型三上资助的总费用不超过 200 亿韩元。

以"WCU 工程"2011 年的实施情况来看,韩国共有 33 所大学通过这项工程聘请到 342 名海外学者(其中诺贝尔奖获得者共 9 人)。2011 年,"WCU 工程"的经费达 1548 亿韩元。大部分经费用于类型一(69.1%),即资助设立新学科领域的学院与专业。

4. 评估审核与经费调整

"WCU 工程"对各项目单位的课题实施采取的评估管理以五种方式进行:一是过程管理,主要以抽查的形式,对各项目单位的课题实施情况进行检查。二是成果管理,将每年项目的实施成果较项目实施前的提升程度作为成果管理的指标。三是年度评估,分别在 2009 年及 2011 年实施,对项目经费的利用情况、研究成果等进行总结,形成书面年度报告并提交,对年度报告排名最后的项目单位采取削减 10% 左右项目经费的措施。四是中期评估,在 2010 年实施,对评估结果排名最后的项目单位主要采取的惩罚措施是削减 20% 左右的项目经费,同时加大对排名靠前的项目单位的资助力度。五是综合评估,在 2012 年实施,主要对"WCU 工程"的整体实施成果进行综合评价,据此评选出优秀项目单位并对其进行表彰。

二、韩国创建世界一流大学政策的成效与问题

韩国自 1999 年以来通过基于评估的拨款项目持续推动着世界一流研究型大学的建设。这大大推动了韩国大学研究水平的提升,为关键发展领域提供了一大批优秀的研究人才。韩国大学的世界排名也取得了较大的跃升,2004 年韩国仅有 3 所学校排在世界前 200 名,其中排名最高的首尔大学也仅仅排在世界第 119 名;而 2018 年韩国已经有 7 所高校入围 QS 世界大学排名的前 200 名,其中首尔大学排在第 36 名,韩国科学技术院排在第 41 名。虽然韩国通过创建世界一流大学政策的实施在短时间内快速实现了大学竞争力的提升,但同时也带来了大学发展的不均衡,以及大学教育研究生态因政府财政干预而遭到破坏等问题。尤其是韩国虽然高质量论文的数量快速增长,但从未出现过诺贝尔奖获得者;每当亚洲邻国涌现诺贝尔奖获得者时,韩国社会和学界都会对长期以来政府主导的创建世界一流大学政策提出质疑。

（一）"BK21 工程"和"WCU 工程"的实施成效

韩国创建世界一流大学政策主要是通过集中和高效的财政拨款，扩大研究人才的培养规模和提升国内高校的研究水平。"BK21 工程"和"WCU 工程"在这两方面均取得一定的成效。

1."BK21 工程"的实施成效

"BK21 工程"第一阶段在提出之初就曾受到人们对于该政策的公平性的质疑，但事实上如果仅从政策目标的达成程度来看，第一阶段的确取得了不少成果。因此从 2007 年开始，"BK21 工程"第二阶段继续推行。此外，在第一阶段的工程结束后，针对人们的质疑和实施过程中产生的问题，"BK21 工程"第二阶段也做出了一定的政策调整。

"BK21 工程"第一阶段从 1999 年至 2006 年实施了 7 年，在促进大学之间形成竞争氛围、学术研究成果增加、大学制度改革等方面均取得一定成果。尤其是通过资助经费为研究开发人才提供了稳定的教育研究环境，促进了大学向研究型大学的转型。在学术研究成果方面，1999—2005 年的 SCI 论文发表数不断增长。在"BK21 工程"第一阶段实施之前的 1998 年，韩国 SCI 论文发表数的排名是世界第 18 名（9444 篇）。在第一阶段结束的 2005 年，SCI 论文发表数的排名提升至世界第 12 名（23515 篇），其中 34％的论文受到了"BK21 工程"第一阶段的资助。研究生在国内外专业学术期刊上发表的论文数也成倍增长，尤其是人文社会领域从 1999 年的 55 篇增长至 2005 年的 239 篇；科学技术领域由 1999 年的 1615 篇增长至 2005 年的 4290 篇。在优秀研究人才培养方面，1999—2004 年，在"BK21 工程"第一阶段支持下出国进行长期学习的硕、博士研究生达 2330 人，参加短期研修的为 46131 人，从国外邀请专家学者共 4658 人。同时，在"BK21 工程"支持下培养出一大批拥有国际竞争力的尖端科学技术领域人才：硕士 50874 人，博士 23009 人，博士后 4913 人以及签约教授 3196 人。[①]

"BK21 工程"第二阶段同样在研究方面取得较大的成果。在"BK21 工程"第二阶段实施期间，由参与教授、新晋研究人才（博士后与签约教授）和硕、博士研究生发表的 SCI 论文数分别增长了 15.7％、38.1％、62.8％。此外，科学技术领域的参与教授和硕、博士研究生及新晋研究人才等发表论文的平

---

① BK21 기획단，2 단계 BK21 사업계획，교육인적자원부，2006(1)，2.

均被引用率增加了 37.3％、42.8％、31％。而参与项目的研究生就业率也高达 91％，远远高于同期未参与项目的研究生就业率(78％)。同时，项目单位由研究成果获得的费用收入更是增长了 134.5％。[1]

由于"BK21-PLUS 工程"目前仍在进行中，其总体的成果和问题还无法得知。但 2015 年 2 月 12 日，韩国教育部与韩国研究财团在世宗市政府召开"BK21-PLUS 工程优秀研究人才表彰大会"。会上公布截至当时，在"BK21-PLUS 工程"的资助下，每年在科学技术及人文社会领域分别产生 1.29 万及 2040 名硕、博士创新人才，共计每年约 1.49 万研究生受到"BK21-PLUS 工程"的资助。[2]

2. "WCU 工程"的实施成效

"WCU 工程"自 2009 年实施至 2012 年，同样在大学的研究质量提升(参与项目前后的对比)、融合型人才培养等方面获得较大成果，在国际同行评审中也获得较高评价。

首先，在工程实施期间，参与项目的三个类型的单位共发表 SCI 论文 5736 篇，其中发表于《自然》《科学》及《细胞》的论文共计 22 篇。此外，在 SCI 中排名前 10％的期刊中发表的论文达 2271 篇，占总体的 39.6％。同时，在 SCI 论文中，类型一的单位发表的论文最多，占总体的 46.8％。由"WCU 工程"聘请教授指导的学生发表的 SCI 论文达 2131 篇。其中类型二的单位发表 1392 篇，占总体的 65.3％。

其次，在融合型人才培养方面，"WCU 工程"在设立新学科领域的学院与专业部分(类型一)投资建设了 34 个融合型院系和专业。其中科学技术领域为 31 个，而人文社会领域为 3 个；同时新建的院系为 23 个，新设的专业为 11 个。此外还新开设 1076 门课程，其中融合型课程的数量为 555 门，全英文授课类的课程多达 856 门(占 79.6％)。

最后，在国外同行专家对"WCU 工程"成果的评价中，共有 69 位国外专家以非常优秀、优秀、一般及不足四个等级对设立新学科领域的学院与专业(类型一)与聘用新兴学科领域的高水平学者(类型二)进行评估。在类型一中，32 个项目单位中约有 28 个项目单位在研究计划书与研究成果上被评为"非常优秀"及"优秀"。同时，有 27 个项目单位在与世界优秀大学的合作、教育水平比较上，获得"非常优秀"与"优秀"的评价。此外，在类型二中，共有 83 位

---

①　2 단계 BK21 사업, 7 년을돌아보다，서울，서울대학교대학신문，2019-01-02.

②　이연희，BK21 플러스연구성과우수인력 26 인장관표창，한국대학신문，2015-02-12.

国外专家将 47 个项目单位评为"非常优秀"和"优秀"。①

(二)"BK21 工程"和"WCU 工程"实施中存在的问题

韩国自 1999 年开始实施的"BK21 工程"的第一阶段与第二阶段、"WCU 工程"与"BK21-PLUS 工程"等，为韩国研究型大学的设立、研究人才的培养、大学研究生院教育与研究水平的提升、大学国际竞争力的提升，均发挥了积极的促进作用。但事实上从"BK21 工程"的第一阶段开始，这一系列政策就受到不同人群的反对与质疑，政策本身仍然存在诸多的问题。

1. 过度量化的政策目标

"BK21 工程"及"BK21-PLUS 工程"政策目标的模糊性事实上是"创建世界一流大学"这一提法本身存在的问题。这几项工程都提到要建设世界级的研究生院、培养世界级的研究人才、创建世界一流大学等。然而，何为"世界级"，何为"世界一流"，这本身的含义非常模糊。在韩国的政策文本中，"建设世界一流大学"这一概念被非常具体地量化，在目标中提出了十分便于执行和评估的操作性定义。包括在发达国家中 SCI 论文发表数量的排名跻身前 10 名；在 QS 等世界大学排名中，韩国跻身前 100 名或前 200 名的大学要达到一定数量，以及国内排名第一的大学在世界排名中的位置要保持在前多少等。② 可以发现，虽然工程经费大部分投资在硕、博士研究生，博士后及签约教授等研究人才上，但最终指向的目标却是 SCI 论文发表数量及 QS 世界大学排名。即政府通过量化的标尺来测量教育研究质量的提升，这之间存在的错位也是被专家诟病的主要问题之一。

同时，目标的量化也使在对项目单位进行评估时也以量化评估为主，对于教育与研究在"质"的层面的提高比较忽视。

2. 竞争式的资助模式

韩国政府在创建世界一流大学时采取的经费资助方式以美国高等教育经费资助模式为原型，是一种基于市场竞争原则的方式。③ 这种基于竞争的资

① 한국교육개발원，세계수준의연구중심대학 （WCU） 육성사업의성과와과제，2012 POSITION PAPER 제 9 권제 20－18 호，2012(5)，6-9.

② Joon-Young Hur & Donata Bessey，"A Comparison of Higher Education Reform in South Korea and Germany,"*Asia Pacific Education Review*，2013(2)，pp. 113-123.

③ Jung Cheol Shin & Soo Jeung Lee，"Evolution of Research Universities as a National Research System in Korea：Accomplishments and Challenges," *Higher Education*. 2015（2），pp. 187-202.

助模式在筛选那些有竞争力和发展潜力的研究项目单位或个人时非常高效，同时对于工程实施过程中的质量保障十分有益，如在工程实施过程中结合年度评估对项目单位资助经费进行调节或末位淘汰等。然而，这种模式却直接导致研究人员无法进行时间跨度较大的大型研究，也破坏了各学科领域特有的研究节奏。在短期内出成果，否则就退出的竞争压力反而使研究者无法潜心专注研究本身，甚至最初就选择那些能快速产出成果且失败风险较低的研究。这也与前文第一点所谈到的相关，最后即便取得了在"量"上的提高，也仍然忽视了研究最重要的"质"。

此外，韩国政府在"BK21 工程""WCU 工程"及"BK21-PLUS 工程"中重点资助的学科领域频繁变化，也使参与竞争的项目单位不得不经常更改研究主题，这也不利于同一个项目单位在同一主题上的持续深入研究。而高质量的、能产生重大贡献的学术研究往往是需要长期积累的，这也使人们对于竞争式的学术研究资助模式持反对观点。

3."选择与集中"原则带来的不均衡发展

如前所述，"选择与集中"原则包含两层含义：一是对学科领域进行选择与集中投资；二是对项目单位所属学校进行择优与集中投资。随之而来的便是经费资助过度集中于科学技术相关领域，以及过度集中于韩国国内一流大学和首都地区大学的问题，同时也随之产生大学结构重构的现象。

从学科领域的不均衡状况来看，"BK21 工程"将近 75％的经费集中用于资助科学技术领域，"WCU 工程"更有将近 88％的经费集中用于科学技术领域。① 图 3-6 为"BK21 工程"第二阶段的经费投资情况。

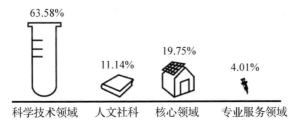

图 3-6 "BK21 工程"第二阶段的经费投资情况

资料来源：강나래，한국두뇌들은수도권에만있나？지방대인문사회계열에불리한 BK21＋사업，경북대신문，2013-05-13.

---

① Jean S. Kang, "Initiatives for Change in Korean Higher Educaiton：Quest for Excellence of World-Class Universities," *International Education Studies*，2015(7)，pp.169-180.

从大学之间拨款不均衡的状况来看，在"BK21 工程"第一阶段，约有90％的经费集中投资于 14 所大学的 48 个科学与工程领域的项目单位；在"BK21 工程"第二阶段，韩国国内排名前 10 的大学下属项目单位受到的资助约占整个项目经费的 80％。"WCU 工程"经费资助方面也存在向一流学校过度集中的问题。在 36 所获得资助的大学之中，仅首尔大学、高丽大学、延世大学、浦项工业大学及韩国科学技术院这 5 所大学受到的资助就已占总经费的52.8％。① 具体以"BK21 工程"第二阶段为例，从各大学受资助的情况来看，仅首尔大学得到的资助就占总资助经费的 18.1％左右；其次是延世大学和高丽大学，各占 8.7％与 7.8％；此后的釜山大学、成均馆大学、汉阳大学、浦项工业大学、韩国科学技术院等平均约占 5％左右。从地区来看，总经费的 61％左右都集中投资于首都地区大学的项目单位，仅 39％被用于资助其他地区大学的项目单位。

从地区间发展不均衡的状况来看，由"选择与集中"原则带来的资源进一步向优秀大学及首都地区集中的问题，同时使地区间、大学间在教育与研究方面的差距变得更大。但如同前文所提到的，创建世界一流大学本身便暗含着追求卓越的意味，国际上针对其合法性的争论也不曾休止。如果暂且抛开对追求卓越抑或追求平等的应然层面的争论，但就实然层面而言，创建世界一流大学在韩国的价值定位本身就是一种人才教育，"选择与集中"是由这一目标延伸出来的原则。一些人以"会拉大差距，不利于均衡发展"等理由否定这些工程的"选择与集中"原则，其实是在否定"建设世界一流大学"本身。反过来讲，政府选择建设世界一流大学，也就必将面对地区间、大学间差距加大的问题。为了兼顾均衡，政府必须通过制定其他政策去解决这些问题。

4. 政府主导削弱大学的自主性

事实上，围绕政府主导与大学自治而产生的矛盾和争论一直是韩国高等教育在发展过程中的痛点。尤其是在创建世界一流大学各项工程推行的过程中，受资助的大学在经费上依赖政府巨额的财政投资，与此同时也不得不在包括大学改革等在内的大学发展问题上，按照政府的意志进行，这对大学自治无疑是一大重创。由此，政府对大学的大规模财政资助总是伴随着对大学自治的强烈呼吁。

以"BK21 工程""WCU 工程"及"BK21-PLUS 工程"为例，虽然项目单位

---

① Kiyong Byun, Jae-Eun Jon, & Dongbin Kim, "Quest for Building World-Class Universities in South Korea: Outcomes and Consequences," *Higher Educaiton*, 2013(5), pp. 645-659.

可自主设定具体的实施目标，但在项目单位的选拔阶段及评估阶段，均体现出政府主导对大学自治的侵害。首先，是否进行"削减本科招生人数""经费中央管理制""大学结构调整""教授绩效管理制"等，都是选拔阶段与评估阶段的重要考量指标。接受资助就意味着必须在大学推行上述改革。其次，政府通过对某些学科进行重点资助，也使部分大学为了迎合政策而重点建设部分学科，妨害了大学学科发展的自主性。最后，在评估阶段，政府没有考虑到不同学科、不同专业、不同课题学术研究本身的规律及所需时长，统一安排阶段性评估，统一进行一年一次、两年一次或者中期评估。评估内容也是在大类学科领域中按照统一标准实施，不考虑具体专业和课题的特性，并根据评估结果进行经费增减或末位淘汰，这些也都极大地伤害了学术研究本身的自主性。

此外，这种自主性受到损害还表现在：在政府财政资助工程的引导下，韩国大学过于依赖美国等西方国家的高等教育建设和发展模式，产生与美国一流大学同质化的现象等问题。①

为进一步推进世界一流大学建设，迎接第四次产业革命、应对未来社会的变化，韩国教育部携手韩国研究财团制定了第四阶段的"BK21工程"实施草案，旨在提升研究生教育和研究水平，进一步提高硕、博士等高级研究人员的培养质量。2018年11月27日，韩国教育部召开政策方案论坛，向包括各主要大学的研究生院院长和大学发展规划处处长等在内的相关代表介绍了"BK21工程"实施草案。"BK21工程"第四阶段将于2020年9月开始实施，计划扩大并加强国际合作研究与教育，并将入围世界前100名的韩国高校数量由目前的3所增加到10所。为此，"BK21工程"第四阶段将进一步提高对硕、博士研究生的研究经费拨给标准，在加大财政投入的同时进一步集中资助范围，将目前获得经费支持的542个项目组减少至350个，同时减少对部分高校分校的财政投入。②

---

① Kiyong Byun, Jae-Eun Jon, & Dongbin Kim, "Quest for Building World-Class Universities in South Korea: Outcomes and Consequences," Higher Education, 2013 (5), pp. 645-659.

② 교육부, 세계수준의연구중심대학육성과대학원교육및연구역량강화를위한공론화의장열려, 2018-01-03.

第四章 印度创建世界一流大学政策研究

21世纪以来，许多国家都相继启动创建若干所世界一流大学的征程，通过制定相关政策来激励本国的一些大学追求卓越，成为世界一流大学。印度有着悠久的文明历史和灿烂的民族文化。自1947年独立以来，其高等教育取得了举世瞩目的发展，建立了庞大的高等教育体系。自20世纪90年代末开始，为了谋求社会和经济的快速发展和进步，印度推出了"卓越潜力大学计划"（Universities with Protential for Excellence）、"创新大学计划"（Scheme on Innovation Universities）、"卓越机构计划"等多个名称各异的世界一流大学建设计划，试图提升印度高等教育的质量和国际影响力。本章将通过对印度创建世界一流大学政策进行回顾和分析，以期为完善我国创建世界一流大学政策体系提供借鉴和启示。

第一节 印度创建世界一流大学政策产生的背景

为了鼓励印度现有大学在教学和研究上追求卓越，印度大学拨款委员会早在"九五"计划（1997—2002年）期间就启动了"卓越潜力大学计划"。鉴于印度现有高等教育机构存在的质量问题，2007年，作为印度总理的高层次咨询机构的印度知识委员会向总理提交的报告中建议创建50所国立大学，它们不仅能够提供最高标准的高等教育，而且还将作为其他大学学习的典范。印度知识委员会提出的这些建议成为印度政府制订"十一五"计划（2007—2012年）的重要来源。同年，印度计划委员会在印度"十一五"高等教育计划中首次提出通过中央立法的形式创建 14 所世界一流大学的设想，并要求在计划结束之前至少确定这些大学的选址。然而，这一设想并未能如期实现，"十二五"计划（2012—2017 年）中再次重申印度需要创建若干所世界一流的创新大学。2012 年，印度人力资源发展部高等教育署还向国会提交了《创新型研究大学议案》（*University for Research and Innovation Bill*），主张通过公立、私立或公私合办的方式来创建多学科的创新型研究大学，并对创新型研究大学建设的资金分配、治理等做出了较为详细的规定，为印度创建具有世界一流水平的创新大学提供了法律框架。然而，该议案在议会中至今仍被搁浅。基于此，为了应对 21 世纪的挑战，2013 年印度人力资源发展部下属的大学拨款委员会决定通过另一种途径建立世界一流的创新大学，即启动了另一项计划——"创新大学计划"，鼓励印度现有大学开展跨学科教学和研究，使它们成为卓越的创新和研究中心。

从 20 世纪 90 年代末开始，印度政府开始重视高等教育发展，强调创建世界一流大学，既是为了应对国内外经济环境的变化，提升国际竞争力，也是为了满足印度高等教育内在发展的需要，提升高等教育质量。

一、国内外经济环境的变化

印度独立后，一切都处于百废待兴的状态。为了满足社会民主和经济发展的需求，解决市场高级人才供给不足等问题，印度将高等教育视为推动本国经济发展的新动力，许多高等教育机构在招生中都实行"开放招生"政策。这些政策一方面为印度培养了大量的高级人才，印度培养出了仅次于美国的能够熟练使用英语的专门人才，培养出了长期位居世界前三的工程技术人才、信息技术人才、生物医药技术人才；另一方面也导致印度高等教育质量下滑。尤其是到 20 世纪末全球经济进入结构转型期，印度国内的劳动密集型制造业和农业逐渐被资本密集型制造业和服务业取代。在此背景下，印度的现代服务业和制造业也逐渐占据本国经济的主导地位，印度整体的综合国力得到了迅速提升，引起世界各国的广泛关注。据推测，到 2020 年，印度 90% 的国内生产总值（GDP）和 75% 的就业机会都将依赖于服务业和制造业。[①] 而在这些现代服务业和制造业中，高新技术已得到广泛

---

① EY-FICCI，"Higher Education in India：Moving towards Global Relevance and Competitive，"Kolkata，Ernst & Young LLP，2014，p. 7.

应用，这意味着知识创新已成为推动科技进步、经济增长的主要驱动力量。随着全球和印度经济的发展以及技术不断升级、更新，印度不仅出现了越来越多新的就业机会，而且也导致一些职业岗位过剩。印度需要更多的掌握先进技术和知识的创新型人才，以满足经济发展的需要。大学作为人才培养的摇篮和知识创新的重要基地，在国家创新体系中发挥着至关重要的作用。尽管大学拨款委员会已经认识到大学在创新型人才培养中的重要地位，并通过资助各类高级研究中心的专项计划、院系研究计划等形式来助推创新型人才的培养，提高大学教学质量，鼓励追求创新和合作。然而，长期以来印度大学在国家创新体系中的作用并未得到应有的重视。印度政府对高等教育的投入非常有限，用于高等教育的支出仅占 GDP 的 1.22%，大学所获得的科研经费也仅占国内科研经费总额的 6%～7%。印度大学已有的高等教育和研究水平已无法满足社会经济发展的需要。不仅如此，随着印度高等教育机构的数量和在校生的规模急速扩充，印度许多大学毕业生的基本能力也都未能达到企业的岗位要求。有统计显示，约有 75%未接受在职培训的工程专业毕业生由于受教育程度低而无法胜任工作岗位。[1] 有学者指出，如果高等教育质量无法提高，印度可能将失去作为人口大国的"人口红利"优势。如果印度高等教育不能达到参与经济全球化竞争所需的卓越水平，印度很难在知识驱动的时代中具有竞争力。[2] 在此背景下，印度政府逐渐开始重视大学的教育质量问题，开始关注大学的科研水平和创新能力。

二、高等教育内在发展的需要

印度高等教育是由中央政府和各邦政府共同承担责任的。中央政府负责向大学拨款委员会提供拨款，建立国立大学，并按照大学拨款委员会的提名确定一些教育机构成为"类似大学的机构"（deemed to be universities）。目前印度高等教育机构主要由国立大学、邦大学、类似大学的机构和大学层次的研究机构等几类机构组成。由于长期以来，印度中央政府和各邦政府都将关注

---

① Kaushik Deka，"Indian Universities Must Focus on Research and Innovation to Compete with Their Global Counterparts，"2015-07-13.

② Venni V. Krishna，"Case Study India：Centre of Excellence as a Tool for Capacity Building，"OECD，2014.

的焦点主要放在满足大众的高等教育需求这一问题上，并没有对提高高等教育质量给予足够的重视，从而导致印度高等教育质量并不理想。其主要表现为以下几个方面：学术标准低；实际教学天数极少；高等教育内部对高等教育质量持怀疑态度；社会上的用人单位对大学毕业生的质量不信任。① 尽管印度大学教育委员会早在 1948 年就在《拉达克里报告》(*Radhakrishnan Report*)中提出提高高等教育质量和建设世界一流的高等教育体系的建议，但其并没有被全面采纳。② 尽管印度发展指南的五年计划中数次都对高等教育提出了改革要求，但其并未受到应有的重视。印度政府（尤其是各邦政府）仍仅关注高等教育扩招。印度高等教育体系的规模已居世界第二，仅次于中国。截至 2015 年，印度各类高等教育机构的教师超过 126 万人，各层次在校大学生也已超过 2650 万人。2006 年，印度知识委员会向政府递交的报告建议中就指出：尽管（大学）达到世界一流标准没有满足更多人的高等教育需求这一问题紧迫，但印度（大学）的排名表明印度大学普遍标准低。印度有 2 万多所高等学校，但在《泰晤士报高等教育副刊》排行榜上排名前 200 名的大学中，印度仅有 1 所大学榜上有名；在上海交通大学的世界大学学术排名列出的全球领先 500 所大学中，印度仅有 3 所大学被列入其中。印度仅有一些私立学院（如印度理工学院、印度管理学院等）和研究培训机构（如印度医学科学中心等）能够提供优质的高等教育，仅有印度理工学院等少数高校被全球知名度最高的世界大学排行榜列入前 100 名的大学。然而，这些高校大多在市场利益的驱动下重视发展工程、医药等应用性学科，鲜少关注原创性的基础研究，鲜少追求科学创新与突破，而且它们的规模较小，学科较为单一，其在校学生人数加起来也不足学生总数的 1％。③ 基于此，一些专业性组织和机构也纷纷向印度中央政府提交报告，建议提高高等教育的质量。在这种背景下，印度中央政府及相关职能部门开始关注高等教育的质量。例如，在"七五"计划期间，中央政府开始关注大学的研究和学术发展，鼓励创建卓越中心。自"八五"计划开始，印度中央政府开始实施差异性拨款，并启动了"特殊资助计

---

① 安双宏：《影响印度高等教育质量的几个因素》，载《江苏高教》，2000(4)。

② Philip G. Altbach，"One-Third of the Globe：The Future of Higher Education in China and India,"*Prospects*，2009(1)，pp. 11-31.

③ EY-FICCI，"Higher Education in India：Moving towards Global Relevance and Competitive,"Kolkata，Ernst & Young LLP，2014，p. 7.

划"①(Special Assistance Programme)、"高级研究中心"(Centre of Advanced Study)等一系列资助项目来激励大学提高教学和科研质量,追求卓越。在此期间,印度大学拨款委员会还成立了印度评估与认证委员会(National Assessment and Accreditation Council,NAAC),负责对高等教育机构的教学和科研质量进行系统评估,以期巩固本国在知识技能密集型服务业的相对优势,构建具有国际竞争力的知识型社会。

第二节 印度创建世界一流大学政策的内容

印度自 20 世纪 90 年代末开始启动世界一流大学建设计划,主要包括"卓越潜力大学计划""创新大学计划",以期通过财政拨款的方式自上而下地在印度推行创建世界一流大学政策。下面就这两项计划的建设目标、申请条件、审核程序及经费分配等方面进行介绍,同时介绍在印度有着较多讨论但议会一直没有通过的"创新型研究大学"议案的政策。

一、"卓越潜力大学计划"

为了激励印度现有大学在教学和研究活动上追求卓越,印度人力资源发展部下属的大学拨款委员会在"九五"高等教育规划期间就启动了"卓越潜力大学计划"。在印度第九个五年发展规划的框架内,该计划的宗旨在于激励一些表现优秀的印度大学进一步提高其优势领域的教学和研究水平,鼓励它们采用现代化的教学方法和技术,开发以学习者为中心的教材,通过变革评价方法和追求卓越等方式来与世界一流大学相匹敌,使它们在世界竞争中立于不败之地。该计划为那些已在教学和研究方面表现优秀的大学提供财政资助,帮助这些大学在未来若干年内达到卓越水平,从而成为印度其他大学的标杆。

(一)建设目标

"卓越潜力大学计划"通过挑选和资助一些已在教学和研究活动中取得进步的大学,来帮助它们达到卓越水平。

---

① "特殊资助计划"旨在鼓励大学开展高级教学和科研,追求卓越,开展合作。

　　具体来看，该计划旨在实现以下几个目标：①让这些大学在教育、培训、研究和治理方面达到卓越水平，以应对未来的挑战；②加强学术条件和硬件设施建设（academic and physical infrastructure），努力在教学、科研和拓展计划（outreach programmes）方面达到卓越水平；③提高大学治理的灵活性和有效性；④利用模块化的弹性学分制度和目前世界公认的一系列创新手段来提高本科教育和研究生教育的质量；⑤加强国家与当地社会和经济发展所需的专业建设；⑥通过与研究生教育相衔接来提高本科教育水平；⑦加强大学与本国其他中心（或院系）和实验室之间的联系；⑧实施考试制度改革，如引进学期制、学分制、持续性内部评价等；⑨推动大学自治和权力下放；⑩开展以上可以实现卓越的所有活动。① 该计划不仅注重激励大学提高其核心领域的教学和科研水平，而且还鼓励大学开展有助于大学整体发展的所有相关活动，并为其提供资助。各大学不仅可以借助该计划的资助来提高其相关核心领域的教学与研究水平，而且可以利用剩余的资金来促进大学的整体发展。

　　随着现实世界中的许多现象和问题日趋复杂，单凭某一学科的知识很难予以解释和解决，大学拨款委员会在"十二五"计划中再次对该计划的目标进行了修改。新计划要求参与该计划的大学除了致力于实现"卓越潜力大学计划"的建设目标，还需要加强教学、科研和拓展计划方面的创新能力，以新兴的跨学科专业教学和研究为主，努力成为"知识传播中心"和真正的"知识创造中心"；鼓励这些大学采取各种创新举措来改善内部的治理结构、建设更加自治的学院，采取不同的监督体制，为推进大学开展渐进而有规划的变革奠定基础。在此基础上，大学拨款委员会还决定根据博士学位数量、社会研究情况、合格师资数量等因素从已经完成"卓越潜力大学计划"一期计划的若干所大学中选拔 3 所"卓越大学"。

（二）申请条件及审核程序

　　"卓越潜力大学计划"最初只面向获得一般发展资助（General Development Assistance）的邦立大学和国立大学。一般发展资助的经费由大学拨款委员会提供，旨在改善大学的基础设施，帮助大学提高教育质量。根据规

---

① Philip G. Altbach，"India's Higher Education Challenges，"*Asia Pacific Education Review*，2014（4），pp. 503-510.

定，凡是符合以下几项条件的大学都可申请该计划：①通过 NAAC 认证；②现有的研究生院系中应该至少有 25％的院系已经参与大学拨款委员会的"特殊资助计划""加强科技设施委员会计划"①或"创新计划"（Innovative Programmes）；③近 10 年间已成功地开展了学术、行政和财政改革活动；④近 10 年间已成功地开展由校外经费资助的研发活动；⑤拥有有效的学术和管理体制，具备成为本国大学系统重构典范的潜力。后来由于印度高等教育评估认证标准的变化，在"十一五"计划中大学拨款委员会对该计划的申请标准进行了修改：①通过 NAAC 的 5 分制认证并达到 5 分水平或在 2007 年启动的新评分制中达到 A 级水平；②拥有正常运行且完善的内部质量保障机制（internal quality assurance cell）；③准备好质量维系和提高的年度报告；④至少成立一个高级研究中心（centre for advance study）或拥有 2 所获得特殊资助的院系。

为了吸引更多社会资金投入卓越大学的建设，在"十二五"计划中，大学拨款委员会决定不仅允许邦立大学和国立大学参与该计划，而且允许私立大学和类似大学的机构参与该计划。与邦立大学和国立大学不同的是，私立大学和类似大学的机构无法获得相应的资助。② 与此同时，大学拨款委员会对"卓越潜力大学计划"的申请条件进行修改：①通过 NAAC 认证并达到 A 级水平，满足这类条件的大学通常在院系数量、获得博士学位的师资数量、各院系师资数量、图书馆书籍数量等方面占有明显优势；②拥有正常运行且完善的内部质量保障机制；③定期开展高水平的科研活动，定期开展校企合作和社区拓展计划，追求卓越。③

凡是满足以上条件的大学可按照规定向大学拨款委员会提交书面申请报告。申请报告中须提供有关入学政策、课程、师资、远程教育、研究咨询、教学评价系统以及治理体系等方面的数据信息。大学拨款委员会将对这些大学进行初步筛选，入选的大学将被邀请参与见面会。会上来自入选大学的代表将与一些教育专家、质量管理专家、学科专家以及大学拨款委

① 它现被称为"加强科技设施资助计划"（Assistance for Strengthening of Infrastructure for Science and Technology）。

② University Grants Commission，"Guidelines for Universities with Potential for Excellence：during the XI Plan Period（2007—2012），"2015-07-13.

③ UGC，"XII Plan Guidelines for Universities with Potential for Excellence（UPE）/ Universities of Excellece（UoE）Scheme，"2015-07-13.

员会官员共同讨论该大学未来的发展目标及行动计划。随后这些大学须向大学拨款委员会提交行动计划，并接受专家委员会的实地考察。专家委员会将与大学的所有相关利益者进行会谈，最后向大学拨款委员会常务委员会提交参考建议和评估报告。常务委员会将对这些大学进行筛选，入选大学的副校长须向常务委员会做现场汇报。在此基础上，执行委员会将按照以下比例对候选的大学进行评分，即大学申请的数据信息占总分的40％，专家评估报告占总分的40％，现场汇报占总分的20％①，并向大学拨款委员会提交最终入选大学的名单。为了帮助大学更为有效地实现其目标，大学拨款委员会还为参与该计划的所有大学成立了咨询委员会，负责监督大学的实施进度，并为它们提供相关建议。根据规定，该委员会每年至少召开两次会议。参与该计划的大学每年必须在5月31日前向常务委员会递交年度报告，反思其已取得的成绩及面临的挑战。在计划实施两年后，相关大学还需向中期审核委员会做口头报告，该委员会将对大学的实施情况进行审查和评价，并向常务委员会和大学拨款委员会提交相关报告。如果该委员会对大学的表现不满意，将会提出改进措施或中止建议，以供常务委员会和大学拨款委员会考虑。在该计划实施的最后一年，大学拨款委员会主席将负责组建终期审核委员会。该委员会将根据计划的目标对每一所大学的表现和成果进行总结性评价，并提交是否允许大学参与下一期计划的建议，供常务委员会和大学拨款委员会参考。

(三)经费分配

在"十五"计划期间，大学拨款委员会决定为参与"卓越潜力大学计划"的大学提供三期的拨款经费，每一期的时限为5年，大学每期最多可获得3亿卢比的资助。获得资助的大学可将其中30％的经费用于重点建设的一至两个核心领域，将70％的经费用于大学的整体发展。② 根据规定，凡参与该计划的大学还可将其经费用于以下几个方面，即加强大学已有明显优势的核心领域；支持核心领域前沿学科合作研究项目的发展(不得奖励那些个人项目的教师)；鼓励那些未被核心领域囊括的院系从事合作研究项目，以促进大学的全

---

① UGC,"University with Potential for Excellence,"2015-11-06.

② Commission Members of UGC,"Annual Report 2013—2014,"New Delhi, University Grants Commission, pp. 125-126.

面发展。如果该项经费仍有结余，大学可以将结余的经费用于购买学术和硬件设施、书籍、杂志、设备等。经咨询委员会同意，大学还可以对总经费的5％进行重新分配。2007年，大学拨款委员会对该计划的资助额度及其分配比例进行了修改，决定加大对该计划的支持力度，将资助额度的上限增加至7.5亿卢比，其中"卓越大学"的资助额度可增至15亿卢比。同时，大学拨款委员会对该计划的经费分配比例进行了调整，决定增加用于大学核心领域发展的经费，规定大学将总经费的50％用于大学重点建设的一至两个核心领域，将剩余50％的经费用于大学的整体发展。

参与"卓越潜力大学计划"的所有大学所获得的资助额度并非相同，其是根据专家委员会的评估报告来决定每所大学的资助额度。在通常情况下，大学拨款委员会会在计划启动伊始向大学发放100％的一次性拨款（non-recurring grant）和20％的经常性拨款（recurring grant）。根据规定，大学应该在获得一次性拨款后18个月内使用经费，并提交相关报告，陈述这些经费的使用情况及其效果。然后，大学拨款委员会将根据大学中期审核的情况向大学发放剩余的经常性拨款经费，规定每年为大学提供20％的经常性拨款。①

二、《创新型研究大学议案》

2005年6月，为了适应知识经济社会发展的需要，增强国家使用和创造知识的能力，印度政府成立了印度知识委员会，旨在通过帮助政府制定政策和指导实施，推动印度建设知识社会的进程。印度知识委员会所提交的报告是总理决策的重要依据，现已成为印度高等教育改革与发展的最重要的政策基础。2006年11月29日，印度知识委员会在向政府提供的建议中提出要建立50所提供最高标准教育的国立大学。这些国立大学不仅能够提供最高标准的高等教育，而且还将作为其他大学学习的典范，其将负责培养包括本科阶段和研究生阶段的人文科学、社会科学、基础科学、商科等各个学科的学生。该委员会指出，建立50所国立大学是一项长期的目标。就目前来看，在未来3年内至少建立10所这种类型的大学，可以通过两种途径建立国立大学：一种是政府办学，另一种是由社团、慈善信托等组织机构负责筹办。由于公共拨款是世界各国大学经费中不可或缺的一部分，因此该委员会建议这些新建

① UGC，"XII Plan Guidelines for Universities with Potential for Excellence（UPE）/Universities of Excellece（UoE）Scheme，"2015-04-21.

立的国立大学大多数的经费应该来自政府。每所大学可以获得充足的公共土地，甚至超过其基本的空间需求，而多余的土地可以作为大学接下来增加收入的来源。为了鼓励大量的捐赠基金，应该允许现有所得税法律破例，不应该限制既定时间里大学收入和金融工具的使用，并且应该在确定大学的学费水平和利用其他资源来增加收入方面赋予国立大学自治权。印度知识委员会建议，国立大学应该采取"零需求入学"（needs-blind admissions）原则，招收来自全国的学生，并为需要的学生提供全面的奖学金制度。印度知识委员会建议这类国立大学实施基于学期的学年制，在学生每门课程结束后进行内部评估。本科阶段的学制为三年，大学根据学生修习不同课程获得的学分情况来授予其学位。该委员会指出，这类国立大学还应该采取适宜的任命和激励机制，最大限度地提高教师的效率，并加强教学与研究、大学与企业、大学与研究实验室之间的联系。国立大学应该是以系为基础（department-based），而不应该设立任何附属学院（affiliated colleges）。印度知识委员会提出的这些建议成为印度政府制订"十一五"计划的重要依据。

2006年，印度计划委员会在印度"十一五"计划中首次明确提出在全国不同的地方创建14所世界一流大学的设想，即根据世界一流大学的创建标准，政府将给予这些大学相应的资金和教学科研支出，创建14所创新型大学，以增强印度大学的全球竞争力，使印度成为"全球创新中心"。"十一五"计划中还提出要在计划结束之前至少确定这些大学的选址。这些大学将成为印度其他大学追求卓越的参照基准，使印度逐渐成为"全球知识中心"。这一设想标志着印度创建世界一流大学计划被正式提上日程。这些大学将由各邦政府提供免费的土地，根据地理分布平衡原则择优选择校址，由中央财政提供主要资金，通过中央立法的形式来建设这些大学。印度大学拨款委员会和计划委员会将具体负责领导和组织该计划的实施和建设。鉴于创建这种类型的大学需要时间，印度计划委员会指出"十一五"计划期间将确定这些大学的选址和启动工作作为首要任务。拟建的这14所世界一流大学需要制订周密的计划，其学科领域涉及广泛，可将自然科学、人文科学和社会科学都纳入其中，尤其是工程和医学等学科。印度政府鼓励这类大学与当地有声望的机构或实验室合作，充分发挥其潜在的协调效应。这些大学将参与全国统考，采用分级制和学期制。每所大学将成立一个有声望的人士组建的独立项目团队，负责制订和实施相关计划。每所大学的副校长需要由教龄超过10年的教授担任，任期通常为5年。

由于征地延迟以及中央政府与各邦对于学校的选址存在分歧，创建 14 所世界一流大学的政策建议未能得到真正落实。2012 年 5 月，印度人力资源部高等教育署向议会提交了《创新型研究大学议案》，主张通过公立、私立或公私合办的方式来创建多学科的创新型研究大学，并对创新型研究大学建设的资金分配、治理等做出了较为详细的规定，为印度创建具有世界一流水平的创新大学提供了法律框架。该议案并未对创新大学的数量进行限制，仅对创新大学建设的主体、资金分配、大学治理等内容做出了较为详细的规定。2012 年 12 月，印度发布了高等教育"十二五"计划，提出了高等教育发展的三大理念，即扩张（expansion）、公平（equity）和卓越（excellence），从治理变革、资金保障等几个方面提供了三大目标的实现思路，并再次重申印度需要创建若干所世界一流的创新大学。大学拨款委员会认为单一学科将无法对现实世界中相互联系的现象进行充分、系统的解释，无法提供真正的解决方案，并开始着手推动跨学科课程、学位和研究。

由于创建这类大学需要大量的资金，为了吸引国外和国内私人资金来增强国家的科研能力，该议案鼓励私人参与到高等教育的建设中。印度规划委员会和印度人力资源部明确提出可以考虑不同的办学模式来创建这些创新型研究大学，不仅可以完全由公共拨款资助，而且可以完全由私人投资办学，还可以采取公私合作的办学模式，甚至可以在国外一流大学的指导下合作办学。2012 年 5 月 30 日，上院联邦院主席经过与下院人民院发言人协商后将议案提交给相关委员会。2013 年 8 月，中央政府决定建立一个专家委员会，对议案的条款提出修改建议，为印度大学未来发展制定发展蓝图。然而，由于种种原因，该议案未能顺利通过。鉴于该议案在印度创建世界一流大学的讨论中有较大影响，下面就其政策内容做一些简单介绍。

（一）建设目标

《创新型研究大学议案》指出，创新型研究大学将聚焦于对社会具有重要意义的问题或领域，围绕着不同相关学科和研究领域建立教学与科研生态系统（ecosystem），并通过在研究领域开展重点学科研究和跨学科研究，利用知识产权发明创造获得重大利润；使这些创新型研究大学发展成教育、科研和创新的中心，让它们在学习、设计、开发和执行解决法案等相关事宜中推动科研与创新，寻求全球普遍适用的解决途径，并在此过程中推动本科及其以上层次的教育发展。所有的创新型研究大学通过开展创新性研究，将研究和创新融入大学，促进教学与研究的协调发展，发展成在教学和研究质量上得到普遍认可的高等教育机构，从而让印度成为全球知识中心，为印度其他大学提供卓越的参照基准。这类大学在建立之时应该意识到创造性的知识不仅来源于学科或命题，还会在应对社会问题过程中产生。

该议案提出，创新型研究大学应该通过在学习和研究过程中设计、研发和制造创新来不断追求知识和学习的顶峰；应该努力通过研究和知识的运用来为人类摆脱贫困和匮乏开辟路径；应该为后代人的福祉设法理解和领会自然及其规则；应该积极勇敢地寻求和利用新知识，根据新需求和新发现对旧知识和信念进行诠释；应该为满足社会的知识需求培养革新者（innovators）和有能力的男性和女性，并为专业人士、专家、科学家和研究人员提供培训，使他们成为有教养的人，具有为国家和人类服务的社会意识，具有正确的道德观和知识观；应该培养有能力的青年，使其充满创新进取的精神，未来有可能成为全球领袖；应该通过优质教育促进平等和社会公正，减少社会和文化差异；应该营造鼓励国际比较视角的学习环境；应该提高大学入学、职务任命、学术评估、管理和财政等事务的透明化程度；应该将创新型研究大学的学习和研究与社区联系起来；应该通过加强大学与经济、民主社会的稳健关系（robust linkages），加速研究成果在社会中的传播；应该关注社会问题或者具有重大意义的问题，创建知识集群，在不同的学科和研究领域建立教学和研究的生态系统；应该在推动本科及以上层次教育的发展过程中，致力于寻找在全球范围内普遍适用的解决方案；应该与研究机构和企业建立联系，促发研究与创新的协调效应，为利益最大化创建创新集群。

这些大学将满足国家的知识需求，培养社会经济所需的专家、专业人士、科学家和研究人员，为支持国家创新体系生产新知识。

（二）申请条件及审核程序

《创新型研究大学议案》并未对创新型研究大学的数量做出具体的规定。建议经由中央政府组建的专家小组评估考核后，中央政府可以宣布其中任何一所通过考核的公立大学都可成为创新型研究大学。一位印度政府高级官员表示："这一改变反映了政府意识到政府并不能独立完成所有的事情，因此

(修正案中)没有确定数字目标，同时政府强调鼓励私人参与到高等教育建设中。"①如果满足特定条件，创办者可以建立新的学校。如果创办者是一个组织，该组织必须是能够证明拥有创新技能的非营利公司、社团或信托机构。如果创办者是印度一所大学，这所大学必须创办至少25年；如果创办者是国外一所大学，那么这所大学必须创办至少50年。在此之前，印度可以通过三种途径来创建大学：其一，议会通过立法有权批准大学的建立；其二，邦通过颁布法律有权批准大学的建立；其三，中央政府根据大学拨款委员会的建议授予现有的机构为名誉大学(deemed university)。这类大学与传统大学不同，它们是没有各种附属学院或机构的单体大学。自2012年下议院提交《创新型研究大学议案》后，印度又出现了第四种创建大学的途径，即如果大学创办者满足一些条件，中央政府可以通过立法(notification)的形式建立大学。

所有的办学者都应该向中央政府提交大学发展的愿景计划和项目报告，草拟协议备忘录。中央政府应该在收到申请的6个月内批准或拒绝。如果获得中央政府的批准，草拟的协议备忘录将被提交至议会，议会拥有拒绝和修改备忘录的权力。印度审计署将根据与中央政府共同决定的指标对所有公立的创新型研究大学进行审核和评估，这意味着印度审计署对这些大学进行审核的权力将受到限制。私立的创新型研究大学将成立学术研究同行小组(academic research peer group)和学术教学同行小组(academic audit of teaching through a peer group)对该校的教学质量进行监督，确保大学的教育质量和责任落实。

(三)管理机制

印度总统将担任公立的创新型研究大学的督察官。根据印度大学法的规定，印度总统是印度所有中央大学的督察官。其职责主要包含有权督察高校工作，询问高校中的一切事务；有权派人或工作组检查大学或其维持的机构的校舍、图书馆、设备、考试、教学和其他工作；有权派人检查大学的行政管理和财务工作。确保由国家控制学校的办学方向并对其办学方针进行及时的调整。没有经过督察官的允许，各学校不能以任何形式动用校内的不动产。虽然督察官处在印度大学治理结构的最高层，对学院的事务有最终决定权，

---

① Alya Mishra，"New Bill on Innovation Universities to Boost Research，Collaboration，"2012-05-23.

但事实上督察官只是一个荣誉性的职务，在很大程度上也只是起指示性作用，并不会过多干涉学院内部的事务。根据议案的建议，创新型研究大学的校长将在著名的学者中产生，校长应该是大学的领导人，负责主持评议会和大学董事会的年度会议。公立大学的校长将由督察官任命，私立大学的校长由创办者任命。副校长应该是大学的学术和行政执行官，负责大学的日常管理和行政事务，其同样是由大学董事会任命。大学董事会建设大学的主要行政机构，负责大学的所有政策和规则，拥有制定大学章程的权力，并负责分配院系分拨经费；对知识经济人力需求进行评估；任命教授、副教授、系主任、院长及其他大学管理者；设立新的院系等相关事务。创新型研究大学将在学术事务、教师、人事、财政、管理以及大学未来发展愿景等事务中拥有自治权。

(四)经费分配

该议案建议采用不同模式创建创新型研究大学，可以完全由公共拨款资助，也可以完全由私立经费资助，也可以公私立合作。中央政府将根据备忘录协议条款为所有创新型研究大学开展研究和推动高等教育发展提供所需的经费，其中包括学生奖学金、为处境不利学生提供的助学金等。大学董事会应该组建研究审核专家小组(expert group for research audit)，负责根据大学章程的指标对大学利用公共经费开展的科研活动进行审核和评估，并向大学董事会和副校长提交评估报告。与此同时，所有创新型研究大学可以建立大学捐赠基金(University Endowment Fund)，并将备忘录协议中提供的资金作为基金会原始本金(initial corpus)。这些大学应该有权利接受捐赠，它们可以将从校友捐赠及其他如咨询、培训服务等活动获得的收入作为大学捐赠基金，投入大学的发展，推进大学目标的实现，具体如改善大学研究设施等。对于具体的经费分配情况，该议案并未提及。

该议案注重保护和利用由公共拨款资助的研究成果所获得的知识产权，建议这类大学应该向中央政府或相关的权力机构公开由公共拨款资助的研究成果所获取的知识产权，相关大学在取得中央政府许可之后可以保留知识产权的称号。如果某项知识产权涉及印度的国家安全利益，政府将予以收购。

三、"创新大学计划"

鉴于议会搁置了《创新型研究大学议案》，2013 年印度大学拨款委员会决定通过另一种途径创建世界一流的创新大学，启动了另一项计划——"创新大学计划"，以此鼓励印度现有大学成为卓越的创新和研究中心，并为其提供资助。

(一)建设目标

"创新大学计划"旨在鼓励大学以崭新的方式来开展学习，推动校内外共同分享和共同发展，为大学的大胆设想提供所需的支持和自由，避免这些想法因与大学现有拨款模式不符而夭折。其具体包括三个子项目：一是"创新教育教学项目"(Innovative Teaching/Educational Programme)，具体包括新型学位和新课程、课程改革(包括评估)、教学改革、新的教学材料开发、新的教学评估机制、新的教育国际化战略等方面。二是"创新研究项目"(Innovative Research Programme)，具体包括跨学科和跨领域研究(尤其是跨自然科学与人文社会科学界限的研究)、新的跨学科方法、可供许多大学和研究机构使用的研究设备以及大学和研究机构之间开展创新合作和研究交流，开展将学术界之外的传统实践知识或创新与学术知识相结合的研究，传播大学与地方相结合的新研究方式等方面。三是"组织创新项目"(Organisational Innovation Programme)，具体包括实施扩招和招生的制度改革，促进大学多样化和平等的新途径，学生参与决策的新方式，提高教职工积极性的新举措，提高效率、增强透明度和问责、避免利益冲突的新的治理模式，筹资的新途径等方面。该计划明确规定，以下内容不包括在资助范围内：提升大学整体的基础设施水平；在已参与项目资助的学科或领域(如区域研究、女性研究等)设立新的院系和学科中心；改善常规的教学、教师培训和课程；资助专业协会和研究人员机构；定期实施大学拨款委员会在质量提高和评估方面的规定制度等。[①]

(二)申请条件及审核程序

该计划面向印度所有的国立大学、邦立大学以及类似大学的机构，为它

---

① University Grants Commission，"Scheme on Innovation Universities,"2015-05-23.

们成为卓越创新和研究的中心提供资助。根据规定，申请该项目资助的大学必须满足以下两个条件：其一，通过 NAAC 认证并达到 A 级水平；其二，建校时间至少已达 10 年。所有满足条件的大学可以向大学拨款委员会递交申请书，阐明其申请资助的具体项目及其创新理念。然后由该计划的常务委员会对这些申请书进行评比和筛选，进入候选名单的大学需要递交更为具体的申请书，并参与常务委员会主持的见面会。会上，常务委员会成员将确定"创新研究项目"的申请结果，而申请"创新教育教学项目"和"创新大学计划"的大学还需要向大学拨款委员会递交《具体项目报告》(*Detailed Project Report*)，其中应该包括实现预期目标的时间表，以此为定期审核的依据。随后由专家委员会对这些大学进行评比。申请"创新教育教学项目"的大学无须接受专家委员会的实地考察，由专家委员会确定申请结果；而申请"创新大学计划"的大学必须接受专家委员会的实地考察，并由专家委员会递交相应的报告，为大学拨款委员会最终决策提供参考。如何对参与的项目进行审核，该计划暂未做出较为明确的规定。

(三)经费分配

大学拨款委员会将根据创新活动的类型和规模给予大学数额不等的拨款资助。申请"创新研究项目"的大学通常聚焦于一至两项创新活动，且仅在大学某个系或学院内部开展，可以获得一次性 2.5 亿卢比的资助，为期 5 年。申请"创新教育教学项目"的大学通常但不一定要求从事多项创新活动，且不仅限于一个系或学院，可以获得 2.5 亿～10 亿卢比的资助，为期 5 年。申请"创新大学计划"的大学通常但不一定要致力于开展所有的创新活动，这类大学可在 5 年里获得 10 亿～30 亿卢比的拨款资助。在特殊的情况下，有些大学也可仅凭某项创新活动而获得"创新大学计划"的资助，尤其是该项创新活动可为其他大学和机构提供研究设备。

第三节　印度创建世界一流大学政策的实施、评估与调整

迄今为止，印度还没有形成比较稳定的创建世界一流大学政策。从 20 世纪 90 年代末开始，印度抛出了多个计划和方案，有的计划实施了，有的计划被搁置放弃了，总体特征是不断变化和调整。

一、印度创建世界一流大学政策的实施与评估

尽管《创新型研究大学议案》仍未通过，但"卓越潜力大学计划"与"创新大学计划"已在印度国内全面展开。"卓越潜力大学计划"与"创新大学计划"虽然都致力于提高现有大学的卓越水平，但它们提出了不同的建设目标：前者聚焦于传统的优势学科，注重提升现有大学相关学科的基础设施水平，更关注大学的整体发展；后者更关注新兴学科的培育和发展，更注重提升大学的创新能力和校内外协同创新发展的能力。

(一)"卓越潜力大学计划"与"创新大学计划"的实施与成效

从 2000 年开始，尼赫鲁大学、普纳大学、贾达普大学、海德拉巴大学、马德拉斯大学 5 所大学先后参与了"卓越潜力大学计划"一期，并分别获得了 3 亿卢比的资助。它们聚焦于核心领域，利用这些经费来引进优秀学者，新建现代化的教学和研究实验室，更新实验和研究设备，改善图书馆的环境，在一定程度上提高核心领域的教学和研究水平。例如，马德拉斯大学在 2003—2008 年不仅为核心领域成立了一所跨学科高级研究中心，采购了 37 套设备，研发了 28 种植物的组织培养和草药种植技术，而且引进了一批拥有博士学历的学者，并在国际和国内期刊上分别发表了 84 篇和 20 篇文章，申请了 10 项专利。[①]有学者对所有参与该项计划的 15 所大学进行了调查，结果显示在 1999—2014 年它们的论文发表数量呈稳步增长的趋势，即由 1999 年的 2040 篇增加至 2014 年的 5686 篇，15 年共发表了 5.6 万多篇文章。其中 16％的文章都发表于排在前 20 名的期刊，其文章的篇均引用次数达 9.38，H 指数为 58。而且许多研究成果都是以合作的形式呈现的，如在 1999—2014 年，这 15 所大学发表的文章中近 2.3 万篇都是以国际合作的形式发表的，占科研成果总量的 40.93％。这些大学已与全球 139 个国家开展研究合作。到 2014 年，印度已有 15 所大学参与该计划，其资助额度也不断增加，如表 4-1 所示。

---

① Venni V. Krishna，"Case Study India：Centre of Excellence as a Tool for Capacity Building，"OECD，2014.

表 4-1 参与"卓越潜力大学计划"的大学拨款情况

单位：亿卢比

大学名称	核心领域	批准资助额度		支出金额	
		一期	二期	一期	二期
贾达珀大学	移动计算、通信与纳米技术	3	2.5	3	2.2
普纳大学	生物化学与生物技术	3	2.5	3	1
马德拉斯大学	中草药学	3	2.5	3	1.52
海德拉巴大学	教学研究结合	3	2.5	3	1
贾瓦哈拉尔·尼赫鲁大学	遗传学、基因组学与生物技术	3	6	3	3
马杜赖卡玛拉大学	纳米生物技术	2.865		2.865	
东北西隆山大学	生物学与区域研究	3		2.5	
加尔各答大学	现代生物技术	3		3	
孟买大学	绿色技术	3		2.085	
奥斯马尼亚大学	材料研究——社会相关性				
贝拿勒斯印度教大学	高级功能性材料 基因组学和蛋白质学	5		3	
拉贾斯坦大学	材料复合学：纳米粒子、纳米复合材料与多分子层	5		3	
迈索尔大学	高级功能材料的加工特点和应用媒体与社会发展：以卡纳塔克邦为例	5		3	
卡纳塔克大学	抗肿瘤活性：一种综合方法	5		3	
古鲁那纳克开发大学	材料科学	5		3	

资料来源：UGC，"University with Potential for Excellence，"2020-04-18.

"创新大学计划"公布后，一些大学为了获取大量的项目拨款纷纷向大学拨款委员会提交申请，但到 2015 年仅有普纳大学、德里大学、贾达珀大学和海德拉巴大学 4 所大学被列入"创新大学计划"实施中的候选名单。[1]"创新大学

---

① Gourikeremath, G. N. , Kumbar, B. D. , & Hadagali, G. S. et al. , "Scientific Productivity of Universities Accredited with Universities with Potential for Excellence (UPE) Status in India," *Journal of Advances in Library and Information Science*，2015(2)，pp. 135-146.

计划"还未完全展开，大学拨款委员会决定继续对该计划的具体细则进行讨论，并在考虑是否将该计划与"卓越潜力大学计划"合并。① 该计划的实施成效还有待进一步观察。

(二)"卓越潜力大学计划"与"创新大学计划"实施中存在的问题

虽然"卓越潜力大学计划"与"创新大学计划"的实施成效还有待进一步考察，但是印度创建世界一流大学政策存在不少明显的问题。其一，尽管印度政府已经认识到有必要创建世界一流大学，提升本国高等教育的威望和全球竞争力，已经认识到高等教育质量对于社会经济发展的重要性，但印度的决策者们在创建世界一流大学的道路上仍存在很多困惑。比如，决策者们对于"世界一流大学""创新型研究大学""创新大学"等概念并未达成统一的意见，其目标尚不明确。含糊的目标下，必然不利于政策的执行。印度拟建14所世界一流大学的名称也几经变更，由原来的"世界一流大学"变更为"创新型研究大学"，后又变更为"创新大学"。其二，印度在创建世界一流大学的路途中缺乏连续性的统一规划，缺少相关建设的一揽子计划。尽管目前印度中央政府已经启动了世界一流大学的建设项目，并制定了一些相关的政策对其予以支持和鼓励，但这些政策经常因选举、政府换届等因素而出现立场摇摆不定和变动。创建世界一流大学有三种途径：第一种是选择优秀的现有大学加以建设，获得更多资源来提升学校的实力；第二种是鼓励现有大学合并，通过不断发展达成世界一流大学的目标；第三种是直接创建一所全新的世界一流大学。印度政府对于通过哪种模式来创建世界一流大学至今仍未达成一致的意见，由此许多具体项目都未能如期开展，进展缓慢。其三，尽管目前"卓越潜力大学计划"与"创新大学计划"都允许私立大学参与，但并未将其与公立大学平等看待，它们不为私立大学提供任何资助，这显然仍将私立大学排除在外。这种做法不仅会削弱私立大学参与的积极性，而且还不利于广泛吸纳社会资源，不利于世界一流大学的培育和创建。纵观英、美等发达国家的许多顶尖大学，它们通常都利用多元化的渠道来筹集教育经费，提升大学的整体教育水平。可见，创建世界一流大学需要各方的努力，需要广纳社会资源，单凭

---

① Vishwas Kothari，"Innovation-Tagged Varsities await UGC Decision on Grant，" 2013-08-02.

中央政府一己之力难以实现。其四，参与这两项计划的大学高度重合，可见其评选标准具有同质化倾向，不利于不同类型、不同特色的高水平大学的建设。其五，资助对象在区域间分布不均衡。获得"卓越潜力大学计划"资助的大学大都聚集于印度西部，印度中心和东部没有一所大学参与该计划。[①] 其六，资助项目明显向自然科学研究倾斜，且聚焦于化学、物理、材料科学、工程、生物技术、分子生物学、药理学和药剂学等领域，忽视了其他学科和研究领域的发展。其七，尽管一些大学利用"卓越潜力大学计划"提供的经费提高了其研究水平，但其研究质量仍有待提高。许多大学的大量研究成果都登载于国内或科学网之外的普通国际期刊上，仅有少许优秀教师的科研成果在科学网的国际期刊上发表。

二、印度创建世界一流大学政策的调整

2016 年 2 月，印度财政部部长阿伦·雅特力（Arun Jaitley）在财政预算演讲中宣布，政府将设立一个教学和科研的监管机构并制订详细的计划——"卓越机构计划"（Institute of Eminence Programme），来推动 10 所公立大学和 10 所私立大学成为世界一流大学。[②] 他指出，政府将建立一个不以营利为目的的高等教育融资机构，通过调节来自市场的资金，来支持一流大学改善基础设施。这 20 所大学的选择可以参考印度大学排行榜（National Institutional Ranking Framework），但具体哪些大学入选目前尚未确定。印度大学排行榜是印度于 2015 年 9 月推出的一个大学排行榜，其评价指标涵盖教学、研究、研究生产出、包容性等指标内容。该项指标体系中包含了很多适应印度教育大国国情以及能反映印度年轻人精神风貌的指标内容，如地区、国际多样性趋势、性别公平以及社会处境不利群体等内容。2017 年 9 月，印度大学拨款委员会开始公布该计划，并接受各大学的申请。2018 年 2 月，印度大学拨款委员会组建的授权专家委员会在 104 所大学中选出 20 所大学入选"卓越机构计划"。[③] 入选"卓越机构计划"的大学将拥有更大的财务和学术自主权。它们可以享有行政、学术和财务自由，可以决定自己的费用结构，并且在不受大

① Ved Prakash, "Annual Report 2013—2014," New Delhi, University Grants Commission, 2014, p. 143.

② Erich Dietrich & Rahul Choudaha, "Rankings should be Used to Increase Quality for All," 2015-10-01.

③ Shuriah Niazi, "'Institutes of Eminence' Named-But not all Exist yet," 2018-07-12.

学拨款委员会或大学赠款委员会管制的情况下，开设符合国际高等教育标准的新课程。此外，这些大学还可以在不需要政府许可的情况下聘请外籍教师、招收外国学生并与外国大学合作。尽管私营机构也将享有同样的待遇，但它们将不具备获得政府补助的资格。

(一)建设目标

"卓越机构计划"是由大学拨款委员会负责推出，旨在帮助印度20所大学(10所公立和10所私立)在10年内进入全球大学排行榜前500名，并最终能达到全球大学排行榜前100名。其具体目标如下：应该是多学科，且在教学和科研方面达到卓越水平；应该合理招收国内和国外学生；国外优质教师的比例合理；学生应该与世界知名大学的学生旗鼓相当；应该拥有足够大的校园面积，并拥有足够的空间拓展；应该能在未来10年内在世界知名大学排行榜(如泰晤士大学排行榜、世界大学排名、上海交通大学排行榜)排在前500名，并能持续改进，最终能进入世界知名大学排行榜的前100名。

参与该计划的大学将在管理和财务方面获得更多的自主权：它们可以自由确定国内外学生的学费、课时及课程体系；它们在与国外高校(不友好国家除外)开展学术合作时可以免于政府或大学拨款机构的审批。

(二)申请条件及审核程序

该计划将从优秀的国立大学、艺术学院、管理学院和技术学院等高校中选拔。根据规定，只有在世界知名大学排行榜前500名或印度大学排行榜前50名的高等教育机构才有资格申请参加"卓越机构计划"。只要其提供未来15年的发展计划，私立机构的"待开发项目"(greenfield project)也可以参与该计划。而在公立大学中，只有国立大学、政府资助的类似大学的机构、国家重要研究所(如印度技术研究所)、州立大学才能申请"卓越机构计划"。

所有申请该计划的机构必须提交两方面的材料：《十五年战略规划》和《五年实施计划》。《十五年战略规划》中必须明确机构如何实现世界一流大学的目标，必须包括实现世界一流大学目标的量化指标和时间表，对机构目前状况的SWOT战略分析以及解决问题的举措。《五年实施计划》应该包括为实现战略目标所需完成的具体的、可测量的年度行动计划。授权专家委员会将根据提交的材料进行审查,与机构代表进行多次商讨,有可能还会进行实地考察。授权专家委员会的专家们将对申请书进行研究,并邀请这些申请机构进行答辩,提出建议。大学拨款委员会将参考授权委员会的建议做出选择。最后由印度人力资源发展部根据大学拨款委员会及授权专家委员会的建议做出最终的决定。

(三)经费分配

参与该计划的公立机构在接下来的 5 年(2016—2020 年)都可以从印度人力资源发展部获取 30 亿卢比的资助,帮助其达到世界一流水平。这些经费根据机构每年执行计划的成效来发放。如果机构需要提前预支相关费用,需要提供预期成果。私立机构可以参与该计划,但无法从政府获取相应的财政资助。所有机构都可以根据各自的实施计划自主使用从企业或校友及其他捐赠者获取的资金,无须征询上级权力机构的同意。

在"卓越机构计划"出台后,许多高校也在力争加入"卓越机构计划"。印度德里理工学院的一位副教授说:"一旦进入了'卓越机构计划'的行列,我们的研究所就将完全摆脱监管桎梏,并享有自主选择发展路径的权利,从而有望成为全球知名机构……在接下来的 10 年里,我们将致力于提高排名,以跻身世界百强之列。"果阿大学也在争夺"卓越机构计划"的席位。该校的一位教师表示,如果获得这一席位,这所大学就可以通过"专注于高质量的研究和全球最佳实践"来确保本校在全球竞争中的优势地位。他认为,果阿大学还可以与世界顶级机构建立合作关系,并且获得充足的资金来支持大学达到全球高等教育的先进标准。[1] 印度人力资源发展部 2018 年 7 月发布的一份声明显示,已有皮拉尼·马尼帕尔大学、信实研究所、波拉理工学院 3 所私立大学,以及印度理工学院孟买校区、印度德里理工学院、印度班加罗尔理工学院 3 所公立大学入选"卓越机构计划"行列。其中信实研究所是新成立的机构,也因此遭到很多人的质疑。

2016 年,印度政府再次制订创建世界一流大学计划。正如美国波士顿学院国际高等教育研究中心菲利普·G. 阿特巴赫所言,虽然创建世界一流大学的消息令人鼓舞,并在此之前也曾有过类似的目标,但这些政策和计划的效

① 祝宁、韦维、钱畅:《印度百所高校力争"世界一流大学"》,载《世界教育信息》,2018(3)。

果微乎其微。同时，阿特巴赫也强调，要实现这一目标，仅有资金支持是不够的，还需要组合资源、创新思维和制订周密的计划，并将这些高等教育机构从政府的过度控制中解放出来。这是一项非常有难度的工作。① 可见，印度创建世界一流大学政策现仍处于探索阶段，其道路仍任重而道远。

---

① Philip G. Altbach，"One-Third of the Globe：The Future of Higher Education in China and India,"*Prodpects*，2009(1)，pp. 11-31.

第五章 法国创建世界一流大学政策研究

　　"卓越大学计划"是法国大型国家工程"未来投资计划"（也称"大贷款"工程）的重点投资项目。被称为构建法国"常春藤联盟"的"卓越大学计划"，是法国高等教育近 40 年来最大力度的改革，其目标是为法国打造 5～10 所具备国际竞争力和国际视野的顶尖大学，与世界一流大学同台竞争，从而改善法国高校近年来在全球大学排名中不够突出的状况。此举对于改善法国高等教育和研究部门的境况、提升法国高等教育在国际竞争中的知名度等至关重要，在整个近代法国高等教育中具有里程碑的意义。通过两轮的竞争招标，中标学校将获得该项目提供的 77 亿欧元的财政资助。该项目以"未来投资计划"为依托，因此"未来投资计划"中其他项目的遴选措施（如"卓越实验室计划"和"卓越设备计划"等）成为该计划的遴选方案的关键因素。"卓越大学计划"中的院校集群，是按照法国领土的逻辑进行整合的，这些高等教育和研究机构在科教领域都享有盛名；该计划是围绕法国野心勃勃的科技项目而构建的，其合并的目的在于寻求更深层次的整合，通过高校间的强强联合，吸引最优秀的教师、研究人员和学生，以确保法国高校的国际知名度和科学成就的国际影响力。该计划有助于提升法国经济增长的潜力，加快企业的科技创新和技术转让的步伐，为综合性大学、高等职业院校和科研机构间建立更加密切的联系开辟道路，并在法国当前高等教育和科学领域的现代化变革中发挥主导作用。

第一节　法国创建世界一流大学政策产生的背景

作为近代以来法国创建世界一流大学的重大举措，"卓越大学计划"的出台有其独特的政治、经济、法律及文化背景。

一、法国"未来投资计划"的战略举措

"卓越大学计划"是"未来投资计划"的重点投资和优先发展项目，其政策制定和项目实施主要依托"未来投资计划"的整体建构框架和运作模式。"未来投资计划"，是法国政府于 2010 年推出的斥资 350 亿欧元的大型国家投资计划，最初是为了应对 2008—2009 年波及法国的经济危机和财政危机，依据 2010 年 9 月修订的财政法案实施，由 5 个子项目组成，主要集中在公共科学研究、创新和高等教育领域，主要包括人才培养、研究开发、生物科技、能源及循环经济、交通运输、就业机会均等、城市规划、企业融资等几个领域。① 该计划旨在不断提高法国的生产效率、创新能力及企业竞争力，促进高等教育与培训、科学研究、工业等领域中投资和创新的平等机会，推动经济增长与社会就业。项目的前期策划和筹备工作于 2009 年开始，由两位法国前总理阿兰·马里·朱佩（Alain Marie Juppé）和米歇尔·罗卡尔（Michel Rocard）②联合主持的"朱佩-罗卡尔委员会"专门负责项目策划及部署。③ 2009 年 12 月，法国政府宣布了该计划的几个重点投资领域及其拨款金额：高等教育与培训 110 亿欧元；工业部门 150 亿欧元；可持续发展 50 亿欧元；数字经济 45 亿欧元，其中"卓越大学计划"是整个项目关注的核心。④ 作为法国的国家级优先发展战略，该计划对于提升法国在欧洲以及全球经济与科技环境中的地位和吸引力起着至关重要的作用。

---

① L'Agence Nationale de la Recherche，Investissements d'Avenir，2014.

② 阿兰·马里·朱佩（1945—　），曾任法国总理（1995—1997 年），2002 年当选总统多数派联盟主席，2010 年出任法国国防部部长，2011 年出任法国外交部部长。米歇尔·罗卡尔（1930—2016 年），曾任法国社会党政治家、法国社会党第一书记（1993—1994 年）和法国总理（1988—1991 年）。

③ Juppé et Rocard Chargés de Réflechir à l'Emprunt National，2009-07-06.

④ Commission des Finances du Sénat，Projet de Loi de Finances pour 2014，Recherche et Enseignement Supérieur.

二、区域经济发展带动国家经济增长的迫切需求

"卓越大学计划"作为连接高等教育、科研机构与地方企业协同发展的创新实验室，着眼于通过刺激区域经济发展带动国家经济腾飞与生产力发展，在振兴科技生产力与高新技术创新中发挥着科技引擎的作用。2007 年，由美国次贷危机引发的全球金融危机波及欧洲，法国的经济陷入持续衰退。法国多家大型金融机构深陷财务危机，经济实体也受到严重冲击，社会失业人数剧增。在 2008 年爆发的全球金融危机及随后的欧债危机中，欧洲各国的债务指标不断攀升。法国虽然是欧洲受金融危机影响较小的国家，但经济低迷、债务庞大、失业率居高不下等问题加剧了法国竞争力的下滑，暴露了其雄心勃勃的国家政策目标与相对削弱的国家实力间的矛盾，也从侧面凸显了法国经济在经济全球化中的不适应症。仅 2008 年 10 月的新增失业人口就高达 4.7 万人，创下 1993 年以来的最大单月增幅。这之后，法国政策的重点逐渐转向对危机的应对和解决。为应对全球金融危机和国内经济衰退的局面，法国政府斥资 330 亿欧元出台了一系列经济重振计划，实施产业和经济结构调整，以期通过投资研发、公共补贴以及税收减免等优惠政策鼓励高科技研发创新，支持发展拥有先进技术和基础设施规模的产业集群，提升就业率和科技竞争力。[1]

三、高等教育改革如火如荼

法国政府高度重视高等教育领域的改革，其上任伊始便积极采取行动，于 2007 年 8 月颁布实施了高等教育改革法案《综合大学自由与责任法》(Projet de Loi Relatif aux Libertés et Responsabilités des Universities)。其中明确指出，鼓励大学面向社会开放，积极主动地融入当地区域的社会经济环境，加强与公共、私营企业及科学研究机构间的密切合作，并丰富其财政来源的渠道和方式；鼓励综合大学与大学校、周边的国外大学、公共或私人科研机构联合，形成竞争力集群，使综合大学有资格申请与上述学校或机构间的合并及优势重组；赋予大学更高的自主权，从以往事无巨细的直接管理人转变为大学的合作人、监督人、保证人、资助人，赋予综合大学独立的法律地位和最大程度的自主权；通过对高等教育实施宏观管理和监督，

---

① Serge Baillargeon，Retour sur la Crise Économique de 2008，2013-05-23.

实现国家权力的放弃和角色的转变。① 新的法律进一步巩固了法国大学的独立法人地位和自治权，是法国历史上首次允许建立不设法人的大学、合作基金会，以减免税收的优惠条件吸引捐赠。② 此后，法国政府又于 2013 年 7 月颁布了《高等教育与研究法》(Loi Relative à l'Enseignement Supérieur et à la Recherche)，首次将高等教育与科学研究列入统一的法律条文。作为一项指导未来法国高等教育发展的革命性法案，该法案着重强调高等教育与科研以及与经济、社会、文化领域的紧密联系，加强高校与科研机构的人员合作，提升法国大学的科技创新力以及欧洲科研项目中的法国份额；赋予大学更多的自主权，以提升大学的效率并强化学院式的民主治理。③

四、法国大学集群建设及"校园计划"改革

"卓越大学计划"是基于法国区域高等教育与经济协同发展的"集群"而开展的，其核心是对临近大学的优势重组。而大学的区域性整合建设已在法国有数年的积淀，这主要得益于"高等教育与研究集群"(Pôles de Recherche et d'Enseignement Supérieur)建设以及"校园计划"(Opération Campus)的实施。"高等教育与研究集群"是法国政府于 2006 年推出的新型组织模式，依据当年出台的《科研法》(Loi de Programme pour la Recherché)，立足于法国"竞争力集群"④(Pôe de Compétitivité)的构建框架，对法国 60 多所院校和研究机构进行的整合⑤，旨在同一区域内实现综合大学、大学校和研究机构的优势重组，提升法国高等教育与科研机构的协调性、国际化程度和吸引

① Valérie Pécresse，Projet de Loi-relatif aux libertés des universities，2007-07-04.

② Association pour la Qualité de la Science Française，Projet de Loi Relatif aux Libertés et Responsabilités des Universities，Paris：Sénat de François Fillon，2007-07-14.

③ Legifrance，LOI n° 2013—660 du 22 juillet 2013 relative à l'enseignement supérieur et à la recherché，2013-07-23.

④ 竞争力集群，是法国政府在 2005 年斥资 15 亿欧元在各地扶持 60 多个不同产业的科技园区，特指在特定的地理范围内，以共同的市场或科技研究领域为基础，联合企业、公司或私营研究机构，协同开发以创新为特点的项目，寻求优势互补和竞争力的提升。

⑤ DGCIS-CGET，Politique des Pôles，2013-11-23.

力。① 截至 2012 年，共有 26 个"高等教育与研究集群"成立。② "校园计划"是法国政府于 2008 年 2 月启动的大学校园设施改造的国家项目，斥资 50 亿欧元，针对项目筛选出的 10 个校园集群进行世界一流水平的设施改造；重点对校舍和教学硬件设施进行翻修，提升校园生活环境的质量和科学研究条件，增强对国际学生和国外研究人员的吸引力和国际竞争力，以期提升法国大学的质量和世界排名。③ 基于区域资源优势整合的基础并向世界一流大学标准看齐的两项政策的实施和经验积累，均为"卓越大学计划"的实施奠定了坚实基础。

五、重振法国大学的世界典范形象

高等教育国际化与全球性学生流动的浪潮，促使各国纷纷高度重视一流大学建设。权威机构发布的世界大学排行榜受到了前所未有的关注。2007 年 5 月，法国政府提出，要高度重视高等教育与科学研究领域的改革，重塑法国大学的世界典范形象，到 2012 年实现 2 所大学跻身世界前 20 名和 10 所大学跻身前 100 名的目标。之所以如此重视世界排名，是因为自 2003 年世界大学排名兴起后，法国的成绩一直差强人意。法国在 2005 年取得的世界大学排名成绩可谓史上最好。在《泰晤士报高等教育副刊》大学排行榜和上海交通大学大学排行榜公布的世界前 100 名的大学中，法国分别有 5 所和 4 所大学榜上有名。之后，进入世界前 100 名的法国大学的数量和名次大多都在逐年下滑。到 2008 年和 2009 年，法国在这两项世界前 100 名中分别只剩 2 所和 3 所。④ 在《泰晤士报高等教育副刊》大学排行榜中，巴黎综合理工学院已从 2005 年的第 10 名跌至 2009 年的第 36 名。⑤ 2007 年 5 月，法国政府决心改善法国深陷经济与文化危机的局面。因此，"卓越大学计划"应运而生。

---

① Ministère de l'Enseignement Supérieur et de la Recherché，Conférence des Présidents d'université，Les Universités et les PRES，2013.

② Ministère de l'Education Nationale，PRES：Pôles de Recherche et d'Enseignement Supérieur，2010-03-04.

③ Ministère de l'Education Nationale，Ministère de l'Enseignement supérieur et de la Recherche，L'Agence Nationale de la Recherche，Investissements d'Avenir：Opération Campus，2010-04-27.

④ 引自上海交通大学世界一流大学研究中心的世界大学学术排名。

⑤ TES Global Ltd，École Polytechnique，2016-03-12.

第二节　法国创建世界一流大学政策的内容

一、法国创建世界一流大学政策的主体

"卓越大学计划"是在 2010 年法国政府的倡导下启动的,是法国斥资 219 亿欧元对高等教育与科学研究领域实施重点项目投资的一部分。该计划的具体实施由法国专门负责国家项目融资及实施的法国研究署(Agence Nationale de la Recherché)负责。依据法国政府 2014 年 3 月出台的相关法令,法国研究署的使命是在国家政策的总体战略框架内,受政府委托执行国家投资的项目或研究计划,在国家、欧洲乃至国际层面上推进法国的研究与创新体系改革。自成立以来,法国研究署已资助并参与过 1 万多个项目的实施与合作,合作对象既有联盟,也有高等院校、企业、学术界组织、学术团体及政府部门。它的任务主要是对这些研究部门与机构行使监护职责,协助其合作伙伴与科学家们迅速响应并不断适应与日趋增多的各项挑战,在 ISO 9001 的质量框架内不断完善,确保项目实施程序及过程的质量,以满足学术界与科学社会的期望。①

成立于 2005 年的法国研究署,主要负责项目融资的实施,在 2010 年被指定为法国投资总署(Commissariat Général à l'Investissement)的主要运营商,负责"未来投资计划"首期工程中高等教育与研究领域的相关项目。法国研究署提供一个常设基金对其进行资金支持,总投资金额为 77 亿欧元,在 4 年的试用期内,以非固定资产的赠收益的方式每年按期拨给各个"卓越大学计划"的项目点。在 2013 年 7 月法国总理公布的"未来投资计划"二期工程方案中,法国研究署仍将负责"高等教育与研究"领域的项目运作,预算金额为 40.15 亿欧元,在 2014 年启动。

二、法国创建世界一流大学政策的目标

"卓越大学计划"有着非常明确而清晰的总目标,就是为法国打造 5～10 所具备国际竞争力和国际视野的世界顶尖大学,能够与剑桥大学、海德堡大学、哈佛大学这样的世界一流大学相媲美,改善法国高校近年来在全球大学

---

① 　L'Agence nationale de la recherché,Politique Qualité,2016-04-23.

排名中不够突出的状况。为此，法国政府决定将现有的优秀资源进行集中整合，并呼吁所有具备竞选资格的院校参与到项目的征集中，以参与全球性竞争。"卓越大学计划"为所涉及的所有参与成员制定了一套全面的政策目标，其重点主要为以下几方面。

(一)践行管理自治，密切机构衔接

明确学术团体与项目行政管理之间的角色；在行政委员会的严格控制下，实现管理的高度自治；具备快速应对战略选择及实施的决断力；构建与资源管理、知识产权管理、人力资源管理相适应的管理体系。整合所有成员，有效衔接高中与大学、高等教育机构与研究机构；建立项目与外部企业和投资商密切联系的衔接机制，并实施系列举措维护项目所在区域的动态均衡发展。

(二)广泛吸纳资源，逐步扩大开放

通过开发创新竞争力的关键工具以及流动性资产，获取广泛的信息资源，特别是数字资源；提升融资能力，吸引国家提供财政资金之外的预算外资金；拓宽项目成员与国际经济、文化等方面的合作。提升国际化程度，扩大项目成员在国际经济等领域的合作范围，特别是与项目周边区域的合作伙伴(企业、竞争力集群、地方行政区)的合作；促进研究成果的动态增值；促进外语课程开发；密切发展学生与企业间的联系，包括企业实习、创业培训及就业政策等；制定深入反映校园生活的极富吸引力的政策。

(三)对话区域环境，提升卓越的竞争力

通过制定并实施"卓越"政策，对项目选拔出的(现有或建设中的)卓越资源进行优势重组，促进这些科研机构与经济、社会、文化等环境间的相互作用，提升其在欧洲乃至国际高等教育研究领域中的吸引力，特别是吸引优秀学生、国际知名学者与国际一流研究团队。同时，致力于促进项目周边区域的发展，通过实施创新人才培养、革新治理模式、提升管理效能等方式推进项目周边优势资源的动态协调发展。

根据法国参议院公布的 2014 年的财政修订法案，"卓越大学计划"将通过三个指标辅助其目标的实现：一是在 2017 年，推出 1000 个科学出版物，其引用率总和达到 5%；二是在 2017 年，参与项目的所有研究人员与"卓越大学

计划"合作院校及机构签署了合作协议；三是在 2017 年，实现招收国外硕士及博士的比例增长 10％，并在此之前达到 33％的国际硕士生招收比例。①

三、法国创建世界一流大学的具体措施

"卓越大学计划"的政策始终围绕其明确的目标，遵循着严格的项目遴选标准，经历了系统的项目审批过程。

（一）项目的征集与标准

"卓越大学计划"的项目征集由法国研究署负责。法国研究署提供一个常设基金对其进行资金支持，两轮的项目征集分别在 2010 年和 2011 年展开。项目征集结束后有 4 年的试用期，在这期间项目每年的获赠资金以非物质财产的方式进行分配；在试用期结束后如果符合规定条件，资金将最终决定用于"卓越大学计划"。

候选项目应符合以下五项标准：一是具备突出的科研潜力、极具国际竞争优势的科学生产力及对自身生产力发展的深入反思能力。采用公共协议招聘高水平的研究员，建立与世界一流院校和科研机构间的合作关系，汇集大规模数字资源的供应渠道。二是建立颇具潜力的合作伙伴关系，制定并实施开发与转让政策，紧密联系与学生就业相关的社会经济领域乃至世界经济领域中各类机构的伙伴关系。密切联系本土教育与国际经济、社会、文化等领域的合作。三是具备卓越的教育培训、极强的国际开放度、就业能力及创新能力。通过开发创新项目，特别是硕士和博士水平的教育项目，实施与区域发展和社会、经济、文化环境相协调的卓越教育政策，并推动终身教育的发展。四是具有广阔的国际视野能见度，广泛开展国际合作，推进国际化进程。深入推进国际教育培训与研究活动的合作交流，积极制定相关政策，吸引世界一流的研究人员及优秀学生，不断迈向国际化标准。五是具有较强的实践管理能力与管理质量。

除此之外，候选项目必须在新的国际竞争环境下对目标及其实施标准进行诠释和界定，特别是要明确各自希望进行对照的国际院校，并在上述五项标准上有变革的决心及显著的进步。每个项目必须明确指出各自的改革动力、

---

① Commission des Finances du Sénat，Projet de Loi de Finances pour 2014：Recherche et Enseignement Supérieur，2015-01-29.

目标、进程、路径、在 4 年试用期间及之后所应承担(质量和数量方面)的任务，提供能够实现目标的可信论据，并确保执行能力的可信度。参与项目征集的学校应提交方案，详细说明高等教育、科研机构及利益相关者在"卓越大学计划"中任务的分配，特别是在人力资源及财政方面，明确指出常年合作伙伴的政策特点。

"卓越大学计划"涉及的领域非常注重与"未来投资计划"中其他子项目间的衔接，包括"卓越实验室计划""医疗教学研究中心计划"(IHU)、"低碳能源卓越计划"(IEED)、"工艺研究中心计划"(IRT)、"企业技术转化加速计划"(SATT)，以及每个子项目的不同侧重点。这将有效促进新技术的研发、新的研究方法以及新型卓越实验室的诞生，刺激教育创新能力及吸引力，提升教育的国际开放程度并拓宽教育与世界政治、经济的合作领域。

参与项目征集的候选大学按照法国的省区和地域分布分为 17 个，其中有 6 个在巴黎大区：巴黎-萨克雷大学、东巴黎大学、巴黎科技与文学联合大学、巴黎诺维-芒迪大学、索邦-巴黎-西岱联合大学以及索邦联合大学；另外 11 个分布在其他省区，分别是格勒诺布尔-阿尔卑斯大学、勃艮第-弗朗什-孔泰联合大学、西布列塔尼欧洲联合大学、波尔多大学、里昂大学、法国北部里尔大学、埃克斯-马赛大学、洛林大学、图卢兹大学、蒙彼利诶法国南部大学、斯特拉斯堡大学，如表 5-1 所示。

表 5-1 申请"卓越大学计划"的 17 个候选项目

所属地区	大学名称
巴黎	巴黎-萨克雷大学
罗纳-阿尔卑斯	格勒诺布尔-阿尔卑斯大学
巴黎	东巴黎大学
勃艮第-弗朗什-孔泰	勃艮第-弗朗什-孔泰联合大学
布列塔尼-卢瓦尔河	西布列塔尼欧洲联合大学
阿基坦	波尔多大学
罗纳-阿尔卑斯	里昂大学
北部-加来海峡	法国北部里尔大学
普罗旺斯-阿尔卑斯-蔚蓝海岸	埃克斯-马赛大学
巴黎	巴黎科学与文学联合大学

续表

所属地区	大学名称
洛林	洛林大学
巴黎	巴黎诺维-芒迪大学
巴黎	索邦-巴黎-西岱联合大学
巴黎	索邦联合大学
南部-比利牛斯	图卢兹大学
朗格多克-鲁西永	蒙彼利诶法国南部大学
阿尔萨斯	斯特拉斯堡大学

资料来源：Ministère de l'Education Nationale，Ministèrede l'Enseignement supérieur，Ministèrede la Recherche，17 candidatures reçues à l'appel à projets "Initiatives d'excellence"，2019-11-30.

(二)项目的遴选与审核

"卓越大学计划"第一轮选拔的评审分两期进行，包括第一阶段(预选拔)和第二阶段(正式选拔)。预选拔的截止日期是 2010 年 12 月 17 日(巴黎时间)。第二轮于 2012 年 2 月开始，详细进程如图 5-1 所示。项目评审由欧洲大学协会(EUA)主席让-马克·拉普(Jean-Marc Rapp)教授领导的国际评审团负责。[1] 为确保项目的整体竞争实力、高层培训与研究的政策引导、高等教育机构的管理、科技创新、企业领导力与变革管理等的运作，评审团成员的遴选非常严格。成员多是国际学术界及经济学界专家(国际专家及长期在国外研究的法国专家)，包括"卓越实验室计划""卓越设备计划""医疗教学研究中心计划""低碳能源卓越计划""工艺研究中心计划""企业技术转化加速计划"评审团的主席。法国投资总署参与评审团的审议，但不具有表决权。[2] 预备项目与中标项目都应根据同样的标准进行详细说明，并与评审指标所有的必备条件对应。

---

[1] Ministère de'Education Nationale，Ministère de l'Enseignement Supérieur et de la Recherche，Trois Premières Initiatives d'Excellence Sélectionnées dans le Cadre de l'Appel à Projets Idex，2015-11-15.

[2] L'Agence Nationale de la Recherche，Appel à Projets《 Initiatives d'Excellence》E-dition 2010－Liste des Membres du Jury，Paris：l'Agence Nationale de la Recherche，2010，1-2.

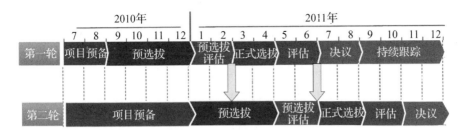

图 5-1　"卓越大学计划"进程表

资料来源：作者根据"L'Agence Nationale de la Recherche，Appel à Projets《Initiatives d'Excellence》Edition 2010—Liste des Membres du Jury，Paris；l'Agence Nationale de la Recherche，2010"总结而制。

　　评审团预选拔阶段的评估标准主要有 12 项：科学研究的区域竞争力与影响力；科学研究的愿景及质量；教育培训的吸引力与协调力；教育的研究方向与创新性；经济合作及转型与升级能力；政策的国际化与欧洲化程度；管理的可信度与有效性；管理中定向、转换及组织能力；实施路径及程序操作；管理程序与控制的有效性；资源配置模式的质量；人力资源管理政策的目标和活力。① 其中，前 6 项标准侧重于战略相关标准，主要涉及院校的科研、教育、开放性及合作性；后 6 项标准侧重于管理、控制和实施的标准。评审团负责编制项目报告，尤其侧重于项目的实施成效、目标水平和可信度。

　　进入正式选拔阶段后，评审的标准将更加详细和严格，主要集中于教育与研究的卓越性、管理的有效性及公立与私立研究机构的合作强度。具体包括 4 个方面：①项目目标与整体协调。尤其是科学研究与教学和培训的协调；项目规划与实施的组织、人力资源和项目运作方面的协调。特别关注项目的内部资源配置模式与总体战略部署间的协调，并及时跟踪审查。②项目的卓越性。一是科研质量。拥有若干达到国际顶尖水准的优秀学科；对博士研究生和研究人员有创新性人力资源政策；在项目目标、吸引力、周边区域及因技术革新而推动的结构效应等方面正在实现数字化资源共享，以提升科学生产力。二是政策及教育培训的质量。拥有达到国际水准的极富吸引力的卓越课程（培训课程和教学内容的创新性、招生及国际化的质

---

　　①　Le Premier Ministre，François Fillon，La Ministre de l'Économie，Loi n°2010－237 du 9 Mars 2010 de Finances Rectificative pour 2010，2014-10-11.

量、科研与教学间的联系、评估方法与包容性的联系），特别是硕士和博士阶段课程。注重项目周边区域的培训结构及其与项目的衔接以及该区域的创新能力；重视整体教育供给的效果及影响，即学士、硕士、博士三层面的教育活动及与学士阶段相连的其他职业活动的连锁效应。三是竞争和参与度。项目对国家经济结构及社会、经济、文化领域的潜在影响；与当前社会经济环境、经济结构及合作项目（"竞争力集群"）的关系，以及项目的目标、项目合作方的参与度。③项目管理与变革发展。一是追求高度自治及均衡治理，尤其在处理学术和行政事务的角色分配上，在董事会严格的监控下，逐步面向市场，对外来专家广泛开放。二是通过为项目利益相关者提供长期的可持续发展的结构性目标，更好地整合人力资源并最大限度地简化行政管理格局，力求使各项目点的科研实力与日俱增，提高国际知名度。④项目执行能力的可信度。一是关注项目人力资源及资金的实体资源和动态资源配置，确保其内部流程顺利运转及在多重职能下卓越性的发挥。二是项目实施区域中资金的有效利用率。三是招生质量及国际竞争力水平取决于制定了与实施策略一致的、大胆而严谨的人力资源政策。四是执行能力的可信度的参考路径。提交长期融资计划书，包含项目实施运作的方案及进度，以及项目在 4 年和 10 年内要实现的目标（包括科学成就、项目开发进度、教育政策和国际化程度等方面）。五是项目资源配置中各利益相关者的联系与参与度。

评审团不仅注重项目的科学性，而且关注其应对意外情况（管理模式、组织结构）的变革能力，以及高等教育和研究活动质量的连锁反应能力及其对社会经济环境的影响力和国际吸引力。评估的关键标准涉及项目如何定义其 4 年或 10 年的阶段性目标、组织、管理、战略及信誉。此外，评审团还评估候选项目的整体协调性、总体实施战略、执行能力和治理能力。

"卓越大学计划"第一轮选拔结果由时任法国高等教育与研究部部长洛朗·沃基耶（Laurent Wauquiez）于 2011 年 7 月在波尔多正式公布，经过评审团对 17 个候选大学的初步审核，7 所大学进入第一轮的正式选拔，如表 5-2 所示，最后波尔多大学、斯特拉斯堡大学、巴黎科技与文学联合大学 3 所大学入选。第二轮预选拔阶段结束后，评审团主席让-马克·普拉建议督导委员会保留 5 个项目提案，获督导委员会批准。11 个入选项目的单位将在标书审核的基础上接受评审，并在提交第二轮选拔资格后参与 2012 年 3 月全体候选项目听证会。法国政府宣布了第二轮选拔结果，包括 5 所大学：巴黎诺维-芒迪大学、索邦-巴黎-西岱联合大学、巴黎-萨克雷大学、埃克斯-马赛大学和图卢兹大学，如表5-3所示。

表5-2　进入第一轮正式选拔的7所大学

所属地区	大学名称
罗纳-阿尔卑斯	格勒诺布尔-阿尔卑斯大学①
	里昂大学
巴黎	巴黎科学与文学联合大学
	索邦联合大学
阿基坦	波尔多大学
南部-比利牛斯	图卢兹大学
阿尔萨斯	斯特拉斯堡大学

资料来源：Ministère de l'Education nationale，de l'Enseignement supérieur et de la Recherche，Investissements d'Avenir-Initiatives d'Excellence ：7 projets pré-sélectionnés，2019-11-30.

表5-3　第二轮正式选拔后的5所大学

所属地区	大学名称
普罗旺斯-阿尔卑斯-蔚蓝海岸	埃克斯-马赛大学
南部-比利牛斯	图卢兹大学
巴黎	巴黎-萨克雷大学
	巴黎诺维-芒迪大学
	索邦-巴黎-西岱联合大学

资料来源：Ministère de l'Education nationale，de l'Enseignement supérieur et de la Recherche，5 Projets Sélectionnés pour la Deuxième Vague de l'Appel à Projets Initiatives d'Excellence，2019-11-30.

在第一阶段中，评审团将派出一个督导委员会筛选出一定数量的预备项目，并授权项目投资总署批准项目名单，在预选拔阶段结束后，提交项目选拔的最终结果的文档。评审团将在第二阶段的选拔过程中对该文档进行审核，

---

①　Université Grenoble Alpes，Établissements Membres et Établissements Associés de Université Grenoble Alpes，2014-10-21.

各项目负责人将听取阶段性项目进展的汇报。

(三)经费分配

"卓越大学计划"由法国专门负责国家项目融资及实施的法国研究署负责。法国研究署在 2010 年被指定为法国投资总署的主要运营商,负责"未来投资计划"首期工程中高等教育与研究领域的相关项目。基于评审团意见的项目评审报告公示后,督导委员会将依据项目投资署提供的行动方案,指定投资收益方并提供投资金额的分配方案。国家总理在征求项目投资署的意见后,最终确定入选项目名单及资金分配。项目征集结束后有 4 年的试用期,这期间项目每年的获赠资金以非物质财产的方式进行分配;在试用期结束后,如果符合规定条件,资金将最终落实到各项目点。

根据法国财政法 2010 年 3 月颁布的相关法案,为"卓越大学计划"提供资助的 77 亿欧元的非固定资产将投入使用。① 非固定资产基金将在第一时间由法国研究署保管,按法国研究署和最终受益方共同签订的协议,这些基金产生的财政收益将支付给最终受益方。如果 4 年后未得到让人满意的评估结果,政府将延长其试用期或终止其项目实施。在这种情况下,其非固定资产的收益将被撤回。为达到较高标准的遴选要求,项目为优秀学校的集中选拔提供了专项财政征集方案,为项目的广泛开展提供特殊资金支持,对各子项目具有突出贡献的行动予以专门资助;同时调动项目资金及拨给现有子项目各机构的可循环流动资金。为给项目建设的各可能开销留出充裕的自由空间,法国政府专门出台《"卓越大学计划"项目征集协助条例》。考虑到"卓越实验室计划"和"卓越创新培训计划",总资助金额由最初的 77 亿欧元调整为 63.5 亿欧元,如表 5-4 所示。截至 2014 年,31 亿欧元的"卓越大学计划"项目经费已投入使用。作为国家融资的竞争方式,项目将由法国政府推动实施。2014 年 1 月,法国政府宣布出资 20 亿欧元资助新一轮的计划。

---

① Assemblée Nationale et le Sénat,Loi n° 2010—237 du 9 Mars 2010 de Finances Rectificative pour 2010,2015-01-30.

表 5-4 "卓越大学计划"入选项目及获赠金额

所属地区	大学名称	资助金额（欧元）
阿基坦	波尔多大学	7 亿
阿尔萨斯	斯特拉斯堡大学	7.5 亿
巴黎	巴黎科学与文学联合大学	7.5 亿
普罗旺斯	埃克斯-马赛大学	7.5 亿
南比利牛斯	图卢兹大学	7.5 亿
巴黎	索邦-巴黎-西岱联合大学	8 亿
巴黎	索邦联合大学	9 亿
巴黎	巴黎-萨克雷大学	9.5 亿

第三节 法国创建世界一流大学政策的实施、评估与调整

一、法国创建世界一流大学政策的实施

"卓越大学计划"政策的实施是由各个项目点分别进行的。本节选取了巴黎-萨克雷大学"卓越"项目点作为"卓越大学计划"政策实施的主要研究案例。巴黎-萨克雷大学作为"卓越大学计划"中获赠金额最高的项目点，对研究法国创建世界一流大学的改革实践具有典型意义，其改革经验也将引领并推进未来法国高等教育的改革浪潮。

巴黎-萨克雷大学的前身是 2008 年法国高等教育与研究部批准的"第三批校园计划"发展框架组成部分的"巴黎-萨克雷大学项目"。而"巴黎-萨克雷大学项目"的成员机构间的合作并非"卓越大学计划"的首创，而是历经长期合作的结果。早在 2007 年，法国高等教育与研究部创办的应用物理学工程"高端主题网络研究"（RTRA）首开先河，其中"萨克雷高地"工程点建设为以后该地区的科研合作奠定了基础。该项目集合了帕莱－奥赛－萨克雷三地的 40 多个物理实验室、1300 多名研究员和工程师、法国国家科学研究中心（CNRS）等 3 个科研机构以及巴黎第十一大学等 7 个高等教育机构。随后，2010 年"雅克·阿达玛数学基金会"及其后来的"巴黎-萨克雷校园科学合作基金会"的创建更巩固了萨克雷地区的院校与地方机构间的科研合作。最终，2011 年的"未来投资计划"及其重点投资项目"卓越大学计划"，将这些最初只专注于研究合作的

机构带到了更广泛、更高层次的大学平台，将合作领域延伸到了教育、研发、国际化和社会。

经过长达两年多的两轮项目的遴选与审核后，巴黎-萨克雷大学从来自法国 12 个省区和地域的 17 个候选项目中胜出，作为获赠金额最高的竞标项目获得 9.5 亿欧元的项目建设资金。[①] 巴黎-萨克雷大学联合了巴黎-萨克雷及周边地区众多法国顶尖学府及研究机构，其中大多已经获得各自领域极高的国际认可。它共由 21 个成员机构组成，包括巴黎第十一大学、凡尔赛大学两所综合大学，巴黎高等商学院、巴黎高等理工学院等 10 所高等专业学校，法国国立中央科学研究所等 7 个研究所以及 2 个商业合作机构。依据法国政府 2014 年 11 月颁布的《巴黎-萨克雷大学与科研机构共同体章程》（简称《章程》），所有的成员机构须遵循该法案的相关规定，批准获得颁发学士、硕士及博士学位的授予权。首期项目于 2015 年 9 月正式开启，由阿兰·布拉沃（Alain Bravo）主持的"巴黎-萨克雷校园科学合作基金会"负责项目运作。[②] 根据法国总理在新闻发布会上的公告，巴黎-萨克雷大学项目点获得 1000 万欧元的首批支付款项。同时政府预先支付"卓越实验室计划"10％的经费作为"卓越大学计划"获奖项目的担保资金。这些预支款项将有助于在第一时间启动项目，并开始实施"卓越教师培训计划""创新教育培训计划"及"机构整合计划"等。[③] 与此同时，法国高等教育与研究部和法国投资总署也就项目投资经费等问题进行了磋商，在国家对项目的投资经费问题上达成了协议，即在 4 年的试用期内实现其既定目标，国家的投资才将最终落实到项目点。

（一）巴黎-萨克雷大学的战略

"卓越大学计划"是巴黎-萨克雷大学迈向世界一流大学之重大转折的主要驱动力，其战略目标是通过雄心勃勃的科学计划，联合地方科技产业与基础设施融资机构，构建基于"未来投资计划"与"校园计划"建设之上的，囊括综

---

① Ministère de l'Education Nationale，de l'Enseignement Supérieur et de la Recherche，17 Candidatures Reçues à l'Appel à Projets"Initiatives d'Excellence"，2011-01-07.

② Campus Paris Saclay，La Fondation de Coopération Scientifique Campus Paris-Saclay，2011.

③ Campus Paris Saclay，Objectifs de l'Idex Paris－Saclay，2014.

合大学、大学校以及科学研究机构的具备极强创新能力的研究型大学。新任校长兼科学合作基金会主席多米尼克·韦尔奈（Dominique Vernay）表示，虽然跻身排名并不是建设的目的，但它是衡量法国能否创建卓越而具有全球竞争力的大学的重要指标。他们的目标是在 10 年之内将巴黎-萨克雷大学打造成欧洲排名前 3 名和世界前 10 名的全球顶尖大学；能够容纳 7 万名学生和 1 万名研究人员，在规模上将是美国加利福尼亚大学伯克利分校的两倍；形成巴黎地区的"知识枢纽"，凭借与科技集团、创新企业等工商业界形成的长期紧密合作，在萨克雷科技谷打造巴黎的"斯坦福大学"；即使在没有外部投资的情况下也能跻身上海交通大学全球大学排行榜的前 20 名。①

巴黎-萨克雷大学的战略方针是统一协作而灵活尊重。由于新大学是由原先独立的教育与研究机构或组织共同组成的，因此原则上要尽量保持各机构原有的身份与传统；所有战略和行动应在"卓越大学计划"的实施框架下，允许针对具体资源的管理及实施策略进行协商。② 改革的重点放在以下几方面：一是实现科研、教学、数字化、国际化以及校园生活等领域中的战略共享。二是管理并协调各成员间实现共同目标与具体目标的行动流程与策略。三是构建互惠互利的科学合作模式，具体包括将各机构成员的博士文凭、硕士文凭以及之前的学士文凭逐步替换成巴黎-萨克雷大学的文凭，并由后者承担责任；巴黎-萨克雷大学的分校区都应具备信息网络、学习中心和加速技术转化单位的这些公共机构；协调各成员间的科研、教学、增值及国家化领域中的行动。四是结合"高等教育与研究法"与"巴黎-萨克雷校园科学合作基金会"的治理成果，形成适应于新型大学的综合管理方案。③

巴黎-萨克雷大学的总体战略规划分两个阶段进行。2015—2019 年为第一期工程建设阶段，2020—2024 年为第二期工程建设阶段。在部门整合方面，将重新改造现有的高等教育和研究机构。这些学校除了自己组建的科研部门之外，将建立应对重大社会经济问题（如气候变化和能源挑战）的跨学科研究机构。在特定科学领域，特别是基础科学领域（信息通信技术与工程、生命科学、医学、经济学和社会科学、管理学领域）内创建跨机构的高等教育与研究

①　Sean Coughlan，France Plans Elite Top—10 Mega-University，2014-11-10.

②　UPS，Gouvernance et Organisation，2014.

③　FCS，Université Paris—Saclay Réunion d'Information Enseignement Supérieur，Recherche et Transfert，Paris，Paris-Saclay Campus，FCS，2014：12.

团队。在院校合并方面，计划于 2016 年、2017 年分别合并法国国立高等先进技术学校、巴黎中央理工学院；2018 年合并巴黎高科农业学院、巴黎高科国立高等电信学校、南巴黎电信学院和卡桑师范高等学校；2019 年合并巴黎第十一大学药学院。在学科整合方面，2012—2020 年成立融合数学、微电子工艺、物理、信息与通信技术和系统工程的跨学科研究机构；2016—2020 年成立汇集生物、化学、环境生态与生物多样化以及大气能源的跨学科机构。在校园硬件建设方面，2019 年、2020 年为在校学生打造可以容纳 5000 人的公寓和 10 个新建的餐厅。在研究生培养方面，在 2015 年 9 月实现巴黎-萨克雷大学中硕士层次的教育不低于 30%；为博士研究生院招收 80% 的巴黎-萨克雷地区的博士生；强化大学校和工程师的学生培养，构建基于创新教学模式的多学科协作的"本科行动计划"。

(二)巴黎-萨克雷大学的改革实践

得益于"卓越大学计划"对巴黎-萨克雷大学成员院校的深度整合，一所汇聚了萨克雷地区所有科技人才的新型"研究共同体"已投入运行，现已形成了基于 IDEX 模式的治理结构、教学模式以及产学研有机结合的科研创新平台。

1. 基于 IDEX 模式的治理结构

巴黎-萨克雷大学的治理模式是基于"卓越大学计划"的治理框架构建的，并依据 2013 年颁布的法国《高等教育与研究法》具体实施的。其治理和组织主要围绕三个校内机构（董事会、执行委员会和学术评议委员会）以及由外部专家组成的科学与创新战略委员会进行。[①] 作为一个"大学与研究机构共同体"，巴黎-萨克雷大学及其成员机构有权参与并制定本校的大学章程。[②] 校董事会、学术评议委员会、外部资格人员以及校长均由直接投票选举产生。执行委员会同时接受学术评议委员会与科学合作基金会的管理，但其双方的管理依据各不相同，如图 5-2 所示。在治理结构上，巴黎-萨克雷大学借鉴了科学合作

---

① Légifrance，La Création de la Communauté d'Universités et Établissements « Université Paris-Saclay » et Approbation de ses Statuts et Portant Dissolution de l'Établissement Public à Caractère Scientifique，Culturel et Professionnel « UniverSud Paris »，2013-12-13.

② Légifrance，Articles L718－2 et L718－7 du Code de l'Éducation，2013.

基金会以往的治理经验，董事会和学术评议委员会的组织结构也与其类似。①
《章程》对大学治理结构及相关内容做了详细的规定。

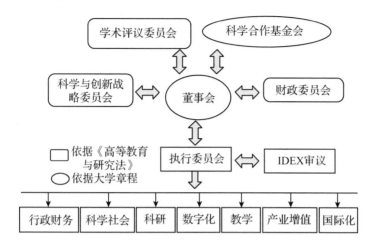

图 5-2 巴黎-萨克雷大学的治理结构图

资料来源：Université Paris-Saclay，Université Paris-Saclay dans le Contexte de la Loi
ESR et de la Politique，Paris：UPS-Réunion d'Information Enseignement Supérieur，Re-
cherche et Transfert，2014，13.

根据《章程》第 9.3 条，董事会负责大学政策的制定，享有董事会主席及
副主席的选举权，大学行动方针、治理、结构及内部法规修订等的表决权，
项目实施、文凭证书、不动产租赁等的批准权，预算、资金分配、成员任免、
捐赠、动产转让等的决定权。其成员汇集了大学各组成机构在任的 26 名代
表。其中包括 10 名机构成员代表、5 名教师、3 名员工、2 名学生、2 名地方
团体代表、2 名国际经济社会界的代表等。各成员的任期依不同类型为 1~4
年。董事会至少一年召开两次会议，由董事会主席或至少一半以上的董事会
成员、巴黎地区教育署主任、学术评议委员会的代表或助理出席。

根据《章程》第 11.2 条及《高等教育与研究法》，学术评议委员会主要负责
政策及科研方面的咨询，其成员由大学教研人员、行政工作人员以及共同体
成员的代表组成。其成员来自科学合作基金会和学术评议委员会提议的 220 名

---

① Université Paris-Saclay，Université Paris-Saclay dans le Contexte de la Loi ESR et
de la Politique，Paris，UPS-Réunion d'Information Enseignement Supérieur，Recherche et
Transfert，2014(4)，13-15.

人选，其中包括 94 名教学与研究人员代表、32 名行政工作人员代表、30 名社区用户代表、24 名外界人员和 40 名机构成员代表。委员会成员的任期为 4 年，可连任一次。学术评议委员会至少每两年召开一次会议，具体时间由委员会主席确定，任何成员不得缺席会议超过 1 次。①

执行委员会的职责是协作完成各机构的准备工作并执行董事会的决议，其成员由大学各成员机构的代表组成，主要负责预算修订、依据《章程》第 15 条协调和组织既有战略事项、依据《高等教育与研究法》审议大学相关机构和部门的协议和条例、制定大学内部的规章制度、签订多年期合同、修订《章程》等事宜。

校长在法律上代表巴黎-萨克雷大学的一切民事行为，具有行政和学术的双合法性，其职责是在董事会确定的行动方针下管理并领导大学，主要包括主持董事会会议，确定会议的时间及议程；编制预算并确保收支平衡，审核拨款；每年向执行委员会提交行动及管理报告；收集董事会的意见并任命副校长及董事会主席；组织并实施选举，协助选举各委员会的成员，制订内部法规中的职权限定；管理研究机构和公共科技机构等。校长由一个 10 多人组成的行政团队协助管理，主要负责协调科研、教学及博士生培养；团队成员负责在各自专业领域内制定战略并相互协作，职能范围主要涉及科研、教学、开发、数字化、校园、通信、国际化、行政及资源相关领域。校长由董事会任命，由董事会成员通过两轮投票以简单多数选举产生。校长任期为 4 年，可连任一次。

2. 多学科跨机构的开放型人才培养体系

巴黎-萨克雷大学在实践中逐步探索并形成其特色鲜明的人才培养体系②，其目标是在 2015 年 9 月实现巴黎-萨克雷大学中硕士层次的教育不低于 30％；招收 80％的巴黎-萨克雷地区的博士生；强化专业应用型人才和工程师的培养；构建基于创新教学模式的多学科协作的"本科行动计划"。其人才培养的两个基本点为：一是一切教学活动及人才培养过程以学生为中心；二是打造一个从学士到博士的完整、连贯而易读的科学化人才培养体系③，培养出具

---

① Legifrance，Article L718-12 du Code de l'Éducation ，2014-10-13.

② Campus Paris-Saclay，L'Universiteé Paris-Saclay vers une Universiteé de Dimension Iternationale，Paris，Campus Paris-Saclay，2014，7.

③ Université Paris-Saclay，Former les Professionnels de Demain，2014.

备优秀科学理念和专业技术能力的适应未来社会挑战的毕业生，重点关注基础学科到应用学科的连贯性、跨学科与国际化程度、博士及硕士研究生的培养质量。①

学生是巴黎-萨克雷大学人才培养乃至各类研究项目、教育机构及科研产出的核心。通过大学课程及工程师培训课程，学校将为学生及研究团队提供量身定制的知识结构，让学生从本科学习阶段开始便为未来的研究和创新做准备。每名学生都有机会建立适合其个人的灵活的课程学习模式。新生可在进入大学的前两年在巴黎第十一大学、凡尔赛大学、巴黎高等商学院等任何成员院校中选择不同的课程或教学模块进行学习，然后在第三年进行专业课程的学习。新的课程及学习过程非常注重多学科交叉及国际化课程模式。此外，学校还将通过科学素养培养并扩大就业机会及就业领域，提高学生在各个学科领域的知识素养。

巴黎-萨克雷大学将着力打造完整、连贯而易读的"学士—硕士—博士"教学与课程体系，尤为重视博士研究生的培养。2014年1月，巴黎-萨克雷大学创建了能够授予学位的公共科学合作模式，这之后所有成员机构所颁发的证书将完全一致。② 自2015年开始，所有的硕士课程将由巴黎-萨克雷大学所有院校的教师集体教授，学生获得的文凭也将由巴黎-萨克雷大学统一颁发。③ 巴黎-萨克雷大学将重新提升博士学位的价值并高度重视博士研究生的培养。所有成员机构的博士研究生均隶属于巴黎-萨克雷大学的公共"博士平台"（Espace Doctoral），该平台下属17个独立的博士研究生院与3个联合培养的博士研究生院。"博士平台"的创建将率先颁发一批巴黎-萨克雷大学的博士学位文凭，这是首次在尊重差异与独特性的基础上，扩大与地方科研机构之间的知识共享。博士研究阶段作为培养创新、跨学科与国际化人才的关键环节，被视为巴黎-萨克雷大学衔接教学、科研、创新与变革的重要枢纽。④ 学校还将

① Ministère de l'Enseignement Supérieur et de la Recherche，Initiative d'Excellence Universite Paris-Saclay，Paris，Commissariat Général à l'Investissement，2014，3.

② Triangle de la Physique，L'Idex Paris－Saclay se Met en Place，2012-07-23.

③ Université Paris-Saclay，Appel Bourses de Mobilité Internationale Niveau Master Entrante 2015—2016，2015-01-16.

④ Université Paris-Saclay，La Formation Doctorale dans l'Université Paris-Saclay.

推荐一大批博士到自然科学和社会科学领域的国际高水平院校与机构中去学习。①

3. "产学研"紧密结合的协同创新平台

巴黎-萨克雷大学在科学研究结构上分为多个院系,包括人文科学、生命科学、物理、化学、数学、计算机与通信技术、电子及光学工程、星球与宇宙科学、波与材料物理。② 学校拥有一批实力强大的科研团队和先进的基础设施,包括 300 多个科学实验室以及 1.5 万多名科学家、研究人员和博士研究生③,其中有 7600 名就职于 A/A+级科研单位的教师和研究人员,以及 2 名诺贝尔物理学奖获得者和 6 名菲尔兹奖获得者。④。巴黎-萨克雷大学的科研目标集中于社会经济领域中的基础科学问题的突破性研究以及国际公认的跨学科社会研究热点议题,如能源、安全、食品及地球环境等。全校规模的研究协作、与地方产业的融合发展,是产学研结合的两项基本原则。

在实施全校规模的跨学科与跨机构科研协作发展方面,巴黎-萨克雷大学的科研团队将主要围绕 6 个领域的动态发展平台(数学、物理、工程科学,科学与信息通信技术,生物,化学,经济学,管理学和社会科学)相互协作,形成众多团队与机构协作交织而成的科学合作模式。以数学领域为例,它不仅要与物理、工程、科学与信息通信技术领域的团队合作,而且将专注于"阿达玛数学实验室"(Labex MathématiqueHadamard)等与企业联合的创新型科技研发。⑤ 在学科整合方面,学校计划于 2012—2020 年成立融合数学、微电子工艺、物理、信息与通信技术和系统工程的跨学科研究机构;在 2016—2020

---

① Université Paris-Saclay,Concertation sur la Mise en Place de l'Université Paris-Saclay,Paris,Campus Paris Saclay-Fondation de Cooperation Scientifique,2012(8),11.

② UPS,Les 10 départements de l'Université Paris-Saclay,2014.

③ Université Paris-Saclay,Université Paris-Saclay dans le Contexte de la Loi ESR et de la Politique,Paris,UPS-Réunion d'Information Enseignement Supérieur,Recherche et Transfert,2014(4),4-5.

④ Ministère de l'Enseignement Supérieur et de la Recherche,Initiative d'Excellence Universite Paris-Saclay,Paris,Commissariat Général à l'Investissement,2014,1.

⑤ Fondation Mathématique Jacques Hadamard,Le LabEx LMH,2014.

年成立汇集生物、化学、环境生态与生物多样化以及大气能源的跨学科机构。① 此外，巴黎多家科研机构也将陆续推出由"卓越大学计划"主要合作伙伴重组而成的多学科团队，如新成立的"极端光线国际研究中心"②（Equipex CILEX）、"萨克雷纳米技术多学科研究所"（Labex Nano-Saclay）、"粒子-激光-材料物理实验室计划"（Labex PALM）中的高端物理国际研究中心，以及由法国科学研究中心（CNRS）、法国原子能总署（CEA）和巴黎第十一大学联合组建的"分子和细胞生物学中心"等。③

在联合地方科技创新产业、加快科研成果转化与研发方面，巴黎-萨克雷大学凭借其坐落于欧洲经济与科技中心"萨克雷科技谷"的独特地理优势，承担着带动区域产业发展，尤其是高新技术产业发展的重要角色。④ 学校将率领众多杰出成员机构进军欧洲第一产业研发园，包括艾兰古特、韦利济、古特博芙、特西、帕莱索等地区，逐步形成颇具规模及卓有成效的研究基地。学校鼓励所有硕士一年级以上的学生及入职第二年后的科研人员在其课程框架内或学校科研实验室从事"长期项目"的研究。学校将推举硕士一、二年级的优秀学生参与"生命奖"（Bourses de Vie）以及已经签订就业合同或正在参与项目研究的优秀博士生进入企业俱乐部（Club d'Entreprises），并鼓励博士生融入区域工业发展，与地方杰出创新企业联手参与科技研发项目。⑤ 此外，学校还联合多方金融合作企业、国有企业以及地方政府等，成立私人和公共金融俱乐部，包括商业慈善机构、风险投资公司、银行等金融合作企业，法国原子能总署投资公司、"科技资本"风险投资公司、I-Source 技术服务公司等金融合作协会，法国创新集团⑥（OSEO）和法国存款和委托基金（CDC）等国有

---

① Université Paris-Saclay，Université Paris-Saclay dans le Contexte de la Loi ESR et de la Politique，Paris，UPS-Réunion d'Information Enseignement Supérieur，Recherche et Transfert，2014（4），8.

② Université Paris-Saclay，Dossier de Presse de l'Idex Paris-Saclay vers l'Université Paris-Saclay，Paris，Campus Paris Saclay-Fondation de Cooperation Scientifique，2014，5.

③ Université Paris-Saclay，Labex PALM-Physique：Atome，Lumière，Matière，2014.

④ Angela Bolis，Le Plateau de Saclay，la Silicon Valley Française？2012-05-28.

⑤ Université Paris-SaclayôDossier de Presse de l'Idex Paris-Saclay vers l'Université Paris-Saclay，Paris，Campus Paris Saclay-Fondation de Cooperation Scientifique，2014，7.

⑥ 法国创新集团是法国工商业性质的国家金融机构，其主要任务是扶持法国中小企业的创立、发展和创新。

企业，以及法兰西岛、伊夫林省和埃松省等地方政府。

创新是巴黎-萨克雷大学学术与研究生态系统的心脏。[1] 围绕萨克雷地区的创新型企业，巴黎-萨克雷大学创建了科技成果转化加速公司(SATT)、科技孵化中心以及创新型企业活动中心(HEC)等功能性集群组织，以及信息通信技术工程、能源、材料、植物生物学等领域的主题网络，并联合卓越实验室、"卡诺"研究机构、"滨河"创意科技公司和众多企业竞争力集群等所有利益相关者，围绕各地新兴市场形成信息通信技术和健康卫生网络等新型科技网点。[2] 其中，2013年年底建成的斥资660万欧元的科技成果转化加速公司，将作为连接科研与工商业界之间的重要桥梁，主要负责初创型企业以及专利研发等科技转化工作。所有在读学生都能够参与"巴黎-萨克雷学生创业集群"(PEEPS)所涵盖的学术及商业信息的课程培训，包括涉及企业及其商业环境的讲座、专业实践及商业模拟。[3] 达能、法国液化空气集团、泰雷兹公司、法国电力集团、达索系统、易普森、通用电气等多家国际大型企业都已与巴黎-萨克雷大学合作，建立了自己的研发中心及创新实验基地。除此之外，其他地方产业机构也有望在"卓越大学计划"框架内与巴黎-萨克雷大学达成极富吸引力与科研潜力的规划。

4. 开放而国际化的魅力校园

为打造一个放眼全球并面向社会开放的魅力校园，巴黎-萨克雷大学在人才引进、国际化以及校园建设方面推出了一系列政策。在人才引进政策方面，学校将实行岗位的全球招聘，面向全球招聘世界最优秀的科研人员；增设专门接待外国人员及其家属的部门，负责安置住宿、配偶及子女就业，安排法语课程学习以及子女上学等；为了在重新整合科研组织与能力评估中做出准确评定并实施奖惩，要求新入职人员与所在团队联合签订合同。在国际化政策方面，学校将重点关注研究生课程及人才选拔中国际学生与教师的参与度，增加英语授课的课程；加强与现有国际顶尖大学的合作与联系，并于2015年面向海外学生推出了190多个硕士生奖学金项目。在校园建设政策方面，打

---

① Pôle Entrepreneuriat Etudiant Paris Saclay，L'Université Paris-Saclay au Service de l'Innovation et de l'Entrepreneuriat，2014.

② Ministère de l'Enseignement Supérieur et de la Recherche，Initiative d'Excellence Universite Paris-Saclay，Paris，Commissariat Général à l'Investissement，2014，2.

③ Pôle Entrepreneuriat Etudiant Paris Saclay，Lancement du Pôle d'Entrepreneuriat Etudiant Paris SaclayúPEEPS，Paris，Université Paris-Saclay，2013，1.

造一个面向社会开放的集工作、生活、娱乐、运动和休闲于一体的社区校园是巴黎-萨克雷大学的目标之一。为优化校区的生活，学校将统一发行印有校区标志的学生证，使校区内的学生能够访问所有的校区公共服务设施，包括图书馆、学习中心、网络及餐厅；学生和教职人员能够入住混合居住式的高品质学生公寓及家庭公寓；为方便校区内不同区域间人员的协作和科学研究，每名学生或教职人员都可以在专业的数字化网络中查阅资料，并能够在学习中心获取信息量庞大的数据资料库。①

二、法国创建世界一流大学政策的评估与调整

法国实施的以"卓越大学计划"命名的高等院校整合，并非"院校合并"，而是"被联合"院校的一种深层次的战略组合。它按照地域对法国科学研究及高等教育利益相关者（综合大学、大学校、研究机构及商业合作伙伴）进行有组织的区域性整合与集中。"卓越大学计划"虽然实施的时间不长，但已经取得了积极成效。

(一)引领了高等教育与科研机构的现代化转型

"卓越大学计划"被视为法国高等教育改革的一次大胆的尝试，带动了法国高等教育的高层次整合、体系转型与科研革新，突破了以往较为保守而故步自封的模式。与法国以往的高等教育领域改革相比，此次改革逐步消除了法国综合大学、大学校与研究机构间的隔阂，促进了大学自治及管理方面的积极改革。该计划为综合性大学、大学校和科研机构间建立更加密切的联系开辟了道路，将在法国教育和科学领域的现代化变革中发挥主导作用。"卓越大学计划"通过融合教学与科研机构、创新人才培养模式并接轨地方经济，切实承担起大学科技创新、人才培养以及服务社会的职责。

(二)推进了立足区域经济的协同创新平台构建

与同期其他创建世界一流大学政策相比，"卓越大学计划"并非平面化的集中整合，它通过协助创新并支持初创企业，创建汇聚高新技术与国际视野的研究维度，致力于长期、动态的多边与跨域合作。"卓越大学计划"强调发

---

① Ministère de l'Education Nationale，Ministère de l'Enseignement supérieur et de la Recherche，IDEX－l'Universiteéde Paris-Saclay.

展区域协作和地域的凝聚力,其创建的目的与地理逻辑紧密联系,直接贡献于大学所在地域的经济环境的一体化整合。"卓越大学计划"与经济环境紧密联系,关注并回应区域经济体系中的复杂问题,使大学能更好地践行高等教育的公共服务使命,推动学校—企业—社区的战略协作。对于大多数高等院校及科研机构来说,"卓越大学计划"为它们开打了一扇大门,扩大了与地方科技企业的对接与深度合作,提升了学术研究的转换增值速度与科研生产力,创造了更多不可预料的可能性;对于地方产业来说,"卓越大学计划"的高度集中有效保证了区域优势资源的整合与动态发展,有助于提升法国经济的增长力,加快企业科技创新和技术转让的步伐。

(三)带动了科技项目及其平行工程的协作发展

"卓越大学计划"注重与其平行项目的衔接,所涉领域注重与"未来投资计划"的其他子项目的衔接,包括"卓越实验室计划""医疗教学研究中心计划""低碳能源卓越计划""工艺研究中心计划""企业技术转化加速计划"。这将通过围绕科技创新项目的跨学科、跨部门的深度合作,打破学科领域及院校机构间的壁垒,刺激教育及科技创新能力,促进新技术的研发、新的研究方法以及新型卓越实验室的诞生,提升高等教育系统的开放程度以及针对全球性重大而复杂问题(气候变化、能源危机等)的应对能力。

(四)实现了一流机构与尖端学科间的强强联合

"卓越大学计划"的院校集群多建立于拥有国际公认的优势学科、跨学科研究领域、研究项目、创新人才培养及具备国际标准的卓越校园。如巴黎-萨克雷大学创始成员之一的巴黎高等商学院,经重组后与几所综合大学、职业学院与科研机构共同组成了新的巴黎-萨克雷大学,这些机构在其自身实力的基础上共同形成了极富国际威望的强大群体,依附其雄厚团队实力与世界一流的国际化改革目标,借助项目平台与世界各国科研机构、企业及学术界合作伙伴的强大联系,使各原有机构的竞争力得以逐步提升。可以说,"卓越大学计划"在将巴黎高等商学院推到全球商业发展的学术领跑线的同时,也将各项目的专项科研机构与学科推到了国际舞台的聚光灯下,引领着法国乃至世界科学研究的进步。

(五)提升了法国大学的世界排名

法国"卓越大学计划"自实施起来受到社会各界的广泛关注，尤其是在提升法国大学的世界排名方面还是呈现了显著成效。例如，在 2020 年的《泰晤士报高等教育副刊》世界大学排名中，法国"卓越大学计划"的入选院校——新成立的巴黎文理研究大学、索邦大学及巴黎大学已跻身世界前 200 强大学，分别名列第 45、80、130 名。① 在 2019 年的软科世界大学学术排名中，索邦大学、埃克斯-马赛大学、斯特拉斯堡大学都进入全球前 200 名。② 这与"卓越大学计划"开启之初的法国大学世界排名相比，还是取得了显著进步，且这些合并后成立的大学共同体能够受到世界排名机构的认可并名列前茅。这说明法国近年来在世界一流大学建设方面的成绩获得了世界范围的认可。

"卓越大学计划"在取得了一些成效的同时，也饱受争议。其中反对意见主要来自区域公平、大学自治及民主等方面。许多批评者们认为，基于区域建立的、择优集中的大学是未来法国经济发展失衡的隐患，不仅加剧了大学间的不平衡，而且加剧了法国区域间的不平衡，使中等城市因此受到冷落。还有一种学术界的观点认为，"卓越大学计划"是对大学自治模式的挑战，伴随着对公立高等教育服务的腐蚀破坏，导致的结果是区域性不均衡，对法国南部和北部高等教育的忽视，某种程度上是对法国大学自治法的违背。③ 还有批评家指出，这些被公认为人才的科研联盟，多是建立在理学、工学为优势的区域研究集群的基础上，是以牺牲人文学科为代价的，破坏了重视文化与传统的大学文化精髓。法国研究联合会及评论者们声称，该计划威胁到"民主、平等"等大学及国家治理的核心原则，通过集中国家财政资源选拔集群会加剧学生、员工、机构、地区间甚至同地区内的不平等。法国科学研究人员联盟和法国高等教育教授联盟联合发表声明称，该计划未来着眼的体制变革是对高校合议管理及民主代表制度等的蔑视，应撤销该计划。斯特拉斯堡大学校长阿兰·贝莱茨(Alain Beretz)驳斥了批评意见，他认为"卓越大学计划"项目点是在国际评审团的协助下择优竞争产生的，极少受政治干预，受到多数科学界人士的拥护；认为指责该计划太过集中或缺乏地理均衡的说法，有

---

① Quacquarelli Symonds，"QS World University Ranking，"2020-02-25.

② 引自上海软科教育信息咨询有限公司的世界大学学术排名。

③ Véronique Soulé，Vers Une Mise à l'Idex des Supercampus，2015-01-21.

基于政治考量的嫌疑，因而不够公正；认为出于法国科学实力及竞争力提升的综合考量，该计划的实施还是得到了广泛认可。2012年，新任的法国高等教育与研究部部长纳维耶夫·费哈索（Geneviève Fioraso）在接受《世界报》专访时表示不会破坏任何优秀的项目，政府将从各个角度重新审视项目并对其进行调整。①

---

① Elisabeth Pain，French Research Unions Challenge Plan to Focus Science Funding，2015-01-25.

第六章 德国创建世界一流大学政策研究

  德国大学曾经在世界高等教育中处于领先地位，特别是洪堡大学开创的"教学和科研相结合"的研究型大学理念，更是成为世界上许多国家大学模仿的对象。但是当前德国大学在全球各大学排行榜上的排名已经远远落后于美国和英国。虽然大学排行榜不能完全说明大学的实力和声望，而且在强调大学均质发展的德国大学理念下，目前大学排名也并没有对学生的择校产生影响，但是国家层面和大学领导层面对德国大学当前的国际地位和德国能否作为世界研究重地充满了焦虑。国家和大学的决策者们迫切地期望创建德国的世界一流大学，从而保持全面的国际竞争力。正如《德国广播报》上的一篇文章《我们需要伯克利吗？》写道：德国的雇主和大学校长们有一个梦，加利福亚梦，它叫作伯克利。他们也想拥有德国的伯克利——一所或者多所世界上最棒的大学。[①] 在紧迫的现实条件下，德国创建世界一流大学政策——"卓越计划"——应运而生。"卓越计划"致力于创建世界一流大学和发展世界一流的科研能力，通过对少数卓越大学的重点资助以提高德国大学的质量、国际声望和世界排名，使其成为学术界的"灯塔"，引领所有大学的发展。"卓越计划"体现了德国创建一流大学的坚强决心。从 2005 年"卓越计划"产生，到 2016 年"卓越战略"出台，以创建世界一流大学为目的的卓越计划，真的使德国产生世界一流大学了吗？这一政策已经为

---

  ① Markus Rimmele，Brauchen wir ein deutsches Berkeley? Deutschlandfunk，2019-01-04.

德国高等教育带来哪些变化，政策自身经历了哪些改变与调整，未来的政策走向将是怎样的，这些将是本章重点讨论的内容。

第一节　德国创建世界一流大学政策产生的背景

在德国的高等教育传统内并没有世界一流大学这样的概念。德国高等教育强调均质发展，只有横向上的综合大学和应用科学大学的区分，没有纵向上的重点大学和普通大学的分化。然而自20世纪90年代以来，不论是德国高等教育系统还是全球高等教育都发生了巨大变化。德国均质发展的政策使大学缺少竞争和活力，高等科研人员不断从大学流失，德国大学在国际高等教育中已经失去竞争力。面临高等教育系统的现状，政策决策者率先要求做出改变。

一、德国高等教育的质量下降

德国是现代大学的发源地，高等教育历史悠久，在世界上享有盛誉。德国大学在洪堡大学理念的指导下，从19世纪到20世纪初一直处于世界领先地位。其教学与科研相结合的研究型大学也是哈佛大学等大学学习的模板。但是在"一战"之后，世界高等教育中心从德国转移到美国。特别是"二战"后经济的恢复和高等教育民主化浪潮在全世界兴起，高等教育大众化进程加快，对德国高等教育产生极大的冲击。在德国，20世纪五六十年代的经济增长和工业恢复对受过高等教育的年轻劳动力需求激增。在20多年的时间内，获得高等学校入学资格的学生从原来的5%增加到30%，德国进入高等教育大众化阶段。大学生源的多样化，大学新生的学习水平参差不齐，生源质量下降，产生了辍学率上升等一系列高等教育质量问题。另外，在20世纪70年代中期，德国遭遇了严重的经济危机。[①] 德国政府打算不再扩大高等教育系统并减少对大学的财政投入，而大学生的数量却在不断增加。大学的财政投入和大学的实际需求之间仍存在很大的差距。即使今天，一些卓越大学甚至还面临着校舍和实验设备老化严重的问题。德国的高等教育质量已经开始下降。当前德国所有的高等教育政策的出台，都是基于这个大的高等教育背景之下

---

① 肖军、许迈进：《德国高中与大学教育衔接：背景、举措及特征》，载《外国教育研究》，2017(11)。

的考量。虽然德国的大学教授们依然固守着不容外人干涉的学术之地，但是国家的决策者和大学的管理者已经理性地看清了德国大学在当今世界高等教育中的地位，他们迫切地要恢复昔日德国大学的辉煌。

一个可以佐证的例子就是德国大学在各大全球排名中尴尬的地位。在高等教育国际化的趋势下，在全球大学排名的影响下，一所大学在全球的国际知名度和排名位置更显重要。德国一流大学的数量和位置在各大排行榜上都远远落后于美国和英国。虽然大学的国际排行榜面临很多争议和批评，很多学者也认为大学排名并不等于大学质量，但是当前大学的国际排名已经成为大学评价的参数之一，特别是大学的管理层对大学排名十分重视。德国也在1990年推出了国内大学排名，并在2003年参与了国际大学排名。国际排名的比较，使德国大学意识到自己在国际高等教育中的位置，坚定了创建世界一流大学和提升大学国际声望的决心。

二、科学技术的国际竞争日趋激烈

高等教育的国际化是当前世界各国高等教育面临的问题，尤其在一些国际组织的影响下，高等教育全球治理的概念方兴未艾。这说明高等教育已经不单单是一国的事情，而是融入一个国际场域。在知识经济和大数据信息时代的背景下，科技的创新对经济和社会的发展有着巨大的推动作用，而世界一流大学通常都具有强大的科研能力，是科技创新的强大动力。因此在国家间的角力中，世界一流大学也扮演着重要的角色。当今世界高等教育不仅加强了合作，而且充满了竞争。世界各国充分重视提升本国的高等教育质量，打造世界一流大学，增强国家的综合国力和国际竞争力。鉴于美国在核心科技上一直处于领先地位，许多亚洲国家，如中国，在新兴技术和经济水平上也后来居上，欧洲国家产生了深刻的危机感。欧盟委员会于2000年通过了"里斯本战略"，希望使欧盟成为世界上最具竞争力和最具活力的以知识为基础的经济区。该战略要求欧盟各国将国内生产总值的3%用于科学研究和发展。[1] 具体措施包括建立欧洲研究区（ERA），以实现科研人员的共同市场，发展世界一流的研究基础设施，增强科研机构的竞争力，实现知识共享，优化科研项目。2003年，《柏林公报》也提出，为欧洲高等教育区与欧洲研究区

---

[1] Stefan Hornborstel，Torger Möller，Die Exzellenzinitiative und das deutsche Wissenschaftssystem：Eine bibliometrische Wirkungsanalyse，2018-02-20.

之间建立更为紧密的联系，加强研究在欧洲高等教育中的地位。而德国 2005 年提出的"卓越计划"就是面对日趋激烈的国际竞争做出的现实回应。"卓越计划"的总体目标就是要"持续地提升德国作为世界科学技术强国的地位，加强国际竞争力"①。

三、德国大学的科研能力相对较弱

在知识经济和高等教育国际化的背景下，科研产出对经济增长和科技革新的作用更为重要，形成了科研、教育和创新的三角模式。提高科研产出及知识转化的水平，发挥大学在科研产出及知识转化中的重要作用，充分提升高等教育的创新能力，有效发挥大学在研究、教学与服务社会上的核心职能，已经成为世界性的趋势。而曾经以教学和研究相结合闻名的德国大学，当前却面临着一系列的科研问题。

首先，德国高校面临着科研人员流失的问题。一是高水平科研人员由高校向校外科研机构流失。以马普学会（MPG）为代表的一批校外科研机构的建立，直接导致了高水平的科研从德国大学转移到了校外研究机构。② 校外科研机构由于其充足的科研经费和较好的激励机制，吸引了越来越多的优秀科研人才。近年来德国的主要科研成果越来越多地集中在校外科研机构。以诺贝尔奖为例，德国的大学在过去的 20 年里鲜有成果。而马普学会却在自 1985 年以来获得诺贝尔奖人数前 10 名的全球科研机构排行榜中以 9 人排在第 2 名，仅次于麻省理工学院，高于美国其他的一流大学。二是尖端科研人才向国外流失。由于以美国为主的世界一流大学对人才的吸引，很多德国学者长期在国外（以美国为主）从事科研和教学活动，德国面临着人才外流的问题。根据联邦教育与研究部 2003 年的数据，德国有将近两万名学术人员（包括博士生）在美国工作，位于中国和日本之后位列第 3 名；在美国大学读博士的德

① Die gemeisamen Kommission zur Exzellenzinitiative，Bericht der gemeisamen Kommission zur Exzellenzinitiative an die gemeisame Wissenschaftskonferenz，Bonn，WR und DFG，2008.

② 德国最大的 4 个校外研究机构为马普学会、亥姆霍兹联合会（HGF）、弗劳恩霍夫应用研究促进会（Fraunhofer）和莱布尼茨科学联合会（WGL）。每个研究机构的研究领域各有侧重。弗劳恩霍夫以应用研究为重点，和工业界的合作紧密。而马普学会的研究集中在基础研究。亥姆霍兹联合会的研究范围较广，并侧重研究基础设施建设。莱布尼茨科学联合会偏重跨学科研究。

国学生已经占到德国博士生总数的 10％。① 为了吸引优秀的海外德国科学家回到德国工作，德国于 2003 年成立了德国学者协会（GSO），其目标是联络并资助在国外（重点目标国家为美国、加拿大和英国）从事科研的德国科研人员返回德国工作，实现从人才流失到人才引入的转变。

其次，作为科研主力军的博士生的培养也缺乏竞争力。传统的德国大学博士生培养主要是"师徒制"，其培养模式由于过于追求纯科学研究，只注重个人的独立研究能力，缺乏竞争力。博士生培养的结构层次不清，缺乏针对性强的课程设置，博士生学术交流机制缺失，博士生培养缺乏流动性和特色。为了提高博士生培养的效率以及和国际接轨，德国在 1990 年设立了研究生院模式。这种模式被称为结构化培养模式，即将博士生培养纳入规范的机构化培养模式的框架。

四、德国大学管理理念的范式转变

按照伯顿·R. 克拉克的学术三角理论，德国大学属于典型的国家控制和学术寡头自治模式。国家为所有公立大学②提供基础的财政支持，各大学从国家获得和自身规模比例相当的财政资金。这种模式导致德国大学的均质发展，各大学之间缺少竞争。随着大学组织的不断变革，这种管理模式已经不能适应当前德国大学的发展。因此在 20 世纪 90 年代，德国引入了新公共管理制度。新公共管理制度要求在公共部门引入竞争机制，从而提高公共服务的效率。德国为了提高人才培养和科研的效率及国际竞争力，在高等教育系统也引入了新公共管理制度。大学间的竞争开始扮演着重要的角色，实现了高等教育管理从平等主义到竞争主义的范式转变。竞争不仅体现在综合大学之间，而且体现在综合大学和应用科学大学之间；不仅体现在大学之间，而且体现在各个院系、研究所之间。这其中一个重要的体现就是"卓越计划"（还表现在绩效拨款、大学及学科排名、教授绩效工资等）。"卓越计划"的目标之

---

① Deutschlandfunk，Talentflucht in die USA warum junge Forscher nicht in Deutschland bleiben，2020-06-01.

② 德国高等教育以公立大学为主，大学的主要财政来源为国家财政资金。私立大学只扮演辅助角色，一流大学皆为公立大学。

一就是要打破德国大学均质发展①的现状，通过对卓越大学的额外拨款，实现大学间的竞争，增强高等教育系统的活力，打造一批世界一流大学，实现高等教育系统的分层(differenzierung)。②

第二节　德国创建世界一流大学政策的内容

"卓越计划"是德国振兴大学的宏大项目，是由联邦政府和州政府共同推行的从上至下的改革。从 2005 年"卓越计划"在法律上获通过，到 2016 年第二轮结束，在联邦资金的支持下，"卓越计划"具体由联邦教育与研究部授权德国科学基金会(DFG)和德国科学委员会(Wissenschaftsrat)组织实施，按照既定的目标和内容逐步进行。

一、德国创建世界一流大学政策的主体

在德国高等教育系统中，国家扮演着重要的角色。国家是大学的创办者和管理者，为大学提供基础财政资金。虽然在新公共管理理念下，国家扮演的角色在逐渐弱化，由从前的细节管理转变为宏观调控，但是很多涉及国家的重大高等教育政策，还是由德国联邦政府和州政府推出。"卓越计划"就是由联邦政府和 16 个州政府共同推出的高等教育改革计划。

2004 年，德国社民党推出了"魏玛创新方针"(Weimarer Leitlinien für Innovation)，这是一个关于社会福利、教育等项目的一揽子改革计划，其首要的目的就是要"加大对尖端科研的资助力度"，改变高等教育系统，建立世界一流的大学和研究中心，与世界一流大学如哈佛大学和斯坦福大学等竞争。同年，时任德国联邦教育与研究部部长的布尔曼(Bulmahn)第一次正式提出打造以哈佛大学为榜样的德国一流大学，培养世界一流的人才，再造德国大学的辉煌。2005 年 6 月，德国联邦政府与各州政府最终达成一致，并于 2005 年 7 月通过了"卓越计划"。"卓越计划"资金由联邦政府和州政府共同承担，资助对象为入选"卓越计划"的大学，双方签订合作协议。

---

① 有学者认为德国大学均质发展只是一种理论上的假象，德国大学之间一直就存在着研究实力强的大学和研究实力弱的大学。但是这种区别在学生的择校上并没有影响，从这点上来说各大学的确是均质的。

② 肖军：《从管控到治理：德国大学管理模式历史变迁研究》，载《比较教育研究》，2018(12)。

"卓越计划"交由德国科学基金会和德国科学委员会具体执行。德国科学基金会是一家创立于 1920 年的旨在促进德国科学和研究的独立管理的协会，基金会的成员以高校和研究机构人员为主。基金会通过资助研究项目和资助研究人员的合作来促进各个领域的科学发展。同时基金会还为议会和政府机构在科学发展问题上提供咨询，并维护科学研究和经济界的联系，加强德国科学研究和国外科学研究的合作。基金会的运作资金由联邦和各州共同提供。德国科学委员会是德国最重要的科学事务咨询机构。它成立于 1957 年，就高等教育和研究机构的资助问题为联邦和各州提供咨询服务。德国科学委员会理事会由学术委员会和管理委员会组成。其中，学术委员会的成员由 24 名科学家和 8 名社会人士构成；管理委员会由 16 名州代表和 6 名联邦代表构成，但是 6 名联邦代表拥有 16 票的投票权，也就是说联邦政府和州政府有同样多的投票权，共计 32 票。

二、德国创建世界一流大学政策的目标

作为德国创建世界一流大学的重要政策，"卓越计划"的总体目标表述为：持续地提升德国作为世界科学强国的地位；提升国际竞争力；提升大学顶尖科研的知名度。从总体目标的描述中可以看出，"卓越计划"并没有像中国的"双一流"计划一样明确提出建设世界一流大学和一流学科的目标。但是从"卓越计划"提出的背景以及资助对象来看，"卓越计划"就是通过资助大学的科研提升大学的实力，进而提高国家的整体竞争力。当然这里存在一种争论，即一流的大学不仅仅只有科研，还应该有一流的教学，教学职能才使大学成为大学，否则就成为单一的研究机构。但是从当前的世界高等教育现实来看，大学的排名还是以科研为主。提升大学的科研实力也是短期内提高大学知名度的重要手段。在"卓越计划"的第二轮项目中，除了继续实现第一轮的目标外，将高端科研人员的培养和全面提升大学质量作为新的目标。

除了总体目标之外，从"卓越计划"的三条资助线来看，每条资助线也都有具体的目标。比如，研究生院（Graduier tenschulen）作为培养科学后备人员的重要手段，其目标在于通过创造良好的科研条件，来培养在高端研究领域内优秀的博士生。"卓越集群"（Exzellenzcluster）志在将德国大学打造为国际上有声望的、有竞争力的研究和教育机构，促进跨学科的科研合作以及院校之间、院校和科研机构间的合作。卓越集群应该成为大学强化其研究特色的一种重要手段，并为优秀的学术后备人员的培养和职业前途创造条件。"未来

构想"(Zukunftskonzepte)的目的在于构建德国大学一流的科研机构并使其具有国际竞争力。这里的资助涉及大学的各个方面，使其可以不断地发展并提高其国际上有声望的学科和研究领域，并最终进入世界一流大学的行列，提升大学的国际知名度以及德国的国际竞争力。① 从三条资助线具体的目标来看，未来构想侧重于大学的整体发展，打造世界一流大学。此外，促进科研领域内的性别平等也是"卓越计划"的长远目标之一。

三、德国创建世界一流大学政策的具体内容

"卓越计划"作为德国振兴其高等教育的一项重大教育政策，其出台是联邦和各州经过激烈的斗争、妥协才达成一致的结果。由于德国教育的联邦制属性，能达成一项全联邦的教育政策，说明整个德国已经认识到一流大学建设的重要性。经过德国科学基金会和德国科学委员会组成的共同委员会的讨论，"卓越计划"于 2005 年正式出台。整个计划共分两期，第一期和第二期的大体资助内容相似，资助计划于 2017 年终止。

（一）"卓越计划"的总体内容

"卓越计划"由联邦政府和州政府共同资助，具体包含三项资助内容，即研究生院、卓越集群和未来构想。德国科学委员会负责未来构想项目，而德国科学基金会负责研究生院和卓越集群项目。每个资助项目都有其具体的任务：研究生院资助优秀的博士培养项目，培养青年科研后备人员，为博士研究生进行国际化跨学科研究提供良好的科研环境，提高德国博士生培养的总体水平。

研究生院项目主要关注三个方面：一是研究和培训环境（如参与科研人员的质量、科研环境的质量、多学科的方法和跨学科合作的附加值、对大学的学术形象的贡献）。二是研究培训（如培训策略的质量与吸引力，博士生科研人员的聘用、监督和状态，在提升博士生研究人员方面的成功经验，国际交流，促进博士生融入大学及性别平等等方面的战略）。三是结构（与其他机构合作的附加值、组织、管理和基础建设）。②

---

① Deutsche Forschungsgemeinschaft，Exzellenzinitiative des Bundes und der Länder zur Förderung von Wissenschaft und Forschung an deutschen Hochschulen ，2018-11-11.

② 赵俊芳、王海燕：《德国大学卓越计划的制度实践》，载《外国教育研究》，2014(11)。

卓越集群项目主要支持大学建立具备国际竞争力的卓越研究机构,利用德国校外研究机构实力强的特点,加强大学与校外研究机构、应用科学大学及经济界的合作。在卓越集群项目中,跨学科、跨院校的科研人员围绕一个研究计划共同工作。卓越集群项目为研究人员提供了专注于研究目标的机会,培养学术后备人员,吸引全球顶尖科研力量。此外,拥有卓越集群的学校还可以申请成为卓越大学。卓越集群项目涉及三方面内容:一是研究的质量、原创性,在研究领域的影响,跨学科合作的附加值,研究的适用性、知识转移及国内外的合作伙伴等。二是参与研究者的质量,促进青年科研人员的培训和职业发展机会及确保性别平等的战略。三是对大学结构发展的影响,与其他机构合作的附加值,组织管理和基础设施,卓越集群的可持续性。[1]

未来构想项目主要是帮助德国顶尖大学拓展强势学科的国际竞争力并奠定德国高校在国际竞争中的优势。未来构想项目主要关注两个方面的内容:一是研究成果、对顶尖科研人员的吸引力、青年科研人员的发展空间、国际竞争力和大学的执行能力(包括组织自我评价能力、决策能力、管理能力、内部沟通等);二是未来构想目标的合理性和现状,目标与策略、措施的联系,未来构想与大学长远规划的整合,未来构想可预见的影响,实现目标的预算建议,大学尖端研究的可持续发展潜力,大学提升国际竞争力的可能性等。[2]

(二)"卓越计划"第一期的具体内容

"卓越计划"于 2006 年正式开始实施,对资助对象、资助金额、资助条件、资助范围、资格标准、资助方法、程序、评估、资助的开支和资助期限等进行了详细说明。联邦及各州在 2006—2011 年对入选"卓越计划"的研究生院和卓越集群项目及入选未来构想的大学共资助 19 亿欧元。联邦政府和大学所在州分别承担资助额的 75% 和 25%。2006 年,资助额为 1.9 亿欧元,2007—2010 年为每年 3.8 亿欧元,2011 年为 1.9 亿欧元。每条资助线的可用开支预算如下:①每个研究生院将获得每年 100 万欧元的资助。计划资助大约 40 个研究生院,共计每年 4000 万欧元。②每个卓越集群将得到每年 650 万欧元的资助。计划资助约 30 个卓越集群,共计 1.95 亿欧元。③入选未来构想的大学将得到每年 2100 万欧元的资助。计划最多资助 10 所大学,入选

---

① 赵俊芳、王海燕:《德国大学卓越计划的制度实践》,载《外国教育研究》,2014(11)。

② 赵俊芳、王海燕:《德国大学卓越计划的制度实践》,载《外国教育研究》,2014(11)。

条件是大学至少已入选一个研究生院及一个卓越集群的资助。

(三)"卓越计划"第二期的具体内容

2009 年 6 月，德国联邦政府和各州政府签署了"联邦与各州关于继续实施德国高校科学与研究的卓越计划的协议"。协议规定 2012 年开始实施第二个"卓越计划"，至 2017 年年底结束，资助总额为 27.237 亿欧元。2012 年对新的和延续的申请一起进行评估。2012 年 6 月 15 日入选资助的 99 个项目(45个研究生院、43 个卓越集群和 11 个未来构想)中已有 70 个在第一期获得了资助。联邦政府和大学所在州分别承担资助额的 75% 和 25%。小规模大学的申请和特别专业将受到一定的照顾。

每条资助线的开支预算如下：①研究生院平均每年将获得 100 万～250 万欧元。②卓越集群每年将获得 300 万～800 万欧元；③入选未来构想的大学平均每年将获得 1420 万欧元的资助。大学申请未来构想的资助条件为至少获得一个卓越集群和一个研究生院的资助。

项目资助是针对新的申请和第一期项目的再次申请，于 2012 年进行共同评估，资助的额度不变；项目资助以 5 年为期限。对于 2011 年 10 月 31 日结束第一期资助的研究生院、卓越集群和未来构想项目，联邦和各州支持的过渡期资助额为 1.624 亿欧元，其中 2011 年为 0.27 亿欧元，2012 年为 1.354亿欧元。过渡期资助额将不计入新的资助期或项目终止经费。德国科学基金会和德国科学委员会共同决定过渡期资助经费。在第一期获资助的不再继续第二期的研究生院、卓越集群和未来构想项目将获得最高为期两年的递减的项目终止经费。这将取决于项目终止后对完成科研后备人员资格的培养工作所需要的人事和实物，共计 9120 万欧元。其中 2012 年为 970 万欧元，2013年为 5390 万欧元，2014 年为 2760 万欧元。

第三节　德国创建世界一流大学政策的实施、评估与调整

"卓越计划"在联邦和各州通过后，于 2006 年进入执行阶段。在第二期还在进行的时候，德国组织了一个国际委员会对"卓越计划"政策进行评估，并作为后期政策调整的依据。在听取评估委员会的建议后，德国政府继续实行"卓越计划"，并根据评估报告对未来的政策做了较大的改动，将新的资助项目命名为"卓越战略"。作为推动世界一流大学建设的重要国家策略，德国将

"卓越计划"及未来的"卓越战略"作为一项坚定不移的教育政策，构建了世界一流大学建设的长效机制。

一、"卓越计划"的实施

为了"卓越计划"的顺利开展，联邦政府授权德国科学基金会和德国科学委员会全权执行"卓越计划"的评价和遴选工作。而它们又成立了专门的组织机构，制定了评选标准和评选程序。在基金会和委员会的合作和协调下，"卓越计划"第一期和第二期得以顺利进行。

(一)"卓越计划"的评选组织机构

德国联邦政府和州政府于 2005 年 7 月 18 日通过"卓越计划"资助规定。"卓越计划"具体由联邦教育与研究部授权德国科学基金会和德国科学委员会组织实施，二者共同组成了一个共同委员会(Gemeinsame Kommission)，共同委员会由德国科学基金会委任的专业委员会(Fachkommission)和德国科学委员会委任的战略委员会(Strategiekommisson)组成。其中研究生院和卓越集群项目的申请由专业委员会评审，未来构想项目的申请由战略委员会评审。专业委员共有 14 名成员，其中 10 人来自大学，4 人来自其他研究机构，从科学和技术的角度对研究生院和卓越集群项目进行评选；专业委员会通过单一表决(需要经过全体委员依次对各项目进行表决)的形式确定项目名单，提交给由专业委员会和战略委员会构成的共同委员会。战略委员会共有 12 名成员①，其中包括 6 名德国科学委员会成员和 6 名非德国科学委员会成员，负责未来构想项目的遴选工作。德国科学委员会主席为战略委员会主席，其余 5 名成员从德国科学委员会成员内部选举产生；另外 6 名战略委员会成员通过德国科学委员会主席与战略委员会的委员协商后任命。

负责整个"卓越计划"的共同委员会由专业委员会和战略委员会构成，并成立资助委员会。资助委员会由共同委员会的 26 名成员和联邦教育与研究部部长 1 人及各州科学部部长 16 人组成。共同委员会成员每人拥有 1.5 票表决权，各州科学部部长拥有 1 票表决权，联邦教育与研究部部长拥有 16 票表决

---

① 这 12 人必须有 6 人来自大学，6 人来自校外研究机构及公司等其他机构，以确保遴选过程的公正透明。

权。共同委员会根据"卓越计划"的协议规定确定资助条件,在第一轮①确定入围大学和需要提交的完整的申请,在第二轮根据专业委员会和战略委员会的建议给出最终的评选意向。对研究生院和卓越集群项目的评估和遴选分学科和小组进行,未来构想项目的评选中需要在第二轮对提交申请的大学进行实地考察。

德国科学基金会统一开展项目的招标工作,接收申请的草案。有权提出申请的单位主体是大学,申请书由各州主管科学的行政机构提交给德国科学基金会。每所大学可申请一个或多个研究生院、卓越集群或未来构想项目。招标分两步进行(申请的草案与完整的申请),是否递交完整的申请由共同委员会决定。在专家评估的基础上,共同委员会对所有申请做出最终的评选意见。资助委员会根据推荐意见做出决定。专业委员会和战略委员会对各项目进行审核,完成第一轮的评选。入围第二轮评选的大学需要提交完整的申请,第一条和第二条资助线及第三条资助线的评审小组对提交的完整的申请进行审核,共同委员会在专业科学评估的基础上,对提交的申请给出最终的推荐意见。资助委员会在共同委员会的推荐意见的基础上通过投票表决,做出最终的资助决定。最终的资助决定由联邦和各州负责科学的部长联合公布。

(二)"卓越计划"的评选标准

"卓越计划"规定只有具有博士学位授予权的大学能参与资助申请,这首先就排除了应用科学大学。因为从德国两类大学的功能定位来看,创建世界一流大学的责任只能落在综合大学(或工业大学)身上。所有的申请需要通过大学的管理部门来确认并和大学总体的战略优先权保持一致。总体资助标准是申请院校至少在某个学科领域上的科研表现优异,能为科研人员的培养和工作提供良好的科研条件。在跨学科合作和国际研究合作方面表现优秀,另外与其他大学或校外科研机构的合作良好,并把双方签订一致同意合作的文件作为一条原则。② 除了总的评选标准外,针对每条资助线还有具体的评选标准。

---

① "卓越计划"共有两期,每一期又分为两轮。

② OECD, *Promoting Research Excellence：New Approaches to Funding*, OECD Publishing, 2014, p. 147.

针对研究生院项目的评选标准包括三个方面。①科研与质量：科研人员及科研环境是否卓越；对大学科研的参与及对大学和相关学科结构性发展的贡献；"博士生文化"的可持续发展为前提；跨学科合作；国际知名度。②质量的理念方面：质量和质量概念的原创性；博士生对科研环境的融入；对科研人员的职业生涯支持的培养方案和战略；国际网络。③组织结构方面：组织、管理和结构性的支持措施；和校外科研机构的合作；对科研人员男女平等对待。

针对卓越集群项目的评选标准包括三个方面。①科研：科研质量、原创性以及共同研究项目和在单一科研领域的相关性；跨学科性；科研领域可预见的发展；合作方和相关的应用。②参与的科研人员：科研人员的质量；对科研培训和职业发展相关的设想；对科研人员男女平等对待的理念。③结构方面：目前拥有的资源和所在地科研的参与；组织与管理；大学组织架构的发展。

针对未来构想项目的评选标准包括两个方面。①大学取得的科研成就：对研究生院和卓越集群的支持；大学科研发展的成熟度，第三方经费在大学预算和经费总额中所占的比例；德国科学基金会的资助，发表的文章、获得的专利和荣誉；大学最近几年在科研成绩上的发展；大学有成为世界一流大学的潜力，必要前提是对未来构想项目的落实。入选未来构想项目的大学基于自身的优势确定的卓越科研发展计划和后备科研人才的培养方案，应具有革新性和原创性，并与其他两条资助线相关。项目措施要能够为大学带来可持续的变革，措施和目标是恰当的。②已计划的措施：服务于科研的国际联络；大学和校外的合作；对后备科研人才的培养及对科研人员男女平等对待。

(三)"卓越计划"的评选结果

"卓越计划"第一期的资助期限从 2005 年到 2012 年。在第一轮评选中，资助委员会共收到 319 个申请草案，最终有 90 个草案(39 个研究生院、41 个卓越集群和 10 个未来构想)入围。2006 年 10 月 13 日，"卓越计划"第一轮评选结束，资助委员会从 90 个草案中选择了 38 个项目(18 个研究生院、17 个卓越集群和 3 个未来构想)。这些项目的资助总额为 8.73 亿欧元。在"卓越计划"第一期的第二轮，资助委员会共收到 305 个完整的申请，最终有 92 个提案(44 个研究生院、40 个卓越集群和 8 个未来构想)入围。2007 年 10 月 19 日遴选结束，资助委员会选择了 47 个项目 (21 个研究生院、20 个卓越集群和 6 个未来构想)。这些项目共得到 1 亿欧元的资助，项目周期直至 2012 年 11 月结束。

2009 年 6 月，德国联邦政府和州政府决定继续资助"卓越计划"，资助期限从 2012 年至 2017 年，资助总额为 27 亿欧元，"卓越计划"进入第二期。第二期只有一个入选阶段，分为第一轮和第二轮，新的申请和延续的申请同时进行审核和平等竞争。2010 年 9 月，资助委员会共收到 227 个草案(98 个研究生院、107 卓越集群和 22 个未来构想)。2011 年 3 月，共同委员会选择了 59 个提案(25 个研究生院、27 个卓越集群和 7 个未来构想)和已在第一期入选资助的提案在第二轮竞争。这两组入围候选提案的高校于 2011 年 9 月提出完整的资助申请或扩展申请。2012 年 6 月，共同委员会评选了 99 个最终入围的"卓越计划"第二期名单，包括 45 个研究生院项目(33 个扩展项目和 12 个新项目)、43 个卓越集群项目(31 个扩展项目和 12 个新项目)及 11 个未来构想项目(6 个扩展项目和 5 个新项目)。

二、"卓越计划"政策的评估

"卓越计划"至 2017 年年底已经进行了两期，那么这个承载着德国大学的复兴使命的政策收到了怎样的效果？它是否实现了政策制定者提高德国大学的科研水平、创建世界一流大学的愿望呢？2009 年，德国科学基金会决定组织一个独立的国际专家委员会对"卓越计划"及其对德国科学研究系统的影响进行评估。

2014 年 7 月，共同委员会正式委任国际评估专家委员会(IEKE)(简称评估委员会)对"卓越计划"进行评估，同时共同委员会还要求评估委员会将"卓越计划"对没有入选高校产生的影响写入报告。评估委员会共有 10 名成员，由瑞士环境物理学家迪特尔·英博登(Dieter Imboden)领导。评估委员会的办事处设在柏林，负责评估专家的日常会议以及评估预算、收集评估资料等。评估采用文献分析和访谈的方法，访谈对象包括入选和没有入选"卓越计划"的大学的学生(包括本科生、硕士生和博士生)，以及博士后人员、教授、校长等，此外还包括对校外研究机构和国外大学进行的访谈。每个访谈由两名评估委员会成员执行。

评估报告从六个方面对"卓越计划"的效果进行评估，即大学的分化、大学治理、学生数量和教学质量、学术后备人才、大学对整个学术体系的参与度、国际化。评估委员会认为，这六个方面构成了当代大学发展的基石，可以对"卓越计划"的效果进行系统的评定。评估报告在 2016 年已经公开发表，并对未来"卓越计划"的继续实施提供了建议。

(一)大学的分化

德国高等教育研究者泰希勒(Teichler)区分了两类分化，即垂直维度分化(Vertikale Differenzierung)和水平维度分化(Horizontale Differenzierung)。前者是指高等教育机构在质量、社会声望或知名度、就业市场的认可度等方面的差异，有高下之分。后者是指高等教育机构在办学特色、学科专业设置、学术流派等方面的差异，无优劣之别。① 德国的大学在学生规模、建校历史、专业设置、国际影响力及所在地区等方面存在不同，但从根本上说大学的地位平等。德国大学传统上注重各专业的学术水平和大学的均等发展，区别大都在学科层面。德国大学传统上质量相对总体一致的特点塑造了德国大学平等的格局，使大学财政分配、大学教授和学术的可流动性、入学的公平性等制度得以实现。以上这些制度使大学资源呈平均分配态势，这种平等体系也制约了大学的多样化和特色发展。德国大学长期信奉平等均衡的大学发展理念，大学财政几乎完全依赖于政府公共财政资助。政府垄断大学财政和高校财政收入来源单一化的制度使大学的发展均质化。但是由于德国实行的是联邦制政治体系，各州的高等教育发展服务于本州的经济、政治、文化等。因此大学在专业设置和研究领域上又呈现出一种水平上的服务领域的分化。

"卓越计划"的重点是提高大学的科研水平，实现一种水平上的学术领域的分化。但是从"卓越计划"的核心来看，"卓越计划"政策就是要实现高等教育系统内的一种纵向分化，从而打造实力强劲的研究型大学。② 那么"卓越计划"使德国高等教育系统实现了分化吗？评估委员会通过分析"卓越计划"第一期和第二期中德国科学基金会的资金分配状况，发现不同的专业在获取第三方资金上并没有显著的改变。这表明当前"卓越计划"对水平上的学术领域的分化并没有产生影响。在纵向分化的评估上，评估委员会认为由于多种现实条件的限制，从实证上讲纵向分化是很难实现的，而且"卓越计划"对整个高等教育系统的影响是短期内无法评估的。但是评估委员会还是分析了"卓越计

① 孙进：《由均质转向分化？——德国高等教育的发展趋向分析》，载《比较教育研究》，2013(8)。

② 评估报告中的原文表述为 forschungsstarke Universitäten (World Class Universities)。从德文和英文注解来看，这不仅说明世界一流大学都是研究型大学，而且表明卓越计划的目的就是要通过增强科研水平来打造世界一流大学。

划"实施期间大学论文发表的国际数据。数据表明，入选"卓越计划"的大学的物理学科和化学学科的论文发表数量超过了其他非"卓越计划"高校。但这也不能说明什么问题，因为这些高校之前的论文发表数量和高被引率就高于其他高校，看不出在实行"卓越计划"后有明显的提升。但一个引人注意的数据是，2008 年到 2011 年，出自卓越集群的 25.9% 的论文占全球高被引率论文的比例达到 10%①，这一比例甚至超过了马普学会。但是有多少成果是由于"卓越计划"的资助而产生的，在数据上是无法推导出来的。

虽然在评估报告中没有看出"卓越计划"对大学分化的影响，但是在对大学分化的公共讨论中，一个基本的共识是，大学的分化将是一个不可逆转的趋势，德国高等教育体系继续从相对均质朝着相对异质的方向发展。

(二)大学治理

评估报告认为，一所世界一流大学需要其特定的治理结构。一是在内部治理上，需要大学领导层(校长和院长)更有决策力和执行力。二是在外部治理上，要获得更多的自主权，从而自主决定自己的教学和研究事务，制订长期的发展计划。其实这也是当前德国大学治理改革的总体趋势，是对传统大学治理模式的批判和改革，从而提高大学的效率和竞争力。传统的国家对大学的细节控制以及大学教授对学校(院系)的控制，使大学缺乏自主权，也使大学内部由于教授权力的束缚而缺少行动力。在 20 世纪 90 年代公共管理进入德国后，德国大学逐渐按照新公共管理主义改革大学管理模式，经历着从管理向治理的范式转变。

很多大学为了申请"卓越计划"，在申请之前就成立了一些新的部门，以及出台了一些新的管理政策，从而满足"卓越计划"的申请要求。比如，研究生院和卓越集群至少设置一个总体委员会、一个项目主管领导的执行董事会、一个管理办公室和日常运作的常务董事以及一个科学顾问委员会。大学管理层的成员通常是执行董事会的成员，并不直接进行或干预日常管理。研究生院和卓越集群通常由主要的科研人员在各自的领域建立，很少需要聘用领导；

---

① Internationale Expertenkommission zur Evaluation der Exzellenzinitiative，Endbericht(R)，Berlin，Institut für Innovation und Technik，2016，19.

大部分情况是发起者之一的资深教授作为项目主管。① 研究生院和卓越集群的组织结构跨越了传统的部门界限和大学整体管理的第二层管理，然而并不取代它们。在许多情况下，研究生院和卓越集群的组织结构能帮助大学董事会内部做出决策和支持内部重新定向和重组。研究生院和卓越集群的组织结构作为有区别的大学隶属部门或较大的跨部门项目而存在。即使研究生院和卓越集群在结构、设施、研究项目、培训活动和身份方面是有形存在的，但也仅只是虚拟部门。其主要代表仍在某一个部门担任教授。研究生院和卓越集群也同意其成员在大学传统的部门机构内进行科研和贯彻其科研管理理念。② 一些大学已建立了卓越理事会支持大学在战略设计和实施方面的管理，有的大学在大学理事会中设立卓越项目主管。一些大学成立了由校内教授和校外专家构成的理事会，来对科研资金的竞争和分配提出建议。

大学内部成立的新的管理部门也在不同程度上引起了人们对大学管理的担忧。特别是卓越集群具有独立的管理部门的趋势。很多受访者担心，这些独立管理部门和大学其他部门会产生融合的问题甚至会产生利益冲突，因为它们很可能因为拥有独立的预算而形成了大学内部的一个独立王国。③

在外部管理上，德国大学的自主权相对于其他欧洲国家较小。从评估结果来看，各州的大学自主权的程度各有不同。从长远来看，"卓越计划"会对各州的高等教育法产生积极影响，进而为大学争取更宽松的发展条件。④

此外，"卓越计划"对教授的聘用及大学的总体聘用策略有积极的影响。入选大学用资助来聘请重点学科的全职教授。一些大学引入了助理教授职位或相似的职位，也开始引入助理教授的终身制。灵活的资助方式也使科研机构在设立教授岗位和获得员工支持方面更有优势。许多大学超出了德国对教授固定工资框架的约束以吸引顶尖的科研人才。随着战略上教授聘用的增加，许多大学也采用了新的聘用程序。为了加快聘用教授的过程，一些大学使用

---

① OECD, *Promoting Research Excellence*：*New Approaches to Funding*，OECD Publishing，2014，p. 152.

② OECD, *Promoting Research Excellence*：*New Approaches to Funding*，OECD Publishing，2014，p. 152.

③ Internationale Expertenkommission zur Evaluation der Exzellenzinitiative, Endbericht(R), Berlin, Institut für Innovation und Technik, 2016，22.

④ Internationale Expertenkommission zur Evaluation der Exzellenzinitiative, Endbericht(R), Berlin, Institut für Innovation und Technik, 2016，2.

招揽人才的方法把空缺的教授职位用来招聘特定的候选人。①

(三)学生数量和教学质量

随着全球高等教育大众化的到来，德国大学也面临着巨大的挑战。在过去的 10 年里，大学生的数量从 143 万人增加到 170 万人，增长了 18.8%。② 但是对大学的财政投入却没有和学生数量的增长保持同步，这导致了大学基础设施不足，大学教师数量不足，教学质量下降。另外，随着高等教育民主化的进程，普通阶层的孩子也可以进入大学。随着大学入学方式的多样化，很多工作多年的人以及技校毕业的学生也可以读大学。这些新情况导致大学生源的质量下降。尽管学术委员会要求改善学生数量和大学教授数量的比例，但是大学拨款的一个重要指标就是学生数量，只有大学满足了国家规定的招生名额，才能获得预定的财政资金。从满足教学质量的要求来看，大学希望招生数越小越好，而大学又要满足国家的招生要求，这种矛盾已经引起很多大学校长的不满。

从"卓越计划"的总体目标来看，"卓越计划"主要是促进大学的科学研究，在目标设定时就没有教学这一选项。在"卓越计划"第二期，"教学"这个概念只出现过一次，即"要将基于研究的教学融入未来构想"，并将其作为未来构想项目资助的评价标准之一。③ 所以寄希望于"卓越计划"来解决教学问题、提高教学质量是不现实的。但是"卓越计划"还是对教学产生了一些间接影响，这主要体现在两个方面：一是"卓越计划"的三条资助线都强调要加强对学术后备人才的培养。因此采取了不同于以往的教学模式来培养学术人才，使本科和硕士专业具有很多研究性质，但是这些措施并没有促进本科生的教学。二是由于"卓越计划"大学招收了更多的博士后人员，而学校恰好可以将这些博士后人员作为兼职的教学人员使用。这样既解决了大学教师不足的问题，也为这些博士后人员提供了教学经历，使他们积累了日后需要的教学经验。

---

① OECD，*Promoting Research Excellence：New Approaches to Funding*，OECD Publishing，2014，p. 152.

② Internationale Expertenkommission zur Evaluation der Exzellenzinitiative，Endbericht(R)，Berlin，Institut für Innovation und Technik，2016，23.

③ Internationale Expertenkommission zur Evaluation der Exzellenzinitiative，Endbericht(R)，Berlin，Institut für Innovation und Technik，2016，24.

学生数量和教学质量是评估报告涉及最少的一部分，从中可以看出当前世界一流大学的评价标准依然在科学研究上。从功利的角度来看，教学不能在短时期内提升大学的国际知名度。各国大学为了提高本国大学的国际声望，大多按照大学国际排行榜来建设大学，这也是"卓越计划"在德国最受诟病的地方。在德国，洪堡大学的"教学与研究相结合"的理念已经浸入大学文化，放弃或忽视大学教学的功能，必然会在公众中引起讨论。但纵观当今世界一流大学，都是以研究型大学为主，这些大学侧重科学研究，或将教学置于次要的位置，或将教学功能转移给非研究型大学。一些美国世界一流大学的教授只带博士生，而将本科生的授课任务交给那些专门授课的非固定的合同制讲师。

(四)学术后备人才

根据德国科学委员会的定义，学术后备人才根据所处教育阶段的不同可分为两类：第一类是硕士研究生与博士研究生；第二类是博士后人员。[1] 世界一流大学除了有一流的研究条件外，更重要的是要有一流的科研人员。为了提升大学的国际吸引力和竞争力，大学必须招收到优秀的学术后备人才，并具有有效的培养体系，提高培养的效率，从而为尖端科学研究提供人力基础。

评估报告也指出，过去几年德国的学术后备人才培养饱受批评。这使德国大学在吸引优秀人才方面根本竞争不过国外高校以及私营公司。在关于学术后备人才的讨论中，评估委员会认为要着重考虑以下两个方面：一是博士生的培养。传统的德国大学博士生培养采用的是师徒制模式。这种模式存在培养效率低、结业年限长、辍学率高、师生依附关系严重等问题。20世纪90年代，德国为了和国际接轨开始引入结构化培养模式。二是学术后备人才的就业问题。当前学术后备人才的就业存在的一个问题是相对于学术后备人才的数量而言学术职位较少，能否获取大学内的学术职位存在不确定性。有的学生为了等待大学教职，在博士后结束后又签订新的博士后合同，从而将研究能力最强的年华都浪费在了博士后上。这也为日后的工作和生活带来更多的压力。

---

[1]　孙进：《德国博士后科研后备人才资助：机构、形式与特点》，载《河北师范大学学报(教育科学版)》，2013(10)。

　　培养和吸引科研后备力量是"卓越计划"的中心任务之一，特别是第一条资助线研究生院项目就是直接为培养学术后备人才而设的。而卓越集群和未来构想项目也包含培养学术后备人才的目标，要求搭建与校内外科研机构进行信息交流的平台，给予青年科研人员充分的研究空间和学术自由。在大学未来构想战略中，各大学也都把吸引国内外优秀科研人才作为其实现战略发展目标的重要举措之一。以"卓越计划"为契机，各大学开始或加大学术后备人才培养的改革，主要措施包括以下三个方面。

　　一是采取措施吸引学术后备人才并改进为其提供的服务。有的大学设置了快速培养模式，让优秀的本科生直接进入博士生培养项目。博士生的选拔也明确地强调选拔高质量的人才，一些研究生院特别选择与其总体发展特色相关的、有自主创新能力的博士生候选人。一些大学设立了研究生中心，从总体上服务大学。在强调科研的同时，一些模式也注重培养博士生的教学能力。另外一些策略包括综合技能培训、学术指导和职业生涯服务等。

　　二是改革博士生培养模式，增加结构化博士生培养项目的比例。据估计，现行的结构化培养模式的比例达到10％～15％，而这一比例将会继续提高。[1]德国结构化培养模式将博士生培养纳入规范的机构化培养框架，实现研究生院的专业化培养。全日制博士生培养的年限通常为三至四年。博士生培养项目包括有辅导的博士生项目和独立的科研；除了独立的科研之外，增加修读课程在博士生培养中所占的比例，以巩固博士生的基础知识，培养其跨学科的核心能力；改善对博士生的学业与职业辅导等。结构化博士生培养模式要求每名博士生至少有来自两个不同专业的博士生导师。[2]

　　三是推行博士生培养的国际化战略。许多高校为了推行国际化战略，吸引优秀的国际科研人员，推出了各种国际化措施。比如，很多研究生院设置了吸引国际学术后备人才的目标；增加英语授课课程的比例；为外国博士生在学术融合和社会融合方面提供支持；着重培养德国博士生的跨文化能力，特别是要利用好博士生阶段良好的国际化环境；实现科研目标设定和科研方法的国际化；建立全球博士生合作网络；在教授的聘任上也要综合考虑其科

---

　　① Internationale Expertenkommission zur Evaluation der Exzellenzinitiative，End-bericht(R)，Berlin，Institut für Innovation und Technik，2016，25.

　　② 张帆：《德国高等学校的兴衰与等级形成》，128 页，北京，北京师范大学出版社，2012。

研语言、科研文化和跨文化交流能力。①

　　那么这些大学采取的措施是否改善了德国大学学术后备人才培养的现状呢？评估报告的相关数据表明，结构化博士生培养模式没有导致博士生学业年限的延长，博士生的辍学率也有所降低。利用"卓越计划"的资金，大学为学术后备人才创造了大约 7240 个科研岗位，其中博士生 4321 个、博士后 1362 个、教授和青年教授 434 个。②但是，"卓越计划"促进学术后备人才发展的措施并没有解决学术后备人才的生涯规划问题。因为更多博士后职位的设立，说明只是将学术后备人才进入教职的问题推后了，并没有得到根本解决。另外，评估委员会还评估了学术后备人才的性别平等问题。评估报告认为，在过去十几年内，女性在学术界内比例偏少的状况得到略微改善。2012 年至2014 年，在受到"卓越计划"资助的学术领导岗位（教授、初级教授、学术后备人才团队带头人）中，女性的比例达到 40%。在学术管理人员中，这一比例更是超过 70%。③

（五）大学对整个学术体系的参与度

　　与其他科学强国相比，德国的科学研究系统具有自己的特色，即除了研究型大学外，德国还有实力强劲的校外科研机构。而这些校外科研机构在公共财政支持下进行基础研究。也就是说，德国大学要和这些校外科研机构共同分享国家的公共财政。而其他国家的公共研究经费几乎都是流入大学，校外科研机构大多是私立机构。这就说明德国大学和校外科研机构是存在竞争关系的。但同时，大学需要和科研机构加强合作，这是因为科学研究越来越复杂，科研基础设施的建设越来越昂贵。因此"卓越计划"要求加强大学和科研机构的科研合作。比如，卓越集群的很多项目都要求由大学和科研机构共同开展。

　　评估委员会援引德国科学基金会和德国科学委员会的数据，揭示了校外科研机构对"卓越计划"的参与度。在卓越集群项目中，20%的首席研究员来

---

①　HRK，Quo vadis Promotion? Doktorandenausbildung in Deutschland im Spiegel internationaler Erfahrungen，Bonn，Gustav Stresemann Institut，2006，84.

②　Internationale Expertenkommission zur Evaluation der Exzellenzinitiative，Endbericht，Berlin，Institut für Innovation und Technik，2016，28.

③　Internationale Expertenkommission zur Evaluation der Exzellenzinitiative，Endbericht，Berlin，Institut für Innovation und Technik，2016，29.

自校外科研机构；在研究生院项目中，这一比例为 17%；在未来构想项目中，12 所亥姆霍兹联合会、28 所马普学会、17 所弗劳恩霍夫应用研究促进会、18 所莱布尼茨科学联合会的校外科研机构参与其中。① 但这一数据并不能说明"卓越计划"促进了大学和校外科研机构的合作，因为这其中的一些科研合作在"卓越计划"开始前就已经开展。但是另一组数据可以明显地表明，校外科研机构和大学的合作日益深化。2008 年至 2011 年，马普学会超过三分之一的论文发表量是和大学合作完成的，其他三家协会（亥姆霍兹联合会、弗劳恩霍夫应用研究促进会、莱布尼茨科学联合会）和大学合作的发文量也占到各自机构论文发表量的半数以上。这一数值比 2004—2007 年提高了 7%～10%。② 评估委员会认为，"卓越计划"推动了大学和校外科研机构的合作，但也对合作的持续性持观望态度。从目前来看，大学和科研机构的合作使整个德国科研系统受益。

（六）国际化

自从 20 世纪 80 年代以来，随着经济全球化进程的不断加快，教育服务贸易迅速增长以及欧洲教育一体化深入推进，德国政府充分认识到高等教育国际化对于提升德国的国际竞争力和重塑其国际形象的重要性。另外，由于科学研究日益国际化，国际科研合作日益广泛，国际论文发表量日益增多，科研人员的国际流动日益频繁，大学国际排名方兴未艾，大学主动或被动地融入国际高等教育系统。因此，德国政府将高等教育国际化作为高等教育改革和发展的重要战略之一，德国大学采取了一系列策略和改革措施来提升德国大学的国际化水平，具体包括：以国际化为导向，实现观念和体制创新，促进高等教育改革和发展；坚持政府主导，完善高等教育国际化的政策法规；加快推进世界一流大学建设，提升德国高校的国际竞争力；积极参与欧盟的国际教育项目，通过地区间合作实现德国的国家利益诉求；充分发挥第三部门（以德国学术交流中心为主）的作用，加强对外交流合作；等等。

"卓越计划"的目标中明确包含了对国际化的追求，如"提升国际竞争力，

---

① Internationale Expertenkommission zur Evaluation der Exzellenzinitiative，Endbericht，Berlin，Institut für Innovation und Technik，2016，30.

② Internationale Expertenkommission zur Evaluation der Exzellenzinitiative，Endbericht，Berlin，Institut für Innovation und Technik，2016，31.

提高科研的国际声望，加强国际科研合作"等，"卓越计划"也为吸引国际科研人员创造了条件。2013 年，在研究生院项目中，37％的受资助的博士生来自国外院校；在卓越集群项目中，受聘的国外教授比例达到 48％，而国外学术后备人才团队带头人的比例达到 33％，国外博士生的比例达 20％；在未来构想项目中，30％的受资助的科研人员在国外任职。此外，研究生院和卓越集群中的大多数博士生培养项目是英语授课项目。① 另外，评估委员会还分析了德国大学在三大排行榜上的排名，德国大学在"卓越计划"实施期间的排名有波动，但是波动并不明显。

毫无疑问，"卓越计划"推动了大学的国际化进程。而且"卓越计划"作为一种资助手段已经得到国际认可，其他一些国家也出台了各自的"卓越计划"，如法国、西班牙和俄罗斯。②

评估委员会对"卓越计划"对大学发展的六个方面的影响进行了全面的评估。最后指出，虽然基于当前的数据还很难证明德国大学发生的变化和"卓越计划"存在因果关系，但是可以确定的是，"卓越计划"为德国大学系统注入了新的动力，并表明了德国建设世界一流大学的决心。评估委员会建议德国政府继续执行"卓越计划"，并提出了具体的建议，这些建议也成为"卓越计划"政策调整的基础。

评估委员会认为，未来"卓越计划"的目标应定位在提高德国的尖端科研水平和提高德国大学的国际竞争力上。资助额度每年不应少于 5 亿欧元。鉴于资金的有限性，"卓越计划"并不能解决德国大学总体财政投入不足的问题，所以"卓越计划"的资金应该"好钢用在刀刃上"，将资助目标只定位在提高科研水平上。为了提高科研水平，应持续地强化大学间的分化（横向和纵向上），将卓越资金投入卓越的项目和卓越大学。为了提高资金的使用效率，评估委员会建议未来取消对研究生院的资助，因为现有的资助学术后备人才的各种机制已经产生足够的影响。评估委员会同时建议将未来构想项目改为卓越大学项目，新的"卓越计划"只设置卓越集群和卓越大学两条资助线。

---

① Internationale Expertenkommission zur Evaluation der Exzellenzinitiative，Endbericht，Berlin，Institut für Innovation und Technik，2016，34.

② Internationale Expertenkommission zur Evaluation der Exzellenzinitiative，Endbericht，Berlin，Institut für Innovation und Technik，2016，34.

三、"卓越计划"政策的调整——"卓越战略"的出台

德国政府致力于建立科学研究和世界一流大学建设的长期资助机制，"卓越计划"只被看作一种临时性的、实验性的资助手段。在《因博登评估报告》的基础上，德国政府决定继续实施"卓越计划"，并将新的资助项目命名为"卓越战略"。

2016 年 6 月，联邦政府和州政府签订管理协议，启动"卓越战略"。"卓越战略"的总体目标没有改变，仍旧是"持续地提升德国作为世界科学强国的地位，提升国际竞争力，提升大学顶尖科研的知名度"。"卓越战略"的资助期限为 7 年，每年资助 5.33 亿欧元，依旧是联邦政府负责 75%，大学所在的州政府负责 25%，第一轮资助于 2019 年开始。"卓越战略"吸取了评估报告的建议，取消了对研究生院的资助，因此"卓越战略"有两条资助线：卓越集群和卓越大学。

卓越集群项目用来资助大学及大学联盟的具有国际竞争力的科研领域。项目的执行由德国科学基金会负责，申请单位需要向基金会提交两轮的申请。卓越集群项目的资助总额为每年 3.85 亿欧元左右，每个卓越集群每年可以获得 300 万～1000 万欧元的资助，所在的大学可以额外获得 100 万欧元的资助。① 卓越委员会(Exzellenzkommission)在 2018 年 9 月选出最终入围的 57 个卓越集群，资助期限为 7 年，即 2019 年 1 月 1 日至 2025 年 12 月 31 日。

卓越大学项目是用来资助大学及大学联盟②的尖端科研项目。申请卓越大学项目资助的大学需要制定未来发展的战略目标，主要包括加强科研合作以及提高科研的国际地位。申请卓越大学项目的大学需要有至少两个卓越集群，大学联盟需要有至少三个卓越集群。因此卓越集群项目先于卓越大学项目进行。卓越大学项目评选于 2019 年 7 月结束，正式资助于 2019 年 11 月 1 日开始，第一轮资助于 2026 年 10 月 31 日结束，资助金额为每年 1.48 亿欧元。每所大学可以根据申请条件获得每年 1000 万～1500 万欧元的资助，每个联盟可以获得 1500 万～2800 万欧元的资助。③

---

① DFG，Kompaktdarstellung Exzellenzcluster (EXC)，2019-01-02.

② 考虑到一些小规模大学的利益，卓越大学项目支持大学联合申请，但每个联盟成员不能超过三所大学。

③ DFG und WR，Exzellenzstrategie des Bundes und der Länder Ausschreibung für die Förderlinie Exzellenzuniversitäten，2019-01-02.

四、"卓越计划"和"卓越战略"面临的争议

《因博登评估报告》虽然积极地评价了"卓越计划"，并建议继续实施资助计划。但是报告只是作为政府决策的依据，并没有打消公众对"卓越计划"的疑虑。而且"卓越计划"实施时间较短，对高等教育的长远影响还未显示出来，"卓越计划"依旧面临着诸多争议。

(一)导致高等教育资源趋向集中

"卓越计划"是德国高等教育资源配置方式的改革，是对高等教育机构利益关系的调整。"卓越计划"以政府资助激励资金的项目经费配置机制来促进大学的科研发展，提高大学的整体质量，使其成为作为学术"灯塔"的世界一流大学。"卓越计划"很可能导致德国高等教育公共财政的分配出现两个维度的不均衡。第一，国家公共高等教育财政重点扶持少数入选"卓越计划"的大学、研究生院和卓越集群。"卓越计划"的三条资助线所涉及的高校数量有限，国家高等教育经费将更加集中地投向这些少数大学。然而，德国大学通常没有很广的优势学科。"卓越计划"会因为倾向优势学科而使其获得额外的支持和资金资助，威胁到不同学科间的平衡，从而影响学科优先权的设置。第二，"卓越计划"使德国高等教育的地区不平衡更加突出。德国的东部和西部、南方和北方的高校因为各州经济社会发展水平存在差异，高等教育的竞争力也存在相应的差距。"卓越计划"资助对象的评选不考虑地区比例与各联邦州特殊的利益，只以学术的标准来决定资助对象。评估委员会基于纯粹与科研相关的评估标准来评选，既没有特定学科的预定指标，也没有区域标准(如在不同的州之间的资助分配)，这导致在第一期入选的大学集中于德国南部。在"卓越战略"入选的卓越集群中，经济发达的北威州入选了 14 个项目，巴符州入选了 12 个，而欠发达的梅前州、萨尔州、萨克森-安哈尔特州则没有一个项目入选。"卓越计划"以学术竞争力为主要标准实质上是承认并强化了已存在的差别，放弃了对所有区域的均等主义原则，在大学体系内部选择基础好并有发展潜力的机构进行重点资助，使德国高等教育资源将更加集中于基础好的地区。"卓越计划"结束后，各州为保持其所辖一流大学的竞争力和发展水平，很有可能继续投入更多的资金，相对来说也就减少对其他一般大学的投入，使一流大学的竞争有可能永久化。由于各州的经济发展水平存在差异，同时大学基本上都是由各州政府提供财政资助和管理的，所以德国大学的发

展已经不完全是在同一水平线上，各联邦州的大学实力实际上已出现了差异。因此在不考虑地区平衡和资助数量有限的条件下，入选大学在地理上的分布将会不平均。新联邦州在"卓越计划"的评选中处于明显的劣势，南北及东西区域的失衡展露无遗。"卓越计划"导致了德国大学间更大的竞争，并且集中于科研卓越；位于财政富裕州的大学更容易得到其州政府更多的资助，也导致了其较容易获得"卓越计划"的资助。①

另外，有限的经费使德国大学科研的相对弱势地位很难改变。德国大学的组织机构与国际知名校外科研机构（以马普学会为代表的科研机构）不同，而且大学与校外科研机构又属于两个不同的系统，导致世界一流的科研游离于大学之外，大学科研的相对弱势很难改变。"卓越计划"对大学的经费资助实在是杯水车薪。以马普学会为代表的国际知名校外科研机构的经费充足又无教学负担，而且激励机制远好于大学。虽然大学与校外科研机构有许多合作，但仍远远不够。经费的有限或者说经费不足，也使"卓越计划"无法取得实质性的成果。德国的大学缺乏多元化的财政渠道，几乎完全依赖于政府公共经费。"卓越计划"经费很难满足建设一流大学的财政需要。

（二）限制大学间的学术竞争

冯·蒙西（Von Münch）指出：德国特色的高等教育体制有其优越性，政府主导的一流大学建设会使德国特色的优越性丧失。如果一流大学使其他大学降级，那么"灯塔"也仅只是"小型灯"。德国需要一流大学，但资助帮不了一流大学，反而损害了高等教育体系。大学现有的研究生院的数量既没有表明其大学的质量，也没有代表其科研人员的质量。②"卓越计划"对提高德国大学的国际竞争力的影响甚微。"卓越计划"第一轮使很多地方几乎少有"灯塔"。"灯塔"并没有因为获得资助而在质量上产生区别，但是却通过获得资助而在声望上呈现差别。"卓越计划"使大学的科研资源越来越集中到少数处于绝对优势的地区和大学，使大学在组织上出现鲜明的等级结构，从而形成学术领域的卡特尔和学术寡头，会限制大学的多样性和创新性。这种卡特尔、

① Jung Cheol Shin & Barbara M. Kehm, *Institutionalization of World-Class University in Global Competition*, Dordrecht, Springer, 2013, p. 89.

② Von Münch, I., Elite Universität, Leuchttürme oder Windräder? Hamburg, Reuter & Klöckner, 2005, 65.

垄断和寡头现象通过自我增强的过程获得越来越多的资源，不断增加其象征资本。冯·蒙西认为德国学术界的基本结构是卡特尔、垄断和寡头，第三方资金主要集中在少数地方，"卓越计划"只会加剧这种趋势。[1]"卓越计划"其实就是每年德国科学基金会的大学研究资助榜的升级版，这些入选的大学主要凭借的是垄断的社会资本（主要指各大学在德国自然科学研究院担任院士的人数）、象征资本（各大学入选德国科学基金会的各种委员会的人数）和经济资本（第三方经费）。[2] 受"卓越计划"资助的大学不但获得了经费，而且获得了象征资本——声誉。获得一流大学声誉的大学获得了象征资本，有可能获得更加优秀的生源，聘请到一流的教授和获得社会上更多的经济资源。因而通过这种循环提升大学的认可度，优者更优的马太效应更显著。[3] 这使受到资助的大学和未得到资助的大学的地位更加不平等，失去了学术竞争的平等基础。

(三)忽略人文社会学科的建设

"卓越计划"资助的学科主要集中在理科和工科，人文社会学科获得资助的数量较少。"卓越计划"被批评为对某些学科偏向和以理工为主，人文社会学科在第一期并没有被高度重视；相反，生命科学、自然科学和工程等学科有较高的成功概率。在图宾根大学的一次信息发布会上，一名日耳曼学专业的女学生质问校长："'卓越计划'的资金大部分投入工科，工科也更容易获得第三方的资助，那么人文社科专业及其毕业生的未来在哪里?"校长回答道："作为社会科学出身的校长，我也感到很无奈。但我一直努力让图宾根大学的人文社会学科得到更好的发展。"当前，大学的研究更多地和社会、经济联系在一起。在德国这样"教学和科研相结合"的大学理念浓厚的国家，大学的第三职能（即社会服务）也日益突出。第三职能的强化使独立的科研功能受到越来越多的干扰，洪堡大学纯粹的科研理念在当今社会产生动摇，基金教授的

---

① Münch，R.，Wissenschaft im Schatten von Kartell，Monopol und Oligarchie，Die Latenten Effekte der Exzellenzinitiative，Springer，2006，467.

② 张帆：《德国高等学校的兴衰与等级形成》，148 页，北京，北京师范大学出版社，2012。

③ 但是由于德国大学悠久的均质化传统以及"卓越计划"实施时间短，目前还未形成马太效应。从学生的认可度来说，大学声望及排名并未对学生产生很大的影响。但从长远来看，还是存在形成马太效应的可能。

设立就是一个很好的例证。

(四)"卓越计划"的可持续性

在评价"卓越计划"的效果时，评估委员会特别关注资助项目及措施的可持续性问题。可持续性意味着，在资助的项目到期后，即使不再继续获得资助，也可以通过大学的自有资金、州政府提供的特殊资金以及其他第三方资金来继续项目的研究活动以及维护建立起来的管理结构。但是评估调查发现，很多高校的受访者认为，这种可持续性在大多数情况下是不可能存在的。如果没有"卓越计划"的继续资助，已取得的成功很可能会付之东流，这也是大多数大学、公众普遍担心的情况。比如，研究生院和卓越集群能提供大量的科研岗位，但由于"卓越计划"的资助期限是 5 年("卓越战略"是 7 年)，大部分的岗位都是短期的。特别是有的卓越集群提供的岗位特别专业化，停止资助后这些岗位恐难以保留。卓越集群忽略了 5 年资助期后项目不能获得继续资助的可能，而且入选卓越集群终身制的教授在资助期满后需由大学承担资助，这将导致部门间教学与研究的不平衡。

总之，"卓越计划"是以政府为主导，以公立大学为主要对象，以发展少数一流大学为目标的高等教育政策。德国联邦政府正式以项目资助方式介入大学建设与发展，期望通过"卓越计划"提升德国大学的国际竞争力，增强大学的科研实力，打造出引领德国大学复兴的灯塔式的世界一流大学。"卓越计划"为德国大学注入了研究的活力，德国大学中已形成了竞争文化，激发了学术界新的活力。许多大学已开始改革大学内部的治理，提出新的大学战略和提高科研绩效，展示其大学形象的独特性和竞争力。一流大学的头衔并不是终身制的，各大学不得不保持竞争力以维持该荣誉。"卓越计划"是德国高等教育史上的一次重要变革，也是德国高等教育财政资助体系的重要改革，对高等教育体制的改革产生了重大影响，对提高德国高等教育的质量和提升大学的国际地位产生了积极的影响。"卓越计划"的评选竞争引起了德国高校体系的分化，通过高等教育财政资助体系的重要改革来促进和提高德国大学的整体质量，通过对少数一流大学的重点资助，促使其与世界一流名校竞争，提高其国际声望和世界排名。"卓越计划"推动了德国高等教育的差异化和德国大学及学科等级化分层的发展，这是对德国传统的大学均衡发展理念的突破。"卓越计划"是德国第一次明确提出和实行由国家主导的对一流大学的重点资助政策，以前由各州分管的高等教育通过"卓越计划"正式纳入了国家总体发展战略。"卓越计划"对德国传统的大学理念和发展范式的转变产生了重要的影响。"卓越计划"打破了德国高等教育整体的均衡态势，把不断竞争的文化引入了德国大学，对德国高等教育体系的变革起了催化作用。①

但是，"卓越计划"并没有让德国高等教育体系在整体上产生变革，对德国高等教育体系的总体结构的发展也并没有做出最终的决策。德国大学仍然缺乏创建世界一流大学所需的三个要素：对人才的吸引力、充足的资源（经费等）和相应的治理结构。当前的"卓越计划"以及"卓越战略"仍然是德国创建世界一流大学的一种尝试和探索。随着政策的不断深化和改革，德国会制定更加完善和长久的创建世界一流大学的政策，但是德国创建世界一流大学的决心丝毫不容怀疑。

---

① Pasternack，P.，Die Exzellenzinitiative ist politisches Programm，Fortsetzung der normalen Forschungsförderung oder Paradigmenwelchsel，In：Bloch，Roland［Hrsg.］；Keller，Andreas；Lottmann，André；Würmann，Carsten：Making Excellence，Grundlagen，Praxis und Konsequenzen，Bielefeld，W. Bertelsmann Verlag，2008，13-36.

第七章 俄罗斯创建世界一流大学政策研究

　　俄罗斯是传统高等教育强国，苏联时期的高等教育取得过辉煌成绩，受到世界的瞩目。莫斯科大学曾经是世界上最好的大学之一，处于世界大学第 9 名的位置。苏联解体之后，俄罗斯的高等教育发展遇到挑战，科学研究和教育分离，科研人才的大量流失造成俄罗斯高校在世界大学排行榜上的排名逐渐下滑。近年来，伴随着俄罗斯恢复大国地位的节奏，俄罗斯的经济发展和国家竞争力不断上升。2008 年，俄罗斯政府提出国家创新发展战略，并将俄罗斯大学作为国家创新发展的重要支点，要求建设具有世界一流科教水平的大学，使其在国家创新发展中发挥重要作用。2012 年，俄罗斯政府明确提出支持俄罗斯国内建设高水平大学，提高其科教竞争力，努力推动 5 所俄罗斯大学于 2020 年前进入世界大学排行榜的前 100 强。

第一节　俄罗斯创建世界一流大学政策产生的背景

　　创建世界一流大学是世界各国提高大学的竞争力、促进国家创新发展的重要途径。伴随着俄罗斯政治、经济的快速发展，国家创新体系的构建和人们对高质量的高等教育的需求，都敦促俄罗斯改变其大学在世界大学排行榜上的尴尬局面，恢复俄罗斯大学曾经在世界高等教育领域的辉煌。

一、国家创新发展的需要

　　当今世界呈现两个明显的发展趋势。第一，经济全球化席卷社会生活的各个方面，包括政治、经济、教育和科学。第二，科学和技术发展日新月异，科学发现的增加速度要比过去的一个世纪快十几倍。具体到高等教育领域，这就要求高校必须以现代科学研究为教育发展的基础，在社会中形成一个创新的和具有创造力的开端。因此，无论是发达国家还是发展中国家的大学都在寻找扩大科学研究和创新领域的途径，并将大学作为实现创新发展的主力军。

近年来，为确保国家走创新发展之路，俄罗斯政府构建了国家创新体系，并将"创新"确定为教育发展的关键词。在国家创新体系的架构下，联邦大学、国家研究型大学及大学联盟在俄罗斯高等教育系统中起到创新发展支点的作用。俄罗斯当今的战略定位就是国家教育系统要培养高技能、具有创新思维的专业人才。在国家创新体系中，一方面，俄罗斯大学为国家输送具有创新能力的专业人才；另一方面，俄罗斯大学与科研院所和企业在各领域合作中持续推广新知识和创新工艺，加快创新产品的开发和生产，推动科学创新发展。无论是创新人才的培养，还是创新产品的开发和生产，都要求俄罗斯大学有较强的科教实力，具有世界一流大学的科学研究水平和创新、开发能力。

二、人们对高质量的高等教育的需求

苏联解体之后，俄罗斯的教育经历了 20 世纪 90 年代的动荡，在 21 世纪初开始走上稳定发展之路。随着俄罗斯经济的好转、政治的稳定，2008 年之后俄罗斯各项事业快速发展，人们的生活质量逐渐提高。2010—2013 年，居民人均月收入分别为 18958 卢布、20780 卢布、23221 卢布、25647 卢布，2000 年、2005 年和 2011 年人均 GDP 分别为 1772 美元、5339 美元、12939 美元。[①] 在物质生活得到保障的前提下，俄罗斯的教育飞速发展，教育需求不断增长、分层，人们对教育权利和高质量教育的渴求日渐提高。

然而，当今俄罗斯的教育已经失去优势。高层次人才的流失、国外生源的减少，加之人才市场对大学毕业生的不满，教育权力机构的管理机制不完善，教育机构的人才培养质量也开始落后于国际先进水平，具有世界一流水平的教学和科研人才匮乏。这些都说明俄罗斯的高等教育已经落后于世界一

---

① Федеральная служба государственной статистики.，Российский статистический ежегодник，Москва：ИИЦ《 Статистика России 》，2014，8.

流水平，而且差距不小。俄罗斯当下的教育已经无法满足俄罗斯民众对高质量教育的需求。随着经济快速发展，越来越多的人需要具有世界一流教育水准的高校提供高质量的教育服务。而俄罗斯的大学除了莫斯科国立大学和圣彼得堡国立大学之外，再找不出具有世界水准的第三所大学。

三、世界大学排行榜的尴尬

近几年，俄罗斯大学在世界大学排行榜上的位置不断下滑，这也使俄罗斯下定决心创建世界一流大学。在上海交通大学 2004—2008 年的世界大学学术排行榜中，莫斯科国立大学在 66～76 名波动，圣彼得堡国立大学在 300～400 名徘徊。2006 年，排行榜前 500 名的大学中只有 2 所俄罗斯大学，莫斯科国立大学位居第 70 名。在《泰晤士报高等教育副刊》发布的 2013—2014 年世界大学排行榜中，俄罗斯高校遭遇滑铁卢，无一所高校进入前 200 名。俄罗斯最著名的大学莫斯科国立大学是全俄唯一进入前 400 名的高校。莫斯科国立大学在 2013 年国际高等教育研究机构发布的 QS 世界大学排行榜中位列第 120 名，在上海交通大学发布的世界大学排行榜中位列第 50 名。[①]

根据路透社的资料，俄罗斯每年的科研论文数从 1994 年的 2.9 万篇减少为 2008 年的 2.76 万篇。2004 年至 2008 年，俄罗斯产出 12.7 万篇文章，其中仅 2.6% 发表于国际期刊。科研论文产量的下滑甚至表现在俄罗斯最具优势的物理科学领域：2004—2008 年该领域产出 34548 篇论文，占全球物理科研论文总量的 7.39%，而在 1999—2003 年，论文数则为 37796 篇，占 9.68%。[②]

曾几何时，俄罗斯的高等教育质量一直得到世界的公认，俄罗斯也自以为是世界高等教育大国，也是高等教育强国。然而，世界大学排行榜上俄罗斯大学位置的下跌沉重打击了俄罗斯人的自尊心。尽管俄罗斯国家杜马议员和俄罗斯校长联盟秘书长一再重申，世界大学排行榜对俄罗斯大学存在偏见，但俄罗斯人已认识到，俄罗斯的大学已经落后，俄罗斯大学的竞争力已经今非昔比。也正是这一直接原因，促使俄罗斯政府在 2012 年明确提出创建世界一流大学的战略目标。

---

① 梅汉成：《俄罗斯高校在世界大学排名持续下降 无一进入前 200 名》，载《世界教育信息》，2013(23)。

② 引自《企业型大学：俄罗斯一流大学之路》。

第二节 俄罗斯创建世界一流大学政策的内容

俄罗斯创建世界一流大学政策分为两部分：隐性政策和显性政策。隐性政策的颁布始于俄罗斯联邦大学、研究型大学的创建。显性政策颁布的标志为 2012 年 5 月颁布的《关于国家政策在教育科学领域的实施措施》。该文件明确提出，俄罗斯将在 2020 年前至少建成 5 所世界一流大学。俄罗斯创建世界一流大学的隐性政策是基础，显性政策是明确的目标。

一、俄罗斯创建世界一流大学的隐性政策

俄罗斯创建世界一流大学的意向最初开始于 20 世纪末至 21 世纪初，俄罗斯逐步加强大学中科学和教育的联系，促进科教一体化，提高大学的科教实力，开始世界一流大学创建工作的最初尝试。2005 年，在《国民教育优先发展计划》框架下，俄罗斯政府开始筹建联邦大学和创新型大学。时隔不久，俄罗斯提出了创建研究型大学、建立一流大学联盟以及高校协调创新的政策，这些政策的颁布虽没有提出创建世界一流大学的明确目标和任务，但为俄罗斯创建世界一流大学、增强其科教竞争力奠定了重要基础。

（一）俄罗斯科教一体化政策

1996 年 6 月，首个"高等教育与基础科学一体化"，即《国家支持高等教育与基础科学一体化》文件由俄罗斯联邦总统批准颁布，由此揭开了俄罗斯科学和教育一体化政策运作的开端。在首个文件中，俄罗斯联邦政府确定了"高等学校、俄罗斯科学院、各部门科学院、俄罗斯联邦国家科学中心协同进行基础科学研究"的方针。该文件指出，为了保证协同研究的实施，高校要构建信息基地，配备研究所需的试验基地和仪器设备，这些资源供高校和科研人员、教学人员免费使用。为支持此项计划，联邦财政拨款总计 16.88 亿卢布（按 2001 年价格计算），并把财政支持分为三个部分。其中联邦预算资金为 11.88 亿卢布；联邦各主体预算资金为 2.5 亿卢布；预算外来源资金为 2.5 亿卢布。这些财政拨款在以后的文件中被确切地分配到每个部门。①

---

① Правительство РФ，О федеральной целевой программе "Интеграция науки и высшего образования России2002-2006годы"，2004-10-10.

随着"一体化"方针的确定，俄罗斯政府于 2001 年 9 月又颁布《2002—2006 年俄罗斯科学与高等教育一体化》联邦专项纲要，在此文件中确定了具体的任务。该文件指出，为了提高俄罗斯的科学技术潜力和人才干部的潜力，使之适应市场经济，要形成后工业社会的新思维。要保证科学组织、高等学校、创新机构的同事们协同参与技能人才干部的培养和科学研究；把有才华的青年吸引到科学研究、高等教育、创新活动中来；在科学研究、高等学校、创新活动领域之统一的信息基地的基础上，发展科研和教学过程中的信息工艺技术；发展服务于科学研究和高等教育领域的统一实验基地及仪器设备基地。①

2007 年 11 月，俄罗斯政府颁布《有关教育科学一体化问题俄罗斯联邦个别法令的修改》。在此法案中，俄罗斯政府对"一体化"的有关条令进行了修改，其中"一体化"的适用范围从高等职业教育与科学的"一体化"，扩大到高等教育及大学后教育与科学的"一体化"，并且赋予了高等职业教育及大学后职业教育与科学"一体化"的多种形式。2008 年 3 月，《教育与创新经济的发展：2009—2012 年推行的现代教育模式》国家纲要颁布，该纲要对"一体化"提出新的要求：创建 5 个以上世界水平的科教中心，实现教育与科研的一体化，为国家创新发展承担人才培养及科研攻关的任务。该纲要还指出在产学研一体化的基础上创新发展，以完成创新经济的人才培养和科研任务。该纲要的颁布强化了"一体化"政策，确定了进一步的发展趋势。

从 1996 年《国家支持高等教育与基础科学一体化》文件到 2008 年的《教育与创新经济的发展：2009—2012 年推行的现代教育模式》国家纲要等多个文件，俄罗斯不断完善科教一体化纲要，并在不同时代赋予了其崭新的内涵及意义，以科学与教育一体化为中心，整体提高大学的科教实力。

(二)联邦大学计划

为创建世界一流大学，促进高等教育地区的均衡发展，俄罗斯政府开始着手在《国民教育优先发展计划》框架下创建联邦大学。俄罗斯政府首先赋予将组建的大学自治教育机构地位，再与俄罗斯联邦管辖之下的其他教育机构进行合并。联邦大学的建立旨在优化地区的教育结构，巩固联邦各区的高等

---

① Правительство РФ，О федеральной целевой программе "Интеграция науки и высшего образования России2002-2006годы"，2004-10-10.

教育机构与经济和社会之间的联系，促进各联邦区内人力资源库的形成和发展，实现创新服务。2006年，南方联邦大学组建成功，随后西伯利亚联邦大学完成组合。2008年5月，俄罗斯联邦总统签署《联邦大学》命令。依据该命令，俄罗斯政府制定创办联邦大学的程序和联邦大学活动准则，并上交国家杜马讨论。2009年2月，联邦法律《俄罗斯联邦关于联邦大学活动的若干法令变更》正式发挥效力。俄罗斯政府在随后的2010—2012年内又创建了北方联邦大学、喀山联邦大学等7所联邦大学。

组建后的联邦大学肩负着创建世界一流大学、拉动地区经济发展的特殊使命，同时也具有特殊的地位。联邦大学是独立机构，拥有自主地位和特殊权力，其创建由国家总统决定。学校的校长由俄罗斯政府选举产生，每届任期为5年。此外，联邦大学可以制定具有自己特色的教育大纲，而不必遵循国家标准。① 联邦大学的组建为俄罗斯高等教育的发展带来新的活力，强强联合、优势互补，不但改善了地区高等教育发展不均衡的问题，而且为创建世界一流大学奠定了基础。俄罗斯政府计划在2020年将以既有大学为基础在全国范围内组建10所联邦大学。

(三)创新型大学计划

在《国民教育优先发展计划》框架下，俄罗斯政府资助高等教育机构，加快高校现代化的步伐，实施不断完善的教育大纲，加强教育和科学一体化，在俄罗斯大学中构建新的财政和管理机制。

2006—2008年，俄罗斯启动高校支持项目，支持大学实施创新发展纲要，创建创新型大学。该项目在公开选拔的基础上实施，提出申请的俄罗斯大学提交该校的创新发展纲要，并在两年内贯彻实施。各大学提交的创新教育纲要主要包含以下内容：在教育实践中不断贯彻完善教育大纲；应用最新的信息教育技术，贯彻前沿的教育过程、组织形式，采用具有世界水准的教学方法和素材；在现代教育管理系统下开展高质量的教学；推动教育、科研和创新活动的一体化；培养毕业生的职业专长，以保障其在劳动市场上的竞争力。

实施创新纲要的大学在选拔中入选即得到来自联邦预算2亿~10亿卢布的国家资助，联邦预算2006年共筹集5亿卢布，2007年为15亿卢布，2008

---

① Сентюрина Юрия Петровича，Создание федеральных университетов：законодательный аспект，2011-07-03.

年为 20 亿卢布。① 俄罗斯政府为入选者提供的资金须用于购置实验器材、开发软件、更新物质—技术教学基地、提高大学科教人员的技能、加强职业再培训等事宜。

在 2006 年 4 月举行的第一次选拔中，200 所大学提交申请，28 所大学最终成为创新型大学。这些大学在 2006—2007 年获得总计 10 亿卢布的资金，用于实施创新纲要。在 2007 年 2 月举行的第二次选拔中，267 所大学提出申请，最后 40 所大学获得资金实施创新教育纲要。这些大学在 2007—2008 年获得 20 亿卢布的资金。② 2006—2008 年，57 所大学成为创新型大学，实施创新教育纲要，这些学校中上千名的教师参与职业技能训练。这些大学中装备了大量的设备，其中包括：俄罗斯托木斯克大学安装了超级计算机；莫斯科医学院安装了临床实践的虚拟实验室设备；莫斯科国立电子技术学院安装了多功能科技综合体"5 号纳米工厂"；下诺夫哥罗德国立大学创建了高性能计算领域权限中心等。

(四)俄罗斯科研与科教创新人才纲要

2008 年 7 月，俄罗斯政府颁布了《2009—2013 年"俄罗斯科研与科教创新人才"联邦系列纲要》。该纲要是俄罗斯国家创新纲要的系列纲要之一，是俄罗斯国家创新体系在科教人才方面的重要法令。该纲要主要用于改革国家高等教育和科学管理体制，促进国立科研机构和大学的资源组织整合，使国家科学和高等教育组织结构进行转化，健全与完善国家科学中心体系。该纲要提出了吸引青年人才留在教育和科学领域的措施，其中包括扩展科学和教育活动之间的关系，密切科学、教育、高科技各部门之间的关系，积极利用科学和教育一体化机制，使纲要措施成功实施的结果得以更广泛地普及，利用散居在俄罗斯境外的科研和教育潜力，完成科研和科教人才再生产的不断循环等多项内容。

该纲要的措施包括四类：①吸引青年学者进入科学、教育、高技术领域；②依靠发达的基础设施吸引青年学者留在科学、教育、高技术领域；③确保资金投入国家科研、科教人才培养系统；④纲要实施的管理保障。

---

①　Поддержка инновационных образовательных программ вузов，2015-09-09.

②　Совет при президенте РФ，Приоритетный национальный проект " Образование，2018-09-09.

该纲要的颁布与实施加大了俄罗斯对教育科研一体化的投入，吸引了更多的青年学者投入教育科研领域工作，为科教创新人才的培养提供了政策支持。

（五）创建国家研究型大学项目

国家研究型大学是一种新型高等教育机构。俄罗斯国家研究型大学由 25 所国家一流大学组成，旨在创建世界先进水平的科教中心，保障国家经济发展对高科技人才的需求，同时促进俄罗斯科学技术的发展。国家研究型大学的设置为俄罗斯创建世界一流大学做准备。与世界发达国家的研究型大学相比，俄罗斯国家研究型大学创建之时，发达国家的大学已经成为知识生产和新经济发展的支柱。

2008 年，依据俄罗斯总统令，首先授予莫斯科工程物理学院和莫斯科钢铁合金学院国家研究型大学的地位。2009 年，在公开竞争的基础上，国立高等经济学院、喀山图巴列夫国立理工大学、莫斯科航空学院、莫斯科国立鲍曼技术大学、莫斯科物理技术学院、罗巴切夫斯基下诺夫哥罗德国立大学、新西伯利亚国立大学、彼尔姆国立技术大学、萨马拉国立航空航天大学、圣彼得堡国立矿业学院、圣彼得堡国立信息技术机械与光学大学、托木斯克理工大学 12 所大学获得国家研究型大学的地位。2010 年，在公开竞争的基础上，别尔哥罗德国立大学、伊尔库茨克国立技术大学、喀山国立工艺大学、摩尔多瓦国立大学、莫斯科国立电子技术学院、莫斯科国立建筑大学、莫斯科动力学院、彼尔姆国立大学、俄罗斯联邦卫生与社会发展部国立医科大学、俄罗斯国立石油天然气大学、圣彼得堡国立理工大学、萨拉托夫国立大学、托木斯克国立大学、俄罗斯科学院分部圣彼得堡科学院大学、南乌拉尔国立大学 15 所大学获得国家研究型大学的地位。

俄罗斯政府组建国家研究型大学网络，通过优先支持高水平大学，从而提高国家高等学校的竞争力，促使其成为国家和国际层面上的科学和教育旗帜，加入全球竞争的行列。紧随其他国家之后，俄罗斯形成了研究型大学的发展模式，研究型大学集中力量超前促进科学、创新产品的生成和转化以及培养高技能的专业人才。俄罗斯教育科学部对国家研究型大学的定位为：国家研究型大学是获得高品质科教现代化的新途径，也是实现科教活动组织制度的新方式；国家研究型大学将以培养人才和发展科学为己任，保障俄罗斯经济发展对高科技和高技能人才的需求。

（六）协同创新政策

为提高大学的科学研究实力，加速科研成果的开发和转化，规范高校与科研组织、企业之间的协同创新工作，俄罗斯政府在 2010 年 4 月颁布了《关于国家支持高校与高科技生产组织进行合作的决议》《关于国家支持高校发展创新基础设施的决议》《关于高校引进著名学者的决议》。这三项决议连接成一个高水平的统一体系，吸引大学加入科技创新活动。

1.《关于国家支持高校与高科技生产组织进行合作的决议》

2010 年 4 月，俄罗斯政府颁布《关于国家支持高校与高科技生产组织进行合作的决议》。该文件要求保障高校与企业部门在研制现代高竞争力的技术和产品及创造高技术生产方面进行长期合作。

俄罗斯政府决定，批准国家为支持高校与高科技生产组织合作提供资助的附加条款。俄罗斯教育科学部保障 2010—2012 年财政拨款用于支持高校与高科技生产组织之间的合作，拨款额度为 190 多亿卢布，其中 2010 年为 60 亿卢布，2011 年为 60 亿卢布，2012 年为 70 亿卢布；这些拨款还包括用于组织—技术和信息保障的资金，其中 2010 年为 9000 万卢布，2012 年为 9000 万卢布。[①] 2013—2017 年用于高科技生产综合项目及项目监察的财政拨款，必须经教育科学部的同意才能使用。

与此同时，俄罗斯政府颁布《国家支持高校与高科技生产组织合作条例》。该条例规定，俄罗斯政府提供财政拨款资助高校与高科技生产组织的合作。该项资助在竞争的基础上进行，给入选者拨发的资助数额为 1 年 1 亿卢布，资助期为 1～3 年，资金用于高校进行科研、实验和技术工作的财政支出。有资格申请的组织必须提供科研、实验和技术工作的具体方案，并承诺将提供1：1的配套资金用于方案的实施，将不少于总资金额度的 20％用于科研、实验和技术工作。[②]

2010 年，教育科学部组织选拔，入选者在创建高科技生产的过程中获得资助。715 所大学与企业共同合作创建的高科技经济实体提交 803 份申请，其中 107 份申

---

① Правительство РФ，Постановление Правительства Российской Федерации от 9 апреля 2010 г. N 218 г. Москва，2014-04-16.

② Правительство РФ，Постановление Правительства Российской Федерации от 9 апреля 2010 г. N 218 г. Москва，2014-04-16.

请成功。①

2.《关于国家支持高校发展创新基础设施的决议》

2010 年 4 月，俄罗斯政府颁布的《关于国家支持高校发展创新基础设施的决议》规定，国家支持高校发展创新基础设施，包括支持小型创新企业。教育科学部根据选拔的结果，在 2010 年按照一定的财政拨款程序，向入选高校所在的教育权力机构拨款，支持高校发展创新基础设施。教育科学部和财政部在制定财政预算时，2011 年拨款 20 亿卢布，2012 年拨款 30 亿卢布，用于发展高校创新基础设施。②

俄罗斯政府同时颁布《国家支持在联邦高等教育机构发展创新基础设施条例》。该条例指出，国家支持高校发展创新基础设施（包括小型创新企业）的举措，主要目的在于促进创新环境的形成，发展高校与工业、企业之间相互作用的关系，支持创建经济联合体。

国家支持高校发展创新基础设施的方式也是在提交创新基础设施纲要申请方案的基础上确立的。入选者实施其高校创新基础设施纲要，政府进行财政拨款，期限为 3 年，每年为 5000 万卢布。③ 项目采取公开举办的方式，项目的参与者可以是从事基础科学研究或应用科学研究的高等职业教育机构和大学后职业教育机构，每个教育机构有权提交一份参与项目的申请。项目的评选条件之一是分析该教育机构最近三年的科研、教育和创新方面的成果及未来发展潜力。教育科学部从国家支持高校创新技术设施的财政拨款中拨出一部分经费用于技术和信息等方面的保障，具体为：2010 年 1500 万卢布，2011 年 1000 万卢布，2012 年 1500 万卢布。④

评审委员会的决定是高校入选者获取拨款的重要依据。联邦财政拨款以补充财政拨款的方式，或者以资助的形式给入选的高校提供资金。入选的高校拥有拨款资金，其中资金的主要管理人要在每个季度向教育科学部提交财

---

① Правительство РФ，О поддержке научных исследований и инновационной и нфраструктуры вузов，2014-12-16.

② Правительство РФ，Постановление Правительства Российской Федерации от 9 апреля 2010 г. N 219 г. Москва，2014-04-16.

③ Правительство РФ，Постановление Правительства Российской Федерации от 9 апреля 2010 г. N 219 г. Москва，2014-04-16.

④ Правительство РФ，Постановление Правительства Российской Федерации от 9 апреля 2010 г. N 219 г. Москва，2014-04-16.

政报告，教育科学部、联邦财政拨款监察部、高校中财政拨款的主要管理者对财政拨款的用途进行监察。

该决议保障国家为大学创新基础设施提供支持，包括支持大量的企业创新。为实现这一决议，2010年教育科学部对发展创新基础设施纲要进行评选，包括支持一小部分的创新企业和教育机构等。199份申请中有56份申请成功，这56所大学签署56项合同，其中5所大学（9%）为联邦大学，20所（36%）为国家研究型大学。①

3.《关于高校引进著名学者的决议》

2010年4月，俄罗斯政府颁布《关于高校引进著名学者的决议》。这份决议是俄罗斯政府为支持发展高校的科学创新事业、提高高等教育质量所做出的决定，旨在通过政府资金支持俄罗斯大学能够邀请著名学者创建世界级别的科研实验室。联邦政府将在竞争的基础上提供一次性资助金（简称联邦政府基金），支持高校的著名学者进行科学研究。联邦政府基金的数额为每人1.5亿，用于2010—2012年进行的科学研究；科学研究的时限也可延长1~2年。该决议要求联邦财政部确保2010—2012年财政拨款的联邦政府基金总数额达到120亿卢布，其中2010年为30亿卢布，2011年为50亿卢布，2012年为40亿卢布。联邦财政拨款用于组织—技术、信息保障和科学研究的资金达2.4亿卢布，其中2010年为1.2亿卢布，2011年为6000万卢布，2012年为6000万卢布。②

俄罗斯政府同时颁布《联邦政府支持著名学者进行科学研究的基金发放条例》，对基金发放、竞标要求和对中标学者的责任进行规范。联邦政府基金以资助高校的形式分发。经领导科学研究项目的著名学者同意，高校有权使用联邦政府基金。高校需要按照高校创收活动资金的管理办法使用联邦政府基金。基金的发放需要经过竞标，竞标基金的程序必须公开。申请联邦政府基金的竞标人可以是在科学领域从事研究的俄罗斯著名学者，也可以是外国学者。著名学者有权参与一个科研项目，并组建科研团队。科研团队的成员不少于2名副博士、3名在校学习的研究生和大学生。每所高校进行的科研项目

---

① Правительство РФ, О поддержке научных исследований и инновационной инфраструктуры вузов, 2014-12-16.

② Правительство РФ, Постановление Правительства Российской Федерации от 9 апреля 2010 г. N 220 г. Москва, 2014-10-16.

的数量不受限制。

该条例还对中标的高校学者提出要求。例如，委员会做出决定之后，著名学者要与高校就基金的发放问题签署协议，其中包括政府基金投入的科研项目方向、科研项目的工作计划和支出预算、拨款的总数及各阶段的数额。学者有责任每年提交科研项目的年度报告，高校有责任提供进行研究的场所、实验基地，与学者及科研团队成员签署组织、劳动协议，支付科研团队人员的科研工作费用。

俄罗斯政府通过协同创新政策的颁布与实施，构建起政府—高校—企业三位一体的协同创新发展模式，从政策、资金、基础设施、人才引进、信息等多方面为创新发展提供保障。除了这三项决议之外，俄罗斯政府还颁布了《支持联邦大学实现科学研究和创新活动的现代化》《支持国家研究型大学》等文件。为实施上述国家协同创新发展政策，俄罗斯政府还开展了一些具体活动。例如，支持高校的创新活动；整合科研资源；从联邦预算中拨款资助名校；拨款用于科学研究和实验基地建设，以吸引国内外著名学者，创建世界一流大学；鼓励创办科技园，并加大对科技园的资助力度，对科技园进行等级评定；为青年学者设立科学创新总统奖金等。

除了上述政策之外，俄罗斯一流大学联盟在俄罗斯创建世界一流大学政策中发挥了重要的组织协同作用。2010 年 6 月，俄罗斯一流大学联盟成立大会在圣彼得堡举行，旨在促进教育体系的改革和发展，利用现有资源提高教育质量，加强科教一体化。俄罗斯一流大学联盟不仅以高等教育的发展为己任，而且将重塑科学在教育和经济发展中的重要作用。联盟之外的其他大学虽不具有特殊地位，但如果愿意参与完成公共教育的改革任务，那么俄罗斯一流大学联盟的一切活动对这些大学都是开放的。俄罗斯一流大学联盟成为各所大学交流经验、完善法律制度的平台，能够促进资源中心的建立和科研创新纲要的实施。

二、俄罗斯创建世界一流大学的显性政策

2009 年 11 月，俄罗斯总统普京在公开发言中提出从联邦预算中拨专项资金支持俄罗斯创建世界一流大学。普京指出，这些资金用于更新研究和实验基地，吸引优秀学者，其中包括国内和国外学者；这些大学应在世界教育和科研领域的排行榜中占据靠前的位置，成为国家创新体系中的重要一环。

2012 年 5 月，俄罗斯政府颁布联邦总统令《关于国家政策在教育科学领域的实施措施》。该文件指出，俄罗斯将通过项目选拔出国内一流大学，为其增加科研和开发拨款基金的数额，支持这些国内一流大学努力建成世界一流大学。具体目标为：2015 年前，俄罗斯学者在 Web of Science 科学引文索引期刊上发表的论文数量占总论文数的 2.44％；2020 年前，俄罗斯有不少于 5 所大学进入世界大学排名前 100 名。2012 年 10 月，俄罗斯政府颁布《俄罗斯一流大学提高国际竞争力措施实施计划》(2012 年年底进行部分的修改)。该文件是俄罗斯政府正式提出创建世界一流大学目标后颁布的第一个文件，也是具体实施创建世界一流大学战略的核心政策。该文件主要包括以下几个方面的内容。

(一)组织、经济和法律保障

俄罗斯教育科学部协同俄罗斯经济发展部、财政部、司法部和俄罗斯教育科学院共同为提高世界一流大学的竞争力提供组织、经济和法律保障。具体包括：制定国家支持创建世界一流大学的措施，确定向世界一流大学分配和提供资金的程序，制定世界一流大学引资机制和世界一流大学提高竞争力委员会(简称提高竞争力委员会)的条例。为提高世界一流大学的科教竞争力，国家为项目入选者提供支持，并制定项目的组织—技术和信息保障系统，制定国家支持的分析和方法跟踪程序；制定遴选世界一流大学的标准；确定提高竞争力委员会的章程；确定方法建议，包括确定俄罗斯大学向国际排名机构提交报告的必要形式和规则；根据国际排行榜的规则和标准组织选拔，遴选获得国家资助的大学；确定世界一流大学名单，即参与该项目的大学名单；制定提高世界一流大学科教竞争力的"路线图"，包括大学吸引资金增加科研活动经费；更新教育科学部有关联邦预算资助的命令；更新联邦权力机构有关联邦预算资助的命令；定期举办国际研讨会，实施世界一流大学"路线图"；完善大学管理系统，包括吸引国际水平的专家进入大学管理层；制定和实施推进俄罗斯科学杂志转载的措施；组织和推进世界一流大学提高竞争力的工作，其中包括进入世界排名和实施"路线图"；撰写创建世界一流大学计划的实施报告，期限为从 2011 年实施持续财政经济保障到 2020 年前。

(二)发展入选大学的人才潜力

确定和实施大学领导后备力量的措施,以吸引在国外一流大学和俄罗斯科研院所具有工作经验的专家担任领导职务;确定和实施措施,吸引国外一流大学和俄罗斯科研院所科研领域具有成功经验的青年学者;大学(包括俄罗斯一流大学和科研中心)以实习生的方式实施国际及俄罗斯内部科研人员的科研水平稳定发展计划,以提高科研水平和教学技能;完善硕士和博士研究生院的活动,其中包括形成有效机制,吸引和稳定大学的青年科研人才。

(三)发展大学的教育科研活动

在大学中,实施支持大学生、硕士生、实习生和青年科研人才的措施;制定和实施与国外一流大学合作的教育大纲;制定和实施措施吸引国外一流大学学生来俄学习,其中包括实施与国外大学和大学联盟进行合作的教育大纲;遵循俄罗斯联邦基础科学研究长期规划,在大学中确定和实施科研工作计划,同时兼顾基础和应用研究的国际优先发展方向;以大学为基础,实施科研方案吸引国外和俄罗斯学者,与有前景的科研机构合作;以大学为基础,与国外高科技公司实施科研及实验设计方案。

第三节　俄罗斯创建世界一流大学政策的实施、评估与调整

2012年,俄罗斯政府第一次在政策文本中明确提出俄罗斯创建世界一流大学的目标。之前,虽然俄罗斯一直在致力于一流大学的建设,并试图恢复俄罗斯大学在世界大学排行榜上的地位,为此做出诸多方面的努力,并在联邦大学、研究型大学以及高校协同创新方面的政策上逐渐向世界一流大学迈进,但从未提出如此明确的目标。这一目标的确立说明俄罗斯在创建世界一流大学方面具有一定的实践基础,同时也激励俄罗斯在创建世界一流大学方面做出更加积极的举动,采取实质性的措施。

在实现创建世界一流大学政策目标的过程中,俄罗斯政府以实施"5-100计划"为依托,陆续推出具体项目,从人才引进、人才储备和基础设施建设等方面加强大学的科教实力。经历几年的努力,俄罗斯创建世界一流大学的隐性与显性政策已经发挥效应,俄罗斯世界一流大学的建设取得了一些成绩。

但随着政策的不断深入实施，随之而来的问题也不断凸显，俄罗斯创建世界一流大学的政策也在做出相应的调整，以提高政策实施的效益。

一、俄罗斯创建世界一流大学政策的实施

俄罗斯创建世界一流大学政策颁布之后，在联邦层面以"5-100 计划"为依托，辅之引进世界著名学者政策，支持一流学科、青年学者和研究生计划，支持一千个实验室建设项目，提高参与世界一流大学项目的俄罗斯高校的科教竞争力。同时，在大学层面，各高校按照俄罗斯教育科学部的要求，确定目标，实施各自的综合发展计划。本节以俄罗斯新西伯利亚大学为例，阐述俄罗斯创建世界一流大学政策在大学层面的实施。

（一）联邦层面

1."5-100 计划"的实施

2012 年 5 月，俄罗斯总统提出，在 2020 年前有不少于 5 所俄罗斯大学进入世界前 100 强。为保障提高世界一流大学的竞争力，2013 年 3 月俄罗斯政府批准实施"5-100 计划"，该计划是创建世界一流大学政策的具体操作措施。2013 年 5 月，俄罗斯公布了项目选拔的条件和规则，宣布举办选拔，来自 7 个联邦区和 25 个联邦主体的大学递交 54 份申请参与项目。莫斯科国立大学和圣彼得堡国立大学没有参与申请，因为这两校之前已经得到国家的支持。

（1）制定考察备选大学的条件和标准

2013 年 5 月，俄罗斯教育科学部责成提高竞争力委员会制定标准，入选大学接受国家资助，提高其竞争力，为进入世界一流大学行列做好准备。提高竞争力委员会将重点考察入选大学的条件，详见表 7-1。

表 7-1　提高竞争力委员会考察的主要指标内容

指标内容	所占比例
大学符合现有的要求：大学科研工作的现有水平、大学（应届高中毕业生）新生对大学教学大纲的兴趣、大学国际活动的发展情况	20％
成为世界一流大学的潜力：大学表现出的能够进入世界排行榜前列的竞争指标和基本竞争方向	30％
提高国际竞争力纲要的全面性和充分性：大学管理者清晰地提出进入世界一流大学前列的改革路径	50％

资料来源：Совет по повышению конкурентоспособности ведущих университетов Российской Федерации среди ведущих мировых научно-образовательных центров, Этапы конкурсного отбора проекта《5топ100》，2016-09-10。

（2）选拔过程

2013 年 3 月，教育科学部宣布实施国家支持创建世界一流大学计划。该计划旨在提高俄罗斯世界一流大学在世界科教中心的竞争力，入选者有权利获得专门的资助奖金，实施相应的措施，推动大学进入国际大学排行榜的前列。2013 年 7 月，提高竞争力委员会听取申请学校的发展报告，10 月研究、评审大学的措施和"路线图"。此次选拔共有 54 所大学提出申请，首次选出 36 所进入第二轮评审。提高竞争力委员会在审阅相应材料之后于 10 月 28 日公布结果，12 所大学获得资助，3 所大学待定，争取 2014 年第二轮的竞争。15 所大学上交各自大学进入前 100 名的发展计划。这 15 所大学分别为：①莫斯科 4 所大学：莫斯科工程物理学院（国立核能研究型大学）、莫斯科物理技术学院（国家研究型大学）、莫斯科钢铁合金学院（国家研究型工艺技术大学）、国立高等经济学院（国家研究型大学）。②圣彼得堡 3 所大学：圣彼得堡国立电子技术大学、圣彼得堡国立理工大学、圣彼得堡国立信息技术机械与光学大学。③3 所联邦大学：远东联邦大学、喀山联邦大学、乌拉尔联邦大学。④5 所其他大学：罗巴切夫斯基下诺夫哥罗德国立大学、萨马拉国立航空航天大学、新西伯利亚国立大学、托木斯克国立大学、托木斯克理工大学。这些大学平均获得 6 亿卢布的资金，学校将这笔资金用于学校发展，力争在 2020 年进入世界大学排行榜（THE、QS 和 ARWU 排行榜）的前 200 名，其中 5 所大学要进入世界前 100 名。

（3）组织和财政资源配置

为确保俄罗斯创建世界一流大学，提高其在世界科教中心的竞争力，2013 年 12 月和 2014 年 12 月俄罗斯政府做出决定：拨给教育科学部的联邦财政预算为 2013 年 9 亿卢布，2014 年 10.5 亿卢布，2015 年 12 亿卢布，2016 年 12.5 亿卢布，2017 年 13.1 亿卢布。① 这些资金用于国家支持世界一流大学提高其科教竞争力，包括在组织—技术、信息方面设立项目；同时提供不少于资金 6% 的配套资金，用于国家对大学在方法和分析方面的支持。

教育科学部特别组建提高竞争力委员会，负责管理提高世界一流大学竞争力的相关事务。提高竞争力委员会负责制定评选受资助大学的标准，确定

---

① Юрий Смитюк/ИТАР-ТАСС，Высшие учебные заведения страны готовят к вхождению в первую сотню мировых образовательных рейтингов，2015-01-29.

国家资助世界一流大学资金的分配规则，审核申请大学提供的科教竞争力发展纲要，为教育科学部提供有关提高大学竞争力的建议，汇报入选大学资助基金的使用和管理情况；建议入选大学制定绩效指标以便更有效地实施提高竞争力的发展纲要；审核入选大学的实施措施报告，确定大学的更换和参与自主选拔的资格以及是否撤销大学的资助。工作会议是提高竞争力委员会的主要活动形式。工作会议每年不少于 2 次，每次参加会议的人数不能少于全体成员的 50%。

2. 持续引进世界著名学者

早在 2010 年 4 月，俄罗斯政府就颁布了《关于高校引进著名学者的决议》。在创建世界一流大学目标确立之后，俄罗斯延续引进高层次人才政策，通过竞争的方式资助世界著名学者，利用高层次人才的科研水平快速拉动俄罗斯科研水平的提高。

2010 年 6 月，俄罗斯第一次组织选拔评选获资助的著名学者，507 名学者代表 179 所高校参加角逐。2010 年 10 月，俄罗斯联邦政府确定 40 名学者为入选者，其中 20 名学者为俄罗斯籍学者（5 人具有双重国籍，常年居住俄罗斯的为 5 名）；外国入选者中有 10 名美国学者。第二次选拔在 2011 年 4 月举行，有 517 名著名学者代表 176 所俄罗斯大学参与角逐。2011 年 9 月，俄罗斯政府确定 39 名入选者，其中 19 名为俄罗斯籍学者；入选的外国学者中有 10 人来自美国，6 人来自法国。①

第三次选拔有 720 人申请，其中来自大学的申请为 576 人，来自科研机构的申请为 144 人。2013 年 4 月，俄罗斯国家资助科研委员会确定 42 名学者为第三次选拔的入选者，获得的政府资金用于科学研究。入选者中有 19 人为俄罗斯国籍；在外国学者中，美国 3 人，日本 3 人，意大利、西班牙各 2 人。42 名入选者将在 23 所大学和 13 个科研机构开展科学研究。俄罗斯政府资助科研的必要条件是大学和科研机构吸引预算外资金的数量不少于资助总数的 25%。

3. 持续支持俄罗斯世界一流学科、青年学者和研究生

一流的大学必须有一流的学科和一流的学者。为创建世界一流大学，俄罗斯政府高瞻远瞩，在 2005 年就开始筹谋建设计划。该计划开始于 2005 年

---

① Вестник высшей школы, Объявлены имена 42 победителей третьего конкурса на получение грантов ведущих учёных，2015-02-09.

俄罗斯政府颁布的《国家支持俄罗斯一流学科和青年学者(博士和副博士)措施》。俄罗斯实施这一综合措施,旨在保持和发展科技综合体的人力资源,促进科学和教育一体化,在科教领域发展人力资源再生产体系,改善科研和科教人力资源,加强国家对青年科研人员的支持,特别是为青年博士和副博士提供国家支持,为一流学科提供支持。具体做法包括:每年定向支持 400 名俄罗斯青年学者(35 岁以下),副博士每年每人平均资助 60 万卢布;支持 60 名俄罗斯学者(40 岁以下),博士每年每人平均资助 100 万卢布;俄罗斯世界一流学科每年平均资助 40 万卢布。俄罗斯还设立了联邦总统奖学金,每人 2 万卢布,发放期限为 3 年。联邦总统奖学金的拨款总额为每年 2.4 亿卢布,每年获得联邦总统奖学金的人数为 1 千人。

从 2013 年开始,资助的范围从博士和副博士扩展到高校的青年教师。凡是致力于前沿科学研究的高校和科研院所教师,或者开发适宜俄罗斯经济发展的创新产品的青年教师都可以申请国家资助。2015—2017 年,联邦总统奖学金的申请人数达到 2336 人,比 2013 年高出 40%,比 2012 年高出 84%。[1] 这一数字表明,俄罗斯青年学者对国家资助项目的认同,也表明这一资助项目在俄罗斯青年学者中的普及度。

4. 支持建设一千个实验室

从 2014 年开始,俄罗斯教育科学部颁布联邦科学支持纲要,其中有一个支持科研活动的计划,称为“一千个实验室”。在该计划的框架下,资助 1000 个学者和团队新建实验室或在原有基础上发展的实验室,资助期限一般为 5 年,资助额度为每年 1000 万～2000 万卢布,具体额度取决于实验室的研究方向。受资助者不是大学或科研院所,而是学者创建的实验室,可以是新建的实验室,也可以是在原有基础上发展的实验室。获得国家资助后,学者须与国家签订合同,按照原先提交的实验室发展计划进行建设。支持 1000 个实验室的决定实施后,俄罗斯在之后的 5 年每年都资助建设 200 个这样的实验室。

过去的国家资助都是以大学、科研机构为申请主体,不受理个人或团队的申请。而这一计划按照新模式实施,打破过去的申报主体的局限,申报者可以是某名学者,也可以是某个团队;申报的项目可以是创建新的实验室,也可以是改造实验室。总之,只要申报的实验室能够带动科研的创新和发展,就会得到资助。

---

① Министерство образования и науки рф, Поддержка молодых ученых, аспирантов и ведущих научных школ Российской федерации, 2014-12-28.

（二）大学层面的个案分析

2013 年 9 月，俄罗斯教育科学部的代表和国外观察员组成专家团，挑选出 15 所大学接受国家资助。同时入选的大学也被指派任务，在 10 月前准备好"路线图"，并将"路线图"递交国内外专家评审。国内外专家通过不公开投票的办法确定获得拨款的大学名单。同年 10 月，新西伯利亚大学（以下称为新大）成为首批获得资助的大学之一。新大的目标首先是进入 QS 世界大学排行榜，并在 THE 排行榜和 ARWU 排行榜中不断提高排名的位置。新大在发展纲要中明确指出，该校进入世界排行榜的主要优势在于与俄罗斯科学院西伯利亚分部的密切合作，以及和大学毕业生之间的互动。新大的"路线图"是一个大学发展的综合计划，新大致力于在国立大学中确立自身的独特性，与科研院所、市科研机构以及科技园创新公司紧密合作，建立天才学者和教师引进机制，筹谋发展国际流动计划，在科学领域与世界一流大学合作。其具体内容在新大的发展纲要《新西伯利亚国家研究型大学提高竞争力措施计划 2013—2020》中得到诠释。

1. 新大发展的总目标和具体目标

新大进入世界大学前 100 名的总战略目标是提高该校的国际竞争力，成为俄罗斯、北亚、东欧大学一流的学习中心，为科学和创新活动培养高技能专业人才，成为科学知识再生产的一流中心，促进科学知识的有效应用，将进入 QS 世界大学排行榜中最好的 100 名大学之列。

具体指标包括：2013 年该校在 QS 世界大学排名榜位居 352 名，2020 年努力达到 90～100 名；发表于 Web of Science 和 SCOPUS 的论文数量，2013 年每名科教工作人员平均 1.287 篇，在 2020 达到平均每人 2.0 篇；2013 年国外教师和研究人员占科教工作人员的比例为 1.4％，2020 年达到 10％；2013 年在新大学习的外国大学生的比例为 6.0％，2020 年达到 15％以上；依靠联邦预算拨款接受学士和文凭专家函授教育的学生，其进入新大的国家统一考试的平均分在 2013 年为 81.7 分，2020 年保持在 80 分以上；2013 年预算外收入占新大收入结构的 50％，2020 年不少于 54％。另外，新大在总体目标和具体目标之后还添加了补充性指标，即科教工作人员与学生总数的比例在 2013 年为 1∶10，2020 年降为 1∶8。

2. 新大关键性的竞争优势

新大创建于 1958 年，2009 年被俄罗斯政府授予国家研究型大学。该校形成了数学、力学、物理学、化学等强势学科，在很多领域具有较高的教育水平。新大竞争的优势在于：新大具有先进的科研和创新资源平台，占地 1.5平方千米，拥有 30 个科研院所和 1 个新西伯利亚科学院分部工业园。该工业园也是俄罗斯最好的工业园；重视数学、自然科学和信息科学方面的优等生的选拔，并已经形成成熟的选拔和培养体系；有很多毕业生工作在世界一流大学和科研中心；具有高效的管理团队，能够胜任当前实施的改革。这些优势成为新大角逐世界一流大学的资本，也是未来发展的良好基础。通过这些竞争优势，新大吸引国内外著名学者加入新大，提升新大的科研水平，带动科研、教学的整体发展；吸引国外和国内的优秀学生来新大学习，从而扩大教育有偿服务，加速大学的国际化；吸引经济部门和社会商团的投资眼光，吸引预算外资金投入。

3. 新大发展的具体实施途径

新大在未来发展中，将进一步开拓新优势。该校提高竞争力发展纲要中明确，2013 年到 2020 年的具体实施途径包括如下几方面。

第一，制定大学发展纲要和确定智力型产品开发的侧重点。具体包括：制定英语版教育大纲和教育标准；与世界一流大学的教育标准兼容并蓄；提高现有教育大纲的质量和多样化程度；开发具有发展前景的教育新产品。

第二，吸引并壮大新大的关键性人员，提高教学和科研人员的素质。具体包括：长期吸引优秀且具有发展前景的科教工作人员；提高新大科教工作人员的科研出版物的质量；实施科教工作人员的国际科研流动计划，在新大的主持下吸纳研究人员和俄罗斯科学院进行国际合作。

第三，吸纳天才大学生和研究生。具体包括：吸引各级应届的大学毕业生、硕士研究生和博士、副博士研究生；吸引外国留学生；开创新大作为现代教育机构的声誉。

第四，建立资源集中保障机制。具体包括：创建国际水平的研究基地；寻找和选择具有突破性的研究方向；调动资源集中于突破性方向上。

第五，创建新大的管理系统。具体包括：保障达到目标模式的指标和特征（基本原则、管理人才和系统、大学组织机构）；优化管理系统，编制有效的管理工具。

第六，对新大计划机制发生变更进行有效管理。具体包括：对提高竞争力纲要进行有效管理，实施职业专家咨询和审核机制。

第七，实施补充性的战略举措。具体包括：在大学的各教育阶段进行大学知识的资本化和企业文化的构建，加强与国家和商业的协作，发展其他支持机制；提高新大的品牌知名度。

以上七项措施在 2015—2020 年的预算分别为 21.29、24.10、26.64、28.65、31.06、32.87 亿卢布。① 第一批联邦预算资金 5.924 亿卢布于 2013 年年底拨到大学，新大将资金投入推进工作人员的学术出版，改组管理系统，创建营销服务机制。除此之外，在第一阶段，新大还将投资与俄罗斯科学院西伯利亚实验室共同建立镜面实验室。

二、俄罗斯创建世界一流大学政策的评价

俄罗斯政府创建世界一流大学政策始于 21 世纪初，在大学整合、大学创新和研究型大学建设以及青年人才储备方面都做出过规划。它虽没有提出明确创建世界一流大学的目标，但所颁布的一系列政策都在为创建一流大学做准备和铺垫，努力的方向也是创建世界一流大学。在此基础上，2012 年俄罗斯政府明确提出创建世界一流大学，并明确提出在 2020 年前至少有 5 所大学进入世界大学前 100 名。随着颁布提高俄罗斯大学的科教竞争力政策，俄罗斯政府颁布引进著名学者，支持一流学科、青年学者和研究生，支持实验室建设等一系列辅助政策。与此同时，俄罗斯国内的高水平大学开始启动创建世界一流大学的发展纲要，挖掘自身的发展潜力，在联邦政府的支持下，按步骤、按计划向世界一流大学迈进。

(一)俄罗斯创建世界一流大学政策的成效分析

经历多年的酝酿，俄罗斯创建世界一流大学政策从隐性走向显性。虽然创建世界一流大学的核心政策颁布时间并不太长，但之前隐性政策的实施已经发挥效应，俄罗斯创建世界一流大学政策已经取得了积极的成效。

1. 形成俄罗斯世界一流大学群体

目前为止，俄罗斯已经创建了 9 所联邦大学，29 所大学获得国家研究型大学的地位，57 所大学实施创新教育纲要。这些大学对组织结构进行优化，创建新的管理部门，实施创新教育纲要，在俄罗斯已经形成世界一流大学群体。这些大学占国立大学的 8％，但有全国 17％的大学生和 22％的教师，这

---

① Новосибирский государственный университет，Дорожная карта，2015-03-09.

里有最好的教师和最好的研究人员。① 更多的应届毕业生准备考入俄罗斯一流大学。考入这样大学的平均分要达到 73 分，这一分数要比国立大学平均分多 8 分。俄罗斯一半以上的中小学生奥林匹克竞赛的获胜者都考入一流大学。这些大学具有现代管理机制，比其他大学更早成为自治组织，并创办战略管理机构—观察委员会，监督学校发展纲要的实施，按照计划逐步向世界一流大学迈进。

2. 科教基础设施和人才储备得到增强

由于前期世界一流大学隐性政策的实施，世界一流大学中装备了现代基础设施，加强了物质技术基础，为新知识和技术创新的结合创造了条件。15 所世界一流大学成为创新聚集区的参与者，这是企业、地区科研—生产组织的联合，旨在发展本地工业的竞争力；23 所国家研究型大学和所有联邦大学都被吸引来完成国家参与的创新发展纲要。俄罗斯政府构建了联邦大学网和国家研究大学网，进一步实施创新教育纲要，培养高科技生产人才。在国家重点大学建设现代研究实验室上，投资 900 亿卢布。② 在大学科教人才储备方面，2010 年，全俄有 5.7 万高科技人才参与到科学研究中（占俄罗斯科研工作者的 15％）。在科研工作者中，4.15 万人是青年学者和大学生，3.8 万人是高等学校的专家。③ 2009—2011 年组织了两轮国家研究型大学的选拔，2010 年年中有 29 所国家研究型大学实施创新教育纲要，并得到了财政支持。为发展国家研究型大学，俄罗斯政府从 2009 年开始划拨 84.2 亿卢布，用以发展国家创新体系的基本设施、推进研究成果的商业化。截至 2011 年 5 月，俄罗斯有 58 个工业园区、63 个创新和技术中心、80 个企业孵化器和 86 个技术转移中心。④

3. 科研水平得到提高

创建世界一流大学政策的实施促进了科学与教育、创新的紧密联系，恢复了俄罗斯高等院校的科研职能。俄罗斯世界一流大学工作人员在科研网数

---

① Дмитрий Ливанов. о развитии ведущих российских университетов，2014-10-11.

② Министерство образования и науки РФ，Об итогах деятельности Министерства образования и науки РФ за 2010 г. и задачах на 2011 г.（по материалам коллегии Минобрнауки России19.03.2011），2013-09-09.

③ Правительство РФ，О поддержке научных исследований и инновационной инфраструктуры вузов，2013-09-09.

④ Министерство образования и науки РФ，Об итогах деятельности Министерства образования и науки РФ за 2010 г. и задачах на 2011 г.（по материалам коллегии Минобрнауки России19.03.2011），2013-09-09.

据库索引的科研杂志上发表的论文占俄罗斯大学成果的 62％，2009 年至 2014 年科学文献索引的数量平均每所学校是以前的 3.5 倍。俄罗斯政府用于科学研究方面的投入同样有较大的增幅。2011 年用于科学研究试验设计及技术活动的预算总数额是 2006 年的 3 倍，约达 280 亿卢布。① 为发展高科技行业，2012 年教育科学部遴选的 3017 个科研项目，几乎涉及所有科学领域。其中，353 项知识产权获得保护或提出专利申请。截至 2012 年 6 月，在国家支持高校发展创新基础设施项目中入选的大学已创建了 851 个经济实体，这些经济实体合作进行的创新项目达 1100 余个。②

(二)俄罗斯创建世界一流大学政策实施中存在的问题与障碍

在俄罗斯创建世界一流大学政策的引导下，参与提高竞争力计划的 15 所大学都相应制定了发展纲要和"路线图"，并设立很多部门负责实施提高竞争力计划，但实际操作中仍存在很多的问题与障碍。

1. 资金投入压力大

众所周知，创建世界一流大学需要大笔资金的投入。俄罗斯政府虽然前所未有地投入大量资金，但比起德国和美国等发达国家，俄罗斯政府的资金投入显得相形见绌。例如，在经费层面，美国政府通过财政预算为"美国综合战略"提供巨额的经费支持，包括科研经费、专项经费和学生资助经费等。根据预算，美国政府将在 10 年时间里投入 500 亿美元用于研究基金的建设，另外投入 860 亿美元直接用于各种科学研究和技术开发活动。这些资金都已经在 2006 年、2007 年和 2008 年的总统预算中得到落实。因此，俄罗斯创建世界一流大学，除了政府投资外，还需要寻找新途径吸引预算外资金才能完成目前的宏伟任务。目前，各大学的预算外资金投入比例较小，如何调动各方因素，吸引预算外资金是各大学面临的严峻问题。参与提高竞争力计划的大学获得国家资金资助的期限为 5 年，而下一个 5 年纲要的实施需要大学自己买单。这一资金来源于预算外收入，主要依靠大学在第一个 5 年所创建的基础设施。目前，各大学还未形成行之有效的吸引预算外资金的机制，而这无

---

① Правительство РФ，О поддержке научных исследований и инновационной инфраструктуры вузов，2013-09-09.

② Министерство образования и науки РФ，Об итогах деятельности Министерства образования и науки РФ за 2012 год и задачах на 2013 год，2014-06-20.

疑给大学科教竞争力的持续提高带来压力。另外，俄罗斯在创建世界一流大学的巨大投入并没有带来商业投资的青睐。因此，从财政的角度来看，拨款的意义还值得进一步评估。

2. 实验性的探索路径有很多未知

对于俄罗斯来说，创建世界一流大学的途径主要有两种：一种是直接复制欧美的世界一流大学，另一种是开拓自己的发展模式。俄罗斯选择了后者，即创建俄罗斯模式的世界一流大学。目前，15 所参与提高竞争力计划的大学还处于改革阶段，实际上处于试验阶段。各大学在寻找各自的优势，探索一条独特的发展路径。虽然各大学的发展纲要和进入世界大学前 100 名的"路线图"已经得到提高竞争力委员会的认可，但在实际操作中仍可能会出现意想不到的障碍。很多事情还处于未知阶段，创建世界一流大学之路也在摸索中前行。因此，有俄罗斯学者和社会人士对创建世界一流大学政策的目标定向表示质疑。

3. 政策目标定位的冲突

俄罗斯政府在创建世界一流大学政策的制定过程中，虽然持续渐进，前后相互呼应，但也存在定位冲突的问题。例如，之前俄罗斯联邦政府确定的联邦大学发展纲要中包括推动大学进入世界大学排行榜的目标，但在提高竞争力计划中原来的目标定位被改变了，出现了新的目标。远东联邦大学原本定位于 THE 排行榜，但结果是该校最后选择 QS 排行榜，向政府承诺政府在 2019 年进入 QS 排行榜前 300 名。由于 THE 排行榜和 QS 排行榜所重视的指标不一致，所以之前远东联邦大学在此方面做出的努力可能未必都能在冲击 QS 排行榜的过程中发挥作用，这样就可能造成资源的浪费。而西伯利亚联邦大学 2014 年准备进入 ARWU 排行榜前 4000 名，在其发展纲要中明确反映出这一目标，但可惜的是 ARWU 排行榜只公布前 500 名的名单。这也说明有些政策的目标定位并不适合。

三、俄罗斯创建世界一流大学政策的调整

俄罗斯政府于 2013 年 5 月颁布在 2012 年 10 月政府会议上通过的《俄罗斯联邦 2013—2020 年国家教育发展纲要》。该纲要旨在实施教育领域的国家政策，保障各教育阶段的运行和发展。未来几年，俄罗斯将在各联邦大区内强势发展世界一流大学，建设世界一流大学，形成一流大学网，整体促进教育体系特别是高等教育体系的现代化。该纲要是俄罗斯未来 7 年教育发展的重

要规划，将世界一流大学的建设列入教育政策的优先领域，并对创建世界一流大学政策做出进一步的调整和规划，将政策重点集中在以下几个方面。

（一）持续为俄罗斯世界一流大学提供优惠政策

俄罗斯政府为支持创建世界一流大学，给予俄罗斯国内一流大学一些支持机制和优惠政策。首先是提高财政拨款标准。每所世界一流大学将获得的大学标准定额拨款是通常标准的 1.5 倍。其次，在分配国家投资时世界一流大学也拥有优势。例如，优先建设学生宿舍；获得更多的硕士和博士研究生的招生指标；优先承担国家科学研究和获得科研资助。

（二）增强俄罗斯世界一流大学内部的竞争力

在世界一流大学内部将加大应用型人才的培养，吸引国外知名大学专家来俄罗斯高校工作。俄罗斯政府还将制定科教综合体的优先发展方向，加强高校的产学研模式，进一步整合高校、科研机构以及企业的资源，构建跨地区、跨部门的资源中心，发展高等教育组织相互作用的网络机制和远程教育技术等，从多方面综合提高大学的科教实力。

（三）关注俄罗斯世界一流大学建设与地区发展问题

俄罗斯推动世界一流大学建设与地区发展形成统一整体，并将地区经济发展作为评价大学的一个指标；加强与其他大学和科研机构进行网上合作，并在大学发展纲要中明确其具体的活动方向；提高教师和学生的内部科研的稳定性，加大与经济部门企业的合作。

（四）扩大俄罗斯世界一流大学对教育和国家经济发展的影响

目前，俄罗斯正创造条件向高等教育体系推广世界一流大学的成就，扩大世界一流大学对教育、经济和社会的影响。2013 年新修订的《俄罗斯联邦教育法》规定，要建立教育组织互助网络，通过创建网络硕士生院等措施，推动世界一流大学的优质教育资源共享，促进世界一流大学与其他大学的协作，扩大世界一流大学对俄罗斯整体教育质量，特别是高等教育质量的影响。

俄罗斯教育科学部 2018 年的工作规划中指出：大学是国家的创新体系中心，俄罗斯将在 2025 年前有不少于 10 所大学连续两年以上进入世界大学排行榜前 100 名；在俄罗斯各联邦主体中将有不少于 100 所大学成为创新、技术和社会发展中心。为此，2018—2020 年，俄罗斯支持创建世界一流大学，预计投入 300 亿卢布。可见，俄罗斯世界一流大学建设肩负着国家使命，承载着民族的未来。俄罗斯将继续坚持和完善创建世界一流大学政策，为使更多的大学迈入世界一流大学前 100 名，并建立世界一流的高等教育体系而不懈努力。

第八章 中国创建世界一流大学政策研究

　　追求卓越、创建一流几乎是所有大学与生俱来的一种本能。知识经济时代的到来，使高等教育走入社会的中心地带，越发受到政府和民众的重视。内外力的共同作用使创建世界一流大学几乎成为中国高等教育政策的必然选择。然而，与美国、英国、德国等高等教育发达国家相比，中国属于典型的后进型国家。这也注定了中国创建世界一流大学的政策难以覆盖所有的高等学校，而是集中资源优先发展部分大学。

　　"世界一流大学"在中国的教育政策中作为一个整体性概念出现是在 20 世纪末的"985 工程"，但这并不意味着中国创建世界一流大学的探索即源于此时。事实上，中国创建世界一流大学的政策探索最早可以追溯到 20 世纪 50 年代的重点大学政策，正式成形于 20 世纪 90 年代。它并不是单指某一项具体的政策或项目，确切地说其是以政策群组的形式呈现，在时间轴上表现出连续性，在内容轴上表现出递进性。需要说明的是，此章不探讨中国台湾和澳门地区的政策。

第一节　中国创建世界一流大学政策产生的背景

一、内地创建世界一流大学政策产生的背景

　　在新中国成立后的 20 世纪 50 年代，中国就开始重点建设一部分高校，使其在整个高等教育体系中发挥引领作用，更好地服务于国家的社会经济发展。20 世纪 90 年代以后，中国明确提出创建高水平大学和世界一流大学系统，出台了

一系列旨在创建世界一流大学的政策群组，既有旨在提升高校整体实力的
"211 工程""985 工程""2011 计划"等系列工程，又有专注于学科建设的"优势
学科创新平台""特色重点学科项目"等。这一系列政策的出台与中国的国际环
境、政治、经济、文化等因素密切相关。

(一)经济全球化和知识经济时代的客观需求

　　20 世纪 80 年代以来，经济全球化和知识经济在世界范围内兴起，并得到
迅速扩张，已成为当今时代不可回避的基本特征。

　　尽管关于经济全球化尚未有统一的定义，对于其作用的两面性也仍存在
不少争议，但不可否认的是经济全球化现象已经改变着整个世界，也同时被
人们强烈感知。一般来看，这种经济全球化浪潮在缩减国家物理距离的同时，
也促使国际交流更加频繁、市场竞争更加激烈。基于此，为了在竞争激烈的
国际环境中提升国家的竞争力，各国必须在正视并融入经济全球化浪潮的同
时，注重自身科技创新能力、创新人才培养等核心能力的提升。同时兼具知
识生产与人才培养两项职能的高等学校自然成为经济全球化时代资源利用效
率最高的领域之一。

　　知识经济，顾名思义，是以知识和信息的生产、分配和使用为基础的经
济，是与工业经济、农业经济相对应的一个概念。在知识经济时代，知识成
为经济增长的核心要素，知识创新成为组织发展的第一要务。如果说经济全
球化意味着组织之间在政治、经济、文化等多领域交往方式的转变，那么知
识经济这一时代特征凸显了组织之间交往内容的转变，使知识生产的地位变
得愈加重要。高等教育系统呈现典型的金字塔结构，更多数量的高等学校将
工作重心放在传授知识、培养学生方面，仅有少数高校真正承担着生产新知
识的重任，这也使研究型大学在知识经济时代较之其他类型的高校能够显得
更加活力十足、备受重视。

　　综上，经济全球化与知识经济的时代特征直接导致各国的高等教育迅速
向高、精、尖的方向迈进，以国际水准为办学目标，制定高等教育发展战略，
以提高本国在国际社会中的竞争力，维持本国经济的持续发展。[①] 世界一流
大学是经济全球化与知识经济共同作用于高等教育的产物之一。"世界一流"

---

① 胡炳仙：《中国重点大学政策：历史演变与未来走向》，博士学位论文，华中科技
大学，2006。

明确指出了大学竞争的范围，不是在某一国之内，而是与世界范围内的优质高等学校比肩。"一流大学"是对大学在创新人才培养、创新知识技术、优化社会服务等方面提出了更高的要求。中国若想在新的世界竞争中获取优势地位，就必然要创建世界一流大学，顺应并引领时代发展的潮流。

(二)中国政府的战略选择

如前所述，经济全球化及知识经济的时代从外部环境上要求各国政府重视科技创新、知识创新和创新人才培养等综合国力的提升。事实上，提升综合国力本就是一国政府的重要内务。高等教育作为教育系统的上层结构，肩负着知识生产、人才培养、社会服务等职责，与社会发展直接衔接，是推动国民经济飞速发展的重要因素。因此，高等教育的快速发展无疑能够推动整个国家在政治、经济、文化等诸多方面的进步。在中国，虽然地方教育行政机构和高等学校也拥有部分自主权，但就国家宏观高等教育政策的制定而言，其政策路径仍多是自上而下式的，即中央教育行政部门负责制定国家层面的高等教育政策，再由地方教育行政机构或相关隶属高校逐级执行。

在"文化大革命"期间，中国各领域的事业都遭受到重创，高等教育也不例外。"文化大革命"前，中国高等教育的制度设计深受苏联的影响，高等学校长期以教学为主要活动，这一方面使教学工作获得很大的发展，另一方面也将教学与科研割裂开来，大学的学术水平难以得到真正的提升。因此，"文化大革命"结束后，借着社会各领域恢复重建的机会，邓小平同志于1977年对高等教育的重建做出重要战略调整，即"要抓一批重点大学。重点大学既是办教育的中心，又是办科研的中心。"同时，他在科教工作座谈会上强调，"高等学校，特别是重点的高等院校，应当是科研的一个重要方面军，这点应该定下来。他们也有这个能力，也有这方面人才"。邓小平关于重点大学职能的重新定位成为中国重点大学政策的思想纲领，同时也为创建世界一流大学政策的开启奠定了政策基调。教育部在此基础上出台了《关于恢复和办好全国重点高等学校的报告》等系列政策，将高校的战略功能由教学为主拓展为教学与科研并重。1983年5月，教育部在武汉召开了粉碎"四人帮"后中国首次全国高等教育工作会议，讨论如何尽快发展中国高等教育事业，一封建议书在会上引起了震动。参加会议的4位已退居二线的老教育家——天津大学名誉校长李曙森、南京大学名誉校长匡亚明、浙江大学名誉校长刘丹和大连理工大学名誉校长屈伯川联名上书党中央，建议国家拿出 50 亿元，重点资助 50 所高校，列为国家重大建设项目，把它们办成重点大学中的"重点"。① 这份建议后来被人们尊称为"835 建言"，其经有关部门转送给党中央、国务院后，受到了高度重视，并通过《关于将 10 所高等学校列入国家重点建设项目的请示报告》《中共中央关于教育体制改革的决定》等政策付诸实施。这也成为日后国家支持高等教育的两个重点工程——"211 工程"和"985 工程"的核心精神，是中国创建世界一流大学的政策起点。

由此可见，创建世界一流大学是中国政府依据国家的发展需要主动进行战略调整的选择。在中国现行的高等教育管理体制下，也只有获得政府的认可，由上至下地实施政策，才能保证资金的到位和政策的落实。

(三)中国重点大学政策的延续

尽管中国创建世界一流大学的政策起点是在 20 世纪 80 年代末，起步较晚，但却并非空中楼阁。早在 20 世纪 50 年代，中国就出台了重点大学政策，其建设思路是集中有限资源建设少数高等学校，这也被不少学者视为中国创建世界一流大学的开端。事实上，由于重点大学政策的初衷是"全面学习苏联模式"，且彼时中国高等教育事业尚处于百废待兴的局面，与其说是创建世界一流大学，倒不如说是在构建中国高等教育系统更为贴切。但不可否认的是，重点大学政策的确为中国高等教育系统的构建做出了重大贡献，为创建世界一流大学政策的提出奠定了基石。

毛泽东曾指出："没有重点就没有政策。"因此，重点论是无产阶级政党正确制定路线、方针、政策的重要哲学依据，也成为政府制定政策的直接理论根源与工作原则。在 1953 年中央关于高等教育应坚持"整顿巩固、重点发展、提高质量、稳步前进"的指导方针下，1954 年 10 月，教育部发布了《关于重点高等学校和专家工作范围的决议》，将中国人民大学，北京大学，清华大学，哈尔滨工业大学，北京农业大学(现中国农业大学)，北京医学院(后更名北京医科大学，现为北京大学医学部)6 校确定为全国重点高校，这标志着中国重点大学政策正式形成。1959—1963 年，中共中央通过《关于在高等学校中指定一批重点学校的决定》《关于增加全国重点高校的决定》《关于审定全国重点高等学校发展规模和专业设置的报告》等系列文件，将全国重点高校数由原来的

---

① 杨晨光：《迈向世界一流大学的国家战略》，2018-09-23。

6 所扩大为 68 所。1959 年 11 月，全国文教书记会议提出，"中央控制的约 50 所重点高校要进行调整院系、调整专业。凡是世界上有的尖端专业，我们在重点学校全都要设。看到外国有了新专业，我们赶快就搞起来，不要慢吞吞地等上一年两年才搞起来。"①1960 年 2 月，教育部在高等教育重点学校问题座谈会上提出全国重点大学的任务和目标：一方面要在全国同类的高等学校中起带头提高教育质量和科学水平的作用；另一方面应在 3 年到 8 年，力争成为世界上最先进的高等学府。经过一段时间的发展，重点高等学校的科研工作取得较大的进展，出现了一批优秀成果。1965 年，教育部直属高等学校的科学技术研究成果展览会上展出 217 项展品，突出的有：北京大学与中国科学院合作的人工合成牛胰岛素研究、吉林大学的配位场理论研究等。②"文化大革命"结束后，全国重点高校重新启动，高校名单又陆续增加，加之一些院校的合并、调整，至 1981 年年底，全国重点高校数为 96 所。③ 除了中央确定的全国重点高校外，各省、市、自治区及各部委也相继确定了本地区、本行业的省重点、市重点和部重点高校，基本形成了一个全国性和省、市、部级重点高等学校的多层结构。

重点大学政策是政府以行政权力干预大学的自主管理和学术自由的典型代表，但其是在中国各领域物质资源极度匮乏的特殊时期孕育出来的，因此其在一定程度上具备合理性。随着时间的推移、社会的变化，重点大学政策本身尽管得到了延续，但其政策内容及政府在其中的角色均发生了较大的变化。就政策内容而言，重点大学政策在不同时期的政策重点有所不同。例如，20 世纪 50 年代中国重点大学的主要任务是全面学习苏联，培养工程人才与师资，成为其他高校的榜样。20 世纪 60 年代中国重点大学的主要任务是提高教学质量，成为国内高校教学质量的楷模，建成世界上最先进的大学。"文化大革命"后的重点大学开始将科学研究作为主要的发展任务。就政府角色而言，尽管重点大学的确定权、大学的招生权、专业设置权等均由政府掌控，但政府在近 30 年的政策中也在逐步转变自己的角色，逐渐下放大学的管理权。尤其是在 1985 年教育体制改革之后，大学的自主权越发得到尊重，重点大学政

① 郝维谦、龙正中：《高等教育史》，182～183 页，海口，海南出版社，2000。
② 胡炳仙：《中国重点大学政策：历史演变与未来走向》，博士学位论文，华中科技大学，2006。
③ 康宏：《建设世界一流大学：政策回顾与矛盾分析》，载《黑龙江高教研究》，2006(5)。

策更多地代表着政府对重点高校的资源供给。这时的重点大学政策已与创建世界一流大学政策的实质颇为相似。只是相较而言，创建世界一流大学政策的目标更加高远，覆盖对象更少，建设质量要求更高。因此，从政策脉络上看，创建世界一流大学政策可以算是对重点大学政策的延续，但又在其基础上进行了提升。

(四)高等学校自身的诉求

追求卓越从来就是高等学校最根本的精神诉求之一。作为知识探究的场所，大学渴望生产最先进的知识，聚集最一流的学者，培养最优秀的人才，创造最利于人才成长的管理环境。因此，从这一角度来看，成为世界一流大学并不只是中国政府对于高等学校的殷切期盼或行政干预，高校自身也同样有此需求。

新中国成立之初，从国民党政府手中接管的正规高校仅 223 所。经过 20世纪 50 年代的院系调整等系列政策后，1980 年全国高等学校已达到 675 所，实现量的飞跃。在此期间，国家大力推行重点大学及其配套政策，通过《全国重点高等学校暂行工作条例(试行草案)》《关于高等学校领导干部管理工作的通知》等文件赋予高校，尤其是重点大学更多的自主管理权。同时，教育部还出台多项政策保障重点大学在师资配备、专业和学位设置、招生、财政经费方面的优先权，为高等学校的发展扫清了外部障碍。在此基础上，高等学校开始进行内部管理体制改革，集中力量开始质的建设，包括设立研究生院、建设重点学科等。在研究生院的设立方面，20 世纪 80 年代，在国家政策的引导下，不少重点大学开始将发展重心由教学领域转向科研领域，并由此开始试办研究生院，大力发展研究生教育，提升学校的科研实力。1984 年，北京大学、清华大学、华中工学院(现华中科技大学)、浙江大学、北京师范大学等 23 所重点大学建立了研究生院。与此同时，重点大学也开始进行重点学科的建设。1985 年，全国教育工作会议通过了《中共中央关于教育体制改革的决定》，重点学科建设是其中的重要内容之一。1987—1989 年，国家教育委员会开始组织首次全国重点学科评选工作，从外部推动大学加强自身的学科建设。此举既是外部政策的引导，同时也与高校自身的发展相契合。在此之前，各重点大学已经在学科建设方面有所积累，这也是国家重点学科在资格评审时的参考依据。1987 年 8 月，全国重点学科评选工作正式启动时，全国共有167 所高校申报了 1184 个重点学科。经过通信评选和专家小组审核，最终确定了 107 所高校的 416 个重点学科，其中文科 78 个，理科 86 个，工科 163 个，农科 36 个，医科 53 个。

大学在追求卓越的道路上所要完成的使命并不仅限于提升自身的实力，大学不是象牙塔，其运作与发展很大程度上受到社会环境，尤其是国家政策的影响。在中国现行的高等教育管理体制之下，政府主导着教育资源的分配，这些是大学发展的重要物质基础。因此，大学在发展过程中尽力争取国家的政策支持也成为大学改善外部发展环境的重要途径。前文所提及的"835 建言"就是高校影响政府政策制定的典型案例。1985 年开启的教育体制改革更是从制度上扩大了高等学校的办学自主权，拓宽了高等学校参与管理的途径，使高等学校能够更顺畅地表达自我需求。创建世界一流大学反映了大学追求卓越的本质属性，是中国大学的自我目标之一。"985 工程"的政策更显性地证实了这一论点，由于后文会对其进行详细阐述，故在此不再赘述。

（五）世界各国高等教育的改革经验

尽管中国有五千年的悠久历史，但在现代化的进程中，中国仍是典型的后发型国家，即现代化并非本土因素所导致的自然过程，而是在外来因素的刺激下才发生的，主要以早发型国家的经验为代表。早发型国家的发展经验表明，一流大学的兴起常能带动经济的发展和国力的强盛。例如，12 世纪，世界著名大学形成于意大利，意大利因此成为文艺复兴的发源地；13 世纪到 14 世纪，英国诞生了牛津大学和剑桥大学后，英国很快发生了工业革命，成为欧洲乃至世界上最强的国家；19 世纪，德国兴办研究型大学后不久就成了第二次工业革命的领头羊，并在很短时间里取得世界最高的经济增长率；当欧洲大学的理念传到了美国，并涌现出哈佛大学、耶鲁大学、麻省理工学院等著名大学后，美国成为整个工业化国家最大的经济中心等。① 这些世界发达国家的高等教育发展经验为中国高等教育的改革提供了思想资源和借鉴模板。

"文化大革命"结束后，中国进入了改革开放的社会进程。这一社会背景的变革使中国高校与国外高校之间的交往变得日益频繁。20 世纪 80 年代末，中国处于从原有的计划经济体制向适应市场转变的特殊时期。面对前所未有的社会转型，政府开始走出国门寻求解决之道，高等教育领域内的许多重要

---

① 　杨晨光：《迈向世界一流大学的国家战略》，2018-09-23。

决策就在很大程度上受到早发型国家的影响。1987 年，国家教育委员会研究生司组织北京大学、清华大学两所高校的代表前往美国和加拿大，旨在学习国外顶尖大学研究生教育的相关经验。考察团走访了包括哈佛大学、麻省理工学院、康奈尔大学、华盛顿大学、多伦多大学、不列颠哥伦比亚大学等 10 多所位于美国或加拿大的世界名校和科学院，考察内容以重点学科的建设为主，包括科学研究、研究生培养、产学研结合以及教学评估、项目资助等。其中，国外名校的一些优势学科经常能得到国家项目以及州政府的重点资助这一经验给考察团留下了深刻印象。① 在此基础上，有关部门开始酝酿政府重点支持高校发展的模式。经过长达数年的筹备，在 1994 年 6 月召开的全国教育工作会议上，李鹏和李岚清在讲话时指出，要面向 21 世纪，重点建设好中国的 100 所大学。"21"和"100"两个核心数字，使 1995 年年底中央拨出专项资金开始实施的、新中国成立以来在高等教育领域进行的规模最大的重点建设工程被命名为"211 工程"，这也成为中国创建世界一流大学的序幕。1998 年，中国正式实施"985 工程"，以比"211 工程"更大的支持力度更加集中地推动创建世界一流大学。而就在中国"985 工程"实施的前后，亚洲、欧洲一些国家也纷纷提出各自创建世界一流大学的计划，并加强了投入。比如，日本在 2002 年出台了创建世界一流大学的基本政策目标，推行"21 世纪 COE 计划"，从 2002 年到 2007 年，来自 97 所大学的 272 个机构得到了支持。德国也在集中力量发展具有世界一流水平的大学，2009 年德国拨款 19 亿欧元用于发展 10 所世界一流大学等。② 世界各国创建世界一流大学的热情和行动证明了创建世界一流大学从来就不只是中国独特的高等教育发展战略，这是世界高等教育改革的共同趋势。中国在创建世界一流大学的进程中既受到早发型国家高等教育发展经验的影响，同时又对世界高等教育在创建世界一流大学领域中的发展浪潮产生了一定的推动作用。

二、香港创建世界一流大学政策产生的背景

香港地区高等教育长久以来并没有提及"创建世界一流大学"这个政策术语或者口号。但自 21 世纪以来，国际高等教育市场竞争日益激烈，香港高等教育界由于受国内、亚洲地区和一些发展中国家提出的提升高等教育质量以

① 杨晨光：《迈向世界一流大学的国家战略》，2018-09-23。
② 杨晨光：《迈向世界一流大学的国家战略》，2018-09-23。

应对国际竞争的影响，也出现"世界级的大学"的表述。这一方面反映出香港高等教育对国内和国际形势的反应速度，另一方面也突出了香港不断追求卓越和不甘人后的气质。

(一)香港地区中西文化与教育交融的使然

香港历史上最早的一所大学是香港大学，以英国学术传统为模板培养社会优秀人才。20世纪60年代，内地的政治环境突变，使部分知识分子南迁至香港，创办了崇基学院、新亚书院、联合书院等，后经过合并成立了香港中文大学。不同于香港大学的全套化英国样板，香港中文大学突出"中文"二字，力求立足于民族的基因和传统的基础上，实现多元化发展。这两所大学以培养少数卓越学生为主，以与国际接轨的学术和教学享有盛誉，时至今日仍然如此。

自20世纪70年代开始，得益于当时发达国家向发展中国家和地区转移劳动密集型企业而带来的资本、人员、贸易流动，香港的经济开始了前所未有的腾飞阶段，形成了当时的"亚洲四小龙"发展神话。经济的发展需要更多熟练技术人员和相关行业的操作手，而仅存的两所高校显然不能满足经济社会对高素质人才的需求。短短20年，香港的高等教育体系基本得以完善。①处于中西文明交汇的香港，其高等教育办学体制和大学治理沿袭了英国的制度；同时由于香港特区的华人仍是主流，受大中华文化圈的影响，其在专业开设和研究议题方面又离不开中国要素。因此，香港创建世界一流大学并不是一种即发的刻意的行为，而是在长久与国际接轨的背景下不断在经济全球化浪潮中提升自我质量的自省和自觉。

(二)解决高等教育数量增长与质量下滑矛盾的必然

20世纪90年代，香港高等教育界应该说是有两件大事：一是香港科技大学的成立，二是大学大规模的扩招。前者的创立和飞速发展，奠定了香港世界一流大学的基本格局；后者带来了双重影响，进一步触发了香港各界对一流办学的讨论和思考。

---

① U. G. C.，"Higher Education in Hong Kong"，Hong Kong，University Grants Committee，1996.

1. 大幅扩招：全面提升高等教育的入学机会（1991—1995 年）

尽管 20 世纪 80 年代，香港的高等教育入学率已经有一定程度的上升，但直到 1989 年 10 月香港特区政府正式发文决定将对高等教育进行史无前例的大规模扩招后，香港高等教育的毛入学率在接下来的几年得以猛升。图 8-1 为 1965—1995 年香港高等教育的入学人数及毛入学率。

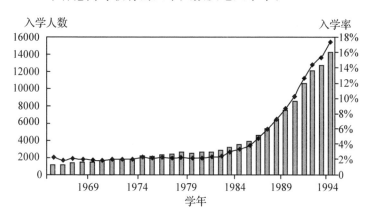

图 8-1　1965—1995 年香港高等教育的入学人数及毛入学率

资料来源：University Grants Committee，"Higher Education 1991－2001：An Interim Report ，"2015-12-11.

从图 8-1 中可以看出，20 世纪 80 年代以前，香港高等教育的毛入学率增幅不大，20 世纪 80 年代以后入学人数有了较为明显的增长。5 年间，毛入学率由 1991 年的 10％左右上升到 1995 年的 16％，同比增长了 6 个百分点。回顾历史，1965—1988 年，高等教育的毛入学率从 2％左右上升到 6％，增长约 4 个百分点。由此可见，1989 年后香港高等教育可谓进入大规模招生的阶段。

究其原因，20 世纪 80 年代末期，香港工商业界普遍缺乏训练有素的研究者或员工，而香港本地培养的毕业生远未能满足工商业界的需要，很大一部分缺口依靠"进口"来解决。为了将人力资源培养与运用统筹起来，香港特区政府决定斥资投入高等教育，并鼓励其他融资渠道支持高等教育数量和质量的同步发展，质量上要更加注重研究型人才的培养。同时，香港社会还面临着另一个亟待解决的现实问题，即如何平衡高等教育服务供给与个人工作生活中需要不断更新知识的需求之间的关系。一方面，雇主需要更多受过高等教育的高素质员工以提高生产效率；另一方面，员工个人也希望能通过高等教育赢得自己更加美好且前景广阔的未来。所以，高等教育扩招是大势所趋和现实所迫。①

2. 过渡阴影：数量增长与质量下降（1995—1999年）

随着院校纷纷加入未来的扩招，高等教育界关于人才的质量也掀起了讨论，特别是学生和教学人员的素质。学生扩招带来的过渡性影响直至1996—1997年才差不多得以消失，人数也趋于稳定。在4年的扩招中，香港大学教育资助委员会（简称教资会）资助院校的全日制学生人数增加了32％，教资会资助院校和职业训练局下辖的科技学院的学生人数增加了46％。由于学生人数的激增和多种原因下教师人员的流失，招聘合格的教师员工成为重要任务。关于教师招聘，香港一向基于国际视野进行，在世界各国举办招聘活动，而其丰厚的教师薪资和香港整体社会、经济、学术环境也成为能吸引国际知名教授的重要因素。此次大范围的教师招聘活动恰又"适逢良机"，因为20世纪90年代中期，全球学术界的就业市场处于低潮，这使香港学术界在"敛才"方面顺利度过关卡。同时学生人数激增带来的就是用地面积紧张，尤其是宿舍紧缺。所以，教资会对此增加了非经常性拨款②，用于学校建筑建设和基础硬件设施改善。

为了确保大学能够维持并不断提高学术教学水平，教资会作为一个监督和问责机构先后对其资助的大学进行了督查工作，采用的机制包括进行院校巡视、学术评议、学系评议，以及在各个层面进行的正式和非正式的访问和讨论。此外，职业训练局也对其下辖的两所科技学院开展监督检查工作。

（三）积极应对全球竞争的战略驱动

1999年，为了迎接千禧之年，做好21世纪香港应对全球竞争的准备，香港教育统筹委员会就21世纪香港高等教育人才应该具备的素质提出了倡议，包括知识及才能，领袖才能、智能和国际视野，积极态度，体格和文化素养四大目标，如表8-1所示。

---

① 邬大光：《回顾与展望：九十年代香港高等教育》，载《比较教育研究》，1997(3)。

② 非经常拨款区别于经常性拨款。经常性拨款是指教资会根据大学的教学量和研究量而进行的配额拨款。

表 8-1　21 世纪香港高等教育的人才培养目标

高等教育目标	具体条目
知识及才能	具备广博的自然和社会科学学识 能充分掌握专门或有关学科的知识 能容纳不同的思想范式 具备多方面的知识，能够参与经济、政治、意识形态的讨论 具备进行研究的知识
领袖才能、智能和国际视野	领袖潜能：沟通表达能力、人际交往和团队合作能力、做出独立决定的能力、接受差异并容纳多元的能力、转危为机、不断上进 知识分子的素养：保持好奇心和探究精神、具备概括和抽象思维的能力、具备批判性思考的能力、乐观的性格和前瞻的精神、富有创意思维 晋升国际舞台的能力：能够与其他地方或国家人士沟通；在跨文化环境中从容生活和工作；深谙中国传统文化、洞察现代中国的发展
积极态度	投身事业、专业以贡献社会 对自己的国家和社会有使命感 明白社会与个人需要之间、权利和责任之间的平衡 支持民主、平等和自由
体格和文化素养	培养良好的健康和运动习惯 维持健康的家庭生活 善用闲暇 建立有文化修养的个人生活 有一定的艺术素养；培养创造或表演艺术的能力

资料来源：香港教育统筹委员会，《建议的教育目标(1999 年 9 月 20 日修订草拟本)》，2014-08-05。

在这四大目标中，第二个目标即"领袖才能、智能和国际视野"被看作香港高等教育对 21 世纪的允诺和宣战，是为了整体建设世界一流大学、保持在地区高等教育界的先进性和国际高等教育中的卓越而制定的人才培养战略目标。由于香港历史上既传承了中国优秀传统文化，又接受了开明的西方文明，所以这要求高等教育人才具备跨文化学习和工作的能力，倡导多元化和差异化。①②

---

① 邬大光：《九十年代香港高等教育的发展与前瞻》，载《辽宁高等教育研究》，1995(4)。

② Secretariat，U. G. C.，"Annual Report of the University Grants Committee，"Hong Kong，University Grants Committee，2000.

迈入 21 世纪，世界经济正面临着前所未有的变化，经济结构在急速转型，知识经济已经成为时代主流，经济全球化的进程也给香港带来挑战。在政治方面，香港回归祖国后，香港人的思想和生活也发生着新的变化。在社会方面，阶层差距在进一步急剧加大，贫富悬殊亟待缓解，社会的整体文化和意识也在不断调整。信息科技的进一步发展对香港人生活的每一方面都产生了新的影响。① 所以，在这样的大环境下，自学、应变、合作、创新等能力，已经成为每个人在社会立足的必备条件，而品格、胸襟、情操、视野和素质则是个人不断进步、获得成功与表现杰出的重要因素。②在国际竞争日益加剧的时代，把香港建设成一个多元、民主、文明、兼容、具有活力和文化气质的国际性大都市是共同理想。与此配套培养国际化的人才毫无疑问成为高等教育的使命，也是创建世界一流大学必须直面的命题。③

就当时的世界高等教育形势和香港直面的问题，香港教育统筹委员会提出了基本改革方向，引发了社会关于高等教育改革的大讨论。从 1999 年 1 月到 2005 年 7 月，共经历了 3 次教育改革方案咨询，形成的咨询公众意见中有赞成意见也不乏反对意见。在香港，无论是教育政策还是其他政策，在正式出台之前会充分征询社会大众的意见和建议，以求方案的改进和完善。表 8-2 为 2004 年香港教育统筹委员会针对高等教育的改革意见及社会意见。

表 8-2　2004 年香港教育统筹委员会针对高等教育的改革意见及社会意见

主要改革意见	赞成意见	反对意见
促进不同类型高等教育的发展	多元格局、各具特色、提升竞争力	只重数量忽视质量，增加财政负担
改革大学招生：考虑学生的全面表现，如校内评估报告、学生履历、面试等，不过分依靠公开考试成绩	促进学生的多元化发展，而不是死读书；增进大学和学生之间的互相了解，便于因材施教	校内评估欠缺统一性和客观性；推荐制度导致不公平；课外活动等增加学生的负担；加剧社会阶层之间的不平等

---

① 香港教育统筹委员会：《终身学习，全人发展：香港教育制度改革建议（2000 年 9 月）》，2016-09-07。

② 胡少伟、容万城：《21 世纪香港高等教育发展战略》，载《比较教育研究》，2003(7)。

③ U.G.C.，"Higher Education in Hong Kong," Hong Kong，University Grants Committee，2002.

主要改革意见	赞成意见	反对意见
院校和学系间的学分互认	灵活互通、相互衔接	素质不一带来的学分互通导致不公平，将会阻碍"卓越学科领域计划"的实施
改革学士学位：加强通识教育和跨学科的学习，鼓励实习	开阔眼界，有利于实施全人教育	课程改革如何配合工作需要
增加研究生的学额	建议研究生的录取更加弹性化，研究型和教学型都应增加	与其增加研究生的学额，不如想办法提高大学毕业生的素质，否则研究生会"补本科生的课"

资料来源：香港教育统筹委员会，《2000 年教育制度检讨——第三阶段咨询书面意见摘要》，2017-09-08。

实质上，社会上的反对意见在一定程度上是对高等教育改革中即将出现的问题的建议与警示，并非阻挠改革的步伐。创建世界一流大学既是宏观战略，也需要踏实谨慎、步履细致。从以上几方面的改革政策来看，不论是招生模式的转变，还是学位课程新的要求，都符合国际高等教育追求多元、公平、灵活、卓越的价值理念，也是创建世界一流大学的政策指引和各院校未来的具体行动路线。①

第二节　中国创建世界一流大学政策的内容与实施

一、内地创建世界一流大学政策的内容与实施

在中国，真正意义上的创建世界一流大学的政策起点是在 20 世纪 90 年代，其是以"211 工程""985 工程""2011 计划"等为主要代表的政策群。在彼时至今的近 30 年中，创建世界一流大学这一政策目标已经对中国高等教育的发展产生了至关重要的导向作用，并仍将在未来较长一段时间内继续引领高等

---

① U. G. C. ，"Hong Kong Higher Education：To Make a Difference，To Move with the Times，"Hong Kong，University Grants Committee，2004.

教育领域的改革。

(一)"211 工程"

"211 工程"是指中国政府面向 21 世纪,重点建设 100 所左右的高等学校和重点学科的建设工程。"211 工程"是新中国成立以来由国家立项在高等教育领域进行的规模最大、层次最高的重点建设工程,是中国政府实施"科教兴国"战略的重大举措,是中华民族面对世纪之交的国内、国际形势而做出的发展高等教育的高瞻远瞩的重大决策。①

20 世纪 80 年代,中国进入改革开放的重要时期。在这一时期里,围绕邓小平提出的"科学技术是第一生产力"的思想,党中央意识到综合国力竞争的实质是教育、科技和人才的竞争,并依据中国国情提出了"科教兴国"的发展战略。

1988 年,国务委员李铁映同志兼任国家教育委员会主任。1990 年 6 月,国家教育委员会讨论了在第八个五年计划期间要集中力量办好一批高校的问题。1991 年 4 月 9 日,全国人民代表大会第七届第四次会议批准的《中华人民共和国国民经济和社会发展十年规划和第八个五年计划纲要》明确提出有重点地办好一批大学,加强一批重点学科的建设,使其在科学技术水平上达到或接近发达国家同类学科的水平。② 1991 年 7 月 27 日,为落实国家的规划,国家教育委员会向国务院正式上报了《关于重点建设好一批重点大学和重点学科的报告》。报告提出:"建议由国家教委设置重点大学和重点学科建设项目,该项目简称为'211'计划。"③1991 年年底,国家教育委员会、国家计划委员会、财政部在李铁映同志的倡导下,联合给三个国务委员(邹家华,主管国家计划委员会;王丙乾,主管财政部;李铁映,主管教育部)写了一个请示报告——《关于落实建设好一批重点大学和重点学科的实施方案的报告》。三个部委在这个报告里提出:一致同意国家设置与国家经济、社会发展相适应的"重点大学和重点学科建设项目"(简称"211 计划")。1992 年 8 月 26 日,该计划得到了国务院的原则同意。1992 年,国家教育委员会将"211 工程"相关文

---

① 中华人民共和国教育部:《"211 工程"简介》,2018-04-13。

② 吴镇柔、陆叔云、汪太辅:《中华人民共和国研究生教育和学位制度史》,399 页,北京,北京理工大学出版社,2001。

③ 中华人民共和国教育部:《"211 工程"大事记》,2018-02-13。

件的起草、与其他部门的协调工作交给了国务院学位办的研究生工作办公室，成立了"211 工程"办公室。1992 年 11 月 14 日，在全国普通高等教育工作会议上，国家教育委员会副主任朱开轩的讲话公开了这一计划的主要内容。这可以视为"211 工程"的政策源头。

1993 年 1 月 12 日，国务院发布的《国务院批转国家教委关于加快改革和积极发展普通高等教育意见的通知》提出：发展高等教育必须把提高教育质量放在突出的地位。有条件的省、自治区、直辖市和国务院有关部门着重办好一二所代表本地区、本行业先进水平的高等学校和一批重点学科、专业。在此基础上，国家教委会同国务院有关综合部门有计划地选择其中一批代表国家水平的高等学校和学科、专业，列入国务院已原则批准的"211 工程"计划（面向 21 世纪，在全国重点办好 100 所大学），分期滚动实施。对于列入"211工程"计划的高等学校和学科、专业，中央（包括各有关部门）和地方两级教育部门，要采取适当的特殊政策，进一步扩大这些学校的办学自主权。力争到21 世纪初，我国有一批高等学校和学科、专业进入世界先进行列，在教育质量、科研水平和学校管理等方面能与国际著名大学相比拟。①

1993 年 2 月 3 日，国家教育委员会会议决定成立"211 工程"协调小组和领导小组，由李铁映同志出任组长，下设"211 工程"办公室，负责日常工作。2 月 13 日，中共中央、国务院印发了由国家教育委员会起草的《中国教育改革和发展纲要》，明确写入了"211 工程"的主要内容，即为了迎接世界新技术革命的挑战，要集中中央和地方等各方面的力量办好 100 所左右重点大学和一批重点学科、专业，力争在下世纪初，有一批高等学校和学科、专业，在教育质量、科学研究和管理方面，达到世界较高水平。7 月 3 日，李岚清接任"211 工程"协调小组组长一职。7 月 15 日，国家教育委员会印发了《关于重点建设一批高等学校和重点学科点的若干意见》，这是国家教育委员会为实施"211 工程"所发布的第一个指导性文件。该意见对"211 工程"的定义、建设目标、实施办法、立项程序等做了明确阐述。②

1995 年 10 月 18 日，经国务院批准，国家计划委员会、国家教育委员会和财政部联合发布了《"211 工程"总体建设规划》。该文件是"211 工程"建设的指导性文件，明确规定了"211 工程"的总体建设目标及任务、工程建设的主要

---

① 中华人民共和国教育部：《"211 工程"大事记》，2018-02-13.

② 中华人民共和国教育部：《"211 工程"大事记》，2017-05-12.

内容、"九五"期间的建设规划任务、具体建设方式、工程建设资金以及建设程序与组织管理等。同年 12 月，根据国家"211 工程"的总体安排，国家计划委员会、国家教育委员会、财政部联合召开专家审核会议，分别聘请专家对北京大学、清华大学"211 工程"建设项目的可行性研究报告进行了审核，审核分项目可行性研究报告审核和仪器设备配置审核两部分进行。自此，"211 工程"正式启动。

"211 工程"是一项系统的高等教育建设项目，无法一蹴而就。事实上，中国政府自 1995 年正式启动"211 工程"后，根据每一阶段的政策评估结果来调整下一阶段的工作安排。在《总体规划》的指导下，中国的"211 工程"顺利完成了"打基础""上水平""求突破"三个循序渐进的阶段。这三大阶段分别以 1995 年的《总体规划》、2002 年的《关于"十五"期间加强"211 工程"项目建设的若干意见》、2008 年的《高等教育"211 工程"三期建设总体方案》三份重要文件为划分标志。

在"211 工程"的建设过程中，《总体规划》起着统领全局的指导作用。《总体规划》强调，"'211 工程'是一项跨世纪的战略工程，是我国高等教育面向现代化、面向世界、面向未来，上水平、上质量、促改革、增效益的工程。"

1. "211 工程"的建设目标

在"九五"期间，"211 工程"的总体建设目标集中体现在《总体规划》中。"211 工程"的总体建设目标为："面向 21 世纪，在'九五'期间重点建设一批高等学校和重点学科，并在此基础上经过若干年的努力，使 100 所左右的高等学校以及一批重点学科在教育质量、科学研究、管理水平和办学效益等方面有较大提高，在高等教育改革特别是管理体制改革方面有明显进展，成为立足国内培养高层次人才、解决经济建设和社会发展重大问题的基地。其中，一部分重点高等学校和一部分重点学科，接近或达到国际同类学校和学科的先进水平，大部分学校的办学条件得到明显改善，在人才培养、科学研究上取得较大成绩，适应地区和行业发展需要，总体处于国内先进水平，起到骨干和示范作用。"

在"十五"期间，政府继续加强"211 工程"的建设不动摇，并在 2002 年 9 月《关于"十五"期间加强"211 工程"项目建设的若干意见》中提出这一期间的总体建设目标，即"继续重点建设'211 工程'院校，使其中大多数学校整体教学、科研水平达到国内领先地位，成为国家和地方解决经济、科技和社会发展重大问题的基地；加强重点学科建设，加大学科结构调整力度，支持发展新兴和交叉学科，力争使其中部分学科接近或达到世界先进水平，建成布局和结构比较合理的高等教育重点学科体系；加快高等教育信息化步伐，增强全国教育和科研计算机网络、高等教育文献信息保障体系及图书数字化资源的服务能力，构建高等学校仪器设备等优质资源共享体系，使高等教育公共服务体系的运行环境得到较大幅度的改善，建立起辐射全国高等学校、带动我国高等教育整体发展的信息服务平台。"

2008年2月，根据"十一五"规划纲要的要求，国家发展和改革委员会、教育部、财政部共同制定了《高等教育"211工程"三期建设总体方案》。在前两期建设的基础上，三期建设提出了"以实现重点突破为目标"，旨在进一步提升"211工程"的建设水平。具体而言，三期建设的总体目标为："围绕创新型国家建设，加大学科结构调整、队伍建设和高层次创新人才培养力度，优化重点学科体系的结构和布局，使更多的学科接近或达到国际先进水平；以信息化带动教育现代化，构建具有国际先进水平的高等教育公共服务平台；进一步缩小与世界一流大学的差距，使'211工程'学校成为培养创新人才和解决经济、科技和社会发展重大问题的基地，其中部分学校建成特色鲜明、优势突出、部分学科达到世界先进水平的国际知名大学。"

2. "211工程"的建设内容

"211工程"刚刚启动时的《总体规划》对这项重点工程建设的主要内容进行了说明。具体而言，"211工程"主要涵盖学校整体条件、重点学科和高等教育公共服务体系建设三大部分。学校整体条件建设是基础。重点学科建设是核心，是体现教学科研水平的重要标志，是带动学校整体水平提高的有效途径。高等教育公共服务体系以重点建设的学校为依托，按照资源共享、服务全国的原则，从整体上加强中国高等教育基础设施建设，提高高等学校的办学水平和办学效益。

在学校整体条件建设方面，《总体规划》提出，造就一大批学术造诣较深、在国内外有一定影响的学术带头人和骨干教师，特别应加速青年学术带头人的培养，保持一支政治业务素质优良、结构合理、人员精干、相对稳定的教师队伍和管理干部队伍；深入进行教育、教学改革，优化学科（专业）结构，促进学生德智体全面发展，确保教育质量有较大提高；加强教学、科研必需的基础设施建设、实验室建设等，为培养及吸引优秀人才创造必需的条件；提高办学规模效益；加强科学研究工作，努力实现科研成果产业化，加快科学技术转化为现实生产力的步伐；推进办学体制改革，深化学校内部管理体制的改革；增强高等学校国际交流与合作，扩大我国高等教育在国际上的影响。

在重点学科建设方面，《总体规划》提出，增强科技前沿领域高层次人才培养的能力。在部分有条件的学校中选择一些对国家经济建设、科技进步、社会发展和国防建设等领域产生重大影响，能够解决本领域的重大科技问题，并有望取得突破性成果的重点研究基地，加强培养人才的实验条件，拓宽学科面，形成一批学科基础相关、内在联系紧密、资源共享、具有特色和优势的学科群、学科基地，以持续培养本领域高水平的骨干人才。要努力形成覆盖我国经济建设和社会发展主要行业和领域、带动学科和科技发展、分工合理、相互配套的重点学科体系。

在高等教育公共服务体系建设方面，《总体规则》提出它主要包括中国教育和科研计算机网、图书文献保障系统、现代化仪器设备共享系统等建设内容。中国教育和科研计算机网将连接全国主要高等学校，并与国际网络联网，为我国教育、科技和社会各界提供信息服务。图书文献保障系统以中国教育和科研计算机网为依托，设立全国综合文献中心和一批学科文献中心，与国内外文献系统广泛联网，建立文献信息子网。根据地区优势，在全国高等学校比较集中的中心城市，结合高等学校重点学科的建设，设立现代化仪器设备共享服务中心，提高设备的使用效率。

经过"九五"期间的探索，"十五"期间的"211工程"二期除了对既有成绩的延续及加大投入外，还对建设内容进行了调整，主要体现在以下两个方面。一是全面提高"211工程"的建设力度。《总体规划》提出，"九五"期间的规划任务是"首先重点建设2所高等学校……在国际上确立较高的声誉和地位。着重提高和改善25所左右与我国社会主义建设密切相关、重点学科比较集中、承担较多公共服务体系建设任务的高等学校……加强300个左右……的重点学科点……""十五"期间的任务提出要着力建设和发展800个左右"211工程"重点学科。二是将建设工程的核心明确为"学科建设"。《总体规划》中虽也强调"重点学科建设"是"211工程"的核心，但其在三大任务中的排序还是在第二位，"学校整体条件建设"才在第一位。而在"211工程"二期中，两者的顺序发生了变化，"重点学科建设"成为第一顺位，"学校整体条件建设"降至第三。

如果说"九五"期间"211工程"的定位是夯实中国高等教育的基础，"十五"期间的目标是进一步提升中国高等教育水平的话，那么"十一五"期间的"211工程"无疑是更希望中国大学能够与世界高水平大学比肩。因此，"211工程"

的第三期除了继续强调建设重点学科、建设高等教育公共服务体系外，还特别提出要突出"创新人才培养和队伍建设"。《高等教育"211工程"三期建设总体方案》提出："适应建设创新型国家的要求，紧密结合重点学科建设，加强人才队伍和创新团队建设，着力培养学术领军人物和学术带头人；以学科为基点构筑汇聚和培养人才的高地，建设一支高水平的学术和管理队伍。大力引进海外优秀拔尖人才，重点支持高校引进具有世界领先水平的年富力强的战略科学家和杰出人才。鼓励高校与国外高水平大学进行联合培养或合作研究，促进高校教师跟踪国际学术前沿。加强创新人才培养体系建设，进一步改革培养机制和人才培养模式，加强培养研究生创新能力的研究平台建设，支持优秀的在学研究生特别是博士生到国外一流学科进行访学，拓宽学生的国际学术视野，营造有利于创新人才成长的培养环境。"需要强调的是，三期工程并未再将"学校整体条件建设"纳入建设任务。

"211工程"目前共经历了三期建设，在每一阶段国家都制定了不同的建设目标，涉及面很广，实施难度很大。中国的教育领导体制恰恰比较适合推行这类较为庞杂的系统工程。"211工程"自出台伊始就基本确定了其运作模式，有法可依。

(1)管理体系

"211工程"采取国家、主管部委或地方政府和学校的三级管理方式，以主管部委或地方的管理为主，以学校的自我管理为基础。

"211工程"虽然是从1995年才正式启动，但中国早在1993年2月时就在国家教育委员会设立"211工程"协调小组和领导小组，由当时国务委员兼国家教育教员会主任的李铁映同时担任协调小组和领导小组的组长。协调小组的其他成员由国家计划委员会和财政部的相关领导人构成，领导小组的其他成员由国家教育委员会的相关司司长担任。同时，还专门设立了"211工程"办公室，负责工程的日常工作。项目正式启动后，1996年3月，为加强"211工程"建设的统筹规划和领导，经国务院批准，成立"211工程"部际协调小组，国务院原副秘书长徐志坚任组长，成员有国家教育委员会原副主任韦钰、国家计划委员会原副主任陈同海、财政部副原部长谢旭人。协调小组下设办公室，办公地点设在国家教育委员会。部际协调小组主要负责协调重大方针政策问题，"211工程"办公室负责项目的实施管理和检查评估。这就是整个"211工程"在中央一级的领导机构。

"211工程"的主要任务是建设重点学科，也就是说，开展工作的主战场是高校。因此，对接的项目高校一般都设有相应的"211工程"办公室，明确了与之相关的领导人和责任人，出台了建设实施、财务管理、设备采购等方面的个性化管理文件，从组织和制度上进一步为"211工程"的落实提供了保障。

"211工程"并非完全属于中央政府与高校之间的互动。《总体规划》中早就将地方政府纳入计划范畴，明确强调工程"所需建设资金，采取国家、部门、地方和高等学校共同筹集的方式解决"。因此，在"211工程"的实施过程中，相关省市政府也参与其中，成立专门的"211工程"建设领导小组。

由此可见，"211工程"在具体的实施过程中并非单兵作战，而是严格按照《总体规划》的设计形成了一套"中央政府—地方政府—项目高校"的三级管理体制。每一期建设工程完成后，这些管理机构还要负责项目的验收工作，对项目的建设成效、资金使用情况等进行汇总。"211工程"采用的是自评与他评相结合的评估方式，各项目高校先形成一份自评报告，再由上级有关部门组织专家进行实地评估，最终的评估结果将成为下一阶段项目的调整依据。

（2）经费来源

经费是任何政策实施的重要保障。没有充足的经费保障，任何政策都会沦为一纸空文。1995年11月，国务院在《总体规划》中指出，为了实施"211工程"需要设立专项基金，该基金由国家、部门、地方和高等学校共同筹集。在具体落实过程中，按照中国现行的高等教育管理体制，"211工程"的主要建设资金来自高校所属部门和地方政府，中央的专项资金起辅助作用。其中，部门和地方政府的专项资金优先保证国家重点学科、高等教育公共服务体系建设的需要，并安排好有关高等学校提升办学水平所需的基础设施建设。中央专项资金主要用于国家重点学科和高等教育公共服务体系的建设，补助少数高等学校整体水平提高所需的基础设施建设。

具体来看，"九五"期间的建设资金为186.3亿元，其中中央安排专项资金27.55亿元，部门和地方配套103.21亿元，学校自筹55.6亿元。用于重点学科建设的为64.7亿元，用于学校和全国的公共服务体系建设的为36.1亿元，用于基础设施建设等的为85.5亿元。[①]"十五"期间的建设资金为187.5亿元，其中中央安排专项资金60亿元，部门和地方配套59.7亿元，学校自筹67.8亿元。用于重点学科建设的为97.9亿元，用于公共服务体系建

---

① 中华人民共和国教育部：《"211工程"十年建设成效》，2017-02-11。

设的为 37.1 亿元，用于师资队伍建设的为 22.2 亿元，用于基础设施建设等的为 30.4 亿元。[①] 截至 2012 年，"211 工程"三期已基本结束，这一阶段的建设资金投入超过了前两期，约为 197 亿元。其中，重点学科建设的总投资约 127.2 亿元，来自中央专项资金约 65.2 亿元。创新人才培养和队伍建设在各项目学校普遍开展，投入资金约 62.3 亿元，安排中央专项资金约 23.3 亿元。中央专项经费对高等教育公共服务体系建设的投入约 8 亿元。[②]

（3）项目管理

"211 工程"是中国高等教育改革与发展历程中的一座里程碑。为了保证政策真正落到实处，2003 年 8 月"211 工程"部际协调小组办公室出台了《"211 工程"建设实施管理办法》。该文件对项目具体实施过程中的操作性细节做出了规定，成为"211 工程"管理的指导性文件。

"211 工程"建设项目均实行项目法人责任制、招投标制和工程监理制。具体来看，就项目立项而言，"211 工程"学校须按照"211 工程"部际协调小组的部署和各资金渠道投入的专项资金，组织编制其具体建设项目的可行性研究报告，经主管部委或地方政府组织专家论证后，上报教育部进行审核，再由主管部委或地方政府与教育部联合报送国家发展和改革委员会与财政部，最后由国家发展和改革委员会按程序对建设项目进行审批。由此可见，"211 工程"项目的立项过程需要各级管理机构的审核，而最终审批权是在国家发展和改革委员会的手中。项目成功立项之后，其建设过程一般应按照可行性报告执行，不能做大的调整。如确需重大调整或变更，则需重新进行专家论证，重新审批。

就项目实施而言，"211 工程"建设项目在具体实施过程中建立起了完整的四级管理结构。具体来看，首先，成功获批的建设项目是由"211 工程"部际协调小组办公室归口管理的，即负责部署、统筹指导项目建设工作，协调与国家其他有关重点建设项目的衔接和配合等；其次，有关主管部委或地方政府承担承上启下的工作，即负责检查、监督和报告本部门或本地区"211 工程"建设的具体情况及问题，筹措项目资金，向上级部门报送项目进展报告、总结报告等；再次，具体建设事务由各校自行成立的"211 工程"建设领导小组负

---

① 中华人民共和国教育部：《"211 工程"十年建设成效》，2017-02-11。

② 郭新立：《中国高水平大学建设之路——从 211 工程到 2011 计划》，13 页，北京，高等教育出版社，2012。

责；最后，在建设项目管理链条末端的就是项目法人，其职责是依据已批复的可行性研究报告对项目执行实行全过程的管理，包括编报项目年度资金预算、决算，及时上报年度实施方案及项目建设中的问题，编写项目总结报告等。

就项目评价而言，"211工程"建设项目接受的是年度总结、中期检查和项目验收相结合的检查方式。一般而言，每年年末，项目法人应该按照国家相关要求，将项目建设的年度进展情况、年度统计、年度资金预决算、投资完成情况及有关资料汇总形成年度总结报告，上报主管部委或地方政府，由他们再呈报国家发展和改革委员会、财政部和教育部。而中期检查则是由"211工程"部际协调小组办公室统一部署，各主管部委或地方政府负责组织实施。中期检查的重点包括五个方面，即项目目标和任务的进展情况及年度计划的执行情况、主要建设成效和可能形成的标志性成果分析、资金到位和执行情况、项目管理运行的机制和效果、项目存在的主要问题及改进措施。项目完成后，"211工程"部际协调办公室还要在国家发展和改革委员会批准项目法人提交的项目竣工验收申请报告后，委托独立评估机构或聘请验收专家依据项目的可行性研究报告等文件对项目进行验收。一般来说，验收工作最迟应在国家发展和改革委员会批复的项目完成时间后半年内进行，最终结果由"211工程"部际协调小组发布。

"211工程"作为新中国第一个国家级的高等教育建设工程，是在中国建设世界一流大学历程中一次具有划时代意义的尝试。"211工程"自1995年正式启动到2016年终止，此间一共经历了三个阶段的建设。"211工程"的建设重点是学科，学科的建设必须以具体的学校为依托。1996年8月，首批通过"211工程"立项审核的共27所高校。这27所高校在目标和任务上是分等级的，因而得到的经费资助也各不相同。其中，北京大学和清华大学被列为"首先重点建设的2所高等学校，应使其在教学、科研和人才培养的整体水平上，接近和达到国际先进水平，并在国际上确立较高的声誉和地位"。另外，南开大学、天津大学、同济大学、哈尔滨工业大学、哈尔滨工程大学、国防科技大学、北京师范大学、华中理工大学（现华中科技大学）等25所高校被定义为与中国社会主义建设密切相关、重点学科比较集中、承担较多公共服务体系建设任务的高等学校，应着重提高和改善其教学和科研基础设施条件，使其在人才培养质量上有显著提高，一些重点学科接近或达到国际水平，并在高等学校中起到骨干和示范作用。这25所高校的重点建设经费由中央专项资金与主管部门、地方政府共同安排。例如，南京大学"九五"期间获中央专项资金 0.6 亿元和国家教育委员会经费投入 0.44 亿元，以及江苏省政府配套资金 1.2 亿元，加上学校自筹资金 0.88 亿元，总投资大约 3.1 亿元。[①] 在国家和地方政府专项资金的刺激下，在首批"211 工程"学校的带动下，越来越多的高等学校加入"211 工程"体系，项目伊始提出的"100 所左右高等学校"的数量目标已经完全实现。2011 年 3 月，教育部原部长袁贵仁在列席中国人民政治协商会议第十一届第四次会议教育界别联组会时表示，"985""211"已经关上大门，不会再有新的学系加入这个行列。[②] 至此，"211 工程"的成员数正式定格为 112 所，如表 8-3 所示。

表 8-3 "211 工程"大学的地域分布表（2014 年 9 月）

所在省（区、市）	学校名称	数量	比例	地域分布
北京	北京大学、中国人民大学、清华大学、北京交通大学、北京工业大学、北京航空航天大学、北京理工大学、北京科技大学、北京化工大学、北京邮电大学、中国农业大学、北京林业大学、北京中医药大学、北京师范大学、北京外国语大学、对外经济贸易大学、北京体育大学、中央民族大学、中央音乐学院、中国传媒大学、中央财经大学、中国政法大学	22	19.6％	华北地区（29 所）
天津	南开大学、天津大学、河北工业大学、天津医科大学	4	3.6％	
河北	华北电力大学	1	0.9％	
山西	太原理工大学	1	0.9％	
内蒙古	内蒙古大学	1	0.9％	

---

① 胡炳仙：《中国重点大学政策：历史演变与未来走向》，博士学位论文，华中科技大学，2006。

② 《"985""211"已关大门》，载《中国青年报》，2011-03-08。

所在省（区、市）	学校名称	数量	比例	地域分布
上海	复旦大学、同济大学、华东理工大学、东华大学、华东师范大学、上海外国语大学、上海财经大学、上海交通大学、上海大学	9	8%	华东地区（29所）
山东	山东大学、中国海洋大学、中国石油大学	3	2.7%	
江苏	南京大学、苏州大学、东南大学、南京航空航天大学、南京理工大学、中国矿业大学、河海大学、江南大学、南京农业大学、中国药科大学、南京师范大学	11	9.8%	
安徽	中国科学技术大学、安徽大学、合肥工业大学	3	2.7%	
浙江	浙江大学	1	0.9%	
福建	厦门大学、福州大学	2	1.8%	
辽宁	大连理工大学、东北大学、辽宁大学、大连海事大学	4	3.6%	东北地区（11所）
吉林	吉林大学、东北师范大学、延边大学	3	2.7%	
黑龙江	哈尔滨工业大学、哈尔滨工程大学、东北农业大学、东北林业大学	4	3.6%	
江西	南昌大学	1	0.9%	华中地区（12所）
河南	郑州大学	1	0.9%	
湖北	武汉大学、华中科技大学、武汉理工大学、中南财经政法大学、华中师范大学、华中农业大学、中国地质大学	7	6.3%	
湖南	湖南大学、中南大学、湖南师范大学	3	2.7%	
重庆	重庆大学、西南大学	2	1.8%	西南地区（10所）
四川	四川大学、西南交通大学、电子科技大学、四川农业大学、西南财经大学	5	4.5%	
云南	云南大学	1	0.9%	
贵州	贵州大学	1	0.9%	
西藏	西藏大学	1	0.9%	

所在省（区、市）	学校名称	数量	比例	地域分布
海南	海南大学	1	0.9%	华南地区（6所）
广东	中山大学、暨南大学、华南理工大学、华南师范大学	4	3.6%	
广西	广西大学	1	0.9%	
陕西	西北大学、西安交通大学、西北工业大学、长安大学、西北农林科技大学、陕西师范大学、西安电子科技大学	7	6.3%	西北地区（12所）
甘肃	兰州大学	1	0.9%	
宁夏	宁夏大学	1	0.9%	
青海	青海大学	1	0.9%	
新疆	新疆大学、石河子大学	2	1.8%	
军事系统	第二军医大学、第四军医大学、国防科技大学	3	2.7%	

注：中国矿业大学（北京、徐州），中国地质大学（北京、武汉），华北电力大学（北京、保定），中国石油大学（北京、东营）4所拥有两个校区的学校分别被计为1所。表格数据比例之和不是100%，是由于按四舍五入法处理的。

资料来源：中华人民共和国教育部，《"211工程"学校名单》，2016-10-12.

由表 8-3 可见，"211 工程"的入选高校集中在北京（19.6%）、江苏（9.8%）、上海（8%）、湖北（6.3%）、陕西（6.3%）等地。其中，北京、上海、广东的 211 高校共 35 所，占总数的 31.2%。就地区而言，华东及华北地区的"211 工程"高校总数达 58 所，占据半壁江山。

（二）"985 工程"

"985 工程"是中国政府为建设若干所世界一流大学和一批国际知名的高水平研究型大学而实施的高等教育建设工程。该工程是党中央在世纪之交提出的高等教育重大建设举措，也是新时期中国高等教育的紧迫任务。

"985 工程"正式出台的时间是 1998 年。此时距改革开放已近 20 年，国家在经济方面获得了极大的发展，这为中央政府加大对高等教育领域的经费投入奠定了坚实的物质基础。在这一大的经济环境下，中国高等教育迎来了空前的发展机遇。

随着知识经济时代的不断发展，中国政府越来越重视大学的地位和作用。1995 年 5 月 6 日，政府发布了《中共中央、国务院关于加速科学技术进步的决定》，提出"科教兴国"的发展战略，强调要"坚持教育为本，把科技和教育摆在经济、社会发展的重要位置""加强对基础性研究的支持""充分发挥高等教育及其他各类教育在培养科技人才方面的主渠道作用"。同年，国家在高等教育领域正式启动了"211 工程"，旨在"面向 21 世纪，在'九五'期间重点建设一批高等学校和重点学科……使 100 所左右的高等学校以及一批重点学科在教育质量、科学研究、管理水平和办学效益等方面有较大提高，在高等教育改革特别是管理体制改革方面有明显进展，成为立足国内培养高层次人才、解决经济建设和社会发展重大问题的基地"。经过几年的建设，"211 工程"已经取得初步成效，使中央政府更加坚定了继续加大对高等教育领域投入力度的理念。

1997 年 12 月，中国科学院向党中央和国务院报送《迎接知识经济时代，建设国家创新体系》研究报告。1998 年，新一届国务院成立，对教育工作极为重视。1998 年 2 月，江泽民同志批示支持知识创新工程试点工作。1998 年 6 月，国家科技教育领导小组成立，朱镕基同志亲自担任组长。国家科技教育领导小组成立后的第一次会议就批准了由中国科学院申请的"知识创新工程"，开启了建立国家创新体系的序幕。中国科学院也顺理成章地成为国家创新体系建设的试点单位。"知识创新工程"的总体目标为：到 2010 年前后，把中国科学院建设成瞄准国家战略目标和国际科技前沿、具有强大和持续创新能力的国家自然科学和高技术的知识创新中心；使其成为具有国际先进水平的科学研究基地、培养造就高级科技人才的基地和促进中国高技术产业发展的基地；使其成为有国际影响的国家科技知识库、科学思想库和科技人才库。"知识创新工程"的出台体现了由下自上的政策制定过程，这一政策模式直接刺激了"985 工程"的出台。例如，在北京大学百年校庆前的筹备阶段，国家教育委员会、国家教育发展研究中心的负责人等先后到北京大学视察，其间就建议北京大学仿效中国科学院发起"知识创新工程"的经验，向中央政府提出政策诉求，争取得到中央政府对学校今后发展的更大支持。①

---

① 陈学飞：《理想导向型的政策制定——"985 工程"政策过程分析》，载《北京大学教育评论》，2006(1)。

具体而言，1998 年是北京大学建校 100 周年，为了纪念这个重要的日子，北京大学拟邀请以江泽民同志为首的党和国家领导人参加 5 月 4 日的庆祝大会。这一提议很快获得了批复。依照惯例，党和国家领导人在校庆上的讲话稿是由学校方面起草。这就为学校自下而上地向政府建言提供了途径。事实上，北京大学也的确是如此行动的。北京大学在与教育界有关人士协商后，在其起草的领导人讲话稿中明确提出："为了实现现代化，中国要有若干所世界先进水平的社会主义一流大学。"草稿报送中央审定时，国家领导人将其改为"世界先进水平的一流大学"。①

1998 年 4 月 29 日，江泽民同志在校庆前夕来到北京大学考察，在讲话中再次强调要坚定不移地实施科教兴国战略。5 月 2 日，李岚清在世界大学校长论坛开幕式上的讲话中提出，在下一个世纪，中国要力争有一批大学跻身世界一流大学的行列。5 月 4 日，江泽民同志在出席北京大学建校 100 周年校庆大会时宣布："为了实现现代化，中国要有若干所具有世界先进水平的一流大学。"②根据这次讲话的内容，《面向 21 世纪教育振兴行动计划》（简称《计划》）中把支持部分高等学校创建具有世界先进水平的一流大学和一流学科列为优先的战略目标。10 月 28 日，国家科技教育领导小组召开第二次工作会议，审议并原则通过了教育部报送的这一材料。

1998 年 12 月 24 日，我国正式发布《面向 21 世纪教育振兴行动计划》。《计划》指出："国际上一流大学都是经过长期的建设形成的。一流大学建设要有政府的支持、资金的投入，但更重要的是学校领导、教师、学生长年累月辛勤奋斗的结果。……因此，办成一流的大学，需要有一定的历史过程，要经过社会实践的考验。……调动多方面积极性，从重点学科建设入手，加大投入力度，对于若干所高等学校和已经接近并有条件达到国际先进水平的学科进行重点建设。今后 10～20 年，争取若干所大学和一批重点学科进入世界一流水平。"1999 年 1 月 13 日，国务院批转了该项计划。至此，"985 工程"正式启动。

"985 工程"一共实施三期。"985 工程"一期建设率先在北京大学和清华大

① 陈学飞：《理想导向型的政策制定——"985 工程"政策过程分析》，载《北京大学教育评论》，2006(1)。

② 中华人民共和国教育部：《科教兴国的动员令》，3 页，北京，北京大学出版社，1998。

学开始实施，随后其他 32 所重点建设高校以不同形式的共建方式参与其中，一期建设的周期为 3 年。2004 年，根据国务院批转教育部《2003—2007 年教育振兴行动计划》，教育部、财政部印发《教育部、财政部关于继续实施"985 工程"建设项目的意见》，启动了"985 工程"二期建设，列入"985 工程"建设的学校共 39 所。2010 年，根据中共中央、国务院印发《国家中长期教育改革和发展规划纲要（2010—2020 年）》，教育部、财政部印发《教育部、财政部关于加快推进世界一流大学和高水平大学建设的意见》，"985 工程"三期建设开始实施。①

"985 工程"是中国高等教育体制改革以来，在加强重点建设、实施跨越式发展方面所进行的一次重大改革，是中国探索创建世界一流大学之路的一次重要尝试，对中国高等教育系统的格局产生了重大的影响。该工程是中国为建设若干所世界一流大学和高水平大学而实施的重点建设工程，建设任务主要包括机制创新、队伍建设、平台和基地建设、条件支撑和国际交流与合作。

1. "985 工程"的建设目标

在"211 工程"前期建设的基础上，"985 工程"在出台之初已明确其建设目标——"经过若干年的努力，建成若干所世界一流大学和一批国际知名的高水平研究型大学"。

"985 工程"在一期阶段（1999—2001 年）的建设目标与任务已在《面向 21 世纪教育振兴行动计划》中有所阐述，即"要相对集中国家有限财力，调动多方面积极性，从重点学科建设入手，加大投入力度，对于若干所高等学校和已经接近并有条件达到国际先进水平的学科进行重点建设。今后 10—20 年，争取若干所大学和一批重点学科进入世界一流水平。"

经过一期工程的建设，"985 工程"在二期工程（2004—2007 年）的建设中，树立了"巩固一期建设成果，为创建世界一流大学和一批国际知名的高水平研究型大学进一步奠定坚实基础，使一批学科达到或接近国际一流学科水平，经过更长时间努力，建成若干所世界一流大学"的目标。具体来看，"985 工程"二期建设的重点主要集中在三个方面，即通过管理体制创新，运行机制创新，积极探索世界一流大学建设的新机制；造就和引进一批具有世界一流水平的学术带头人和学术团队；结合国家创新体系建设，重点建设一批科技创

---

① 中华人民共和国教育部：《"985 工程"简介》，2017-03-21。

新平台和哲学社会科学创新基地，促进一批世界一流学科的形成。①

经过前两轮"985 工程"建设，有关高校的整体办学水平和国际竞争力大幅提升，有力地推动了科教兴国战略和人才强国战略的实施。2010 年，在《教育规划纲要》的指导下，教育部、财政部总结了"985 工程"实施 10 年的成效和差距，并在此基础上提出了三期工程的建设目标。《教育部、财政部关于加快推进世界一流大学和高水平大学建设的意见》提出："通过持续重点支持，加快推进世界一流大学和高水平建设。力争在 2020 年前后，形成一批达到国际先进水平的学科，使若干所大学跻身世界一流大学行列；使一批学校整体水平和国际影响力跃上一个新台阶，成为国际知名的高水平研究型大学；使一批学校成为特色鲜明的高水平研究型大学。'985 工程'建设学校的整体水平、综合实力、自主创新能力进一步提高，国际竞争力显著提升，在造就学术领军人物和集聚创新团队、培养拔尖创新人才、创新机制体制等方面取得突破。为建设创新型国家、实现从人力资源大国向人力资源强国转变做出更大贡献。经过不懈的努力，到本世纪中叶有一批大学屹立于世界一流大学行列，其中一些学校位于世界一流大学前列，为实现我国建成中等发达国家的目标奠定坚实基础。"

2. "985 工程"的建设内容

在以建设世界一流大学为目标的指导下，"985 工程"每一阶段的建设内容既有区别又有联系。共同之处在于均以建设世界一流大学为目标，注重学科、人才、环境及国际交流，区别在于随着时间的推移和任务的完成度，整个工程的建设重点会有所调整。教育部高等教育司原司长张大良在介绍"985 工程"建设的投入情况时将该工程的建设重点简单地归纳为：工程一期主要用于硬件建设，二期主要用于软件即科研平台建设，三期主要用于学科和高层次人才引进工作。②

具体来看，"985 工程"一期建设内容其实与建设目标一致，即以重点学科的建设为主，同时赋予工程学校一定的自主权，根据学校自身的具体情况确定具体的建设项目。也就是说，中央政府对"985 工程"高校的建设内容并没有

---

① 郭新立：《中国高水平大学建设之路——从 211 工程到 2011 计划》，33 页，北京，高等教育出版社，2012。

② 中华人民共和国教育部：《向世界一流大学挺进——新一轮"985 工程"建设成就综述》，2017-10-16。

统一的规定。

"985 工程"二期建设内容主要集中在机制创新、队伍建设、平台建设、条件支撑和国际交流与合作五个方面。具体来看，机制创新是指按照世界一流大学建设的要求，改革现行的管理体制和运行机制，以适应世界一流大学建设的需要。主要包括加快人事制度改革，建立以竞争、流动为核心的人事管理机制、人才评价机制和科学合理的分配激励机制；突破以传统学科界限为基础的科研管理与学科组织模式，建立有利于创新、交叉、开放和共享的运行机制；建立以投资效益为核心的公开、公平、公正的绩效考核和评价机制。①

队伍建设主要侧重于教师及管理人员，即提供优越的研究条件和配套保障条件，面向国内外招聘具有国际先进水平的学术带头人、优秀学术骨干和大学高级管理人才，重视有潜力的中青年骨干的培养和深造，通过提高水平、营造氛围、严格培养等多种途径吸引优秀青年人才，形成一支以博士生和博士后为生力军的创新力量，加快建设一支具有世界一流水平的教师队伍、管理队伍和技术支撑队伍。②

平台建设主要是进行跨学科整合，既包括以国际科技前沿和国家现代化建设重大需求为导向，围绕国家重大基础研究、战略高技术研究和重大科技计划，整合、建设一批高水平的"985 工程"科技创新平台，同时还包括围绕国家、区域社会发展与经济建设中的重大问题，建设一批跨学科，具有创新性、交叉性、开放性的"985 工程"哲学社会科学创新基地。

条件支撑主要是为高校创新完善硬件环境，建设内容主要包括公共资源与仪器设备共享平台、设施完备的教学科研用房，使所建高校的图书馆、电子资源库和自动化程度在整体上接近或达到国际先进水平。

国际交流与合作是指建设有利于国际学术交流与合作研究的环境，包括聘请世界著名学者来校讲学、进行合作研究，与世界一流水平的学术机构开展实质性合作，建立高层次人才联合培养及研究基地，召开高水平的国际学术会议，加大吸引外国留学生来华留学的力度等。

---

① 郭新立：《中国高水平大学建设之路——从 211 工程到 2011 计划》，35～36 页，北京，高等教育出版社，2012。

② 郭新立：《中国高水平大学建设之路——从 211 工程到 2011 计划》，36 页，北京，高等教育出版社，2012。

经过多年建设，"985 工程"学校历史上教学、科研用房紧张的状况得到显著改善，公共资源与仪器设备共享平台建设基本完成、功能逐步显现，符合现代教育和科研要求的数字化、网络化，以及多数学校的图书馆、电子资源库和信息获取的便利度已达国际先进水平。鉴于此，三期工程结合《教育规划纲要》，重新调整了建设内容，即实现学科建设的新突破、培养拔尖创新人才、造就学术领军人物和创新团队、提升自主创新和社会服务能力以及加大高水平国际交流与合作的力度。

具体来看，三期工程的建设内容较二期工程既有延续、提升，同时又发生了不少的变化。就共同点而言，首先，两个工程的建设内容均十分关注学科建设，强调要根据学科、国家及社会需求来推进不同学科之间的融合，进一步完善高水平研究型大学的学科整体布局。同时，三期工程在二期工程强调建设学科平台的基础上又进一步提出"在更高、更广层面促进学科交叉融合，孕育新的学科生长点"。其次，两个阶段均非常重视优秀师资队伍的建设，认可教师乃创建世界一流大学的中坚力量。不过，三期工程在二期工程的基础上更强调人才的高、精、尖，倡导"引进和造就学术领军人物和创新团队"。最后，两个工程的建设内容都很关注国际交流与合作，三期工程又进一步提升了对高校国际化的要求，包括以提升国际竞争力和学术影响力为国际化学术环境的建设重点，推动中外文化深层次交流、合作培养具有国际视野及跨文化交流能力的高层次人才，努力提升中国在国际高等教育和学术组织中的地位和影响等。

就不同点而言，三期工程的建设内容不仅没有再明确提出对工程高校进行机制创新、条件支撑等要求，而且还将二期工程旨在建设的"教师队伍、管理队伍和技术支撑队伍"范围集中到教师队伍之上，并将学生培养尤其是拔尖创新人才的培养作为新时期工程建设的重点之一。此外，为了践行《教育规划纲要》所倡导的改革与创新，"985 工程"三期还要求各工程高校根据自身特色制定"985 工程"总体规划，并进行体制机制改革的试点，内容包括建立分类的内部分配和薪酬激励制度，扩大学校自主权，形成"中国特色、世界水平"的高水平大学发展模式和大学文化等。由此可见，三期工程在二期工程建设的基础上不仅进行了内容上的调整，而且还在某些方面实现了程度上的提升，在注重内涵式建设的道路上又精进了一步。

"985 工程"自 1998 年正式启动至 2016 年终止共经历了三期建设。每一阶段国家都出台了不同的建设目标和具体任务，同时也从通过《"985 工程"建设管理办法》《"985 工程"专项资金管理办法》《教育部、财政部关于加快推进世界一流大学和高水平大学建设的意见》等指导性文件建立了"985 工程"的管理机制，从各种途径来推进工程的顺利实施。

(1)管理体系

"985 工程"采取国家、共建部门(有关主管部委或地方政府)和高等学校三级管理的方式，以高等学校的自我管理为主。

与"211 工程"不一样的是，"985 工程"并未在工程启动伊始即在中央层面设立专门的项目领导小组，而是直到 2004 年二期工程启动时才正式成立"985 工程"领导小组、建设工作小组及办公室。其中，领导小组及建设工作小组的成员由教育部与财政部相关人员共同构成，教育部原部长周济担任首任领导小组组长，教育部原副部长吴启迪担任首任建设工作小组组长。"985 工程"办公室的地点常设在教育部，周其凤担任首任办公室主任。领导小组和工作小组主要负责协商确定工程建设中的重大方针政策问题和总体规划。例如，根据"985 工程"的建设目标和任务，从学科水平与覆盖面、高水平科学研究、高层次人才培养等方面提出进入"985 工程"建设学校的基本条件等。而办公室则具体负责"985 工程"建设的日常工作。共建部门参与对有关学校"985 工程"建设项目的管理和监督，负责筹措并落实共建资金。

根据管理体系的设计，"985 工程"应以高等学校的自我管理为主。因此，项目高校根据相关规定所设立的"985 工程"办公室等组织机构就是工程实施的主力部门，主要负责本校"985 工程"建设项目的规划、实施、管理和检查等工作。项目学校法人还要根据教育部及财政部对项目的可行性研究报告的批复，对项目实行全过程的管理。2010 年，《教育部、财政部关于加快推进世界一流大学和高水平大学建设的意见》提出，要求项目高校根据《教育规划纲要》的精神，结合学校的发展战略规划和办学目标，统筹、规划学校"985 工程"近期、中期和长远发展，研究制定学校继续实施"985 工程"总体规划和改革方案。复旦大学、北京大学、华中科技大学等项目高校已陆续出台相关文件制定了更有针对性的学校总体规划。

同时，为了保证"985 工程"决策的科学民主、公平公正，充分发挥专家在工程建设重大事项中的作用，2010 年 6 月，教育部及财政部决定建立"985 工程"专家委员会。专家委员会成员由教育部、财政部聘请各学科、领域学术造诣深厚和中国内外有影响力、办事公正的专家担任。其职责在于负责对工程建设的重大政策、建设资金分配办法等提出咨询意见；提出并推进重大专题研究课题；对学校建设和发展提出咨询意见；对实施进程进行监督，对建设成效提出评价意见。

由此可见，"985工程"的管理机制虽然仍是以政府决策为主导，各项目高校的身份准入权以及具体项目的批复权均掌握在中央政府的手中，但随着整个中国社会民主化进程的推进，以专家委员会为代表的监督机制已出现在制度的视野中，形成了专家咨询监督与政府决策相结合的管理机制。

（2）经费来源

"985工程"是中国创建世界一流大学的重点项目。不同于教育事业费、科研经费、基础建设经费等国家财政性教育经费，"985工程"有自己的专项资金。其专项资金的来源包括中央财政专项资金、地方人民政府共建资金、项目学校主管部门共建资金以及项目学校自筹资金。

在"985工程"的不同建设阶段，因目标任务的不同，各项专项经费的使用领域有所不同。2010年12月，财政部、教育部联合下发了《"985工程"专项资金管理办法》，取代了2003年的旧版本。在新的经费规定中，中央财政专项资金主要用于支持"985工程"项目学校加强人才队伍建设、实现学科建设新的突破、加快建成一批达到国际先进水平的学科、进行拔尖创新人才培养的改革试点、加快引进和造就学术领军人物和创新团队、加快提升自主创新和社会服务能力、开展高水平国际交流与合作等方面。地方人民政府共建资金、项目学校主管部门共建资金以及项目学校自筹资金，根据地方人民政府、有关部门规定和学校"985工程"总体规划和改革方案统筹安排。"985工程"专项资金的管理原则是"总体规划，分年实施；集中使用，突出重点；项目管理，绩效考评"。

具体来看，"985工程"一期的中央专项资金约为145亿元，地方政府配套资金约为110亿，主管部门配套资金约为16亿元。[①] 二期的中央专项资金为189亿元，所属部门和地方投入为140亿元，院校自筹为97亿元。

（3）项目管理

"985工程"建设采用项目管理和绩效考评的方式。2013年1月，为贯彻落实《教育规划纲要》的精神，教育部、财政部重新修订了2004年的《"985工程"建设管理办法》。在新的管理方案中，"985工程"建设项目需要经过以下审

---

① 郭新立：《中国高水平大学建设之路——从211工程到2011计划》，34页，北京，高等教育出版社，2012。

批程序才能立项：学校"985 工程"总体规划和改革方案，在进行充分、科学的论证并经主管部门同意后报教育部、财政部；教育部、财政部组织专家对学校上报的"985 工程"总体规划和改革方案进行审核；学校根据专家意见，修改完善"985 工程"总体规划和改革方案，由主管部门报"985 工程"领导小组审批；教育部、财政部在充分参考有关专家审核意见的基础上，批复学校"985 工程"总体规划和改革方案；教育部、财政部分阶段下达学校的各阶段中央财政专项资金基本额度预算控制数；学校根据中央财政专项资金预算控制数，结合本校"985 工程"总体规划和改革方案，编制年度项目预算，经主管部门审核后报财政部。

由于"985 工程"的管理原则是"采取国家、共建部门（有关主管部委或地方政府）和高等学校三级管理的方式，以高等学校的自我管理为主"，因此项目正式立项之后，教育部、财政部及共建部门一般是承担资金供给的责任，项目的具体实施主责方还是项目高校。一般而言，学校成立"985 工程"建设领导小组，负责对"985 工程"建设实行全过程的管理。领导小组下设专门机构具体负责本校"985 工程"建设的规划、实施与管理等工作。与此同时，"985 工程"还配置了专家委员会，其任务包括对项目学校的建设和发展提出咨询意见、对项目实施进程进行监督等。

就项目评价而言，2004—2012 年"985 工程"的项目评价包括年度报告、中期检查以及总结验收。其中，年度报告是指每年度末项目学校将项目建设的年度进展情况、投资完成情况及有关资料汇总形成年度报告，上报教育部及财政部。中期检查是由教育部、财政部"985 工程"办公室统一部署的，检查的重点包括项目建设的目标实现和任务完成情况、资金到位和使用情况、建设中存在的问题等。总结验收是建设项目完成后，项目学校需向教育部、财政部提交总结报告，教育部及财政部再组织专家会同相关部门对项目学校进行验收和评估。任何一个环节的评价结果都会有利于整个项目的开展。项目评价主要由教育部、财政部共同组织完成，内容包括项目检查、审计及绩效评估三个方面。评价结果会成为对项目学校进行奖惩的依据。2013 年出台的新管理条例虽然继续沿用了阶段检查和总结验收的做法，但同时也加强了惩罚机制的建立。具体做法包括根据检查考核结果对有关学校的建设项目和分年度预算进行动态调整；预留一部分中央财政专项资金，根据"985 工程"学校的资金使用管理和建设绩效等情况，统筹安排；实行责任追究制度，对于建设过程中的违规违纪行为，追究相应责任等。

　　"985 工程"是 20 世纪末中国政府启动的一项旨在创建世界一流大学的高等教育政策。由于工程投资量巨大、目标明确、以创新为关注重点，"985 工程"的实施仍是以具体的高校为依托平台。1998 年，"985 工程"第一期决定对清华大学和北京大学两校在三年内(1999—2001 年)各投资 18 亿元，旨在创建世界一流大学。此举大幅度地提高了教师的待遇，刺激了高校之间的竞争。自 1999 年 7 月至 11 月，教育部与安徽、上海等省市签订重点共建协议，决定对中国科学技术大学、复旦大学、上海交通大学、南京大学、西安交通大学、浙江大学、哈尔滨工业大学 7 所高校进行专项资助，将其定位于创建世界知名大学。随后，在各高校和省、市、区的争取下，重点建设的高校名单陆续增加，至 2003 年共有 34 所高校进入"985 工程"。而后，中国农业大学、西北农林科技大学、中央民族大学、国防科技大学、华东师范大学 5 所高校又陆续加入"985 工程"的队伍。至此，"985 工程"的项目高校共达 39 所，如表 8-4 所示。

表 8-4　"985 工程"入选大学的地域分布表(2014 年 9 月)

所在省(市、区)	学校名称	数量	比例	地域分布
北京	清华大学、北京大学、北京师范大学、中国人民大学、北京理工大学、北京航空航天大学、中国农业大学、中央民族大学	8	20.5%	华北地区(10 所)
天津	南开大学、天津大学	2	5.1%	
河北	—	0	0	
山西	—	0	0	
内蒙古	—	0	0	
上海	复旦大学、上海交通大学、同济大学、华东师范大学	4	10.3%	华东地区(11 所)
山东	山东大学、中国海洋大学	2	5.1%	
江苏	南京大学、东南大学	2	5.1%	
安徽	中国科学技术大学	1	2.6%	
浙江	浙江大学	1	2.6%	
福建	厦门大学	1	2.6%	

所在省（市、区）	学校名称	数量	比例	地域分布
辽宁	大连理工大学、东北大学	2	5.1％	东北地区（4所）
吉林	吉林大学	1	2.6％	
黑龙江	哈尔滨工业大学	1	2.6％	
江西	—	0		华中地区（4所）
河南	—	0		
湖北	华中科技大学、武汉大学	2	5.1％	
湖南	湖南大学、中南大学	2	5.1％	
重庆	重庆大学	1	2.6％	西南地区（3所）
四川	四川大学、电子科技大学	2	5.1％	
云南	—	0		
贵州	—	0		
西藏	—	0		
海南	—	0		华南地区（2所）
广东	中山大学、华南理工大学	2	5.1％	
广西	—	0		
陕西	西安交通大学、西北工业大学、西北农林科技大学	3	7.7％	西北地区（4所）
甘肃	兰州大学	1	2.6％	
宁夏	—	0		
青海	—	0		
新疆	—	0		
军事系统	国防科技大学	1	2.6％	

资料来源：中华人民共和国教育部，《"985工程"学校名单》，2017-08-21。表格数据比例之和不是100％，是由于按四舍五入法处理的。

由表 8-2 可见,"985 工程"的入选高校集中在北京(20.5％)、上海(10.3％)、陕西(7.7％)等地。其他地区也零星分布了 1～2 所"985 工程"高校,但宁夏、青海、西藏等 13 个省和自治区则没有"985 工程"学校。就地区而言,华东及华北地区的"985 工程"高校总数达 21 所,超过总数的一半。

(三)"优势学科创新平台"

2006 年,为了适应建设创新型国家、加快推进社会主义现代化建设对人才和科技的要求,充分发挥高等学校学科的综合优势,尤其是行业特色型大学在所属行业领域全国顶尖的学科优势,国务院决定建设"优势学科创新平台",由教育部和财政部共同负责。

"优势学科创新平台"是"985 工程"大体系的重要组成部分,相对于一个Ⅰ类"985 工程"科技创新平台,其平台建设方式与"985 工程"平台相同,是国家为提高高等教育实力和水平的又一重大举措。"优势学科创新平台"的建设学校在非"985 工程"的"211 工程"高校中选择。该建设项目是针对高校特色鲜明、优势突出的学科平台予以重点支持,提高其创新人才培养能力、科技创新能力和学科建设的整体水平,促进产学研结合,为解决制约经济社会发展的重大瓶颈问题、为实现经济社会可持续发展和建设创新型国家做出更大的贡献。由于"优势学科创新平台"的建设方式和"985 工程"平台相同,所以又被称为"985 工程优势学科创新平台",简称"985 平台"。

按照国家对"优势学科创新平台"建设学校的要求,建设的主要任务为:促进学科交叉融合,提升优势学科的建设水平和国际竞争力,加快建成一批达到国际先进水平的学科;创新人才培养模式,深化教育内容和培养机制,突出创新精神和创新能力培养,推进人才培养的国际化;创新人才制度环境,造就培养一批活跃在国际学术最前沿和国家重大战略需求领域的一流科学家、学科领军人物和创新团队,切实提高师资队伍水平;着力提高自主创新能力,重点建设以技术创新为重点的成果转化和工程研发平台,推动产学研的深度融合,产生一批国际领先的成果;以改革为动力,实现重点突破,改革高校内部的运行机制,改革管理模式、薪酬激励、学术构架、考核评价等制度,推动优势创新平台建设。

需要指出的是,尽管都以学科为切入点,但"优势学科创新平台"与"985工程"的创新平台、创新基地的发展重点仍存在区别。"985 工程"是以建设科技创新平台和哲学社会科学创新基地为重点,通过机制体制创新、队伍建设、平台和基地建设、基础条件建设、国际交流与合作等建设，提高学校的科技创新能力和国际竞争力，建设世界一流大学和一批国际知名的高水平研究型大学。"优势学科创新平台"是以国家和行业发展急需的重点领域和重大需求为导向，围绕国家科技发展战略和学科前沿，加大学科结构的调整力度，促进学科交叉，大力提高建设学科的科技创新能力和解决制约经济社会发展的重大瓶颈问题的能力。

"优势学科创新平台"自2006年起至2008年止为启动期。2008年之后，与"985工程"同期执行。"优势学科创新平台"每期获得的中央财政资金额度与"985工程"高校接近，其中央财政专项资金额度以年度项目预算批复为准。

"优势学科创新平台"入选学校的遴选范围是"属于'211工程'建设的学校但不属于'985工程'建设的中央部属高校"，其侧重于建设高水平行业特色型大学，而非"985工程"高校类的综合类大学。"优势学科创新平台"的隶属高校基本上是没有经历过合并、重组的行业特色型大学，学科精度极高，拥有1~2个全国顶尖学科，在行业内认可度极高，具有深厚的行业底蕴和学科积淀。只有国家中央部委直属的"211工程"高校才有资格入选该项目。在高校共建方面，"985工程"高校主要以与所在省市共建为主，只有工信部属院校等少数"985工程"高校与所在省市、所在行业都签署了全面共建协议；"985平台"高校以与所在行业共建为主，只有西安电子科技大学、北京中医药大学、中国矿业大学、东北林业大学、河海大学等少数"985平台"大学与所在省市、所在行业都签署了全面共建协议，如表8-5所示。

表8-5　"985工程优势学科创新平台"常规立项的主要名单

类别	高校名称	"985工程优势学科创新平台"名称
国防类	哈尔滨工程大学	现代舰船与深海工程优势学科创新平台
	南京理工大学	现代攻防与先进装备技术优势学科创新平台
	南京航空航天大学	航空飞行器设计制造与飞行安全优势学科创新平台
外语类	北京外国语大学	非通用语本科教材建设工程
信息类	西安电子科技大学	先进军事综合电子信息系统优势学科创新平台
		先进雷达技术优势学科创新平台
	北京邮电大学	社交网络分析与网络信息传播优势学科创新平台
	中国传媒大学	数字媒体优势学科创新平台

续表

类别	高校名称	"985工程优势学科创新平台"名称
材料类	北京科技大学	新材料与冶金工程优势学科创新平台
	武汉理工大学	绿色建材与新材料优势学科创新平台
交通类	北京交通大学	轨道交通安全优势学科创新平台
	西南交通大学	国家轨道交通工程优势学科创新平台
	长安大学	公路建设与交通运营保障科学与技术优势学科创新平台
化工类	华东理工大学	煤的清洁高效利用与石油化工关键技术优势学科创新平台
	北京化工大学	绿色化工与材料优势学科创新平台
资源类	中国矿业大学	煤炭资源安全开采与洁净利用优势学科创新平台
	中国地质大学	地球系统过程与矿产资源平台
	中国石油大学	油气资源勘探开发与转化优势学科创新平台
	华北电力大学	电力科学与工程优势学科创新平台
	河海大学	全球水循环与国家水安全优势学科创新平台
汽车类	合肥工业大学	节能环保汽车及其制造装备技术优势学科创新平台
轻工类	江南大学	食品精深加工与安全控制优势学科创新平台
财经类	中央财经大学	经济学与公共政策优势学科创新平台
	上海财经大学	经济学优势学科创新平台
	中南财经政法大学	经、法、管学科融通创新与我国社会建设优势学科创新平台
	西南财经大学	金融学科群与中国金融创新发展优势学科创新平台
农林类	东北林业大学	森林资源可持续经营与高效利用优势学科创新平台
	华中农业大学	农业生物遗传改良和生长发育调控优势学科创新平台
	南京农业大学	高效农业与食物安全优势学科创新平台
	西南大学	现代农业科学优势学科创新平台
人文类	暨南大学	华侨华人研究优势学科创新平台
政法类	中国政法大学	法治建设与人才培养优势学科创新平台
医药类	中国药科大学	新药发现理论与技术优势学科创新平台
	北京中医药大学	中医药优势学科创新平台

2009 年，为了进一步落实教育部直属师范大学的师范生免费教育示范性举措，加大对于师范教育的支持力度，推动教师教育改革发展，提高教师教育质量水平，培养造就大批优秀教师和教育家，教育部在北京师范大学、华东师范大学、东北师范大学、华中师范大学、陕西师范大学、西南大学六所部属师范大学启动实施"教师教育创新平台项目计划"。"教师教育创新平台项目计划"是"优势学科创新平台"的重要组成部分，旨在推动部属师范大学加强和改革教师教育，用最好的师资和教学条件培养师范生，形成学科优势和多学科综合优势所支撑的教师教育创新和教学平台，直接服务于教师教育，把师范生免费教育示范性举措落到实处，为培养造就优秀教师和教育家队伍做出新的贡献。①

（四）"特色重点学科项目"

学科是人类认识世界、发展学术的一种工具和手段，是大学的细胞。现代大学的三大功能均是通过学科发展而实现的。然而，学科在建设与发展过程中常常会遭遇多方面的问题。其中不可回避的一个重要问题就是学科的资源投入。一个学科的建设需要大量的投入，建设基地要投入，引进和培养高水平师资要投入，开展国际和国内学术交流要投入，但任何国家或学校的办学资源都是有限的，不可能同时重点建设所有的学科。② 从这一角度来看，办学资源的有限性和学科发展的无限性之间的矛盾决定了学科建设过程中要实现重点突破。学科的建设与发展离不开内外动力的相互作用，所谓内动力是指学科逻辑自主发展的规律，而外动力则是指学科发展的社会需求，如国家需要、经济与文化发展需要等。正是在这种内外动力的共同驱使下，《教育规划纲要》提出，加快建设一流大学和一流学科，以重点学科建设为基础，继续实施"985 工程"和"优势学科创新平台"建设，继续实施"211 工程"和启动"特色重点学科项目"。"特色重点学科项目"就此应运而生。

---

① 中华人民共和国教育部：《教育部启动实施"教师教育创新平台项目计划"》，2016-02-21。

② 刘献君：《论高校学科建设中的几个问题》，载《中国地质大学学报（社会科学版）》，2010(4)。

　　2009 年，教育部、财政部发布《关于实施"特色重点学科项目"的意见》。为了全面贯彻落实党中央和国务院提出的"提高高等教育质量，推进高水平大学和重点学科建设"的精神，构筑完善的高等教育重点建设体系，"特色重点学科项目"秉持的总体思路是以扶强扶优为原则，由中央财政设立专项资金对"特色重点学科项目"给予支持，大幅提升其自主创新能力和为国家区域经济社会发展服务的能力，推动学科水平的提高。包括进一步深化高等教育管理体制改革，密切高校与行业的联系，突出学科优势，加大为行业发展服务的力度，为各行各业提供人才、知识贡献和技术支持等。2010 年，"特色重点学科项目"正式开始实施。

　　"特色重点学科项目"的建设任务主要涵盖学科方向、队伍建设、人才培养、科学研究、学术交流和条件建设六个方面，其重点在于创新人才培养和队伍建设。学科建设的主力军是人，一方面，创新人才培养是大学的固有使命；另一方面，教师队伍是学科发展的中坚力量。

　　"特色重点学科项目"是以非"211 工程"学校中的国家重点学科为建设范围。根据《关于做好编制"特色重点学科项目"建设方案工作的通知》，凡列入项目建设范围的国家重点学科均应按要求编制《"特色重点学科项目"建设方案》。《"特色重点学科项目"建设方案》应包括：学科概况、建设目标及发展思路、建设任务及具体措施、建设资金的筹集和使用意向、预期建设成效分析等主要内容。项目建设期为 2010—2012 年。

　　"特色重点学科项目"的建设重点在于学科。中国高等学校研究生教育专业按照学科门类—学科大类（一级学科）—专业（二级学科）三个层次来设置。一般意义上的博硕士点数指的就是可以授予博士和硕士学位的二级学科的数目。二级学科无法申请成为一级学科，但是可以申请成为硕士和博士学位授权点，而一级学科一旦申请成功，其下的所有二级学科都可申请成为博士学位授权点。所谓获得一级学科博士学位授权，是指在这个一级学科下的所有二级学科都有博士学位授予权，也就意味着一名学生只要选择了这个学科中的任何一个专业，进了校门就有可能从本科一直念到博士。这能反映出一所大学或科研院所在这个学科的实力和水平。但要看这个学科是否全国领先，就要看它里面的二级学科有没有国家重点学科以及重点学科的多少。2011 年，国务院学位委员会、教育部颁布了《学位授予和人才培养学科目录（2011 年）》，设置哲学、经济学、法学、教育学、文学、历史学、理学、工学、农学、医学、军事学、管理学及艺术学 13 大学科门类，并将一级学科由 89 个增加到 110 个，完成了中国 27 年来第 4 次学科专业目录更新。

"特色重点学科项目"对于各入选高校的学科建设方案有不同的要求。《关于做好编制"特色重点学科项目"建设方案工作的通知》指出，2007 年经教育部批准的一级学科国家重点学科，均应按一级学科建设"特色重点学科项目"，在编制《"特色重点学科项目"建设方案》时要突出综合优势和整体水平，促进学科交叉、融合和新兴学科的生长。2007 年经教育部批准的二级学科国家重点学科，均应按二级学科建设"特色重点学科项目"，在编制《"特色重点学科项目"建设方案》时要突出特色和优势，在重点方向上取得突破。就审核程序而言，有关高校对本校《"特色重点学科项目"建设方案》进行初审后，地方所属高校报省（区、市）教育和财政部门审核，部门所属高校报主管部门审核。经审核确定的《"特色重点学科项目"建设方案》报教育部、财政部备案。审核工作的重点为："特色重点学科项目"建设目标是否可行，建设任务是否明确，学科建设是否瞄准国家、区域和行业发展的重大需求，保障措施是否到位等。《国家重点学科评选项目简介》指出，新中国成立至今，中国分别于 1986—1987 年、2001—2002 年、2006 年组织了三次重点学科的评选工作。按规定，"特色重点学科项目"是以第 3 次国家重点学科的评选结果为依据，即 286 个一级学科，677 个二级学科，217 个国家重点（培育）学科。例如，在中国语言文学门类中，北京大学、北京师范大学、复旦大学、南京大学及四川大学被评为一级学科国家重点学科，但由于这 5 所学校均不属于非"211 工程"学校，故不具备成为中国语言文学"特色重点学科项目"的资格。而北京语言大学的"语言学及应用语言学"在 2002 年、2006 年时均被评为二级学科国家重点学科，故其有资格按照二级学科的要求来申请"特色重点学科项目"。2012 年，北京语言大学终获教育部批准成为"特色重点学科项目"建设高校。截至 2015 年，中国共有 74 所高校入选"特色重点学科项目"，如汕头大学的病理学与病理生理学、甘肃农业大学的草业科学、中国美术学院的美术学等，如表 8-6 所示。可以说，"特色重点学科项目"为这些非"211 工程"高校带来了机会与资源，有利于不同类型高校在学科建设方面的特色发展。

表 8-6　国家"特色重点学科项目"建设高校名单

首都医科大学	首都师范大学	北京语言大学	首都经济贸易大学	中央戏剧学院	天津科技大学
天津工业大学	天津中医药大学	天津师范大学	天津财经大学	燕山大学	河北医科大学
河北师范大学	山西大学	山西医科大学	内蒙古农业大学	沈阳工业大学	沈阳农业大学
中国医科大学	大连医科大学	辽宁中医药大学	沈阳药科大学	东北财经大学	长春理工大学
东北石油大学	哈尔滨理工大学	黑龙江大学	哈尔滨医科大学	黑龙江中医药大学	上海海洋大学
上海中医药大学	上海师范大学	华东政法大学	上海音乐学院	上海戏剧学院	南京工业大学
南京林业大学	江苏大学	扬州大学	南京信息工程大学	南京医科大学	南京中医药大学
浙江中医药大学	中国美术学院	安徽医科大学	华侨大学	福建农林大学	福建师范大学
山东农业大学	山东中医药大学	山东师范大学	青岛大学	河南农业大学	湘潭大学
湖南农业大学	中南林业科技大学	湖南中医药大学	南方医科大学	汕头大学	广东外语外贸大学
华南农业大学	广州医科大学	广州中医药大学	西南政法大学	重庆医科大学	西南石油大学
成都理工大学	成都中医药大学	昆明理工大学	西安建筑科技大学	西安理工大学	西安科技大学
甘肃农业大学	新疆农业大学				

资料来源：引自《项目实施院校名单》，2017-08-21。

　　"特色重点学科项目"的建设资金主要是采取中央财政、主管部门和高校共同筹集的方式来解决。其中，中央财政专项资金支持"特色重点学科项目"的年度控制额度为："特色重点学科项目"（二级学科）人文社科管理类 170 万元/个，理农医类 350 万元/个，工类 450 万元/个。《关于做好编制"特色重点学科项目"建设方案工作的通知》指出，"特色重点学科项目"（一级学科）按一级学科国家重点学科认定前二级学科国家重点学科数计算，对不分设二级学科的（光学工程、中药学）按同类（二级学科）的 2 倍计算。其中，地方所属高校"特色重点学科项目"预算按照《中央财政支持地方高校发展专项资金管理办法》管理；中央部门所属高校"特色重点学科项目"预算按照部门预算的程序管理。教育部、财政部将会同有关主管部门对各"特色重点学科项目"的实施情况进行实时检查和绩效考评。项目入选学校具体负责本校项目的建设、实施、管理和检查等工作，对项目执行实行全过程的管理。

(五)"高等学校创新能力提升计划"

中国自 1998 年实行大学扩招以来，高等教育的发展速度惊人，2002 年实现高等教育大众化，2010 年中国高等教育的毛入学率达到 26.5%，各类高等教育的总规模达到 3105 万人。① 在外延式发展中取得重大突破的中国高等教育开始将建设重心转向以质量提升为主的内涵式发展，"985 工程""特色重点学科项目"等一系列质量建设工程就是政府采取的重要举措。然而，在近 10 年的质量建设过程中，中国高等教育仍然存在学科单一、重复建设、产学研脱节、科研效率低下等问题。

2011 年 4 月 24 日，胡锦涛同志在清华大学百年校庆上发表讲话时明确提出要积极推动协同创新，通过体制机制创新和政策项目引导，鼓励高校同科研机构、企业开展深度合作，建立协同创新的战略联盟，促进资源共享，联合开展重大科研项目攻关，在关键领域取得实质性成果。② 为落实胡锦涛同志的重要讲话精神，2012 年 3 月 22 日，在全面提高高等教育质量工作会上，教育部、财政部联合颁发了《教育部、财政部关于实施高等学校创新能力提升计划的意见》，正式启动实施"高等学校创新能力提升计划"（简称"2011 计划"）。"2011 计划"是继"211 工程""985 工程"之后，国务院在高等教育系统启动的第三项国家工程，是"211 工程""985 工程"的发展和延续。"211 工程""985 工程"重在学科、人才、平台等创新要素的发展，重在高校内部的建设。"2011 计划"重在高校的机制体制改革，重在推动高校内部以及与外部创新力量之间创新要素的融合发展，建立协同创新模式，从而能带动与推进"211 工程"和"985 工程"的实施。

《教育部、财政部关于实施高等学校创新能力提升计划的意见》指出，"2011 计划"的总体目标为：充分发挥高等学校多学科、多功能的优势，积极联合国内外创新力量，有效整合创新资源，构建协同创新的新模式与新机制，

---

① 中华人民共和国教育部：《2010 年全国教育事业发展统计公报》，2015-07-21。

② 郭新立：《中国高水平大学建设之路——从 211 工程到 2011 计划》，49 页，北京，高等教育出版社，2012。

形成有利于协同创新的文化氛围。建立一批'2011 协同创新中心'，集聚和培养一批拔尖创新人才，取得一批重大标志性成果，成为具有国际重大影响的学术高地、行业产业共性技术的研发基地、区域创新发展的引领阵地和文化传承创新的主力阵营。推动知识创新、技术创新、区域创新的战略融合，支撑国家创新体系建设。"

依据这一目标，"2011 计划"的主要内容可以简要地归纳为"1148"，即一个根本出发点、一项核心任务、四类协同创新模式的探索和推进八个方面的体制机制改革。

首先，以"国家急需、世界一流"为根本出发点。这既是"2011 计划"的目标和方向，也是标准和条件，旨在引导高校围绕国家急需的战略性问题、科学技术尖端领域的前瞻性问题和涉及国计民生的重大公益性问题，聚集一流的创新团队，形成一流的创新氛围，创造一流的创新成果，培养一流的创新人才，在服务国家重大需求的同时，逐步形成"中国特色、世界一流"的办学模式，加速建立能够冲击世界一流的新优势和新实力。[①]

其次，以人才、学科、科研三位一体的创新能力提升为核心任务。其中，人才是指优秀人才的集聚和拔尖创新人才培养的能力，是协同创新平台构建的根本；学科是指围绕国家重大需求和重大科学问题的学科集群能力，是协同创新平台构建的基础；科研是指发现并解决重大问题的组织管理与协同研究的能力，是协同创新平台构建的支持。

再次，以协同创新中心为载体，构建四类协同创新模式。《教育部、财政部关于实施高等学校创新能力提升、计划的意见》提出，"2011 计划"倡导大力推进学校和学校、学校和科研院所、学校和行业企业以及学校和区域发展、国际合作的深度融合，探索建立面向科学前沿、行业产业、区域发展以及文化传承创新的重大需求的四类协同创新模式。一是面向科学技术前沿和社会发展的重大问题，依托高等学校的优势特色学科，与国内外高水平的大学、科研机构等开展实质性合作，吸引和聚集国内外的优秀创新团队与优质资源，建立符合国际惯例的知识创新模式，营造良好的学术环境和氛围，持续产出重大原始创新成果和拔尖创新人才，逐步成为引领和主导国际科学研究与合作的学术中心。二是面向行业产业经济发展的核心共性问题，依托高等学校与行业结合紧密的优势学科，与大中型骨干企业、科研院所联合开展组织创

---

① 　引自《教育部科技司司长王延觉解读"2011 计划"》，2016-03-22。

新，建立多学科融合、多团队协同、多技术集成的重大研发与应用平台，形成产学研用融合发展的技术转移模式，为产业结构调整、行业技术进步提供持续的支撑和引领，成为国家技术创新的重要阵地。三是面向区域发展的重大需求，鼓励各类高等学校通过多种形式自觉服务于区域经济建设和社会发展。支持地方政府围绕区域经济发展规划，引导高等学校与企业、科研院所等通过多种形式开展产学研用协同研发，推动高等学校服务方式的转变，构建多元化成果的转化与辐射模式，带动区域产业结构调整和新兴产业发展，为地方政府决策提供战略咨询服务，在区域创新中发挥骨干作用。四是面向中国社会主义文化建设的迫切需求，整合高等学校人文社会科学的学科和人才优势，推动与科研院所、行业产业以及境外高等学校、研究机构等开展协同研究，构建多学科交叉研究平台，探索建立文化传承创新的新模式，加强文化对外表达和传播能力的建设，发挥智囊团和思想库的作用，为提升国家文化的软实力、增强中华文化的国际影响力、推动人类文明进步做出积极贡献。这四种不同形式的协同创新模式都是以"2011协同创新中心"为载体来进行的，旨在逐步将这些创新中心建设成具有国际重大影响的学术高地、行业产业共性技术的研发基地、区域创新发展的引领阵地和文化传承创新的主力阵营。

最后，以创新发展方式的转变为主线，推动高校深化机制体制改革。协同创新机制体制改革是"2011计划"的重点与核心任务，其目的在于打破高校与社会其他创新力量之间的壁垒，发挥人才作为创新核心要素的作用，促进各类创新要素的合理流动与充分共享，实现国家整体创新实力的根本提升。《教育部、财政部关于实施高等学校创新能力提升计划的意见》指出，机制体制改革的重点领域主要集中在八个方面：一是构建科学有效的组织管理体系；二是探索促进协同创新的人事管理制度；三是建全寓教于研的拔尖创新人才培养模式；四是形成以创新质量和贡献为导向的评价机制；五是建立持续创新的科研组织模式；六是优化以学科交叉融合为导向的资源配置方式；七是创新国际交流与合作模式；八是营造有利于协同创新的文化环境。

对于经批准认定的"2011协同创新中心"，依托高校在自身现有的条件和能力范围内，给予中心充分的政策支持与保障。在此基础上，国家、地方将根据实际情况和需求，给予中心新的、更大的政策支持力度，使之成为有利于协同创新的政策汇聚区，成为高校改革优先发展的实验区。在人员聘用与评价制度、人才培养机制、招生模式以及国际合作与交流等方面，赋予"2011

协同创新中心"改革的相对自主权。在研究生招生、优秀人才计划、公派出国学习和交流等相关资源配置方面，给予"2011协同创新中心"重点和倾斜支持。在组织申报国家相关科技、文化、人才以及行业重点任务时，给予"2011协同创新中心"优先支持。除了政策性支持外，中央财政还设立专项资金，对经批准认定的"2011协同创新中心"，可给予引导性或奖励性支持，主要用于协同创新中心开展协同创新活动和形成协同创新机制的开支。

相较于"211工程"及"985工程"而言，"2011计划"的实施范围更加广泛，即面向各类高校开放，而不仅是部分"重点高校"，以高校为实施主体，积极吸纳科研院所、行业企业、地方政府以及国际创新力量参与。其在实施过程中确定了"统筹部署，分层实施；分类发展，择优支持；广泛聚集，多元投入"的原则。"统筹部署，分层实施"主要指鼓励有条件的高校、省份设立相应层级的"2011计划"，先行先试，积极培育，营造协同创新的环境氛围。例如，截至2015年8月，江西省已经认定了50个省级"2011协同创新中心"；同时对每个省级协同创新中心，省财政将分别给予2000万元的建设经费。① 江苏省分两批共立项建设59个、培育建设12个高校协同创新中心，初步形成国家"2011协同创新中心"、江苏高校协同创新中心和校级协同创新中心三级协同创新体系。② 在此基础上，国家每年评审认定一批"2011协同创新中心"，形成分层实施、系统推进的工作机制。"分类发展，择优支持"是指分类型开展协同创新中心的建设，在高校、地方、行业等领域确定有针对性的建设要求、准入条件、评审标准、管理机制以及绩效评价工作体系，在此基础上择优遴选。"广泛聚集，多元投入"是指在科学前沿、行业产业、区域发展以及文化传承创新四类协同创新模式的基础上，促进各类创新要素的有机融合，充分汇聚现有资源，积极吸纳社会多方面的支持和投入。

就管理机构而言，《"高等学校创新能力提升计划"实施方案》指出，"2011计划"由教育部、财政部联合成立"2011计划"领导小组，负责顶层设计、宏观布局、统筹协调、经费投入等重大事项决策。领导小组下设办公室，负责规划设计、组织实施、监督管理等工作，办公地点设在教育部；由来自有关部门、高校、科研机构、行业企业、社会团体以及国际的知名专家组成"2011计划"专家咨询委员会，为重大政策、总体规划、评审认定、监督评估等提供咨

---

① 引自《江西新增12个"2011协同创新中心"》，2016-04-08。
② 引自《江苏分级考核协同创新中心》，2016-07-09。

询。同时，引入相对独立的第三方评审、监督机制，开展论证评审、定期检查和阶段性评估等工作，充分体现公开、公平、公正的要求。评审专家选取遵循的基本原则为：在国际上具有较大影响、国内具有较高威望的战略科学家；长期从事教育、科技、文化、经济以及其他社会事业行政管理的知名专家；具有国际视野、熟悉国内发展状况、有较深学术造诣的国内外专家；同时，评审专家还必须对协同创新有较深的认识和了解，为人公正，精力充沛。

就评选程序而言，"2011 计划"的实施分为培育组建、评审认定、绩效评价三个步骤。在充分培育并达到申报要求的前提下，由协同创新体联合提出"2011 协同创新中心"的认定申请。国家每年组织一次评审，按照一定的数量和规模，择优遴选不同类型的协同创新中心。其中，培育组建是指高等学校应按照"2011 计划"的精神和要求，加强组织领导和顶层规划，积极推进机制体制改革，充分汇聚现有资源，广泛联合科研院所、行业企业、地方政府以及国际社会的创新力量开展协同创新。通过前期培育，确定协同创新的方向，选择协同创新模式，组建协同创新体，营造协同创新的环境氛围，形成协同创新的新机制和新优势，为参与"2011 计划"奠定基础。

评审认定是指在以高等学校为主组成的协同创新体充分培育并取得良好成效的基础上，联合提交协同创新中心的认定申请。申请认定的协同创新体应满足科学前沿和国家需求的重大方向、具备开展重大机制体制改革的基础与条件、具有解决重大问题的综合能力和学科优势等基本条件。领导小组办公室对认定申请进行初审后，委托第三方机构组织专家评审。领导小组根据评审结果进行审议后，对符合条件的协同创新体，批准认定为"2011 协同创新中心"。不过，随着简政放权和依法行政的推进，中国政府于 2015 年颁布了《国务院关于取消非行政许可审批事项的决定》，教育部随之取消了包括"2011 协同创新中心"的认定在内的多项行政权力。除了标准的认定流程外，《"高等学校创新能力提升计划"实施方案》还对"2011 计划"的评选标准做出了基本的规定。例如，申请资格评定的协同创新中心必须以国家重点学科为依托，且建有运行良好的国家级或教育部重点科研基地。除了共性要求外，不同类型的协同创新中心还需要满足针对性、特色化的评审标准。比如，面向科学前沿的协同创新中心所依托的主体学科原则上应进入 ESI 学科排名的前 1% 等；面向行业产业的协同创新中心须在行业产业内具有明显特色和行业企业的影响实力，得到了参与企业的实质性投入等；面向区域发展的协同创新中心应得到省级协同创新的支持，并产生了显著的经济社会效益等；面向文化传承创新的协同创新中心应具有较强的学术积淀和较明显的学科优势，并已建有相应的教育部重点研究基地等。

"2011 计划"自 2012 年启动实施，4 年为一个周期。教育部、财政部每年组织一次国家级"2011 协同创新中心"的申报认定，通过认定的中心建设运行满 4 年后，教育部、财政部将委托第三方进行评估。2013 年 4 月 11 日，教育部公布了首批"2011 计划"的入选名单，全国 176 个申报项目中共有 14 个协同创新中心入选。2014 年，"2011 计划"认定了 24 个"2011 协同创新中心"。这 24 个项目中共有科学前沿 4 项、行业产业 11 项、区域发展 4 项、文化传承创新 5 项。① 截至 2014 年年底，中国已正式认定 38 个"2011 协同创新中心"，其中科学前沿 8 项、行业产业 15 项、区域发展 8 项、文化传承创新 7 项，如表 8-7 所示。如前所述，不同于"211 工程""985 工程"，"2011 计划"的入选资格并非固定，而是会随着绩效评价的结果而调整，这有助于鞭策入选机构加强自身的建设。

表 8-7　"2011 协同创新中心"国家级认定名单

中心名称	主要协同单位	类别	认定时间
量子物质科学协同创新中心	北京大学、清华大学、中国科学院物理所等	科学前沿	2013 年
中国南海研究协同创新中心	南京大学、中国南海研究院、海军指挥学院、中国人民大学、四川大学、中国社会科学院边疆史地研究中心、中国科学院地理资源所等	文化传承创新	2013 年
宇航科学与技术协同创新中心	哈尔滨工业大学、中国航天科技集团等	行业产业	2013 年
先进航空发动机协同创新中心	北京航空航天大学、中国航天工业集团等	行业产业	2013 年
生物治疗协同创新中心	四川大学、清华大学、中国医学科学院、南开大学等	科学前沿	2013 年
河南粮食作物协同创新中心	河南农业大学、河南工业大学、河南省农业科学院等	区域发展	2013 年
轨道交通安全协同创新中心	北京交通大学、西南交通大学、中南大学等	行业产业	2013 年

① 引自《第二批国家 2011 计划揭晓，全国 24 个协同创新中心入选》，2017-01-07。

中心名称	主要协同单位	类别	认定时间
天津化学化工协同创新中心	天津大学、南开大学等	科学前沿	2013 年
司法文明协同创新中心	中国政法大学、吉林大学、武汉大学	文化传承创新	2013 年
有色金属先进结构材料与制造协同创新中心	中南大学、北京航空航天大学、中国铝业公司、中国商飞公司等	行业产业	2013 年
长三角绿色制药协同创新中心	浙江工业大学、浙江大学、上海医药工业研究院、浙江食品药品检验研究院、浙江省医学科学院、药物制剂国家工程研究中心等	区域发展	2013 年
苏州纳米科技协同创新中心	苏州大学、苏州工业园区等	区域发展	2013 年
江苏先进生物与化学制造协同创新中心	南京工业大学、清华大学、浙江大学、南京邮电大学、中国科学院过程工程研究所等	区域发展	2013 年
量子信息与量子科技前沿协同创新中心	中国科学技术大学、南京大学、中国科学院上海技术物理所、中国科学院半导体研究所、国防科技大学等	科学前沿	2013 年
人工微结构科学与技术协同创新中心	南京大学、复旦大学、浙江大学、上海交通大学等	科学前沿	2014 年
信息感知技术协同创新中心	西安电子科技大学、中国电子科技集团公司等	行业产业	2014 年
辽宁重大装备制造协同创新中心	大连理工大学、东北大学、沈阳工业大学、大连交通大学、沈阳鼓风机集团股份有限公司等	区域发展	2014 年
能源材料化学协同创新中心	厦门大学、复旦大学、中国科学技术大学、中国科学院大连化学物理研究所等	科学前沿	2014 年
地球空间信息技术协同创新中心	武汉大学、中国航天科技集团、清华大学、北京航空航天大学等	行业产业	2014 年

中心名称	主要协同单位	类别	认定时间
高性能计算协同创新中心	国防科技大学、中山大学、中国电子信息产业集团有限公司等	行业产业	2014 年
无线通信技术协同创新中心	东南大学、清华大学、电子科技大学、北京邮电大学等	行业产业	2014 年
先进核能技术协同创新中心	清华大学、中国核工业建设集团有限公司、中国华能集团有限公司、中国广东核电集团有限公司、上海电气（集团）总公司、国家核电技术公司、中国电力投资集团公司等	行业产业	2014 年
南方稻田作物多熟制现代化生产协同创新中心	湖南农业大学、湖南杂交水稻研究中心、江西农业大学等	区域发展	2014 年
钢铁共性技术协同创新中心	北京科技大学、东北大学等	行业产业	2014 年
IFSA 协同创新中心	上海交通大学、中国工程物理研究院等	科学前沿	2014 年
北京电动车辆协同创新中心	北京理工大学、北京汽车集团有限公司、清华大学、北京交通大学、国网北京市电力公司等	区域发展	2014 年
煤炭分级转化清洁发电协同创新中心	浙江大学、清华大学、华东理工大学、中国华能集团公司、中国国电集团公司、神华集团有限责任公司、中国东方电气集团有限公司等	行业产业	2014 年
高端制造装备协同创新中心	西安交通大学、浙江大学、沈阳机床（集团）有限责任公司、陕西秦川机床工具集团有限公司等	行业产业	2014 年
感染性疾病诊治协同创新中心	浙江大学、清华大学、香港大学、中国疾病预防控制中心等	科学前沿	2014 年

中心名称	主要协同单位	类别	认定时间
高新船舶与深海开发装备协同创新中心	上海交通大学、中国船舶工业集团有限公司、中国海洋石油集团有限公司等	行业产业	2014 年
智能型新能源汽车协同创新中心	同济大学、上海汽车集团股份有限公司、清华大学、湖南大学、天津大学、国家信息中心、潍柴动力股份有限公司、中国电子科技集团公司 52 所、中国科学院电动汽车研发中心等	行业产业	2014 年
未来媒体网络协同创新中心	上海交通大学、北京大学等	行业产业	2014 年
重庆自主品牌汽车协同创新中心	重庆大学、重庆长安汽车股份有限公司、中国汽车工程研究院股份有限公司等	区域发展	2014 年
国家领土主权与海洋权益协同创新中心	武汉大学、复旦大学、中国政法大学、外交学院、郑州大学、中国社会科学院中国边疆史地研究中心、水利部国际经济技术合作交流中心等	文化传承创新	2014 年
中国基础教育质量监测协同创新中心	北京师范大学、华东师范大学、东北师范大学、华中师范大学、陕西师范大学、西南大学、中国教育科学研究院、教育部考试中心、安徽科大讯飞信息科技股份有限公司等	文化传承创新	2014 年
中国特色社会主义经济建设协同创新中心	南开大学、南京大学、中国人民大学、中国社会科学院经济学部、国家统计局统计科学研究所等	文化传承创新	2014 年
出土文献与中国古代文明研究协同创新中心	清华大学、复旦大学、安徽大学、北京大学、湖南大学、吉林大学、首都师范大学、中国人民大学、中国社会科学院历史研究所、中国文化遗产研究院、中山大学等	文化传承创新	2014 年
两岸关系和平发展协同创新中心	厦门大学、复旦大学、福建师范大学、中国社会科学院台湾研究所等	文化传承创新	2014 年

资料来源：根据中国学位与研究生教育信息网相关资料整理。

　　绩效评价是指经批准认定的"2011 协同创新中心"应进一步完善组织管理机制，落实相关条件，整合多方资源，优化规章制度和运行管理办法，强化责任意识，加强过程管理，加快实现预期目标。教育部、财政部建立绩效评价机制，按照协同创新中心确定的任务与规划，加强目标管理和阶段性评估。对于执行效果不佳或无法实现预期目标的"2011 协同创新中心"，要及时整改或予以裁撤。一般而言，经批准认定后的"2011 协同创新中心"坚持动态、多元、融合、持续的运行机制，建立由协同创新体以及其他方面代表组成的中心理事会或管理委员会，负责中心重大事项的决策。中心实行主任负责制，设立相应的组织和管理部门，全面负责中心的运行管理。中心成立科学（技术）咨询委员会，负责把握学术方向、指导人才培养、遴选参与人员、推动国内外合作等。牵头单位应充分整合多方资源，在人、财、物等方面为中心提供必要的支撑和条件，在政策和资源配置等方面给予必要的倾斜，以确保中心的良好运行和预期目标的实现。

　　《"高等学校创新能力提升计划"实施方案》指出，为了加强对"2011 协同创新中心"的目标管理和阶段性评估，其要接受年度报告和周期评估相结合的评价方式。年度检查以协同创新体的自查为主，牵头高校应在每年年初向领导小组办公室提交中心上一年度的进展报告。中心运行满 4 年后，教育部、财政部委托第三方组织评估。建立绩效评价机制，对于成效显著、评估优秀的中心，可进入下一周期的实施。对于评估不合格的中心，国家将要求其整改或予以裁撤。2017 年起，教育部科学技术司已陆续展开对"2011 协同创新中心"的验收工作，同时联合具备条件的地方大力推进省部共建协同创新中心建设试点。①

二、香港创建世界一流大学政策的内容

　　世界一流大学是存在于特定的国家和地区的高等教育体系，其存在受外部政策环境和整体高等教育生态的影响，离开了特定环境的所谓一流大学可能也就会不复存在。香港特区政府正是为地区的一流大学留存了优渥的生存空间和资源，才为其发展和辉煌铺平了道路。换言之，关于世界一流大学的政策，香港地区更多地体现为大学自治框架下各大学对自身特色创建和质量提升的校本政策。

---

　　①　中华人民共和国教育部：《教育部科技司 2017 年工作要点》，2019-01-05。

（一）香港大学教育资助委员会的角色与职责

香港地区由于充分尊重大学自治和学术自由，因此并没有一个特别的行政部门来管理大学，负责高等教育政策的制定。实际上，在高等教育领域，香港主要通过教资会来联络大学。教资会是一个独立于政府和大学外的组织，主要是参照当时英国大学拨款委员会成立的，其职责在于审核各院校的学术发展建议和资源策略，包括人力资源、产业和财务策略，评定有关建议的学术价值和相应的资助方式。同时，教资会肩负问责和监督的使命，确保政府拨款可以得到合理使用，监督各院校在学术及财政方面的表现，为高等教育界规划未来发展道路。在教资会的拨款范围内，经费资助主要通过两个渠道发放。在双轨制度下，大部分院校的研究经费来自教资会的三年期整体补助金。整体补助金用于资助院校的研究基本设施。还有一部分拨款是指定用途补助金，主要由各院校角逐得到拨款，即20世纪90年代末推行的"卓越学科领域计划"。其中，大学不能以教资会的整体补助金补贴其他获得资助的研究项目，而其他负责为研究项目提供拨款的机构，有责任按十足成本提供研究经费。

所以，教资会承担的就是政府、社会与大学之间的中介和缓冲角色。在履行职责时，教资会运用高度的判断力，促进院校与社会、政府之间的相互了解。一方面教资会确保大学内部的管理工作和事务不受政治的干预，确保教学人员在研究课题和表达意见上的自由不受限制；另一方面，社会赋予各院校办学的权利和向它们提供经费资助。因此，教资会有责任确保各院校对社会负责。随着香港高等教育的不断扩展，教资会越发通过战略性规划来引领高等教育的发展，在向政府提供策略性意见方面扮演着更加主动积极的角色。

（二）香港世界一流大学的系统构建

"如果说'世界一流大学'是一个'特殊事物'，那么要想细致地考察这种'特殊事物'，我们就不能单纯就世界一流大学而论世界一流大学，而必须把它放在'更加复杂、更加广阔的系统'中进行审察。因为，这个'更加复杂、更加广阔的系统'就是它赖以生存的合理性依据和生态依据。"①所以，依据生态学的内在联系原则、整体性原则、共生互动与自我生长原则，对世界一流大学的生长环境进行剖析是必要的。也只有这样，才能探究世界一流大学的发展规律。实质上，香港特区政府深谙这一点，为了给予世界一流大学更多更宽松的政策生长环境，同时不破坏其他大学的生长环境，早在 20 世纪 90 年代就为不同的大学设定了界限分明的角色，使它们相互之间不能僭越既定红线。② 这在一定程度上降低了大学之间同质化严重的可能性。

1. 定位清晰、分工明晰的高等教育体系

教资会一向奉行的原则就是多元化，认为在一个教育体系里，院校如果只顾互相模仿，便不能做出贡献，满足香港的需求。受教资会拨款资助的大学共有 8 所，分别是香港大学、香港中文大学、香港科技大学、香港理工大学、香港浸会大学、香港城市大学、岭南大学和香港教育大学。每所学校都拥有高度的自治，教资会负责就这 8 所高校的发展及所需经费，向政府提出意见和建议。由于各大学的性质各异，因此对香港教育、文化和经济做出的发展贡献也不一样。面对社会民众对高等教育多样化的需求和香港社会形态的转型变迁对高校的调整需要，8 所大学形成了不同的发展定位和分工角色。具体如表 8-8 所示。

表 8-8　教资会资助的 8 所大学的发展定位和分工角色

大学名称	发展定位和分工角色
香港大学	提供一系列学士学位和学士学位以上的课程 设立一系列学科，包括文学、理学、社会科学和工商管理 在每一学科中为大量学生提供研究课程 为学术人员提供机会，让他们在学有专长的学科中进行顾问研究和制订与工商界合作的计划

---

① 耿有权：《生态学视野中的世界一流大学体系建设》，载《现代大学教育》，2009(2)。

② 焦磊：《香港"差别有序"高等教育系统结构探析》，载《江苏高教》，2013(6)。

大学名称	发展定位和分工角色
香港中文大学	提供一系列学士学位和学士学位以上的课程 设立一系列学科，包括文学、理学、社会科学和工商管理 另设专业学院如医学院、建筑学院、工程学院和教育学院 在每一学科中为大量学生提供研究课程 为学术人员提供机会，让他们在学有专长的学科中进行顾问研究和制订与工商界合作的计划
香港科技大学	提供一系列学士学位和学士学位以上的课程 另设专业学院，特别是在理学、科技学、工学和商学方面 开设人文和社会科学课程，程度只需适合修读科技课程的学生；开展较全面的智育、教授有关的背景知识和沟通技巧；开设有限的研究生课程 在每一学科中为大量学生提供研究课程 为学术人员提供机会，让他们在学有专长的学科中进行顾问研究和制订与工商界合作的计划
香港理工大学	开设一系列证书、文凭、高级证书、高级文凭、专业文凭和学士学位课程 开设较少量的高等学位课程和在某些学科中开设研究课程 注重知识的应用和职业训练 与工商界和雇主保持紧密联系
香港浸会大学	主要开设文学、工商管理、理学和社会科学等学科的学士学位课程 开设少量高等学位课程和在某些学科中开设研究课程 注重开展范围广泛的通识教育，为学生投身需要广泛知识的事业做准备 为从事中小学教学工作的人士开设训练课程 与社会保持紧密联系
香港城市大学	开设一系列文凭、高级证书、高级文凭和学士学位课程 开设较少量的高等学位课程和在某些学科中开设研究课程 注重知识的应用和职业训练 与工商界和雇主保持紧密联系

续表

大学名称	发展定位和分工角色
岭南大学	开设文学、商学和社会科学等学科的学士学位课程 开设通识教育课程，目的是为学生提供一个广阔的学习领域 可提供少量高等学位课程和在某些学科中开设研究课程 与社会保持紧密联系
香港教育大学	尚未入选当时政策（1996 年入选）：提供一系列证书、学士学位和学位教师文凭课程；为有志从事学前教育、中小学教育、职业训练的人士提供适当的教育；通过所有的课程，培育知识广博、关怀学生和尽职尽责的教师，为香港的学校服务

资料来源：香港大学教育资助委员会，《香港大学教育资助委员会 1991—1995 年度报告》，2017-10-11；香港大学教育资助委员会，《香港高等教育——院校整合，意义重大〈2004 年院校整合小组报告〉》，2017-10-11。

从以上表述可以看出，教资会作为沟通社会民意、大学诉求和政府期望之间的桥梁，对 8 所大学的基本行为做出了规制。这样的规制既有宏观角度的顶层设计，即一个金字塔形的人才培养机构序列，也有微观层面的区别对待，如规定一些理工科院校的文科类课程不能"超标"，以免挤占传统文科院校的生存空间和整体学科声誉。这几所受资助的高校在基本行为上有以下异同，我们可以行为要素为基本点进行分类，这样便于窥探香港地区对大学的价值期许，也能从字里行间梳理出不同大学的发展实力和未来方向。

作为学术性高、研究性强、综合性强、对大学整体办学水平要求较高的"提供一系列学士学位和学士学位以上的课程"和"在每一学科中为大量学生提供研究课程"，政府和社会无条件地将其"配备"给了 3 所大学：香港大学、香港中文大学和香港科技大学。结合近几年多种多样的大学排行榜，这 3 所学校也以自己的名次印证了实力，回应了期待。香港大学是香港的第一所大学，历史最为悠久，秉持英国学术传统，长期以来以培养香港社会的优秀人士而著名。香港中文大学在 1963 年建立，其立名中特地加入了"中文"二字。"中文"二字并非是教授中文与专攻中文，而是要立足于自身的民族背景和中国文化传统开展学术研究。20 世纪 80 年代以前，这两所大学是香港的顶尖高等教育学府，直至 1991 年，香港科技大学仿造美国学术传统建立，重视研究特别是理学、科技学、工学和商学方面的研究。至此，香港高等教育开启了研究型大学"三足鼎立"却互有区别的时代。例如，教资会对香港科技大学关于开办人文社会学课程有明确的限定，即只满足学生对基本背景知识的了解掌握即可，这也是为了避免与香港大学和香港中文大学在人文社会学方面的冲突和重复。在金字塔的下方，是 4 所广泛提供本科生教育和少量研究生教育的大学。其中香港理工大学和香港城市大学注重知识的实践应用，是应用性强的人才培养院校，而香港浸会大学和岭南大学侧重通识教育和与社会保持广泛联系。表 8-9 为教资会对所资助大学不同行为的规制。

表 8-9　教资会对所资助大学不同行为的规制

院校名称	学位以下程度	学士学位	硕士或博士学位	研究工作	专业学院	与工商界或社会的联系
香港城市大学和香港理工大学	大量	大量	一些	部分范畴	一些	紧密
香港浸会大学		最主要	一些	部分范畴		紧密
岭南大学		最主要	小量	部分范畴		紧密
香港中文大学和香港大学		大量	大量	所有范畴	很多	高层次
香港科技大学		大量	大量	所有有关范畴	一些	高层次

资料来源：香港大学教育资助委员会，《香港高等教育——香港大学教育资助委员会报告(1996 年 10 月)》，2014-12-09。

实际上，在院校分工明晰、确定角色之前，教资会已经进一步分离了不同高等教育机构之间的课程，将部分学位以下程度的课程向外转移。1989 年 9 月，香港教育统筹局向香港行政局提交了一套关于 20 世纪 90 年代的教育策略，其中表示要把两所理工学院学位课程学额的百分比提高至可达到预先扩招学生和增加学额的目标，把学位以下的课程交由职业训练局下辖的工业学院和科技学院开设，以便将一流大学的课程过滤到最优。

2. 将高等教育定位与城市发展紧密结合

《香港高等教育——共展所长，与时俱进》报告为接下来的发展提出了一个适切的方案，其中最重要的一点就是抛出了香港高等教育要扮演的地区角色和定位，认为香港要成为"亚洲国际都会"。与之相匹配的香港高等教育界应该基于香港与内地及亚太地区的独特关系而扮演"区内教育枢纽"的角色，以推动本地的经济和社会发展。2004 年，香港前特首董建华在《2004 年施政报告》中指出：我们正推动香港发展成亚洲的国际都会，如同北美的纽约和欧洲的伦敦。①随着亚洲在国际舞台的地位日渐提升，亚洲区内的商机涌现和政治影响力的不断加大；在高等教育的世界版图上，亚洲也将占有重要地位。香港正是立志于要发展成亚洲的"高等教育枢纽"。亚太地区如澳洲和新加坡不但招收越来越多的国际学生，而且送往海外留学的学生人员也持续上升。此外，区内不少地方都有意成为"教育枢纽"，尤其是与香港在地理、经济、社会等方面颇为接近的新加坡。教育枢纽政策基本上把高等教育看作商品，用以交换经济回报和各种间接附带利益，这并不等同于国际化策略，但却是国际化策略的重要部分。

　　在将香港定位于国际都市和高等教育枢纽前，香港特区政府从优势、弱点、机遇与挑战四方面进行了分析。详见表 8-10。

表 8-10　香港的国际都市定位与高等教育枢纽定位的 SWOT 分析

优势	亚洲国际都会	中西文化汇集、知识产权维护、自由流通的信息、先进的通信基建设施
	世界级院校	香港大学、香港中文大学、香港科技大学在亚洲及世界享有盛誉
	学费相对低	比起热门留学地如英、美、加等国的学费相对适宜
	国际认可的课程、专门知识和质量保障机制	与世界各地学术界和研究团体保持紧密联系；多元化的学生助推研究的相互理解与凝聚力；质量保障的国际标准
	吸引海外和内地学生的独特之处	对内地学生而言，文化差异较少且国际化程度高、可在香港寻求工作机会、离家近、父母支持度高
	政府的支持	放宽入境限制、提高奖学金、放宽就业限制
弱点	知名度不足	宣传工作不足
	缺乏宿舍设施	寸土寸金的香港，住宿条件紧张
	过分依赖招收内地学生	过分招收内地学生会严重阻碍国际化进程，对海外学生来香港学习的吸引力也会相应降低
	规模有限	招收学额有限

---

　　①　香港大学教育资助委员会：《香港高等教育——共展所长，与时俱进》，2015-10-02。

机遇	中国和亚洲日益强盛	地处内地门户、英语语言环境
	需求殷切	高水平的服务业和知识经济使香港求才若渴;非本地学生就业前景良好;内地经济催生了大量留学生;亚洲学生将大大占据全球高等教育市场,如中国、韩国、日本、印度等
	加强宣传	香港中文大学和香港城市大学加入全国普通高校统一招生计划
	善用院校的设施及发挥潜力	大力投资改善学校的教学和研究设施
	更多元化的教育界别	不少世界知名学府在香港开课
挑战	邻近城市的竞争	新加坡、澳洲、马来西亚以及内地等都是竞争对手
	本地社群的意见	认为非本地学生挤占本地资源

资料来源:香港教育统筹委员会,《香港教育产业发展报告(2011年)》,2015-06-06。

综合分析发现,创建世界一流大学的外部环境可谓是机遇与挑战并存,必须长袖善舞,有效地扬长避短才能得以发展。实质上,香港高等教育在面对海外学生和内地学生的宣传招生方面,的确是长袖善舞。针对海外学生,内地教育环境如教学语言和文化背景的差异可能会使他们望而却步,而香港正好填补这个空间,因为香港是内地的门户且英语是教学语言,使海外学生比较容易适应和接受。面对内地学生,香港是联系世界最理想的跳板。教育产业化,输出教育,满足中国及亚太区对优秀人才的庞大需求,不但对外赚取实质的经济利益,更重要的是建立无形的区域网络和领导地位,从而区域上产生政治、文化及社会的长远影响力。①

(三)香港创建世界一流大学政策的重点

从20世纪80年代开始,电脑、网络、通信和各式各样新的信息技术就开始渗入香港,当然也毫无保留地蔓延到大学里。20世纪90年代中期,以互联网为主要平台的学习方式和工作生活,已经在高校广泛使用并快速发展。一方面,信息技术可以有效地扩展大学的传统活动范围,使大学主体之间的沟通交流进一步深化且便捷化,但同时也不能忽视其缺乏人际沟通、网络安全性低等弊端。面对新的科技趋向,当时高等教育界认为未来会出现虚拟校园和网络学校,这

---

① 郑燕祥:《发展教育枢纽与产业:大图像、功能、条件》,载《信报月刊(港)》,2009(12)。

对于香港高等教育会是新的机遇和挑战。机遇在于香港的电信基础设施先进完整，而且不断改良，使香港高校在发展网络课程和学术交流方面，扮演着至关重要的角色。基于此，教资会在 1993 年开始着手改善大学的学术和研究网络，为大学的图书馆、信息和通信网络提供技术支持，并且支持院校建立和改善同外地尤其是中国内地和美国的电信联系。另一方面就是新的技术带来了新的教育形式，如远程教学和线上课堂，进一步催生了香港高等教育界开展更加灵活的进修教育和在职教育的行为。发展迅速的非传统课程，尤其是非本土提供的课程，呈现出五花八门、良莠不齐的状况。为了进一步帮助修读课程的学生做出选择，香港特区政府在 1996 年提交了《非本地高等及专业教育（规管）条例草案》，以采取措施规范管制由于信息技术革命带来的"海外舶来课程"的质量。[①]

对于全球虚拟校园的出现，香港特区政府也对其即将带来的一系列问题做了考量。例如，届时学术水准由谁制定？学位由谁颁授？所颁授的应该是什么学位？在这些问题上，香港高等教育界对新技术带来的降低学校运作成本和丰富研究资源方面倒是十分推崇。所以，20 世纪 90 年代中期摆在香港高等教育界面前的问题就是，如何在全球日益紧密联通的世界中保持香港高等教育的竞争力？如何在未来的虚拟校园时代保证高等教育的质量？

为此，香港决定采取有选择、有重点的倾斜政策，集中资源和优势力量打造能与世界一流高校进行竞争和比较的少数几所大学，也是香港社会的顶尖研究型大学。教资会对于香港大学、香港中文大学和香港科技大学以及其他大学的卓越学科领域投入资源，要求院校具备灵活了解市场的能力，在机会出现时能够迅速回应，免得在其他国家和地区的院校步伐加快的同时，自己沦为旁观者。对于第二个问题，教资会要求高校制定新的政策和指南，对信息科技下的教学、学术工作和服务进行新的评估考核。[②]

1."重点大学发展计划"

我们现在的焦点不单是本地高等教育，还涉及区内和国际上的相关发展。综观香港以外的发展情况，我们发现香港的一些主要策略转移和竞争对手在这方面的转变更加迅速。香港的高等教育如要在国际上保持竞争力，我们必

---

① 岳经纶、李晓康：《延续与变迁：21 世纪初的香港高等教育发展与改革》，载《清华大学教育研究》，2007(1)。

② Education Committee，*Review of Education System Reform Proposal*：*Excel and Grow*，Hong Kong，Government Printer，2000.

须在高等教育制度及院校的管制和管理方面具备相应的实力和灵活性，以便高等教育界在教学与研究方面的各种成就能使社会充分受惠。高等教育界无论在公众资助或私人资助方面均需拓展其资助来源，集中资源以充分提升教学和研究素质。由于资源有限，我们必须按照择优原则（selectivity），定出具有超卓表现的院校、教学人员、学生和研究人员，并确保他们可得到适当资助，运用本身所长在各自的领域内达到国际一流的水平。①

对于加快创建香港世界一流大学的步伐，《香港高等教育（2002 年）》明确提出了以下建议：①从策略的角度突出少数院校为政府资助和私人捐助的重点对象，明确目标是使这些院校有能力参与国际最高水平的竞争。②就研究工作而设立的双轨资助制度应加以保留，而作为教资会下辖机构的香港研究资助局，应在加强大学的研究基础、推动教资会资助范围以外的研究活动上发挥重要作用。③教资会就研究评价工作咨询各院校的意见，对于研究评价工作在按研究表现分配研究经费方面的成就做出总结，并制定措施以进一步加强评价工作的成效，从而对那些可达到国际一流水平的研究项目给予恰当的评价和资助。

香港要成为"亚洲国际都会"这一抱负是与该地区高等教育发展紧紧联系在一起的，或者说稳固而卓越的高等教育是实现这一目标的根基。发展高等教育，没有大手笔的投入几乎是不可能的。教资会自 20 世纪 90 年代初开始，对大学的拨款总额呈现出前所未有的直线上升趋势。图 8-2 为 1965—2002 年教资会的经常性拨款总额。

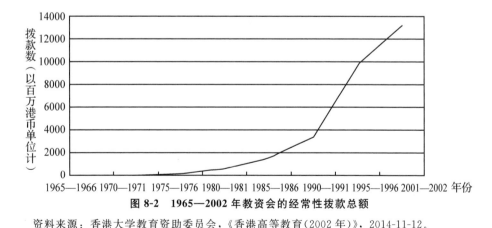

图 8-2　1965—2002 年教资会的经常性拨款总额

资料来源：香港大学教育资助委员会，《香港高等教育（2002 年）》，2014-11-12。

---

① 香港大学教育资助委员会：《香港高等教育（2002 年）》，2015-08-07。

从图 9-2 中可以看出，2001—2002 年教资会的经常性拨款总额达到了约 130 亿港币，这是引领大学走向卓越的坚实物质基础。单纯在研究方面，自香港研究资助局成立以来，通过该局向大学研究资助的金额由 1991—1992 年的 1 亿港币激增至 2000—2001 年的约 4.7 亿港币。但从研究及发展项目的拨款总额占当地生产总值的比例计算，香港地区仍然远远落后于台湾地区和新加坡。

2."卓越学科领域计划"

"卓越学科领域计划"注重基础研究，在甄选资助项目时，主要考虑一些范围较广的评价基准，尤其是相关项目是否达到国际认可的卓越标准，是否在该院校现有的基础和成果上进一步发展。该计划还旨在加强基础研究和应用研究之间的创造性联系，从而使研究上的发明项目和集成项目都可以得到均衡的研究经费。"卓越学科领域计划"不只适用于具有卓越水平的研究项目，同样也可以资助卓越教学中心。受金融风暴的侵袭，香港的经济和产业严重受挫。为了重振经济、提升产业，政府希望以"卓越学科领域计划"带动主要投资用于先进设备和学术活动上，从而继续提升或维持国际领先地位。该项计划作为经济放缓的大背景下香港创建世界一流大学进程中的战略行动，于 1998 年正式启动。到 2004 年，教资会共推进了三轮计划，拨款 3.2 亿港币，资助了香港大学、香港中文大学、香港科技大学、香港理工大学、香港城市大学、香港浸会大学 6 所大学的 8 个领域，包括信息科技、中医药发展、分子神经科学、海洋研究等。[①]

（四）香港创建世界一流大学政策的评估与保障体系

世界一流大学的发展离不开一定程度的外部激励和监督体制，香港地区主要通过科研绩效评估、教学质量审核和大学管理审核来保障顶尖大学的办学质量。

1. 科研绩效评估

香港地区的大学科研评估是参照英国的科研评估体系于 1993 年建立的，也是香港首先建立的质量保障措施，是香港研究拨款委员会 1991 年建立后服务框架内的重要内容。科研绩效评估也是决定科研经费分配的重要

---

① 谭立：《内地、台湾、香港三地建设世界一流大学政策比较研究》，硕士学位论文，首都师范大学，2009。

参考数据。大学科研评估借鉴了教资会的做法，将大学的科研表现与财政拨款紧密结合起来。① 教资会为教师们的科研产出设定了一个基准线，在科研考核中如果教师的绩效表现超越了基准线，就被认定为"活跃研究者"。② 如果院系或研究中心拥有的"活跃研究者"数量越多，则意味着该单位会获得越多的科研财政拨款。在这种机制的激励下，相较于教学活动，研究在大学生活中占据了主导地位，教师的职位晋升和科研项目获得均与研究表现直接高度相关。③ 在科研论文发表上，科研绩效评估不仅重视论文发表的数量，而且对质量也有相当高的要求，只着重计算那些刊载在国际知名同行评估期刊的论文。例如，重视 SCI 或 SSCI 收录及其中影响因子高的期刊，对于其他一般期刊、地区性或本地期刊论文则相应大打折扣或忽略不计。在科研绩效评估竞争的基础上，通过"卓越中心计划"进一步加强高等教育单位之间的竞争，并且有机地将大学、政府和工商企业界联系起来。根据香港高等院校的财政拨款公式，65％与学生的数量挂钩，25％来源于科研绩效拨款，剩下的 10％取决于院校的社会服务和使命达成。所以，无论是对大学财政还是对声誉来讲，科研表现都是非常重要的，也是香港创建一流大学的核心战略之一。④

2. 教学质量审核

作为科研绩效评估的补充，香港地区的教学质量审核聚焦每所大学的教学和学习过程。该项审核强调院校自身内部的质量保障、评估和提升系统。与科研绩效评估不同，教学质量审核关注院校的内部运行过程，以此保障教学质量。教资会也明确表示这种审核不是结果评估，目的并不是要测评教学质量如何，也不是对毕业生的质量和教学是否增值做出评价。同时，该项审核也不和大学拨款挂钩。其目的在于强调教学作为大学基本功能的发挥，帮

---

① U. G. C. ，"Note on Research Assessment Exercise 2006，"Hong Kong，University Grants Committee，2004.

② French，N. J. ，W. F. Massy，& K. Young，"Research Assessment in Hong Kong，"*Higher Education*，2001(1)，pp. 35-46.

③ Ho，K. K. ，"Research Output among the Three Faculties of Business，Education，Humanities & Social Sciences in Six Hong Kong Universities，"*Higher Education*，1998(2)，pp. 195-208.

④ Mok，Ka-Ho，"The Quest for World Class University：Quality Assurance and International Benchmarking in Hong Kong，"*Quality Assurance in Education*，2005(4)，pp. 277-304.

助院校进一步认识到自身的教学问题并得以提升。

首轮教学质量审核于 1996—1997 年在教资会资助的 8 所大学展开，主要任务是考察大学是否建立了教学质量保障机制并将其制度化，主要审核四方面的内容：课程设计、实施效果、产出评估和资源提供。课程设计是指课程的设计、审核和提升过程；实施效果是教师在教学方面履行的职责表现如何；产出评估重点关注各大高校及院系和教师如何监测学生的学习效果，如何以此为参考来提升教学；资源提供关注在教学方面的人力、物力和技术等投入保障如何。① 另外在审核中还包括一个事关教学质量保障的元分析框架，包括质量项目框架、正规质量项目活动、质量项目支持和价值动机。质量项目框架是指大学和院系在自身教学质量方面是否有明晰的愿景和使命陈述，普通教师和管理者是否知道这些陈述，能否描述自己如何去实施。正规质量项目活动聚焦大学和院系是否形成正式的项目和活动设计来提高教学质量。质量项目支持指的是大学在教育教学活动创新和常规教学活动组织方面实施了哪些技术和资金支持措施。价值动机是大学在保障教学质量方面是否采取了相应的鼓励和奖惩机制。② 第二轮审核在2002—2003 年进行，此轮审核主要关注一些在实践中突出的具有典型意义的教学实践，并考察其对于从教学主导型转向学习主导型的教学机制方面的作用如何。专家委员会根据每所院校的表现出具详细指导报告，包括其在教学方面的优势和缺陷。教学质量审核有效地防止了大学过度向科研漂移的现象发生。③

3. 大学管理审核

对大学内部的管理事务和治理水平进行审核要回溯到 20 世纪 90 年代中期，起因是教资会遭遇到了财政困局。为了更好地解决资源困局，加强大学对资源的合理利用和分配，教资会开展了大学管理审核，使大学的财政

---

① Massy，W. F.，"Teaching and Learning Quality-Process Review：The Hong Kong Programme,"*Quality in Higher Education*，1997(3)，pp. 249-262.

② 彭泽平、姚琳：《香港高等教育外部质量保障：背景、架构与经验》，载《现代大学教育》，2012(1)。

③ Philip G. Altbach，"The Costs and Benefits of World-Class Universities,"*Academe*，2004(1)，pp. 20-23.

分配不仅向教资会报告，而且要公之于大学内部人员。①② 简而言之，就是通过这种形式的审核提高大学的管理水平和资源利用效率。首轮大学管理审核是在 1998—1999 年，主要是对学校管理的六个方面进行考察，分别是战略规划和发展、资源分配、规划的落实、角色定位和责任、社会服务贡献、管理信息系统。在每轮审核后，教资会都会对大学里突出的管理实践和做法加以总结，形成一套良好的管理实践总则。③ 尽管教资会在政府和大学之间扮演着一个相对中立的角色，但是毫无疑问这种管理实践总则会对大学的管理效率和方式方法带来积极正面的影响和推动作用。随着教资会对大学管理报告的持续发布，关于教资会过分介入大学事务影响大学自主发展的声音也不绝于耳。④

除此之外，香港对大学在国际各大声誉排行榜中的表现十分关注，参考国际排行并建立国际标杆管理也成为促使大学进一步发展的战略。从中对比得出每所大学和整体高校在地区和世界高等教育中的位置与优缺点，接下来进行针对性的排位提高。⑤

（五）香港院校层面创建世界一流大学的行动体系

政策的最终落脚点还是在大学的身上，大学的行为和实施结果也是检验政策是否全面、客观、符合实际且具有未来预期性的关键所在。创建世界一流大学的具体事务还是要从大学的内部进行观察。

---

① Mok，Ka-Ho，"Academic Capitalisation in the New Millennium：the Marketisation and Corporatisation of Higher Education in Hong Kong，"*Policy & Politics*，2001（3），pp. 299-315.

② Welch，A. R. ，"The Cult of Efficiency in Education：Comparative Reflections on the Reality and the Rhetoric，"*Comparative Education*，1998(2)，pp. 157-175.

③ Secretariat，U. G. C. ，"Management Review of the University of Hong Kong，"Hong Kong，University Grants Committee，1999.

④ Mok，Ka-Ho，"The Cost of Managerialism：the Implications for the 'McDonaldisation'of Higher Education in Hong Kong，"*Journal of Higher Education Policy and Management*，1999(1) ，pp. 117-127.

⑤ Deem，R. ，Mok，Ka-Ho， & L. Lucas，"Transforming Higher Education in Whose Image? Exploring the Concept of the 'World-Class' University in Europe and Asia，"*Higher Education Policy*，2008(1)，pp. 83-97.

1. 坚持协商自由、"中庸"治理

如果把世界上组织机构的管理模式看作向左、向右的坐标线的话，存在两种极端模式。一种模式是绝对的等级制度，权力完全由上层拥有，并根据严格的规定向下逐级授权。除了权力外，还有责任和问责义务。在这样的制度下，权责范围清晰，管理架构内的人士，都要为认定或既定的成果负责。财政上的问责和制衡，通常都是这类架构中的重要环节。在这种模式下，权力以至责任的最终所属绝对清晰，这正是该模式的优点所在。① 另一种模式是决策过程涉及所有成员，每一位成员发表意见时原则上都拥有均等的权力，在需要的时候以投票的方式进行决定，原则上也是每人一票。院校可不时选出个别成员负责重要职务。在这种模式下实行的是群体权力。两种模式各有利弊，前者可迅速做出决策，职责清晰，但院校的价值观、成员之间的忠诚度和认同度难以保证。后者容易出现议而不决的情况，行事和执行方面都缺乏明确的权力规范。香港地区没有采取任一极端方式，而是推崇中间路线，致力于平衡学术自由与公众利益。

香港高校的治理模式有以下七个特点：一是院校的管制工作一般都是由院校上下共同承担，并非属于任何一个级别或专门机构负责；二是大学管治方式是集体负责制；三是大学治理机构的规模较大；四是治理组织成员来自行政、政治、非学界和学界（包括学生和毕业生）等不同层面；五是决策的主要方式是咨询、民主和达成共识；六是咨询管理、行政管理和管理之间的交错和相互关系；七是大学内学术管理与事务管理的精细结合和交叠。这样"中庸"风格的治理模式不仅创造和维护着大学一贯以来秉承的民主和自由风气，而且为大学加强与社会的联系互动、倾听民意、掌握市场动态以便及时做出反应提供了制度保障。②③

2. 在研究主导的策略上重视教学

在历史的长时间里，由于香港一直作为沟通连接中西的要港从事贸易和加工工作，形成了实用性和技术性的氛围，使其极不愿意进行研究工作。早在 20 世纪 70 年代，韩国和新加坡就通过加强研究工作来提高本身的工业科

---

① 施小平：《试论香港高等教育管理模式》，载《高教论坛》，2006(4)。

② Braun, D. & Merrien, F. X., *Towards a New Model of Governance for Universities？* A Comparative View, London, Jessica Kingsley Publishers，1999.

③ 李建超：《香港高等教育和高校内部管理体制的特点与启示》，载《中山大学学报（社会科学版)》，2006(1)。

技，并且在短时间内取得了瞩目成绩。当时的香港经济多元化信息委员会却不赞成政府在研究工作上动用纳税金，这使高等教育界感到忧虑重重。因为高等教育正在不断扩展，如果不能及时且高质量地提供配套的研究设施和资金，就会很难吸引到优秀的教师员工，进而会流失优秀学生，降低学校的声誉。为此，当时教资会委托英国研究该情况，最终研究报告建议成立研究资助委员会，院校以竞逐的方式申请拨款。当时政府官员认为在大学进行研究的花费高昂，且私营机构可根据市场规律自行就研究计划做出正确的决定，遂搁置了此建议。后来证实当时的政府是没有远见且缺乏战略思维的短期目光，因为参照国家和地区电子工业在研究的助推下在 20 世纪 80 年代蜚声海外，带来的经济利润也是十分可观的。直至 1991 年，香港才成立了研究资助局，也就开启了大学真正走向研究、重视研究转向实践、创造经济效益的时代。加之研究生日益增多，研究活动相应增加，研究风气日盛，研究资助局对大学的拨款也呈现出翻倍。1991—1995 年，香港特区政府对教资会资助的院校和科技学院的非经常性补助金就合计 71 亿港币，是以往任何 4 年期的拨款的 10 倍。而且业已形成的现实就是，香港高等教育界在国际上的地位和声誉取决于高等教育是否拥有雄厚而多元化的研究实力。同时，强大的研究实力也是吸引和留住最优秀教学人员以及最优秀的区内和国际学生的条件之一。①

21 世纪急速的时代潮流容不得大学有过多的思考时间，而是要紧盯国际高等教育的发展趋势、扬己所长、避己所短，香港高等教育也无例外地加强了学术研究及相应的投资，原因就是香港必须保持经济上和知识层面的竞争力。教资会重点对三种研究活动进行支持：一是在求知欲的驱使下的上游研究，即纯研究而非应用研究。二是可以影响社会经济和文化生活的研究，尤其是香港经济社会发展需要的重点学科研究，如金融、信息、物流、生物科技、电子、软件等。这类研究俗称为应用研究或开发研究，且经费主要来自非政府渠道的投资或政府的策略性资助。三是政策研究，即针对社会上各式各样的公共研究项目，如教育改革、医疗改革、管理改革、香港人文社会历史和环境改善等，开展相应研究。

但一所真正的世界一流大学绝非是只有研究的大学，其教学质量也应是

---

① 李菊琪：《对香港高等教育发展问题与经验的探究》，载《中山大学学报论丛》，2005(6)。

卓越而富有成效的。① 所以，香港特区政府建议一流的研究活动必须与教学紧密相连。因为高等教育的教学素质和教学人员的素质的高低与教学人员能否掌握各自领域的最新动态有直接关系。也就是说大学教师不只是向学生展示某一领域内知识的现状，还必须让学生了解这一领域内的各种转变和发展趋势。为此，教资会专门设立资金奖励在教学领域具有突出表现的教师和单位。

3. 采取多元化的资金筹措方式

正如上文所述，要使高等教育达到世界一流水平是要付出代价的，而且必须投入大量资源才可以做到。新加坡将大量资源投入新加坡国立大学，使该校短期内成为国际知名的学术中心。美国的哈佛大学、斯坦福大学、普林斯顿大学等大学的校友和私人赞助，为大学积累了大量物质资源。总之，国外一流大学几乎都将接受私人捐助作为充分提升竞争力的条件之一，香港在争取自己的国际地位时也借鉴了国外这一黄金法则。于是，香港特区政府决定从策略的角度突出少数院校为政府资助和私人捐助的重点对象，明确目标使这些学校可以代表香港地区的最高学术水平并有能力参与国际最高水平的竞争。一方面，政府继续不断追加对大学的拨款，另一方面规定了要以院校表现和办学使命为分配准则。这并非要将大学分等级，而是要把大学分流使其各展所长。② 一部分具备条件的大学可以采取以研究为主导的发展方针，另一部分可以发展成卓越教学中心。院校的科研导向和教学导向分流并非是一成不变的，而是随着时间的推移，实力具备了就可以走向科研导向。为了得到政府的拨款，高等教育制度的规制得到了进一步解冻和放宽，给予了院校更大的自主权，鼓励各大学通过提高私人捐助的比例以扩展资助来源，提升大学在财政收益方面的灵敏度和能力。这些额外资源就可以用来在国际上吸纳最优秀的学生和教学人员。发展至今，香港大学、香港中文大学校园里几乎到处都是以捐赠者名字命名的楼堂馆宇，通过吸引私人资金来发展大学已经颇具成效。③

---

① Barnett, R., *The Idea of Higher Education*, Buckingham, UK, Open University Press, 1990.

② 香港大学教育资助委员会：《香港高等教育（2002 年）》，2015-03-02。

③ 李英姿、刘晓洁：《香港高等教育与区域经济互动双赢模式对我校建设多科性大学的启示》，载《江苏科技大学学报（社会科学版）》，2010(3)。

4. 强调学术自由的大学精神

香港特区政府强调高等教育界的学术自由，但同时也郑重申明反对某种绝对但意义不甚明确的自主权，因为世界上没有任何人或学术机构曾经享有这种不受约束、随心所欲且不用考虑任何后果和成本的自由。可以拥有的只是协商自由，这种自由是由资助者与接收资助机构之间议定的。学术机构要想取得成功和卓越，拥有某种特定形式的自由是绝对必需的，但这种自由不是不受任何限制的。最佳的研究意念不是政府指令下的产物，最佳的教学建立在教师富有创意的教学技巧的基础上，这些意念、技巧只有在自主权和责任承担得到适当平衡的情况下才能培养出来。① 干预固然可以扼杀任何创意，但自我放纵同样可以令这种创意无用武之地。② 国际上也逐渐接受一个事实就是学术创造活动的必要元素——研究和学术自由是受资源限制的。香港特区政府要做的就是努力寻求和保持一种各方利益的平衡。

5. 注重院校交流和资源共享

香港特区政府大力支持高校学生出国交换学习，与此同时，也积极开拓海外学生市场。一方面与全世界知名高校的优势科研项目和学科之间开展合作，地理位置相近的院校因利乘便，建立地区合作关系；另一方面更与世界各地其他院校建立战略性联盟。在香港，以研究为主的大学之间会合作进行一些研究项目，并为其他院校有需要和能力的研究者提供研究机会，特别是会与内地以及海外以研究著名的大学建立策略性联系。就香港本地而言，院校容许学生在各校之间自由流动，而教资会也会为此而做出更灵活的拨款。例如，香港科技大学可为香港教育大学的学生提供理科课程。

因为教资会要求院校整合工作小组于 2004 年 1 月底前提交院校合并及资源共享可能性的相关报告，所以紧密的时间安排使工作小组将研究重点聚焦在两所大学身上——香港中文大学和香港科技大学，以检验为少数院校提供明确的策略支持是否可以通过合并达到最佳效果。院校整合一方面是促进学术交流与共同发展，另一方面就是给予财政考量，尽量节约开支。但由于双

---

① 李子建、黄显涵、钟秉林：《高等教育质量保证趋势——香港的经验》，载《比较教育研究》，2010(1)。

② 香港大学教育资助委员会：《香港高等教育(2002 年)》，2015-04-12。

方大学在整合问题上的"沉默"与各种问题尚未解决，该项旨在推动两所大学整合的提议未能进行下去。接下来的院校资源整合也集中在保持自身自主性的前提下进行。

在考虑院校合并整合模式方面，工作小组提供了五种可能的模式：全面合并模式、联盟模式、深入协作模式、弹性联系模式和维持现状模式，如表8-11所示。

表 8-11　各合并整合模式的优势与缺陷

整合模式	行动路径	优势	缺陷
全面合并模式	进行整合的各方永久地融合在一起，在所有方面组成一个单一实体；形成统一的管理结构	具有规模效益、节约成本、提升院校的素质和表现、减少学术水平下降现象	不同机构的文化冲突带来的抵触和抗拒、需要一定的合并成本、身份认同危机、财政资源分配矛盾、耗费时间
联盟模式	既将大学更紧密地结合在一起，又可让伙伴院校保持一定的自主权	既可以享有合并中的一些效益，又不完全牺牲自主权；引进新的学科和扩大各学科内可供学生选择的专门科目的范围；容许多家院校参与	增加行政成本、财政紧张情况下易加剧竞争
深入协作模式	伙伴院校同意将指定领域的功能合并，比如，两所或以上的院校分教某些特设科目，甚至是以人数较多的课堂形式进行核心单元教学	提高学术水平、加强管理后勤支援服务、节约成本、提升强化财政表现、缓和资源短缺现象	需要签订具有约束力的合约以确保有关院校各自履行其承诺

整合模式	行动路径	优势	缺陷
弹性联系模式	既可以保持较紧密的工作关系，又可以使每所伙伴院校仍保持高度的独立自主权，比如，同意伙伴院校的学生使用自己的图书馆	各方可轻易加入和终止有关安排，保持高度的自主权	这种安排的回报相对其他模式较低，通常为短期合作而非长期，处理长远利益方面较为逊色
维持现状模式	高等教育界保持其现有的形式及特征，现有院校维持其已经建立的界限，仅限于教师和学生之间的校际合作与交流	几乎没有改革风险和代价	实质上并非一种模式，因为技术上这种模式并不存在

资料来源：香港大学教育资助委员会，《香港高等教育——院校整合，意义重大（2004年院校整合小组报告）》，2015-08-09。

实质上，香港某些高校是在不断整合的进程中得以发展的，如香港中文大学是在三所学院——崇基学院、新亚书院和联合书院的基础上建立并不断发展的。在提供某些课程方面，某些院校实现了深度协作，如香港科技大学与香港教育大学，合作开办了学士学位课程，主要侧重于教师教育文凭及教师培训。香港教育大学的教师负责教授所有教育课程，修读此课程的香港科技大学理学士课程的学生在毕业后可成为合格教师。从 2003 年 9 月开始，除香港教育大学的学生外，所有研究生均可报读教资会资助的任何其他院校开设的课程，旨在扩大学生报读的课程范围及专业知识。多年来，香港中文大学及香港大学医学院携手运作的眼科及视觉科学系，已经成为两所院校的一个全面合作项目。2004 年年初，香港中文大学、香港大学及香港科技大学的校长签订《伙伴关系合作框架》，其中提到协作的范畴：在选定的领域中共同开设研究生高级课程和制订学士学位程度的交换生计划及发展符合这些计划的学士学位主修课程。

从上可以看出，由各院校主动采取的行动似乎有限。这或许反映了院校整合的一个普遍特点，即院校之间寻求加强合作关系固然很重要，也十分自然，但要推动较为进取的院校整合，通常需要政府及有关机构扮演重要的领导角色。香港高等教育界必须摆脱各院校各自为政的局面，建立互相紧密的大学网络，以便向外地（尤其是针对海外国家）塑造一个优质的整体品牌形象。所以，香港特区政府在宏观调控大学发展和保持大学自主权之间要拿捏好度，深入协作模式被政府认为是推进香港顶尖大学参与国际竞争的最佳方案。

（六）香港科技大学创建世界一流大学的个案解析①

1988年4月10日，《香港科技大学条例》生效，标志着香港科技大学（简称科大）筹备进入关键性阶段。该条例规定：科大的建校使命是通过教学和研究——特别在科技、工程、商业管理领域，以及研究生的培育上，促进香港经济和社会发展。20世纪80年代中期，世界经济转型腾飞，高科技、研究发展、微型电子和信息成为新经济的口号。不过，香港没有及时赶上这个步伐。为此，科大创校筹备人钟士元博士表示香港需要一所大学帮她推进技术经济模式，拓展新的知识领域，培养优秀的商业管理人员、企业家、工程师和科学家，为本地工业开展研究——这些都是刻不容缓的需求。目标就是创造，不落人后。在此创校理念下，科大开始了紧密的筹备工作进程。

1. 如何短期在学术界内外建立地位？——卓然有成、不断进取的学术领袖

一所大学之所以能够蜚声国际或者成为世界一流大学，一定是倚赖于在学术界拥有先进和瞩目的科研成果的。发展一所大学最困难的工作之一，就是在学术界内外建立地位。科大没有历史或过往成绩可以凭借，必须吸引最优秀的教师、学生和研究生，因为一流的教师和学生是一流大学的学术主体，他们是一流大学的基本和根本元素。科大的创校校长吴家伟表示：科大必须站在高起点上，从高层做起，只有顶尖的人才会吸引顶尖的人。在一日千里的科学、工程和企业管理领域里，要么就是一流，要么就是不入流。所以，在世界各地延揽一流教授成为科大的首要工作。

科大的创校教授大都出生于中国内地，后到美国深造并且定居下来，尽管如此，心里还是渴望贡献祖国的。这些教授通晓中西文化，且才华横溢，工作能力突出，在美国的诸多大学和科研院所已经担任研究主力或管

---

① 此部分主要节选自香港科技大学十年校庆宣传文献《振翅高飞：科大十年》、吴家玮的《同创香港科技大学——初创时期的故事和人物志》和香港无线电视对香港科技大学的采访报道纪录片等资料。

理要职，他们连接东西两方，可以促进国际交流，可以使科大在起点上就与世界一流学术接轨。这些创校的顶级教授有约翰·霍普金斯大学物理学家钱致榕、美国加州理工学院航空学家陈介中、美国南加州大学生物医学工程系主任张信刚、马里兰州生物技术学院署理教务长孔宪铎、美国南加州大学工商管理学院财务学教授陈玉树等。学术无国界，除华裔教授之外，还有不少资深欧美学人积极承担挑战。比如，夏威夷大学署理学术副校长杜家磊出任科大的策划及协调处主任，英国诺丁汉大学前副校长祁嘉辉任科大的通识教育中心（即后来的人文社会科学学院）主任，美国乔治亚理工学院前行政副院长施德信任研究及发展副校长，以及其继任美国白宫科技处前副处长王佑曾等。当然，科大用人也是天时、地利、人和促成的，20世纪90年代正值美国经济疲弱之时，使科大可以吸引一流人才。总而言之，科大从管理层到教师都是在国际学术界有较高知名度或具有重要研究成果的人物，团队的国际化程度高；掌舵者校长不仅是首位领导美国大学的华人，而且深谙中国内地和香港地区的情况。在这样的情况下，科大具备了一所世界一流大学的重要质量保障。

2. 如何有效地发挥大学服务社会的功能？——基础研究、应用研究的互联平衡

科大既重视学术研究，也看重公众服务；既立足于香港，也放眼于世界，积极朝着顶尖研究的目标进发。科大认为世界一流的研究型学府能激发社会思考、发挥创意、丰富文化，并推动社会各方面的发展。尽管学术讨论、论文和辩论好像在自说自话，跟外面的世界沾不上边，但其实是革命性突破的摇篮。这些新发现若转移在市场上应用，就会改变未来的生活。基础研究是新知的源头。从基础研究衍生应用研究，进而带动产品及程序发展、制成原型、商品化、生产、包装、市场推广和销售各环节。科大的研究项目符合两大原则：一是走在世界顶尖大学的前沿；二是要彰显本土色彩。例如，科大用现代生物技术和知识来研究中药，其工商管理学院不仅要做世界通行的领先研究，而且集中钻研中国的工商管理。

如何在基础研究和应用研究之间取得平衡，是大学普遍面临的问题。基础研究能创造新知识，大大激励学生和教师。若能找到新知识的实际用途，从大学转移到社会，公众就能直接受惠。科大既然以推动香港经济和社会发展为使命，自然着力于应用研究的发展。途径之一就是设立跨学院和跨学系的研究所和研究中心。多元学科的研究能擦出创新技术的火花，特别是在大学和本地工业合作的项目上。科大把创新研究与香港的需要相结合，确定了研究重点，包括生物技术、信息技术、软件、微系统、材料、环境保护及经济过渡。自 1997 年以来，科大与私营机构的研究合约迅速增加，一方面增加了学校的资金来源，另一方面也越发明确了基础研究的重要性，设法在基础研究和应用研究之间保持平衡。

3. 如何培养独具气质的创新型人才？——通识教育、创业教育的多元融合

在杰出教授和青年教师的督导下，科大的学生不能松懈。科大从创校开始就立意培养学生面对知识型经济的技能和视野。理学院院长就曾表示学生要有创意、有判断能力，就必须能自己选择。因此，科大设计的课程都很灵活，鼓励学生选修主科以外的课程。灵活的课程是教学的关键，广博的学习可以带来好处。如果一直关注一门学科，时间久了思想就会停止下来，渐渐墨守成规。科大规定所有本科生必须选修人文社会科学学院的通识教育课程，包括艺术、音乐欣赏、历史、社会学等。科大容不下思想狭窄的科学家。从教资会对 8 所受资助大学的发展定位和分工角色来看，科大的人文社会学科也主要是起到拓展学生的视野和丰富研究思维的作用，而非走专门研究路线。这也是通识教育在大学尤其是理工科类学生中的重要性的体现。科大鼓励教学，支持教学追求卓越成效，设定"祁敖卓越教学服务奖章"为最高教学荣誉奖，专门奖励那些在教学领域独具一格、深得学生喜爱和对学生发展起到建设性和开拓性影响的教师。

鼓励并大力支持学生创新是成就科大奋力进取、发挥影响的重要因素。基于科大的理工科专业性质，学校通过组织创业比赛和发明成果汇展，激发学生与时俱进、寻求突破、不断创新的精神。对于获胜或表现优异的团队，学校会给予资金支持，也可能会吸引到社会风险投资，助科研成果不断成形，走向社会和市场。实质上，科大重视基础研究与应用研究，坚持两手抓、两手都要硬的做法就是对创业教育最好的支撑。

4. 如何体现自己国际化的办学宗旨？——立足地区、放眼国际的合作交流

科大的办学主要采取以下几个方面的措施：第一，科大非常注重提升学生的语言能力。要在国际上站得住脚，必须具备良好的沟通能力。科大的语言中心备有 20 多种语言的多媒体教材，让学生开阔视野，学习不同的语言文化。第二，科大的教师不忘往外拓展，积极与世界各地的学府结盟。北向中国内地，远及欧美，运用他们本身的学术关系，协助科大与著名学府建立关系。早在 1990 年，科大就与洛杉矶加州大学开展学术合作，联手开设课程。第三，加强与亚太地区的交流合作。科大吴家伟校长指出，东亚众多学府之间缺乏交流，非常有必要加强联系。在科大的倡导下，亚洲区内的顶级研究型大学组成了东亚研究型大学协会（AEARU）。1997 年，科大加入了环太平洋地区大学协会（APRU），是香港地区唯一获邀参加的大学。该联盟旨在加强亚太地区的学术关系，并希望发展成亚太经济合作组织的高等教育及研究后盾。第四，拓展与欧洲的合作。由于科大大部分教师的学术成长经历与美国有关，因此自然与美国诸多大学的关系甚密。相较而言，与欧洲的关系就不那么紧密。为此，科大积极在欧洲寻找合作伙伴，成立了欧洲研究所及其下属的不同国家的研究中心，欧洲的跨国科技公司也在科大校园成立研究单位。第五，鼓励并大力支持海外交换生计划，让学生到海外优秀的大学进修，不仅能亲身体验世界著名大学的优点，而且能广交外国朋友。同时，支持学生参加国际会议并在会上发言，将科大的研究成果通过学生层面带到国际舞台。

5. 如何保障良好的学术环境与研究氛围？——管理体制、人事制度的保障

良好的制度设计是学术环境和氛围的根本保障。科大所运用的管理体制和架构，是以美国体制为基础，对英国体制做了很大程度的调整。校董会是最高权威，由主席领导，任务包括讨论、决定和监察学校的大方向和宏观政策，任免校长，考核及通过每年度的财务预算和支出。校董会既向政府负责，又替大学向政府争取资源。有些校董愿意为大学募集经费，但是校董会绝不插手学术政策的制定和实施、日常管理或运作。为了保障公立大学的自主，一切有关学术的问题和政策，条例上明文规定由教授们组成的学术委员会讨论和决定，原则上校董会不准干预。至于大学的内部构架，考虑到资源、时间、人和诸多因素以及美国研究生院的办学经验等方面，科大沿用了美国大学的内部架构，但在某些方面也相应做出了切合实际的变动。校级管理部门在校长的领导下分为三个部门，按学术、行政及总务、研究与发展三方面分工。每个部门由一位副校长领导，各向校长负责。副校长遴选委员会的成员由校长和校董们协商决定，主要是教授。其程序与选聘校长类似。评选工作完毕后，向校长递交报告。最终人选由校长向校董会提名，由校董会讨论、决定后任用。院长和系主任是学术管理层的骨干，一方面是吸纳最优秀的人才，这里的优秀不仅包括学术成就，而且有管理经验和对科大的忠诚与奉献心；另一方面，要对科大的理念、方向和愿景了解。

6. 如何发挥后发优势并后来居上？——重点突出、优势突出的教研方向

虽然办学资源有限，但科大一开始就将自己定位于立足国际一流，于是采取了以精取胜的策略。就是说把仅有的资源集中在精选出来的少数学科和专业，致力让这些学科和专业出人头地。所以，科大建校初只设了理学院、工学院、工商管理学院和人文社会科学学院四个学院的19个系别。且根据教资会的规定，人文社会科学学院只提供研究生学位，为科大本科生提供通识教育。这些专业的设定不只考虑到教师们的专业背景，更是与香港及周边地区的经济结构和所需挂钩。以工商管理学院为例，科大审时度势，在内地市场经济化、大中华经济圈崛起、生产过程和标准的国际化蔚然成风之际，工商管理专业变得炙手可热。商学院十分注重科研，并且紧密结合地区的实情。创办的两个应用研究中心为：一个专门进行经济转型研究，尤其是以中国经济发展为重点；另一个专注亚洲金融市场和金融产品的发展。研究结果显示，短短几年，科大商学院的科研就在亚太地区取得领先地位。同时，商学院非常注重研究和教学的平衡发展，教研两方面都做得有声有色。

7. 如何履行负责任的研究型大学使命？——基于研究、重视教学的双栖路径

科大自建校起就坚持教学和研究应该是相辅相成、相得益彰的。积极从事研究的教师，走在学术前沿，能用对专业知识的浓厚兴趣感染学生。教学是教师们的天赋，标准要定得高。但是教师们的风格各有千秋，教得好不好很难运用统一的标准来评估。科大沿用了世界级大学的做法：写明要求和准则；在教学内容和教师表现两方面画上底线，做出观察，并让学生参与评核；两方面都需要超越底线才能过关。此外运用不同的措施来激励、奖励教师，让他们做好教学工作。

研究成绩因为有国际标准可以参照，容易审核一些，即成果必须在公认严谨的国际一流专业期刊或会议上发表。质永远重于量，科大的研究成果不靠数数。比如说，在人文领域里，一本好书很可能要花几年来写，量没有多大的意义。在经济和企业管理的领域里，论文能够被真正国际一流的专业期刊接受非常困难，因此发表的量同时也反映了质。而艺术创作则非但不能量化，连质都比较难定。所以，不同的学术领域及专业，有不同的专业标准，不能公式化，更不能一刀切。而基于教授治校的传统，审核则交由相关层面和专业的教授小组进行审核。

科大建校至今，凭借出色的研究实力和教学声誉，在短期内就跻身诸多世界大学排行榜的前50名，在亚洲更是名列前10，在香港地区成为高等教育"三足鼎立"（香港大学、香港中文大学、科大）中的重要一角。其成功的因素绝不止上述几点，也并非如寥寥文字叙述之易。"大学，非谓有大楼之谓也，有大师之谓也"，这句话虽出自清华大学老校长梅贻琦先生，但不仅是大学之所以称大学的实质和内涵，也是科大成功的灵魂。正是有一群呕心沥血、齐心协力、学术卓越、心向奉献的出色的教授们，才成就了科大的声誉。① 当然，科大的成功离不开校长的个人能力，离不开制度设计，离不开香港特区政府的鼎力支持和"相对不干扰"，离不开诸多社会团体的不断斥资，离不开香港本身的人文社会环境优势、城市发展战略和地区优势，等等。② 总而言之，科大的成功有其必然性，也存在偶然性的幸运因素，是天时、地利、人和的结果。谈及至此，总是要想到南方科技大学（简称南科大）的筹建和发展，南科大建校的初衷和科大非常类似，即高起点、高定位地创办一所创新型大学，目标是迅速建成国际化高水平研究型大学，建成我国重大科学技术研究与拔尖创新人才培养的重要基地。自2011年教育改革实验班开学以来，南科大始终面临支持和质疑声，其能否如科大一样取得瞩目的成就，能否实现建校初的目标，能否从科大的成功中汲取经验为己所用，需要实践的智慧和时间的磨练。

第三节 中国创建世界一流大学政策的调整与反思

一、内地创建世界一流大学政策的调整

多年来，通过实施"211工程""985工程"以及"优势学科创新平台"和"特色重点学科项目"等重点建设，一批重点高校和重点学科建设取得重大进展，带动了中国高等教育整体水平的提升。同时，重点建设也存在身份固化、竞争缺失、重复交叉等问题，迫切需要加强资源整合，创新实施方式。

---

① 牛欣欣、洪成文：《香港科技大学的成功崛起——"小而精"特色战略的实施》，载《比较教育研究》，2011(11)。
② 杨遇春、赵文莉：《从"默默无闻"到"赫赫有名"——从管理学的角度浅析香港科技大学的成功之道》，载《煤炭高等教育》，2009(6)。

为此，2015 年 8 月 18 日，中央全面深化改革领导小组第十五次会议审议通过了《统筹推进世界一流大学和一流学科建设总体方案》。会议提出，"要全面贯彻党的教育方针，遵循教育规律，以立德树人为根本，以中国特色为统领，以支撑创新驱动发展战略、服务经济社会为导向，推动一批高水平大学和学科进入世界一流行列或前列，提升我国高等教育综合实力和国际竞争力，培养一流人才，产出一流成果。要引导和支持高等院校优化学科结构，凝练学科发展方向，突出学科建设重点，通过体制机制改革激发高校内生动力和活力。"①《总体方案》实际上是"985 工程""211 工程"的升级版，它既保持了此前政策的延续性，即继续倡导"一流大学建设"和"一流学科建设"，又在过去政策实施效果的基础上进行了适当的调整，即归并整合相关项目和专项资金，避免重复建设，提高集成效益。同时，新政策进一步开放，为非"211 工程"高校提供公平竞争的机会，实行"绩效导向、动态支持"的财政支持方式。

2016 年 6 月 23 日，《教育部、国务院学位委员会、国家语委关于宣布失效一批规范性文件的通知》发布，宣布共 382 份文件失效，其中包括《关于继续实施"985 工程"建设项目的意见》《关于补充高等教育"211 工程"三期建设规划的通知》《关于实施"重点特色学科项目"的意见》《关于继续实施"优秀学科创新平台"建设的意见》等与创建世界一流大学有关的文件。这标志着新时期国家在对 20 世纪 90 年代以来创建世界一流大学政策所取得的成效、存在的问题和面临的新挑战进行全面评估的基础上，对高等教育的重点建设进行了政策调整，做出了新部署。需要指出的是，有关文件的废止并不是不再重点建设一批大学，支持其创建世界一流大学，而是将"985 工程""211 工程"等重点建设项目，统一纳入世界一流大学和一流学科建设。

（一）国家层面世界一流大学和一流学科建设的政策

2015 年 10 月 24 日，国务院正式印发《总体方案》，为中国世界一流大学的创建提出了明确的时间表——到 2020 年，若干所大学和一批学科进入世界一流行列，若干学科进入世界一流学科前列；到 2030 年，更多的大学和学科进入世界一流行列，若干所大学进入世界一流大学前列，一批学科进入世界一流学科前列，高等教育的整体实力显著提升；到 21 世纪中叶，一流大学和

---

① 中华人民共和国教育部：《推动一批大学和学科跻身世界一流》，2016-08-21。

一流学科的数量和实力进入世界前列，基本建成高等教育强国。这是中国第一次明确提出大学、学科要在一定时间内进入世界一流前列，是中国高等教育发展史上又一里程碑式的战略决策。

为了贯彻落实《总体方案》，2017年1月，教育部、财政部、国家发展和改革委员会发布《统筹推进世界一流大学和一流学科建设实施办法（暂行）》[简称《实施办法（暂行）》]，更加细化了"双一流"建设的具体任务，如"坚持扶优扶需扶特扶新，按照'一流大学'和'一流学科'两类布局建设高校，引导和支持具备较强实力的高校合理定位、办出特色、差别化发展"，"以学科为基础，支持建设一百个左右学科，着力打造学科领域高峰"等。同时，《实施办法（暂行）》也进一步明确了政策的实施办法，尤其是各类主体的权责，如明确提出"每五年一个建设周期，2016年开始新一轮建设"，"教育部、财政部、发展改革委建立部际协调机制，负责规划部署、推进实施、监督管理等工作"，"省级政府应结合经济社会发展需求和基础条件，统筹推动区域内有特色高水平大学和优势学科建设，积极探索不同类型高校的一流建设之路"，建设高校要"破除体制机制障碍，统筹学校整体建设和学科建设，加强组织保障，营造良好建设环境"，"动员各方力量积极参与世界一流大学和一流学科建设，鼓励行业企业加强与高校合作，协同建设"等。

《实施办法（暂行）》的核心内容是确定了"一流大学建设高校"和"一流学科建设高校"的遴选条件和程序。就遴选条件而言，"一流大学建设高校应是经过长期重点建设、具有先进办学理念、办学实力强、社会认可度较高的高校，须拥有一定数量国内领先、国际前列的高水平学科，在改革创新和现代大学制度建设中成效显著"；"一流学科建设高校应具有居于国内前列或国际前沿的高水平学科，学科水平在有影响力的第三方评价中进入前列，或者国家急需、具有重大的行业或区域影响、学科优势突出、具有不可替代性"。

就遴选程序而言，主要采取认定方式确定一流大学、一流学科建设高校及建设学科，最大的特色是引入专家评价。设立由政府有关部门、高校、科研机构、行业组织人员组成的世界一流大学和一流学科建设专家委员会。专家委员会以中国特色学科评价为主要依据，参考国际相关评价因素，综合高校办学条件、学科水平、办学质量、主要贡献、国际影响力等情况，以及高校主管部门意见，论证确定一流大学和一流学科建设高校的认定标准。专家委员会遴选产生拟建设高校名单后，仍由教育部、财政部、国家发展和改革委员会审议确定最终建设名单。

列入拟建设名单的高校要根据自身的实际，以改革为动力，结合学校的综合改革方案和专家委员会的咨询建议，确定建设思路，合理选择建设路径，自主确定学科建设口径和范围，以5年为一周期，科学编制整体建设方案和分学科建设方案。同时，高校须组织相关专家，结合经济社会发展的需求和国家战略的需要，对建设方案的科学性、可行性进行深入论证。论证通过的建设方案及专家论证报告还须提交专家委员会审核，教育部、财政部、国家发展和改革委员会根据专家委员会的意见，研究确定一流大学、一流学科建设高校及建设学科，报国务院批准。

此外，《实施办法（暂行）》还对"双一流"建设的支持方式和管理方式做出了说明。就支持方式而言，"中央高校开展世界一流大学和一流学科建设所需经费由中央财政支持；中央预算内投资对中央高校学科建设相关基础设施给予支持。纳入世界一流大学和一流学科建设范围的地方高校，所需资金由地方财政统筹安排，中央财政予以引导支持。"同时，相关部门还应在考试招生、人事制度、经费管理、学位授权、科研评价等方面切实落实建设高校的自主权。就管理方式而言，"双一流"建设在管理上最大的特色之一就是打破身份固化，建立动态调整机制。比如，建设中期，"根据中期评价结果，对实施有力、进展良好、成效明显的建设高校及建设学科，加大支持力度；对实施不力、进展缓慢、缺乏实效的建设高校及建设学科，提出警示并减小支持力度"。建设末期，"根据期末评价结果等情况，重新确定下一轮建设范围。对于建设成效特别突出、国际影响力特别显著的少数建设高校及建设学科，在资金和政策上加大支持力度"。

根据《实施办法（暂行）》，2017年9月20日，备受期待的"双一流"建设高校和建设学科名单正式出炉。① 首批"双一流"建设高校共137所，建设学科共459个。一流大学建设高校共42所，其中A类36所，B类6所；一流学科建设高校共95所，如表8-12所示。具体而言，42所一流大学建设高校中，包含了全部"985工程"高校，36所A类高校更是尽数出自原"985工程"名单，"211工程"高校100%入选"双一流"建设高校名单，这在一定程度上反映了"双一流"对"211工程"和"985工程"的政策延续。此外，也有一

---

① 《教育部 财政部 国家发展改革委关于公布世界一流大学和一流学科建设高校及建设学科名单的通知》，2019-01-05。

些新迹象值得关注。一是 B 类高校名单。东北大学、湖南大学、西北农林科技大学三所"985 工程"高校从 A 类高校中的"落选",以及郑州大学、云南大学、新疆大学三所非"985 工程"高校的"入选"均释放了一个"政策信号"。即"双一流"政策的遴选机制"能上能下",综合考核的是学校当前实力以及发展空间。二是 25 所非"211 工程"高校进入一流学科建设高校名单。北京协和医学院、上海中医药大学、中国科学院大学、中央美术学院、成都理工大学、成都中医药大学、广州中医药大学、河南大学、南京林业大学、南京信息工程大学、南京邮电大学、南京中医药大学、宁波大学、上海海洋大学、上海体育学院、上海音乐学院、首都师范大学、天津工业大学、天津中医药大学、外交学院、西南石油大学、中国美术学院、中国人民公安大学、中国音乐学院、中央戏剧学院 25 所新增的非"211 工程"高校中,除了 6 所是部属高校①以外,其余 19 所均为省属高校。可见,"双一流"建设将开启省域高等教育竞争的新篇章,原先只在部属院校之间开展的激烈竞争,现在将扩展到省属高校之间。同时,25 所新增的非"211 工程"高校中,音、体、美、医等特色院校增加了 12 所,占新增学校数量的48%;"中医药大学"更为集中,共 5 所。

表 8-12 "双一流"建设高校名单

一流大学建设高校(42 所)	A 类(36 所):北京大学、中国人民大学、清华大学、北京航空航天大学、北京理工大学、中国农业大学、北京师范大学、中央民族大学、南开大学、天津大学、大连理工大学、吉林大学、哈尔滨工业大学、复旦大学、同济大学、上海交通大学、华东师范大学、南京大学、东南大学、浙江大学、中国科学技术大学、厦门大学、山东大学、中国海洋大学、武汉大学、华中科技大学、中南大学、中山大学、华南理工大学、四川大学、重庆大学、电子科技大学、西安交通大学、西北工业大学、兰州大学、国防科技大学
	B 类(6 所):东北大学、郑州大学、湖南大学、云南大学、西北农林科技大学、新疆大学

---

① 6 所部属高校分别是中国人民公安大学、外交学院、中央美术学院、中央戏剧学院、北京协和医学院、中国科学院大学。

续表

一流学科建设高校（95所）	北京交通大学、北京工业大学、北京科技大学、北京化工大学、北京邮电大学、北京林业大学、北京协和医学院、北京中医药大学、首都师范大学、北京外国语大学、中国传媒大学、中央财经大学、对外经济贸易大学、外交学院、中国人民公安大学、北京体育大学、中央音乐学院、中国音乐学院、中央美术学院、中央戏剧学院、中国政法大学、天津工业大学、天津医科大学、天津中医药大学、华北电力大学、河北工业大学、太原理工大学、内蒙古大学、辽宁大学、大连海事大学、延边大学、东北师范大学、哈尔滨工程大学、东北农业大学、东北林业大学、华东理工大学、东华大学、上海海洋大学、上海中医药大学、上海外国语大学、上海财经大学、上海体育学院、上海音乐学院、上海大学、苏州大学、南京航空航天大学、南京理工大学、中国矿业大学、南京邮电大学、河海大学、江南大学、南京林业大学、南京信息工程大学、南京农业大学、南京中医药大学、中国药科大学、南京师范大学、中国美术学院、安徽大学、合肥工业大学、福州大学、南昌大学、河南大学、中国地质大学、武汉理工大学、华中农业大学、华中师范大学、中南财经政法大学、湖南师范大学、暨南大学、广州中医药大学、华南师范大学、海南大学、广西大学、西南交通大学、西南石油大学、成都理工大学、四川农业大学、成都中医药大学、西南大学、西南财经大学、贵州大学、西藏大学、西北大学、西安电子科技大学、长安大学、陕西师范大学、青海大学、宁夏大学、石河子大学、中国石油大学、宁波大学、中国科学院大学、第二军医大学、第四军医大学

资料来源：《教育部 财政部 国家发展改革委关于公布世界一流大学和一流学科建设高校及建设学科名单的通知》，2019-01-05。

　　2018 年 8 月 8 日，教育部、财政部、国家发展和改革委员会联合印发《关于高等学校加快"双一流"建设的指导意见》（简称《指导意见》），进一步明确建设高校的责任主体、建设主体、受益主体地位，引导高校深化认识，转变理念，以中国特色世界一流为核心，以高等教育内涵式发展为主线，落实立德树人根本任务，紧紧抓住坚持办学正确政治方向、建设高素质教师队伍和形成高水平人才培养体系三项基础性工作，以体制机制创新为着力点，在深化改革、服务需求、开放合作中加快发展，旨在确保实现"双一流"建设总体方案确定的战略目标。

　　相较于此前出台的"双一流"建设政策，《指导意见》更加聚焦高校的内部事务，为一流大学建设之路指出了诸多具体的着力点。例如，《指导意见》指出，建设高校要主动对接国家和区域重大战略，完善以社会需求和学术贡献为导向的学科专业动态调整机制；建设高素质教师队伍，要将师德师风作为第一标准，坚持引育并举、以育为主，坚决杜绝片面抢挖'帽子'人才等短期行为；深入推进高校教师职称、考核评价制度改革，突出教学一线需求等。

此外，《指导意见》也进一步完善了"双一流"建设的评价与协调机制，提出了许多的具体措施。比如，提出多元综合性评价，强调重点考察建设效果与总体方案的符合度、建设方案主要目标的达成度、建设高校及其学科专业在第三方评价中的表现度；履行政府部门的指导职责，充分发挥"双一流"建设专家委员会的咨询作用，支持学科评议组、教育教学指导委员会、教育部科学技术委员会等各类专家组织开展建设的评价、诊断、督导，促进学科发展和学校建设，推进"双一流"建设督导的制度化、常态化、长效化；鼓励第三方独立开展建设过程及建设成效的监测评价等。

（二）省、市、自治区层面世界一流大学和一流学科建设的政策

在一定程度上，"双一流"建设政策是对"211工程""985工程"政策的延续与整合，裹挟着中国高等教育领域资源的重新分配。因而，在国家政策的刺激下，地方政府和高等学校也积极展开政策对接工作，因地制宜地出台了一批各具特色的实践方案，积极探索"双一流"建设的有效途径。

在国家层面正式出台"双一流"建设政策之前，上海市就出台了《上海高等教育布局结构与发展规划（2015—2030年）》(简称"高教规划")《上海现代职业教育体系建设规划（2015—2030年）》(简称"职教规划")《上海高等学校学科发展与优化布局规划（2014—2020年）》(简称"学科规划")，对全市高等教育和职业教育的规模、层次、类型、分类发展目标等进行规划。其中，"高教规划"明确了各级各类学科专业面向2020年和2030年的发展规模、结构比例等，构建了促进高校教育分类管理、分类投入、分类评价的二维分类管理体系。"职教规划"着力构建和畅通"中职—专科—高职—应用型本科—专业学位研究生"纵向衔接的职业教育学制体系，搭建多渠道、多形式、衔接融通的职业教育"立交桥"，大力促进应用型专业学位人才培养。"学科规划"确立了学科建设的战略目标，并据此启动上海高校高峰高原学科建设计划。① 2014年启动

---

① 中华人民共和国教育部：《上海市牢牢把握"双一流"建设机遇 深化高等教育综合改革》，2019-01-05。

的高峰高原学科建设计划，即由高校对照国际标杆提出学科建设目标及方案，政府对建设的进展进行跟踪评估、动态调整。建设周期分 2015—2017 年和 2018—2020 年两个阶段，第一阶段已投入 36 亿元。建设经费重点用于人才队伍建设，最高可达财政投入总量的 50%。目前，上海市高校学科进入 ESI 前 1% 的有 91 个，前 1‰ 的有 12 个，前 1‱ 的有 1 个。①

江苏省在 2016 年启动了"高水平大学建设工程"，并先后出台了《江苏高水平大学建设方案》《江苏高水平大学建设实施办法（暂行）》。两者明确了江苏高水平大学建设框架为"专项＋综合"。"专项"项目包括江苏高校优势学科建设工程、品牌专业建设工程、协同创新计划、特聘教授计划（简称"四大专项"），支持所有本科高校彰显特色优势，夯实高水平大学建设的核心基础；"综合"项目重点支持具备一定实力的高校加快提升综合竞争力，向高水平和世界一流迈进。以"高水平大学建设工程"为契机，江苏省 2016 年开始先后启动的上述四大专项计划将获得更强有力的财政支持，每年投入 17 亿元左右，"十三五"期间累计 85 亿元。② 同时，江苏省财政厅、教育厅联合颁布了《江苏高水平大学建设综合奖补资金管理暂行办法》，明确了两项综合奖补支持：一是对所有入选"国家队"的高校给予配套支持；二是启动全国百强省属高校建设项目，对综合办学水平进入全国百强的省属高校给予重点支持，对办学特色鲜明、综合办学水平接近全国百强的省属高校给予培育支持。每年综合奖补经费不低于 7 亿元。③ 为充分发挥综合奖补的作用，该暂行办法强调根据综合奖补的绩效评价结果，对建设高校实施奖优罚劣，动态调整建设高校名单和资金支持额度。

广东省早在 2015 年 4 月便启动建设高水平大学和高水平理工科大学（简称"双高"）。经过筛选，中山大学、华南理工大学等 17 所大学入选"双高"，"双高"大学 3 年投入的资金超 300 亿元。截至 2017 年 5 月，参建高校新增国家级人才 545 人，省级人才 371 人；50 个学科进入 ESI 的前 1%，5 个学科进入前 1‰；承担国家自然科学基金 2024 项，增长 10%；8 所高校的立项数名

① 中华人民共和国教育部：《上海市牢牢把握"双一流"建设机遇 深化高等教育综合改革》，2019-01-05。

② 转引自中华人民共和国教育部：《江苏高水平大学建设打破终身制》，2019-01-05。

③ 转引自中华人民共和国教育部：《江苏高水平大学建设打破终身制》，2019-01-05。

列全国高校前 100 名。① 在此基础上，为对接国家"双一流"建设，2018 年 7 月，广东省教育厅、发展和改革委员会、科学技术厅、财政厅联合出台《高等教育"冲一流、补短板、强特色"提升计划实施方案》，将"双高"升级为"三大组团"建设高校。第一组团为"高水平大学建设计划"。建设高校以"冲一流"为核心，遴选范围原则上为入选国家"双一流"建设高校、上一轮高水平大学建设高校和拥有重大科研平台、承担重大科研任务、具有国际一流高水平的师资队伍的普通高等学校，分为"高水平大学重点建设高校"和"高水平大学重点学科建设高校"两类进行建设。该实施方案明确提出到 2020 年新增 1～3 所高校入选国家"双一流"建设名单。第二组团为"粤东西北高校振兴计划"。建设高校以"补短板"为核心，遴选范围原则上为粤东西北地区、珠三角非核心区域的公办普通本科高校。第三组团为"特色高校提升计划"。建设高校以"强特色"为核心，遴选范围原则上为行业特色显著的公办普通本科高校、部分高水平理工科大学和部分省市共建本科高校。

2017 年 11 月，四川省政府为贯彻落实国家《实施办法（暂行）》，颁布了《四川省人民政府关于统筹推进一流大学和一流学科建设的实施意见》，明确了分层分类、争创一流和提高四川高等教育整体水平的基本思路。"分层"是指"一流标准"的四个层次（世界一流、全国一流、区域一流、同类一流）；"分类"是指研究型大学、同类高水平大学、应用技术型大学、高职院校、民办高校五种高校类型，引导各类高校的差别化、特色发展。省财政下达的 2017 年四川高校"双一流"建设资金为 2 亿元，比 2016 年增加 1 亿元，增幅达 50%。该资金用于四川大学等 4 所在川部属高校和四川农业大学等 11 所省属高校的 32 个一流学科建设，包括学科平台建设、基础前沿研究、人才队伍建设、学术交流、人才培养等。②

2017 年 12 月，北京大学、清华大学、复旦大学、上海交通大学、北京师范大学、中国农业大学、中国人民大学、南开大学等部属高校"双一流"建设方案陆续公布。建设方案是各高校围绕"双一流"建设的总体目标，旨在开启中国特色、世界一流大学发展新征程的具体的"路线图"与"任务书"。③ 它们

①　姚瑶、吴少敏：《3 年投入超 300 亿！广东大力支持"双高"大学，5 高校跻身国家"双一流"！》，2019-01-05。

②　引自四川省人民政府：《省财政下达高校"双一流"建设资金 2 亿元》，2019-01-05。

③　《北大、清华、复旦等高校陆续公布方案 世界一流大学究竟怎么建》，2019-01-05。

抓住机遇，积极探索"双一流"建设的有效途径，取得了阶段性成效。比如，上海市和北京大学、清华大学巩固扩大"一市两校"改革试点成果，持续深化体制机制改革①；中山大学坚持问题导向，强化学科建设与专业建设的一体两面关系，全面修订人才培养方案和课程体系，明确 11 项改革措施和 36 项改革任务，出台本科教育教学改革三十条意见等②；暨南大学实施"1234"学科和科研建设规划，即构建一个大科技格局，提升承担国家重大科技任务、为地方经济社会发展服务的两种能力，完善科学评价考核、成果转化、技术实验支撑体系高效利用三个机制，把握大平台、大团队、大项目、大成果四大抓手，推进一流学科和一流大学建设③；山东大学把扎根齐鲁大地、服务山东发展作为"双一流"建设的重要战略导向，出台《山东大学服务山东行动方案》《关于进一步推进服务山东工作的实施意见》，规划服务"智造山东、经济山东、健康山东、文化山东、海洋山东、教育山东"的六条路径，明确服务山东工作的五大原则、九大机制、十大计划，为山东的发展提供个性化、精准化、订单式服务。④

同时，多所地方高校亦借此契机谋划自身的发展。比如，2017 年出炉的"新工科建设"。从 2016 年 2 月达成的"复旦共识"，到 4 月发布的"天大行动"；从 5 月、6 月在湖南工程学院（湘潭）和温州大学提出"湘浙倡议"，到 6 月形成的"北京指南"，"新工科建设"走入了越来越多高校的视野，为那些面临转型发展重任的地方高校提供了重要抓手。⑤

二、香港创建世界一流大学政策的反思与展望

香港地区的世界一流大学建设具有系统性和大学自觉性等特点。在其不断演进的过程中，香港始终保持着高等教育的优秀品质和在世界范围内的良

---

① 中华人民共和国教育部：《上海市牢牢把握"双一流"建设机遇 深化高等教育综合改革》，2019-01-05。

② 转引自中华人民共和国教育部：《高等教育发展吹响奋进号角——党的十八大以来全国教育系统推进"双一流"建设工作纪实 》，2019-01-05。

③ 中华人民共和国教育部：《暨南大学全面实施"侨校＋名校"战略 着力推进"双一流"建设》，2019-01-05。

④ 中华人民共和国教育部：《山东大学全力助推区域经济社会发展》，2019-01-05。

⑤ 转引自中华人民共和国教育部：《高等教育发展吹响奋进号角——党的十八大以来全国教育系统推进"双一流"建设工作纪实》，2019-01-05。

好声誉，但与此同时，也面临不少挑战。未来香港尤其需要认真解答好经济全球化背景下自身的国际化走向这一重要问题。

（一）香港创建世界一流大学政策的反思

尽管国际学术界对于世界一流大学并没有固定的定义和确定的规范，但总体来说，在国际大学排行榜的影响下，世界一流大学的内涵离不开卓越的学术、学者和学生，高质量的国际化程度，合理高效的大学治理制度等。香港的大学在这些方面，仍需要不断平衡科研和教学的地位、提升国际化程度以及谨慎对待大学为了"强强联合"的合并问题。

1. 在研究主导的学术氛围下教学地位仍然较低

香港各大学对未来的发展都有着高远的抱负，有的希望财政上获取更大收益，有的希望扩展学科范畴，或在科学研究上取得重大突破。但香港特区政府一直以来都将高等教育作为一个整体的体系来考量，而不是认为高等教育由单个因素决定发展。其中在以科研取胜还是教学竞鸣的讨论中，教资会就认为，大多数院校认为和希望的以科研工作享誉国际的想法，鉴于当时的学术资源、经常性和非经常性资源，有点不切实际，而希望以教学成就享誉国际的理想在当时的状态下才切合实际，且对香港更有益。但这并不是否定科研工作和学术研究，而是要在既有基础上，不能将天平的一端完全偏向于科研而忽视教学。反之，整个高等教育体系要重视并加强教学工作，吸引香港地区外的生源。

在香港的发展过程中，大学也会出现重科研、轻教学的现象：一方面，教学效果的评估模糊，几乎不会影响拨款情况，而科研结果评估比较直观；另一方面社会上的世界大学排行榜等基本都是重视科研表现，这也进一步加剧了轻视教学的行为。教资会强调，教学才是首要功能，要创建一所世界一流大学，没有令人称赞的教学和课程是不可能的，而且教学效果的影响是长远的。因此，采取以拨款为杠杆的方式进行调节，奖励和支持高等教育的杰出教学表现和做法，同时加强全面的调查和评估，让院校提出证据，说明在个别学生学习领域内如何做出贡献。

2. 校园的国际化程度仍然有待提升

香港在20世纪80年代经历了前所未有的转变，速度与程度均史无前例。香港由一个以出口为主的本地生产中心演变成亚洲的经济中枢。同时，世界及地区经济日渐开放，全球经济市场也出现结构性的调整，全球资金和贸易流向的重整也会在接下来的 10 年为香港提供大量的机会与挑战。中国内地的逐步开放和亚太地区多国的经济放宽，都为香港在全球奠定经济地位埋下了伏笔。经济的发展直接刺激着香港本地的银行业、财经、保险、地产、商业服务业、出入口、电信、运输、法律和会计审核等服务，新的公司企业不断涌现，香港经济日渐成熟，同时也变得更加多元和包罗万象。①

在此情形下，要培养及训练具备适当技能、能在不同环境下工作的合格人才成为首要挑战，这也成为高等教育界承担香港国际性发展所需人才培养任务的关键。为此，一方面要继续招聘具有海外背景的人才，使教师队伍呈现多元化，继而影响学生；另一方面，也鼓励并加大力度支持学生的海外交流。另外，不断增加香港外研究生的生源数额，持续吸引外地学生。

1997 年，香港面临主权由英国向中国的转接。高等教育界直面的一个问题就是，其未来发展必然要和内地挂钩，且随着时间的推移和内地经济的发展，这种联系必然愈加频繁和复杂，无论是合作水平还是竞争力度，都会向纵深发展。当时教资会设计了三种未来高等教育发展的政策草案以供商定和选择：一是本地高等教育依然只面向和针对香港地区招生，培养学生也是面向香港本地的劳动力市场。教学语言逐渐更多地使用粤语，届时香港高校将与内地周边省份高校相差无异。二是虽然本地高等学校面向香港地区招生，但应该站在积极的立场并采取双语教学。如果是这样的话，香港高校未来需要付出几倍于现在的努力。未来的毕业生会与内地学生存在一定的差异，但差异主要表现在交流技能上，即他们可以熟练使用粤语、普通话和英语进行交流。这种做法在一定程度上可以维持香港的国际地位和形象。三是全面开放香港地区的高等院校，建立卓越中心使其具备本土化、地区性和国际性功能。这就是为香港和内地提供高素质的双语人才，并且扮演为内地高校发展提供参照的角色，尤其是为内地的南方省份及更广范围的高校在商科、社会科学、创新科技发展等方面提供一些案例经验与参考样板。在招生方面，将从香港外吸收一些本科生和更多的研究生。②

经综合考虑，第一种方案过于保守，与香港特区政府一贯倡导的开放政

---

① 林莉：《香港高等教育发展战略的演变及其启示》，载《赣南师范学院学报》，2003(1)。

② 刘晖：《香港高等教育发展评述及对我们的启示》，载《北京教育（高教版）》，2005(6)。

策不符。第二种需要其他额外的资源，且最重要的是各高等院校愿意并付诸努力。第三种是教资会最为欣赏的。因为教资会认为，香港要想保持在中国和环太平洋圈的工商业发展的全球领先地位，就必须拥有世界一流的高等教育院校。实质上，对高等教育的投资不仅会有益于香港本地经济的发展，而且其自身衍生的科技变革和信息革命毫无疑问会福泽内地。在这中间，香港高等教育自身的角色定位显得尤其重要。其中教资会提到中国内地尤其是一些南方省份的高等教育与香港存在很大相似性，为避免内地高校取代香港高校的地位和优势，香港特区政府应该接下来认真考虑从学生的引进与输出、与内地关系的改变方面提升自己的差异性和不可替代性。因此，为内地培养大批研究生和输送高素质人才将会是香港回归祖国后自身高等教育发展的立足点之一。在展望回归后香港高等教育的情境中，一方面积极相信更加紧密的香港与内地关系会对香港大有裨益；另一方面深深担忧香港本地学生与内地学生的未来实力竞争，承认香港不仅要放眼东方、西方、南方，而且要放眼北方，学术研究等也要尤其加强与北京方面的联系。① 除学术型高等教育要重谋出路之外，在就业与工作人员素质提高的双重压力下，香港工商专业联会建议高等教育应该适时更多地与国外和内地高校紧密联系，培养更多的非学历性质、应用和执行力导向性强的人才。

香港回归祖国前，面临着最重要的问题就是自身高等教育的定位。是本土化还是区域化？是向外看还是向内看？到底应该投入多少？由谁来斥资？面临的挑战就是，香港社会担心在开放高等院校增加与内地学生的接触后，香港高等院校是否会因此而忽略本地学生。同时，香港的院校能否在学术方面真正与西方国家等的更富有、更著名的院校竞争，甚至在竞争中取胜也是需要解决的问题。目前来看，内地学生是香港高校生源的重要组成部分，尤其在研究生方面，内地学生占取的份额更大。这一现象使香港特区政府和社会喜忧参半：一方面证实了香港回归祖国后，内地是香港（高等教育）发展的强大后盾，另一方面深深担忧大量的内地生源将会掣制香港高校，尤其是创建世界一流大学的步伐。原因就是这与世界一流大学的"学生成分国际化"特质不符，有与内地某些大学尤其是南方省份大学的同质性在加强的倾向。香港学界担忧本地高校的国际化将会与"大陆化"相

---

① 刘兴国：《内地与香港高等教育大众化进程的比较研究》，载《煤炭高等教育》，2005(6)。

似的声音不绝于耳。①

3. 谨慎对待大学之间的合并与整合

21世纪初，香港为了急切地发展几所能与世界一流大学相媲美、在国际高等教育界占据高地的大学，曾试图将香港中文大学和香港科技大学进行合并，实现强强联合和"1＋1＞2"的效果，但结果以失败告终。实质上，国际上有不少大学合并成功的案例，也有诸多失败的经验。比如，内地曾经酝酿的天津大学与南开大学合并也同样以失败告终。两所大学针对教资会抛出的合并建议，均提出了质疑和现实难题。因为香港中文大学和香港科技大学的办学使命相当不同，前者主要提供的是全面而广泛的学科，而后者集中在一些较为专门的学科。从科大的角度来讲，与一所综合性大学合并会削弱其赖以成功的专门学科的角色和特色。两所大学的文化有别，难以兼容并存，如研究制度、晋升制度、教学语言的原则和措施、本科新生的相对素质等。此外，短期的整合引发的短期错配对招聘及挽留教学人员的影响、非教学职员职位的稳定性，以及可能出现的若干隐藏费用都是必须直面的问题。② 具有共同教育理想兼可互相协调的院校进行合并，可大幅提升能力及声誉，但这些成果不会一蹴而就，而且也不一定能在所有情况下取得成效。简而言之，合并虽然具有十分吸引的潜在效益，然而也存在风险。同时，成功的合并还要依赖于院校及政府内部立场坚定的领导人物，以兹平衡。③

最后，在20世纪90年代到21世纪的前10年，香港特区政府一直是采取资源向少数大学倾斜的政策，"钦点"给予这些大学相应的资源，使其优先重点发展。实践证明这一方法是极富成效的，但并不能一直这样实施下去，这样的路径适用于创建少数几所重点一流大学的初级阶段。因为现实中存在这样的安排会令某些大学自满，也可能使有限的资源使用不当。所以在中后期学校应当逐步根据自身的卓越研究表现申请和获得研究拨款。

教资会在不断考虑要加大资源的竞争性，这样可以激发大学主体的"斗志"，也能在资源分配方面逐渐走向理性与客观。一直以来对少数大学的重点支持和政策倾斜显然取得了重要成果，但如果要将此项政策继续不断推行下去，就不能再

① 何斌：《香港高等教育国际化现状分析》，载《比较教育研究》，2005(1)。
② 香港大学教育资助委员会：《香港高等教育——院校整合，意义重大》，2016-02-01。
③ U.G.C.，"Hong Kong Higher Education：Integration Matters，"Hong Kong，University Grants Committee，2004.

用初期那种简单的方法，而是要逐渐加强流程规范与内部监管。当然，这并不意味着教资会的择优政策会改变，而是在择优内部增加竞争的分量。①

(二)聚焦国际化：香港创建世界一流大学政策的展望

聚焦高质量的国际化是香港高等教育发展的共识，积极实现从较为单一的国际生结构向更加多元的方向转型是近些年香港高校追求的目标。实际上，2010年教资会的《展望香港高等教育体系》报告就指出：不断涌现出的国际大学排行榜和评级使香港高等教育感到压力，虽然有几所大学表现甚佳，但排名的不稳定和竞争对手的不断提升，使香港高等教育决定全面提升国际化程度，以适应教育界的激烈竞争。香港文化同时蕴含中西元素，大学应积极利用这个特质发展。推行国际化是一项长期和持续的工程，在国际竞争激烈的环境下，如果只是间断地推动国际化，或在一段时间后放弃原来的目标，则难以取得预期成效。大学的国际化不仅仅是与招收非本地学生有关，大学是培养未来领袖的摇篮，领袖必须具有国际视野。因此大学需要培养学生的国际视野，推动教学人员和课程的国际化，促进本地及非本地学生的融合，以及探讨用其他方法培养领袖人才。与此同时，大学可以协助香港在地区乃至全球提升影响力。

第一是积极推进海外招生策略。香港地区实行的是联合招生政策。就海外招揽人才来说，各院校制定周详的招生政策，由统筹办事处负责推行；各院校也积极参与展览和推介，尤其是关注那些发展迅速、对优质高等教育需求甚多的亚洲国家。香港特区政府驻海外经济贸易办事处和贸易发展局的全球办事处网络，均积极协助大学进行海外招生，丰富大学的国际生来源结构。

第二是继续推进海外交流机制。海外交流活动除了可以扩展学生的视野和给予学生新的体验外，也可以间接带来其他实质性的好处。一方面这些学生本身可以作为推广香港本地高等教育的形象大使。另一方面是香港着力提供更多的配套资源和机会，帮助非本地学生更好地融入本地学生群体。

第三是确保大学里"两文三语"的语言环境。两文就是指中文和英文，三语是指广东话、普通话和英文。国际化的大学毫无疑问应该是有一种所有师生都通用的语言，但也要保持文化的多元性。现有香港的大学中，基本都能用这三种语言交流。能交流不仅体现在课堂中，而且包括大学行政人员、管理人员都能熟悉掌握，这点在香港中文大学体现得最为显著。香港中文大学

---

① 马万民：《香港高等教育现代化的特点及其启示》，载《中国高教研究》，2007(6)。

的课程也包括"两文三语"的不同教学语言的多种课程。

第四是建设一支国际化的教师队伍。国际化的教师队伍是保证大学教学与科研质量的核心要素之一。2003 年开始，香港的大学薪酬框架就与公务员制度进行了脱钩，以让大学能够灵活规定薪酬。国际化的教师队伍可以向学生展示如何在国际化的社会与人相处，且非本地学者正是提倡和践行"放眼世界"的最佳人选。将不同文化背景的学者聚集在一起，将有利于营造国际化的学习环境。香港在国际化的教师队伍建设方面，还有一个很重要的因素是能够为学者提供较高的薪酬，使大学教师可以安心教学和科研。香港大学教师薪酬在世界范围内都是比较高的，大学助理教授的月薪为 7 万～9 万港币，外加每月 15000 港币的住房津贴；副教授和教授会更高，这也是能吸引国际知名学者到香港任教的重要因素之一。

第五是充分发挥国际社会了解中国的中介作用。香港毗邻内地，长期以来是主要的入境、交流、沟通和融合点，是观察中国境内外情况的理想地方。香港的大学有绝佳机会成为了解现代中国的主要阵地，并能为外国人（尤其是西方人）提供理想的环境，帮助他们理解当代中国的急速发展及博大精深的中华文化根源。中国的政治及经济力量与日俱增，其他的国家不论西方或亚洲国家，有更迫切的需要认识和了解中国。香港本身拥有的高素质的高等教育和法制、自由的社会环境，使香港有机会和可能发展其国际中介功能；大学里的学术也可以作为学术中介人得以凸显其重要性和不可替代性。当然，这对于香港的社会科学和人文学者来说，也是一项挑战。

从香港地区的经验来看，创建世界一流大学是一项系统的生态性工程，而并非"就事论事"。香港特区政府和教资委是在全盘考虑地区高等教育发展路径和前景的基础上，对建设香港大学、香港中文大学、香港科技大学三所世界知名大学进行了战略性部署，而在战略倾斜和资源不均的情况下，通过多项措施和拨款杠杆使整体高等教育生态尽量不遭受不均等政策带来的破坏。[①]实际上，香港前三甲大学的成功（成就）与香港的经济社会发展是分不开的，其定位也与香港的地区定位相互呼应。未来，香港在创建世界一流大学方面需要积极面对内地高等教育发展的挑战，积极应对高等教育国际化生发的新命题。

---

① 崔阳：《如何创建世界一流大学——香港科技大学的探索》，载《大学教育科学》，2007(1)。

第九章 创建世界一流大学政策的比较研究

自 20 世纪 90 年代以来，世界上很多国家和地区都出台政策支持世界一流大学的建设。比如，韩国于 1999 年启动了"智力韩国 21 世纪工程"，德国于 2005 年启动了"卓越计划"，法国于 2011 年推出"卓越大学计划"，日本于 2002 年出台了"21 世纪 COE 计划"，俄罗斯于 2013 年开始实施"5-100 计划"，印度于 1998 年启动"卓越潜力大学计划"等。我国大陆地区于 1998 年提出实施"985 工程"，我国台湾地区在 2004 年提出"发展国际一流大学及顶尖研究中心计划"，我国香港地区于 1998 年启动了"卓越学科领域计划"等。本章以这些国家和地区创建世界一流大学政策为研究对象，从政策背景、目标、主体、内容、实施、评估与调整等方面进行比较分析，以探索创建世界一流大学的不同模式和经验教训。

第一节 创建世界一流大学政策的背景比较

一切公共政策——包括一切教育政策——都是对特定的社会情境的反应，这样的社会情境包含了社会科学家们研究的广泛的现象：经济因素、人口趋势、意识形态、深深地埋藏在人们心里深处的价值、政治制度的结构与传统、广义的社会文化传统等。① 创建世界一流大学政策属于教育政策的一种，自然也是对特定时间特定地区的社会因素的反映。通

---

① ［美］弗朗西斯·C. 福勒：《教育政策学导论（第二版）》，许庆豫译，50 页，南京，江苏教育出版社，2007。

过对部分国家和地区的 20 世纪 90 年代以来创建世界一流大学政策进行综合分析，可以发现这些政策的产生主要受到三个方面背景的影响：一是经济方面的因素；二是政治方面的因素；三是教育方面的因素。

一、经济背景

尽管教育有其自身的独立性，但是它无不受到经济的制约与影响。正因为如此，对教育政策背景的分析需要考虑经济的因素。正如有学者所指出的：为了理解人们为什么会提出一项政策，政策的真正目的是什么，我们应该记住的是必须始终首先考虑社会的经济维度。经济并不直接决定公共政策，却提供了制定和实施政策的重要的参考体系。[①] 综观上述提及的这些国家和地区创建一流大学政策，虽然它们在具体的表现形式上各有特点，但不可否认的是这些政策的出台都多多少少受到其经济发展状况的影响，或者说经济是其创建一流大学政策提出与实施的重要决定因素之一。具体而言，可以概括为以下几个方面。

一是创建世界一流大学政策的提出得益于教育在这些国家和地区的经济发展中发挥过积极的作用。我们知道，经济发展最重要的是需要有人才的支持，而教育又是培养人才的重要手段，这也是很多国家重视教育的重要原因之一。不少国家正是从重视教育中得到了显著的经济效益，所以不断地根据经济发展需求进行改革，创建世界一流大学政策就是其中的表现之一。在这方面，韩国是一个典型的案例。1999 年，韩国启动实施"BK21 工程"，一般认为有两个方面的经济原因：一是韩国在总结建国 50 年的经验时，发现教育在其经济发展中发挥了重要的促进作用，认为教育是其成为"亚洲四小龙"的重要因素。时任韩国教育部长官的李海赞称，过去 50 年是韩国教育立国的 50 年，并提出自 1999 年开始进行"第二次教育立国"。"BK21 工程"就是在这样的背景下提出来的。二是 1998 年的金融危机对韩国虽然没有造成太大的影响，但是韩国意识到确保之后经济平稳发展的关键是要重视培养与知识经济相适应的尖端技术人才和研究人才，因此需要进行大学教育的改革。[②]

---

① ［美］弗朗西斯·C. 福勒：《教育政策学导论（第二版）》，许庆豫译，51 页，南京，江苏教育出版社，2007。

② 北京大学韩国学研究中心：《韩国学论文集（第十二辑）》，27~249 页，北京，北京大学出版社，2004。

二是创建世界一流大学政策的提出是为了服务经济转型升级的需要。当一个国家的经济发展受挫时，常常会把教育改革作为其中的一个重要的解决途径。因为教育不仅可以培养经济发展所需要的创新型人才，而且教育也是科技创新的重要手段，这些构成了经济发展的重要引擎。创建世界一流大学政策的出台，与这一普遍的认识具有密切的关系。在这方面，法国和日本是典型的案例。例如，法国出台"卓越大学计划"的经济原因为：在 2007 年美国次贷危机引发的全球金融危机的影响下，法国多家大型金融机构深陷财务危机，实体经济受到严重冲击，社会失业人数剧增。为应对这一危机，法国政府投入 330 亿欧元出台了一系列经济重振计划，包括实施产业和经济结构调整，通过投资研发、公共补贴及税收减免等优惠政策鼓励高科技研发创新，支持发展拥有先进技术和一定基础设施规模的产业集群，提升就业率和科技竞争力。"卓越大学计划"就是配合经济振兴计划而出台的，主要目的是通过刺激区域经济发展带动国家经济腾飞与生产力发展。[1]

日本的"21 世纪 COE 计划"也与其经济发展状况有关。在 20 世纪 90 年代初，日本的经济很不景气，曾连年出现"零增长"，甚至"负增长"。据悉，2001 年，破产企业的总数超过 1.9 万家；2001 年 12 月，失业率达到 5.5%。"21 世纪 COE 计划"是为振兴日本的经济而提出的一项高等教育政策。[2]

概而言之，在经济背景方面，创建世界一流大学的国家和地区基本都承认教育特别是大学教育对经济发展的促进作用，因此它们意欲通过创建世界一流大学来培养具有竞争力的人才，从而服务国家经济发展的需要。这些国家和地区不但把创建世界一流大学作为推动经济增长、提升经济竞争力的手段，而且把它作为应对知识经济、经济全球化、信息社会挑战的重要途径。需要指出的是，经济因素在不同的国家和地区创建世界一流大学政策中的作用有的可能比较明显，有的可能不是很明显，甚至个别国家或地区可能在该项政策的制定中并没有考虑经济发展的因素。但这与经济作为创建世界一流大学政策的背景因素是不矛盾的，因为有些影响是隐性的。

---

① 张惠、刘宝存：《法国创建世界一流大学的政策及其特征》，载《高等教育研究》，2015(4)。

② 龚兴英、陈时见：《日本"21 世纪 COE 计划"：背景、内容及意义》，载《比较教育研究》，2007(7)。

二、政治背景

政治背景也是国家和地区创建世界一流大学政策的重要背景因素，即在一些国家或地区，创建世界一流大学服务于政治目的，具体包括服务国家战略的发展需要、提高国际影响力与竞争力、解决社会的多元化需求等。在具体的表现形式上，服务政治需要在不同的国家和地区之间会有一些差异，有的出于多个方面的发展需要，有的可能就是单一方面的需要。具体而言，可以概括为以下几个方面。

一是创建世界一流大学是服务国家战略的需要，是国家战略的一部分或配套的部分。在这方面，法国是典型的案例。例如，法国推出的"卓越大学计划"是与其大型国家工程"未来投资计划"联系在一起的。"未来投资计划"也称"大贷款"工程，"旨在不断提高法国生产效率、创新能力及企业竞争力，促进高等教育与培训、科学研究、工业等领域中投资和创新的平等机会，推动经济增长与社会就业。""卓越大学计划"就是在这样的背景之下出台的。[1]

二是创建世界一流大学是提高国际竞争力与影响力的重要表现。例如，德国的"卓越计划"被视为其强国崛起的政治诉求之一。众所周知，在 19 世纪德国大学曾是世界科研的中心，成为众多国家和地区的学习榜样。但是自第二次世界大战结束以来，德国的大学逐渐失去了昔日的辉煌，在大学国际排行榜中难以排到前列。为了重整大学的国际地位，提高国际竞争力，德国推出了"卓越计划"。[2]

日本"21 世纪 COE 计划"的提出从政治背景上讲是其谋求大国地位的重要表现。在《科学技术基本计划》中，日本政府明确宣示在 21 世纪的前半个世纪里力争使日本的诺贝尔奖获得者人数达 30 人。为了赢得各国人民的尊敬与信赖，提高日本的国际地位，日本渴望能像西欧、北美发达国家一样为人类贡献出一批世界级的科学家和科研成果。同时，日本欲催生科学巨匠和重大科技成果，必须持续扶持一批大学的重点学科和优秀学者。[3]

我国的世界一流大学战略是我国的国家战略的重要组成部分。《总体规

---

①　张惠、刘宝存：《法国创建世界一流大学的政策及其特征》，载《高等教育研究》，2015(4)。

②　王海燕：《德国大学卓越计划研究》，硕士学位论文，吉林大学，2014。

③　周程：《日本创建世界一流的研究教育基地——启动"21 世纪卓越基地"项目述评》，载《科学学研究》，2003(2)。

划》指出："实施'211 工程'，是国家推进高等教育发展所采取的重要举措，是促进高等教育与经济社会发展相适应的一项重要措施，是为实施我国经济和社会发展战略准备高层次人才的重要决策。这一工程的实施将对提高我国高等教育水平，加快国家经济建设，促进科学技术和文化发展，增强综合国力和国际竞争能力，实现高层次人才培养立足于国内具有极为重要的意义。"

三是创建世界一流大学是为了提高国家的创新能力。在这方面，俄罗斯是典型的案例。例如，俄罗斯近年推出"联邦大学计划""创新型大学计划"以及"5-100 计划"等，很大程度上都是回应国家创新体系建设的需要。在俄罗斯的创新体系架构下，联邦大学、国家研究型大学及大学联盟在俄罗斯高等教育系统中起到了创新发展支点的作用，一流大学成为培养高技能、具有创新思维的专业人才的重要途径。

四是创建世界一流大学是调节社会矛盾的重要举措。在这方面，韩国是典型的案例。例如，韩国"BK21 工程"的推出在一定程度上是韩国政府对韩国社会发展与变化的政治回应。20 世纪 80 年代，韩国政治一度出现严重危机，引发了社会的种种矛盾，教育作为调节社会矛盾的重要手段，所以引起了政府的高度重视。1985 年和 1989 年，韩国政府分别成立了总统直属的咨询机构"教育改革审议会"和"教育政策咨询会议"。在进入 20 世纪 90 年代后，教育改革审议会于 1994 年、1995 年、1996 年向韩国总统提交三份教育改革报告。1998 年，韩国政府把"创新型知识社会"作为国家核心任务和政府工作议程，同时韩国教育部于 1999 年制定五年规划，将"BK21 工程"作为核心部分。[①]

从上述列举的这些案例可以看出，创建世界一流大学并非一种简单的教育政策行为，而是与各国的政治诉求联系在一起的。同时还可以发现，教育政策本身也受政治因素的影响。

三、教育背景

创建世界一流大学政策的教育背景主要表现为提高教育竞争力的需要、教育改革的需要、提高教育发展水平的需要等。具体而言，可以概括为以下几个方面。

一是创建世界一流大学是为了提高本国的教育竞争力。例如，韩国推出"BK21 工程"的一个重要原因就是为了提高自己在教育领域里的名次。有研究

---

① 付艳：《"21 世纪智慧韩国工程"研究》，硕士学位论文，西南大学，2009。

者指出，从国际大学排行榜来看，韩国大学没有跻身世界前列，在亚洲又不及日本。另外韩国科研产出与欧美国家相比也表现不佳，1998 年韩国学者发表的被 SCI 收录的论文数量排名世界第 18 名，相当于同年美国的 3.9％，英国的 13.8％，日本的 15.2％和德国的 15.5％。①

俄罗斯创建世界一流大学政策的提出与实施同样与其大学国际竞争力不高有关。在上海交通大学 2006 年发布的全球大学排行榜上，前 500 所学校中只有 2 所俄罗斯大学，莫斯科国立大学位居第 70 名。在《泰晤士报高等教育副刊》的世界大学排名中，俄罗斯同样不在前列：自 2004 年起，莫斯科国立大学的排名在 79～231 名变化。从科研产出来看，2004—2008 年，俄罗斯产出 12.7 万篇论文，其中仅 2.6％发表于国际期刊。俄罗斯的"5-100 计划"世界一流大学项目就是在这样的背景下提出来的。

法国实施"卓越大学计划"也与其在国际大学排行榜中的位置不高有关。2005 年，在《泰晤士报高等教育副刊》大学排行榜和上海交通大学的大学排行榜公布的世界前 100 名大学中，法国分别有 5 所和 4 所大学进入榜单，之后则连续下降；2008 年和 2009 年，法国在这两项世界前 100 名中分别只剩 2 所和 3 所。2007 年，法国政府决心重塑法国大学的世界典范形象，提出要高度重视高等教育与科学研究领域的改革，到 2012 年实现 2 所大学跻身世界前 20 名和 10 所大学跻身前 100 名的目标。"卓越大学计划"因此应运而生。②

日本实施"21 世纪 COE 计划"的一个重要原因就是提高科研水平的需要。自 20 世纪 90 年代以来，日本一些社会团体纷纷发表提案和报告，呼吁大学进行改革，期待大学能培养具有创新性的人才。同时日本政府在科技发展政策规划中也提出提高诺贝尔奖获得者的人数。③

二是创建世界一流大学是教育改革的需要。教育改革包括管理体制的改革、教育理念的转变等。以韩国为例，其推出"BK21 工程"的一个重要原因是韩国高等教育管理体制改革的需要。长期以来，韩国高等教育采取的是管理

---

①　转引自徐小洲、郑英蓓：《韩国的世界一流大学发展计划：BK21 工程》，载《高等工程教育研究》，2006(6)。

②　张惠、刘宝存：《法国创建世界一流大学的政策及其特征》，载《高等教育研究》，2015(4)。

③　龚兴英、陈时见：《日本"21 世纪 COE 计划"：背景、内容及意义》，载《比较教育研究》，2007(7)。

体制，束缚了大学的发展。为了改变这种情形，韩国自 20 世纪 80 年代以来就开始增强大学的自主权，并鼓励大学的多样化和个性化发展。①

德国的"卓越计划"与其高等教育发展理念的变化有很大关系。自 20 世纪 60 年代到 20 世纪 80 年代初，德国高等教育的发展较为重视平等、公正的原则，大学之间没有重点和非重点之区分。在这个阶段，大学的主要任务是满足大众对高等教育的需求，平等地分配资源，缺乏竞争。20 世纪 80 年代之后，随着社会经济的变迁，"竞争"的理念逐渐引入高等教育。进入 20 世纪 90 年代后，这一理念得到进一步的加强，德国本土的一些杂志还相继公布了大学排行榜，引起社会的强烈反响。近年来，这种竞争的理念越来越成为德国高等教育发展的一个政策方向。"卓越计划"就是这种政策方向的一个重要体现。②

日本推出的"21 世纪 COE 计划"与日本大学的学科结构调整的迫切需要有关。日本在"二战"结束后，虽然对理工科人才的培养比较重视，但是并没有扭转重文法的传统，人文社会科学本科生入学人数的增长速度远远超过自然科学本科生入学人数的增长速度。为了彻底改变这种状态，培养更多的科技人才，"21 世纪 COE 计划"应运而生。③ 另外，日本推出这一计划也是其应对生源变化的需要。自 20 世纪 80 年代始，日本进入少子化时代，这进而导致大学之间的生源竞争进一步加剧，同时入学率也不断提升。考虑到这样的人口发展变化会影响大学的结构和质量等，因此导入竞争机制成为大学发展的必需。④

我国台湾地区"发展国际一流大学及顶尖研究中心计划"有多个方面的教育背景因素：其一是以前高等教育资源分配较为均衡，缺乏竞争机制，导致资源过度分散，影响了高校学术竞争力的提升；其二是自 20 世纪 80 年代台湾地区高等教育进入快速发展阶段，到 20 世纪 90 年代开始由大众化迈向普及化，但由于教育资源没有得到相对扩充，影响了教育质量；其三是大学经

---

① 李炎清：《"BK21 工程"：韩国建设一流大学的成败得失》，载《教育与职业》，2008(2)。

② 王海燕：《德国大学卓越计划研究》，硕士学位论文，吉林大学，2014。

③ 姜检平：《日本"COE"——卓越中心计划研究》，硕士学位论文，吉林大学，2013。

④ 龚兴英、陈时见：《日本"21 世纪 COE 计划"：背景、内容及意义》，载《比较教育研究》，2007(7)。

费不足，导致专任教师的发展不足；其四是台湾地区大学的国际竞争力不足。①

三是创建世界一流大学是大学规模化和特色化发展的要求。我国香港地区推出的"卓越学科领域计划"是典型的例子。香港地区的高等教育自 20 世纪 90 年代进入大众化发展阶段，为确保大众化对人才教育的冲击，建设具有国际卓越水平的高校或卓越学科显得尤为重要。这样才能让高校发挥特色，提高竞争力。也就是说，通过这样一个计划努力实现大众化与卓越发展的均衡。②

第二节　创建世界一流大学政策的目标、主体与内容比较

目标、主体与内容是构成政策的重要因素。通过对我们所研究的这些国家和地区创建世界一流大学政策的比较，发现它们在政策目标、政策主体和政策内容方面既有一些相同点，也有一些差异。在政策目标方面，主要体现在人才发展目标、办学水平发展目标、教育管理方面目标、资源与环境建设方面发展目标等；在政策主体方面，主要有三种类型：国家或地区的最高教育主管部门直接管理、政府或教育主管部门指定的其他机构负责管理、社会中介组织直接负责管理；在政策内容方面，也主要有三种类型：资助发展一些重点学科或领域，资助实施一些教育科研或实践项目，资助大学通过多种途径提高国际竞争力。

一、创建世界一流大学政策的目标比较

从所选的几个样本国家和地区来看，其创建世界一流大学政策的总体目标基本上是一致的，但在具体的目标上有一些差异，这与各国或地区自身的基础等因素有关。

概括起来，各国或地区创建世界一流大学政策的目标在内容上大体涵盖人才培养、学校建设（包括研究中心）、学科建设、办学质量等方面。而在具

---

① 朱天宇：《台湾地区建设世界一流大学计划研究》，硕士学位论文，吉林大学，2013。

② 谭立：《内地、台湾、香港三地建设世界一流大学政策比较研究》，硕士学位论文，首都师范大学，2009；马文云：《香港高等教育卓越工程研究》，硕士学位论文，吉林大学，2014。

体的比较性发展目标方面，除俄罗斯等外，其他大都没有指出具体排名到世界的多少位，仅是笼统地说跻身世界一流。具体而言，可以概括为以下几个方面。

一是关于人才发展的目标。例如，韩国的"BK21 工程"的一个目标就是提倡和鼓励大学教育机构广泛培养社会所需要的专门人才，创造一个公平的竞争机制。① 日本"21 世纪 CEO 计划"的目标之一是提升基础研究和尖端技术研究的水准，培养世界顶尖的高科技创新人才。②

二是关于办学水平的发展目标。例如，韩国的"BK21 工程"提出要培养一批具有世界水平的研究生院，为社会发展提供优良的技术和人才，要建设一批地方优秀大学，加强地方高校的竞争力。③

我国台湾地区的"发展国际一流大学及顶尖研究中心计划"从大学排名的角度提出了不同阶段的办学目标，包括 10 年内产生至少一所高等教育机构进入国际一流大学前 100 名甚至前 50 名；15～20 年内进入世界前 50 名，且校内有若干个世界级顶尖研究中心。台湾地区还有一个创建世界一流大学政策"顶尖研究中心计划"的目标也与此类似，提出 5 年内至少有 10 个研究中心或领域达到亚洲排名第 1 名，并于 10 年内具有可与该领域世界前 50 名相比拟的潜力。④

在这方面，日本的"21 世纪 CEO 计划"没有提出明确的量化指标，只是提出一个基本的方向。具体而言，日本的"21 世纪 CEO 计划"的目标包括：通过倾斜式重点投资，引导和促进各大学形成自身优势、个性和特色，创建具有国际竞争力的、特色鲜明的世界一流大学。在基地建设方面，在日本大学里建立若干所以学科的方向为单位的世界最高水平的教育研究基地。⑤

德国的"卓越计划"建设提出，在科研水平方面，通过增强德国高校和科

---

① 李炎清：《"BK21 工程"：韩国建设一流大学的成败得失》，载《教育与职业》，2008(2)。
② 刘宝存、李润华：《我国世界一流大学建设与日本创建大学卓越研究中心政策比较研究》，载《外国教育研究》，2011(8)。
③ 李炎清：《"BK21 工程"：韩国建设一流大学的成败得失》，载《教育与职业》，2008(2)。
④ 转引自包水梅、王洪才：《台湾建设世界一流大学之政策研究》，载《现代大学教育》，2013(3)。
⑤ 刘宝存、李润华：《我国世界一流大学建设与日本创建大学卓越研究中心政策比较研究》，载《外国教育研究》，2011(8)。

研机构的科研实力，为德国立足于世界科学研究领域的强势地位做出贡献；在国际竞争方面，提升德国在世界学术、科研领域的地位。①

三是关于教育管理方面的目标。例如，法国的"卓越大学计划"政策的目标之一是管理上提高自治能力，明确学术团体与项目行政管理间的角色，构建与资源管理、知识产权管理、人力资源管理相适应的管理体系；同时加强高中与大学、高等教育机构与研究机构、项目与投资商等之间的衔接。②德国的"卓越计划"建设的目标之一是在高校管理方面，通过促进相互竞争，推动各高校发展强势学科和专业。③

四是关于资源与环境建设方面的发展目标。例如，法国的"卓越大学计划"提出，在资源开发方面，扩大渠道与范围，包括获取信息资源、数字资源、社会资源和国际资源等；在环境建设方面，通过对话提高卓越竞争力，包括促进相关科研机构与经济、社会、文化等环境间的相互作用，推进项目周边优势资源的动态协调发展等。④

实际上，世界各国和地区创建世界一流大学的总体目标往往是综合性的，具有多方面的目标。例如，我国的《总体规划》规定："面向 21 世纪，在'九五'期间重点建设一批高等学校和重点学科，并在此基础上经过若干年的努力，使 100 所左右的高等学校以及一批重点学科在教育质量、科学研究、管理水平和办学效益等方面有较大提高，在高等教育改革特别是管理体制改革方面有明显进展，成为立足国内培养高层次人才、解决经济建设和社会发展重大问题的基地。"《总体方案》不仅要求提高高等学校人才培养、科学研究、社会服务和文化传承创新水平，使之成为知识发现和科技创新的重要力量、先进思想和优秀文化的重要源泉、培养各类高素质优秀人才的重要基地，而且明确提出具体的目标：到 2020 年，若干所大学和一批学科进入世界一流行列，若干学科进入世界一流学科前列；到 2030 年，更多的大学和学科进入世

---

① 胡凯：《德国世界一流大学"卓越计划"探析》，载《吉林工程技术师范学院学报》，2013(3)。

② 张惠、刘宝存：《法国创建世界一流大学的政策及其特征》，载《高等教育研究》，2015(4)。

③ 胡凯：《德国世界一流大学"卓越计划"探析》，载《吉林工程技术师范学院学报》，2013(3)。

④ 张惠、刘宝存：《法国创建世界一流大学的政策及其特征》，载《高等教育研究》，2015(4)。

界一流行列，若干所大学进入世界一流大学前列，一批学科进入世界一流学科前列，高等教育整体实力显著提升；到 21 世纪中叶，一流大学和一流学科的数量和实力进入世界前列，基本建成高等教育强国。

二、创建世界一流大学政策的主体比较

由于各国或地区的教育管理制度不同，所以创建一流大学政策的主体也不尽相同。大体而言，主要包括三类：第一类为国家或地区的最高教育主管部门直接管理；第二类为政府或教育主管部门指定的其他机构负责管理；第三类为社会中介组织直接负责管理。

第一类的典型代表是韩国、俄罗斯和中国。韩国"BK21 工程"由韩国教育部和韩国科学研究基金会为主管部门，并设立了专门的"BK21 工程支持管理委员会"，下设大学政策办公室、计划实施情况督查委员会、学术和研究事务部门及"BK21 工程"管理和支持小组，形成了一个完整的管理体系。[①]其中教育部的基本任务是制定发展政策并确定管理的基本方向。科学研究基金会的基本任务是保证"BK21 工程"的经费到位与分配。"BK21 工程支持管理委员会"是一个副部长级的咨询委员会，由 11 名来自学术界、产业界和新闻界的委员组成，对重大问题进行集中商讨。计划实施情况督察委员会在"BK21 工程支持管理委员会"的领导下工作，共有 85 名成员，分成 5 组进行年度评估和中期评估。学术和研究事务部门的主要任务是分配学术与研究事务；大学政策办公室隶属学术和研究事务部门，主要任务是制定"BK21 工程"的发展政策；"BK21 工程"管理和支持小组隶属于韩国科学研究基金会，基本任务是帮助委员会开展支持和管理"BK21 工程"的工作，制订计划并支持开展年度评估和中期评估，建立评估标准，分析项目研究小组的年度报告，建立项目研究资料库等。[②]

俄罗斯创建世界一流大学政策的主体为俄罗斯教育科学部。为保证这一政策的更好落实，俄罗斯教育科学部专门组建了一流大学提高竞争力委员会，负责一流大学建设的相关事务，包括制定资助大学的评选标准、确定一流大

---

① 徐小洲、郑英蓓：《韩国的世界一流大学发展计划：BK21 工程》，载《高等工程教育研究》，2006(6)。

② 曹丽霞：《BK21 工程与韩国高等教育国际化研究》，硕士学位论文，浙江师范大学，2014。

德、日、加拿大等科教发达国家的知名高校、科研机构和跨国企业引进了4180余名高层次创新创业人才，其中引进国外名校教授1400多名，远超过1978—2008年引进数量的总和。其中中国科学技术大学赵政国和上海交通大学杨海军参与ATLAS组实验，为欧洲核子研究中心发现"上帝粒子"做出直接贡献，列"十大进展"之首。清华大学前副校长施一公在细胞凋亡机理方面连续取得重大突破，2013年当选为美国科学院外籍院士、美国艺术与科学院外籍院士，并被瑞典皇家科学院授予2014年"爱明诺夫"奖，成为获得该奖的第一位中国科学家。中国科学技术大学潘建伟在量子物理和量子信息研究方面的成绩斐然，先后获得欧洲物理学会"菲涅尔"奖、2012年"国际量子通信奖"。浙江大学陈骝因在等离子体物理理论的开创性贡献被美国物理学会授予2012年度"麦克斯韦奖"。据不完全统计，"千人计划"专家回国（来华）后发表重要论文和专著4416篇（部），其中国际顶级期刊《自然》和《科学》论文50余篇；承担国家和地方重大科研项目2886项，经费总额为152.9亿元。①

在此基础上，高水平大学通过提高招聘门槛，在师资队伍方面的优势更为明显。"211工程"学校的校均专任教师数由1995年的1092人增长到2011年的1912人，而有博士学位的专任教师数则由校均72人增长到校均955人。从专任教师中博士学位教师比例的变化趋势来看，在重点建设初期，中国高水平大学的专任教师中有博士学位的比例在10%左右；到2011年，"211工程"学校的博士学位教师比例达到50%，"985工程"学校超过60%，北京大学等9所高校已超过70%。② 例如，清华大学坚持"人才强校"的人事制度改革，提高师资水平。截至2013年年底，清华大学共有3291名教师，具有博士学位者为2765人，占教师总数的84%。其中，中国科学院院士43人，中国工程院院士34人，"长江学者奖励计划"特聘教授124人、讲座教授55人，国家杰出青年科学基金获得者172人，国家级教学名师奖获得者15人，"千人计划"入选者87人，"青年千人计划"入选者54人。③ 截至2013年，武汉大学拥有专任教师3709人，其中，其中具有硕士及以上学位者为3439人，占教师总数的92.72%；具有博士学位者为2657人，占教师总数的71.64%。④

---

① 引自《我国海外高层次人才引进计划实施5年回眸》，2015-06-05。
② 郭新立：《中国高水平大学建设之路——从211工程到2011计划》，81页，北京，高等教育出版社，2012。
③ 引自《清华大学2013年本科教学质量报告》。
④ 引自《武汉大学2013年本科教学质量报告》。

2013 年，南京大学有专任教师 2251 人，外聘教师 739 人，折合教师数 2621 人，生师比为 17.36∶1。共有 7 名诺贝尔奖获得者前去南京大学授课或开展合作研究。其中，诺贝尔文学奖获得者勒克莱齐奥正式受聘于南京大学，为全校本科生开设通识课，至此已有两名诺贝尔奖获得者成为南京大学教师。南京大学派出的参加境外培训进修长达 3 个月以上的教师达 146 人次。[①] 2013 年，上海交通大学共有专任教师 2851 人，其中 92% 以上的教师拥有硕士及以上学历，76% 的教师拥有博士学历。[②] 2013 年，复旦大学共有教职工 5972 人，专任教师为 2490 人，占全体教职工的 41.7%，其中科研机构人员为 418 人，外聘教师为 232 人，生师比为 18.7∶1；具有博士学位的教师比例持续增长，2013 年达到 75.8%。[③] 华中科技大学在 2010—2015 年通过"东湖论坛"等引才政策和平台共聘入 556 名专任教师，其中海外博士为 155 人，拥有一年以上海外经历的博士为 303 人，约占总招聘人数的 82%。此举大幅提升了学校教师的国际化程度。2010 年，学校专任教师的博士学位比例仅为 51.9%，2015 年已达 70%。

可以说，在国家人才引进政策及高校相关配套措施的作用下，中国高校教师的水平在逐步提升，从教师总量、教师的博士学位比例、论文发表数量等硬性指标上已经在向世界一流大学靠近。尽管教师科研成果的国际影响力仍有待提升，但不可否认的是，随着教师国际化程度的提升，教师对西方话语体系的了解日益增加，在一定程度上为中国高校真正获得世界认可奠定了基础。

四、一批学科建设已接近世界一流水平

尽管研究型大学本身肩负多项的功能，但归根结底还应着眼于学科建设。先进的科学知识不仅能够反哺教学，提升人才培养的质量，而且也能够以此为基础进行科学技术转化，惠泽社会发展。可以说，学科水平决定了大学的水平，世界一流大学都拥有一批世界一流的学科，其实力与经费投入、师生对科学事业的投入等因素关系密切。

科学研究的发展虽然与经费投入并不存在必然联系，但不可否认的是，

---

① 引自《南京大学 2013 年本科教学质量报告》。
② 引自《上海交通大学 2013 年本科教学质量报告》。
③ 引自《复旦大学 2013 年本科教学质量报告》。

充足的经费保障能够为推进高校科研起到一定的作用。据统计，2014 年，中国普通高等学校的科技经费约为 1.2 亿元，其中"211 工程"学校及省部共建高校的科技经费约为 8400 万元，约占总额的 68.7%；各类高等学校研究与发展经费的当年投入额度为 8100 万元，"211 工程"学校及省部共建高校的投入约为 5800 万元，约占总额的 71.6%；各类高校 R&D 成果应用及科技服务经费的投入约为 1700 万元，其中"211 工程"学校及省部共建高校的投入约为 1200 万元，约占总额的 70.6%。[①] 就纵向的校均科研经费水平而言，"211 工程"学校从 1995 年的 0.36 亿元增加到 2011 年的 6.73 亿元，"985 工程"学校从 1995 年的 0.65 亿增加到 2011 年的 12.48 亿元，2011 年北京大学等 9 所高校的校均经费是 1995 年的近 20 倍。[②] 2014 年，中国各类高等学校的科研与发展项目达 397549 项，共有约 24 万名科研人员及 55 万名研究生参与其中。其中，"211 工程"学校及省部共建高校的科研与发展项目数达 194372 项，占项目总数的 48.9%；参与项目的科研人员及研究生约为 10 万名、37 万名。[③]

与此同时，中国高等学校的国际科技交流也愈加频繁。2005 年，中国高等学校派出 20709 人次参与国际合作研究，接待国际来访 22524 人次，主办 1457 次国际学术会议。2016 年，各类高等学校共计派出 46347 人次进行国际合作研究，接受国际来访 39311 人次，主办 2533 次国际学术会议，与 2005 年相比已有较大提升。国际交流频繁的同时，中国高校也在努力提升国际合作的深度。2016 年共有 4628 项国际级科技项目完成验收，是 2005 年 1853 项的两倍多。

为了提升培养质量，加快创建世界一流大学的步伐，各校在加强国际合作的同时，也十分注重提升自身的学科实力。中国 2013 年 6 月正式申请加入华盛顿协议后，国内各高校开始探索"国际标准"的工程专业认证之路。工程专业认证是国际通行的工程教育质量保证制度，也是实现工程教育国际互认和工程师资格国际互认的重要基础。例如，清华大学自 2009 年启动学科国际评估工作，到 2012 年已有 15 个学科先后进行了国际评估，涉及教学院系 25

[①]　中华人民共和国教育部科学技术司：《2014 年高等学校科技统计资料汇编》，26 页，北京，高等教育出版社，2015。

[②]　郭新立：《中国高水平大学建设之路——从 211 工程到 2011 计划》，76 页，北京，高等教育出版社，2012。

[③]　中华人民共和国教育部科学技术司：《2014 年高等学校科技统计资料汇编》，44 页，北京，高等教育出版社，2015。

个。2013 年，清华大学公共管理学院 MPA 项目通过了公共管理院校联合会（NASPAA）的国际认证，成为美国之外全球首例通过 NASPAA 国际认证的公共管理硕士学位项目。① 2013 年，上海交通大学的电气工程及其自动化专业、机械工程专业、材料科学与工程专业、建筑学专业启动了专业认证准备工作，按照《工程教育认证标准》对办学状况和办学质量进行自我建设和检查，旨在获得专业认证，使教学质量得到全面提升。②

经过几十年的努力，中国高水平大学的学科实力获得了大幅提升，不少学科已接近世界一流水平。2020 年，QS 世界大学学科排名对全球五大学科领域中的 48 个学科进行了排名，涉及 83 个国家和地区的 1368 所高校。排名结果来自 94000 位全球权威学者对学科的全面评估、44000 家顶尖雇主对大学毕业生全球就业竞争力的综合评价，以及对最大文摘数据库 SCOPUS 中 2250 万篇研究论文以及 1.62 亿条引文数据的分析。中国高校表现亮眼，中国大学的多个学科进入世界 50 强，其中北京大学 32 个，清华大学 22 个，上海交通大学 12 个，复旦大学 11 个，浙江大学 4 个，武汉大学和同济大学各 3 个，南京大学、中国科学技术大学各 2 个，北京师范大学、中国农业大学、华南农业大学、南京农业大学、中国人民大学、中国矿业大学、中央美术学院、中央戏剧学院、西安交通大学各 1 个。同年，《美国新闻与世界报道》杂志所公布的全球大学工程学科排名的前 20 名中，清华大学位列世界第 1 名，哈尔滨工业大学、上海交通大学、浙江大学、华中科技大学、东南大学分列第 6、8、9、13、14 名。③

论文被引次数是国际公认的反映学科影响力的主要指标之一。美国汤森路透研发的基本科学指标（ESI）数据库就是根据这一指标统计、分析、确定各学科水平的数据系统。在 SCI 和 SSCI 数据库的基础上，ESI 数据库设置了农学、生物学等 22 个学科，能够进入 ESI 数据库的都是过去 10 年论文被引次数居各学科世界前 1%的机构。2005 年，"211 工程"学校中有 26 所大学的 75 个学科被选入 ESI 数据库。到 2011 年，中国高校的多个学科进入 ESI 数据库。截至 2011 年年底，在 ESI 数据库设置的 22 个学科中，北京大学有 17 个学科入选，浙江大学有 14 个学科入选，复旦大学和上海交通大学各有 13 个

---

① 引自《清华大学 2013 年本科教学质量报告》。
② 引自《上海交通大学 2013 年本科教学质量报告》。
③ US News & World Report, "Best Global Universities For Engineering," 2020-09-10.

学科入选，清华大学、南京大学、中山大学等校也有 11 个以上的学科入选。①

2019 年，艾瑞深中国校友会网根据 2018 年 11 月 15 日 ESI 公布的数据（论文收录时间为 2008 年 1 月 1 日—2018 年 8 月 31 日）统计发现：ESI 数据库中中国大学的高被引论文为 148798 篇，被引频次达 28455791，篇均被引频次为 191.24，其中被引频次超过 100 以上的有 87400 篇，占总高被引论文的 58.74%。中国内地的高被引论文（第一作者）有 20858 篇，居世界第 2 位；被引频次共 2554865 次，居世界第 2 位；篇均被引频次为 122.49；被引次数超过 100 的高被引论文共有 8637 篇，占我国高被引论文的 41.41%。按第一作者统计，中国内地 445 所高校共收录 16468 篇高被引论文，共被引 1810430 次，篇均被引 109.94，共进入 2133 个学科；按所有作者统计，中国内地 637 所高校的 33544 篇高被引论文，共被引 4320588 次，篇均被引 128.80，共进入 3467 个学科。就大学的个体表现而言，2008—2018 年中国高校被 ESI 收录第一作者的高被引论文中，清华大学被引频次最多，达 123826 次，雄居校友会 2019 中国大学 ESI 高被引论文排名榜首；北京大学被引频次 82845 次，居第 2 名；浙江大学有 76257 次，居第 3 名；复旦大学有 75158 次，居第 4 名；中国科学技术大学有 67501 次，居第 5 名；南京大学有 51640 次，居第 6 名；上海交通大学 47777 次，居第 7 名；南开大学有 43901 次，居第 8 名；苏州大学有 41639 次，居第 9 名；哈尔滨工业大学 38932 次，居第 10 名。②《细胞》《自然》和《科学》是国际公认的三种享有最高学术声誉的期刊，受到世界各国广大科技工作者特别是高校基础研究人员的极大关注，对指导高校提高自主创新能力和学术水平有着重要的应用价值。1997—2018 年，中国有多所大学以第一署名单位或通讯作者单位在《细胞》《自然》和《科学》杂志上发表 445 篇论文。其中，清华大学共发表 107 篇《细胞》《自然》和《科学》学术论文，雄居校友会 2019 中国大学 CNS 论文排行榜榜首，遥遥领先于其他大学，充分体现出清华大学雄厚的基础研究实力和一流学术研究水平。北京大学 57 篇，位列第 2 名；复旦大学和中国科学技术大学各 26 篇，并列第 3 名；浙江大学 19 篇，居第 5 名；中国农业大学 16 篇，居第 6 名；厦门大学 11 篇，居第 7 名；

---

① 郭新立：《中国高水平大学建设之路——从 211 工程到 2011 计划》，96 页，北京，高等教育出版社，2012。

② 引自《2019 中国大学 ESI 高被引论文排名发布，清华大学第一》，2019-10-30。

上海交通大学 10 篇，居第 8 名；南京大学、中山大学和西北大学各 9 篇，并列第 9 名。① 由此可见，中国高校的部分学科实力确已达到国际先进水平，且初具整体优势。

第二节　中国创建世界一流大学政策存在的问题与挑战

尽管在创建世界一流大学政策的作用下，中国大学的教育质量和国际竞争力经过几十年的建设已有了显著的提升，不少国内顶尖大学已经开始在世界范围内收获学术声誉。然而，距离"世界一流"的政策目标仍有一定的距离。目前来看，中国大学在突破性科研成果、人均科研产出、拔尖创新人才培养、科研转化等方面均需要继续努力。从政策的角度重新回溯创建世界一流大学的历程对中国高等教育改革的意义更是尤为必要。

一、政策制定遵循"自上而下"的路径，大学的自主权发挥不够

世界一流大学的灵魂是追求真理、崇尚创新的大学文化，这种文化的基石是充分的办学自主权和一套能够激发人的创造力和活力的制度体系。而这套制度体系必然是由大学人自己遵循大学内部规律所制定的"游戏规则"，任何不以大学内部发展规律为依托的外在制度都难以达到激发大学的创造力的目的。近年来，办学自主权之于高校的重要性已在中国获得共识，相关法规和政策文件也从来没有讳言。2010 年发布的《教育规划纲要》明确提出要鼓励高校改革，扩大学校的办学自主权。国务院总理李克强也曾经在《政府工作报告》中提到，要积极稳妥改革考试招生制度，扩大省级政府的教育统筹权和高校的办学自主权。但在实践中，高校落实办学自主权还存在一些体制机制的障碍。

在创建世界一流大学政策的制定过程中，尽管高等学校在"835 建言"、北京大学 100 周年校庆等历史契机中发挥了参与决策的作用，但在中国高等教育管理体制下，真正掌握政策话语权的仍然是政府。"211 工程""985 工程""2011 计划"等系列政策的出台都是遵循政府主导的自上而下式路径。各类项目的入围评选、运作管理也均由政府相关部门来运作，大学在创建世界一流大学政策话语体系中的声音非常微弱，处于"被管理"的地位。究其原因，这

① 引自《2019 中国大学 CNS 论文排名公布，清华大学蝉联第一》，2019-10-30。

与中国长久以来的高等教育管理体制以及政府作为创建世界一流大学的主要经费供给方的角色地位紧密相关。

二、资格筛选以综合性大学为主，学校的类型较为单一

基于高等教育的发展现状，中国创建世界一流大学政策的总体思路是"重点扶持"，即利用有限的资源重点资助一定数量的大学，使之能够在较短时间内迅速提升质量。得以入选政策支持范围的大学一般是在某些领域已经具备一定的实力积累。在这一思路的指导下，中国最终通过资格筛选入选"985 工程""211 工程""优势学科创新平台"的学校多数为综合性大学。尽管"特色重点学科项目""高等学校创新能力提升计划"的政策重点开始逐渐转移至非"211 工程"学校，鼓励各层级学校之间的跨校合作，但由于政策始终以"世界一流研究型大学"为建设目标，资源在配置过程中也是如此导向的。因此，各入选高校在建设过程中出现了"以科研为指挥棒"的同质化现象。

然而，大学并不仅限于一种类型，世界一流大学并不等同于世界一流研究型大学。鼓励高等教育体系的多样化发展，重视特色建设无疑是一国创建世界一流大学的理想之道。在美国，顶尖的文理学院与一流的研究型大学虽占领着不同的发展轨道，但却同样能培养出优质的人才，推动着社会的进步。因此，如果基于资源的有限性不能将大学的筛选范围扩宽，那么在创建世界一流大学的过程中做到分类引导高校特色办学就显得尤为必要了。

三、政府投入以经费为主，配套的体制改革较少

一流大学的建设离不开资金，尤其对于起步较晚的中国高等学校而言更是如此。因此，"211 工程"前期在基础设施建设方面投入了很大的人力、物力、财力。在完成大学发展必要的物质保障后，中国创建世界一流大学政策的重点逐渐转移到学科建设上来。截至 2013 年年底，中央政府在"211 工程""985 工程""优势学科创新平台""特色重点学科项目"中已累计投入专项资金890 亿元。然而，仅仅依靠大量经费是不能实现世界一流的政策目标的。在中国现有高等教育管理体制下，比经费更重要的恐怕是尽快转变政府在教育领域内的传统职能。为大学发展创造一个更为宽松的外部管理环境，真正在"深水区"中推动体制改革前行，应该是且只能是政府不可推卸的重责。

然而，在办学自主权、学位审批权、人事管理权、学科评审权等重要领域中，政府对于权力的下放仍然有待加强，其症结还是大学的办学自主权的

落实问题。从历史的纵向维度来看，中国自 20 世纪 80 年代中后期启动高等教育管理体制改革以来，扩大大学的办学自主权取得了一定程度的进展。闫建璋等人认为，尤其自 2006 年高等教育法治化进程开启以来，被视为保障大学自主权的大学章程建设进行得如火如荼。目前中国已有多所高校先后完成了大学章程制定，并得到教育部的核准。需要指出的是，大学章程虽然可以作为大学自主管理内部事务的依据，但缺乏了政府配套的体制改革，其仍只是"一纸空文"。因此，在中国创建世界一流大学政策中，不能仅以经费为政府支持的载体，更为重要的是通过自上而下地深化高等教育管理体制改革来为大学自治及学术自由保驾护航。北京大学党委书记闵维方坦言："与世界著名的一流大学相比，我们还存在很大差距。西方发达国家的高等教育已经有数百年历程，北京大学的历史才 110 年，真正步入稳定发展的轨道才 30 年。……在我们这样正处于社会转型过程中的发展中国家，创建世界一流大学所面临的资源约束、体制机制障碍，是其他国家所无法比拟的。……要想真正赶上去，就必须比别人发展得更快，必须通过改革创新实现跨越式发展。"①

四、对产出管理不够重视，未形成退出机制

目前中国创建世界一流大学项目的管理虽然贯穿各个项目的始终，包括资格筛选、中期考核及项目验收等，但在政策执行的过程中仍然呈现出重资格筛选、轻项目验收的状况。中国创建世界一流大学的系列工程都伴随着巨额的经费投入，就高校而言，所谓的入选资格竞争实质上是一种资源的竞争。因此，政府在对高校进行资格遴选时都会制定一系列的评价标准，各个国家级项目均严格依照评价标准把控资格筛选。然而，综观多个重点项目，多年来却基本没有出现入选学校或学科被"淘汰"现象。因此，很多项目都被贴上了"终身"的标签，相关学校或学科一旦入选即意味着其将永久性地享有这份资源。究其原因，还是与中国项目管理中缺乏退出机制有关。

事实上，在项目管理中引入退出机制是企业管理中常用的一种提高工作效率的方式。尽管教育事业不能等同于企业管理，教育效果的显现可能需要较长的一段时间，但科学淘汰制的引入却是必要的，其不仅可以有效地激发入选学校或学科的持久竞争力，而且也能避免国家资源的浪费。以"211 工程""985 工程"为例，两个国家级工程自启动之日起一直处于扩张状态，不断有高

---

① 引自北京大学党委书记：《向世界一流大学迈进》，2009-09-28。

校分批入选，却从未有已入选的高校被淘汰出局。同时，尽管政府也增加了项目的经费投入总额，然而越来越多的入选高校必然会稀释资源总量。由此可见，由于缺乏平衡利益圈内外的合理的退出机制，一方面入选高校缺乏被替换的危机意识，自我提升的动力不强；另一方面非"211 工程"、非"985 工程"高校的入选机会渺茫，进取的积极性容易被挫伤，不利于形成健康的高等教育生态系统。

五、政策间的逻辑相互冲突

中国自 1995 年启动"211 工程"至今，共有"211 工程""985 工程""优势学科创新平台""特色重点学科项目""高等学校创新能力提升计划"五大国家战略项目先后从学校整体建设、学科建设、跨校合作等不同维度剑指"世界一流"。这些项目反映了不同发展时期中国高等教育改革重心的调整，也在不同领域对中国高等学校的质量提升发挥了重大作用。然而，这些政策本身存在一定的逻辑冲突。例如，"211 工程""985 工程"的政策出发点和管理体制都是从国家到高校这种"自上而下"的纵向模式，各工程高校是"各自为政"，与其他高校的交流与合作较少。但"高等学校创新能力提升计划"则是明确鼓励各高校在同学科方向甚至跨学科方向间进行合作，发挥集团优势，将高校从此前的"竞争"状态导向"小范围的合作"。由此可见，在一段时期内，中国形成了 5 个项目同时运行的"创建世界一流大学"局面，政策本身所存在的逻辑冲突会造成资源浪费、高校定位不明、竞争缺失等问题。因此，统筹整合不同项目，发挥政策群的最佳合力是中国政府现阶段的重要任务之一。

事实上，随着 2011 年教育部前部长袁贵仁宣布"211 工程""985 工程"不再扩容，2014 年教育部又再宣布取消国家重点学科审批项目，中国政府统筹整合现存的创建世界一流大学政策群的步伐已经迈开。2015 年 11 月出台的《统筹推进世界一流大学和一流学科建设总体方案》更是明确提出要将此前的政策群统筹为"一流大学建设"和"一流学科建设"两大类，提升国家经费投入的集成效益。新政策的落实程度以及其与旧政策之间的路径依赖可能是未来中国创建世界一流大学的困境所在。

六、政策非意图后果导致的高等教育不均衡发展

项目制实质上是通过竞争实现优质资源的配置。以项目制的形式来推动一流大学建设，虽有"集中力量办大事"的成效，但也产生了许多政策意图之

外的消极效果。例如，由于政策前期的积累效应，原"211 工程""985 工程"建设高校在"双一流"的初轮筛选中占得先机，无疑会进一步加深项目建设高校与非建设高校之间的鸿沟。可以说，这与发展公平而有质量的高等教育这一新的价值取向相背离。① 即便仅就参建高校而言，项目制也会诱发人才流动与学科布局的结构性失衡。

高等教育的项目制历来以学科建设为要旨，从"211 工程""985 工程"到"双一流"莫不如此。人才队伍是学科建设的核心力量。"双一流"等项目制进一步激化了不同地区、不同高校间的人才竞争。高端人才尤其是具有一定头衔的高层次人才更是成为争夺的焦点。凭借地区经济社会发展的活力、各类优质资源的密集度，位于东南部的高校成为高端人才的主要流入地。对"长江学者"流动的研究显示，北京、上海和广东是"长江学者"流动的首选地，其次为江苏、浙江、湖北，广大的西部地区和东北部地区的人才吸引能力明显弱于东南部地区。② 这种具有一定规模与频度的单向的人才流动让强者愈强，会极大束缚对人才输出地的发展。同时，就学科布局来讲，"双一流"建设项目的推行极大地压缩了一些弱势学科、基础学科的生存空间。一些高校已然开始调整其学科设置。比如，兰州大学、中山大学、中国传媒大学等综合性大学纷纷裁撤教育学院。在"双一流"建设中，高校内部弱势学科是否会因外在评估压力而被边缘化乃至撤销是个值得担忧的问题。

第三节　中国加快创建世界一流大学和一流学科的政策建议

在知识经济时代，越来越多的国家和地区意识到高等教育对于人才培养、社会发展的重要作用。对于世界一流大学的追求也并非仅是中国的一家之举，自 20 世纪 90 年代末起至今已有 30 多个国家启动了以政府为主导的世界一流大学建设计划，其中不乏德国、法国、日本等传统高等教育强国。例如，韩国的"智力韩国 21 工程"及"世界一流大学建设工程"、日本的"21 世纪 COE 计划"及"全球 COE 计划"、德国的"卓越计划"等。世界银行前高等教育主管贾

---

① 胡敏：《高等教育项目制的府学博弈与治理——以 G 省高水平大学建设项目为例》，载《教育发展研究》，2018(19)。

② 黄海刚、连洁、曲越：《高校"人才争夺"：谁是受益者？——基于"长江学者"获得者的实证分析》，载《北京师范大学学报（社会科学版）》，2018(5)。

尔米·萨尔米博士认为世界一流大学离不开人才汇聚、充裕的资源、良好的治理三组要素，其中人才汇聚包括优秀教员的汇聚、优秀学生的汇聚、优秀研究人员的汇聚等；充裕的资源指大学从政府、学校基金、科研基金等渠道获得了足够支持优质教学环境和先进科研设施的经费；良好的治理包括大学自治、学术自由、杰出领导、追求卓越的文化等。尽管创建世界一流大学并无"定法"，且各国的国情不同，在创建世界一流大学的过程中遇到的问题也有所不同，但这恰恰能够从不同的维度为中国创建世界一流大学提供借鉴之道。

一、择优建设现有大学，保持政策的连续性

创建世界一流大学是一个长期的过程，其实现路径一般分为三种：一是合并现有大学或合作。例如，法国的"卓越大学计划"就是基于法国区域高等教育与经济协同发展的"集群"而开展的，通过对临近大学进行优势重组来提升法国高等教育与科研机构的协调性、国际化程度和吸引力。① 截至 2012 年，法国共有 26 个"高等教育与研究集群"成立。② 其中索邦-巴黎-西岱联合大学是将巴黎第三大学、巴黎第五大学、巴黎政治学院等 8 所机构的王牌专业整合到一起，重新设计更能体现国际化特色的课程体系，剑指"10 年内跻身欧洲前 10 和世界前 30"的发展目标，真正实现有选择性的有机整合。同样成立于2010 年的芬兰阿尔托大学亦是其中的典型代表。该校是由欧洲顶尖级理工类院校赫尔辛基理工大学、北欧最大的艺术类院校赫尔辛基艺术设计大学、全欧洲第一所商学院赫尔辛基经济学院 3 所芬兰的著名大学合并建立而成的，其目标是通过资源整合，将阿尔托大学打造成一所具有世界高水平的科技、商业与工业艺术设计的新型大学；到 2020 年，在其重点发展的学科领域内成为世界领先的研究及教学机构之一，并跻身世界顶尖大学行列。需要指出的是，法国及芬兰的大学整合经验并非是将优质大学进行简单合并，而是将大学的优势学科进行"强强"整合，这一点值得中国高校深思。

二是完全创建新的大学。1991 年成立的香港科技大学是其中的典型。尽

---

① 张惠、刘宝存：《法国创建世界一流大学的政策及其特征》，载《高等教育研究》，2015(4)。

② Ministère de l'Education Nationale，PRES：Pôles de Recherche et d'Enseignement Supérieur，2015-01-05。

管办学资源有限，香港科技大学成立伊始即将自己定位于立足国际一流，吸引最优秀的教师、学生和研究生；采取以精取胜的策略。它建校初只设了理学院、工学院、工商管理学院和人文社会科学学院 4 个学院，共计 19 个系别；与香港及周边地区的经济结构和所需挂钩，有针对性地为社会服务。短短 20 几年的发展已经使香港科技大学"从无到有"，不仅成为亚洲一流大学，而且跻身世界高等学校前列。香港科技大学的成功有其必然性，也存在偶然性的幸运因素。正因为如此，多数国家在创建世界一流大学时较少选择此类风险性较高的路径。

三是从现有大学中择优重点建设。目前多数国家主要选择的是这一条路径，如德国、俄罗斯、中国等。此举意义显而易见，即对已经具备一定实力的大学进行重点资助可以最高效地利用资源，理论上能够最快实现政策目标。2012 年，俄罗斯政府颁布《俄罗斯一流大学提高国际竞争力措施实施计划》，明确提出支持俄罗斯国内优质大学，提高其科教竞争力，努力推动 5 所俄罗斯大学 2020 年进入世界大学排行榜前 100 强。

对于中国这种高等教育前期基础较为薄弱且总体资源投入有限的国家而言，择优重点建设和大学合并是现阶段比较适合中国实际情况的路径。然而，大学合并并不仅是简单的叠加，其还面临管理结构调整、组织文化融合等诸多问题。国内外既有不少大学合并成功的案例，同时也有不少失败的案例。例如，21 世纪初我国香港地区曾试图合并香港中文大学与香港科技大学，整合两校的优势，但结果以失败告终。类似的事情也曾发生在南开大学与天津大学之间。由此可见，合并虽然具有十分吸引的潜在效益，然而也存在风险，故择优重点建设可能更加适合中国国情。自"211 工程"起，中国在创建世界一流大学的过程中就是以择优重点建设为政策指导思想，"985 工程"又进一步窄化了这一范围。因此，在以学校为整体资助对象时，中国政府应保持政策的连续性，将资助高校的数量控制在合理范围，同时保证进出机制的顺畅，这样才能集中有限的力量创建世界一流大学。

二、政府提高重视程度，加强对经费的持续投入

在多数国家，创建世界一流大学体现为一种国家战略、国家行为，必须由国家重点支持。世界一流大学的根本功能之一就是汇聚各方面的杰出人才，探讨人类社会和科学发展的前沿。美国以其众多的世界一流大学从全世界吸引了大量的人才，不仅从发展中国家吸引了大量拔尖人才，而且从英国、德

国等发达国家吸引了大量的优秀人才。因此，创建世界一流大学并非只是大学自己的分内事，其更是汇聚形成国家核心竞争力的各方面领军人才、建设创新型国家的根本措施。从这个意义上说，创建世界一流大学的过程仍离不开国家的支持。在世界历史上，无论英国、德国、美国或者其他国家，大学的发展都是与一定的国家政策取向联系在一起的。美国的大学在总体上成为世界一流还是在"二战"以后。1900—1930 年，世界上 92 名诺贝尔奖获得者中美国只有 4 人。到 1941 年年底，全世界 120 多名诺贝尔奖获得者中，只有10％左右在美国。而"二战"以后这几十年来，大部分诺贝尔科学奖获得者都是在美国大学学习或工作过的。例如，从 1989 年到 1998 年这 10 年，诺贝尔奖获得者中美国学者占了三分之二（欧洲学者 13 人，美国学者 26 人）。这与美国的科技政策和高等教育政策密切相关：把世界一流大学的建设同国家发展与国家安全紧密地结合起来。美国通过其众多的世界一流大学，囊括了世界上大量的优秀人才。

　　说到底，创建世界一流大学离不开大量的资金投入。菲利普·阿特巴赫在对"成功的研究型大学"的特征进行总结时认为：研究型大学是十分奢侈的机构。比起其他大学它们需要更多的资金，以吸引优秀的教师和学生，为教学和科研提供良好的基础设施……研究型大学必须有足够、持续的财政预算，如果资金不足或者其波动过大，它们将难以取得成功。① 各国在创建世界一流大学的过程中都深刻认识到了这一点。德国于 2005 年启动"卓越计划"。"卓越计划"在 2006—2011 年对入选的研究生院、卓越集群和未来构想的研究项目及大学给予 19 亿欧元的资助。其中 75％由联邦提供，25％由各州筹措。2009 年，德国决定延长"卓越计划"，2011—2017 年的资助总额为 27.237 亿欧元。俄罗斯创建世界一流大学的意向最初开始于 20 世纪末至 21 世纪初，1996 年俄罗斯政府颁布的《国家支持高等教育与基础科学一体化》可视为其探索世界一流大学的开端。为支持此项计划，联邦财政拨款总计 16.88 亿卢布（按 2001 年价格计算）。2006—2008 年，俄罗斯启动高校支持项目，支持大学实施创新发展纲要，创建创新型大学。57 所大学成为创新型大学，共从政府获得 30 亿卢布的资金用于实施创新纲要。2012 年，俄罗斯政府发布《俄罗斯

---

　　① ［美］菲利普·阿特巴赫、［美］贾米尔·萨尔米：《世界一流大学：发展中国家和转型国家的大学案例研究》，王庆辉、王琪、周小颖译校，18 页，上海，上海交通大学出版社，2011。

一流大学提高国际竞争力措施实施计划》，正式提出创建世界一流大学的目标。为此，2013 年 12 月和 2014 年 12 月，俄罗斯政府做出决定：拨给教育科学部的联邦财政预算为 2013 年 9 亿卢布、2014 年 10.5 亿卢布、2015 年 12 亿卢布、2016 年 12.5 亿卢布、2017 年 13.1 亿卢布。这些资金用于国家支持一流大学提高其科教竞争力。包括组织—技术、信息方面保障举办选拔，同时提供不少于资金 6％的配套资金，用于国家对大学在方法和分析方面的支持。[①] 在日本，"21 世纪 COE 计划"2002 年平均经费分配额为 1.3174 亿日元，"全球 COE 计划"2007 年的平均经费分配额为 2.5156 亿日元，约是前者的 2 倍左右。

由此可见，各国在创建世界一流大学的过程中都投入了大量的支持经费，中国政府在此过程中也有较大的投入。就两项院校重点建设工程而言，截至 2012 年，"211 工程"三期的总投入经费已近 600 亿元，"985 工程"二期的总投入资金达 700 亿元，不可谓不多。教育事业本身的长效性决定了教育投入的效果显现也不是一日之功。故而，世界一流大学的创建除了保证经费的充足外，重要的是需要确保资助的连续性。欧美国家近年来受经济危机余力的影响，政府对高等学校的常规性投入有所下降。然而，创建世界一流大学并不仅是大学本身之责，同样也对于推动国家发展、社会前进有着非常重要的作用。因此，政府在创建世界一流大学的过程中应该确保充足而连续的经费投入，为高校的发展提供充分的保障。

三、资助学校与学科并举

学科是大学发挥人才培养、科学研究及社会服务功能的基本平台，是学校办学水平的主要体现。一流大学必须要建设一批一流学科，一流学科又能吸引大批优秀人才提升一所学校的整体水平。因此，纵观高等教育史，学科与学校建设的先后关系往往很难一概而论。事实上，各国创建世界一流大学政策的具体资助对象主要采取以下三种形式：一是以资助学科为主；二是以资助学校为主；三是采取资助学校与学科并举的方式。多数国家以资助学科为主，择优发展已经具备一定实力的学科作为世界一流的重点突破口。以日本为例，为了建立具有国际竞争力的世界最高水平大学，日本文部科学省于

---

① 赵伟：《从隐性走向显性：俄罗斯创建世界一流大学政策评析》，载《比较教育研究》，2016(6)。

2002 年出台了"21 世纪 COE 计划"，其资助对象限定为国立、公立、私立大学中设置博士课程的专业或学科。在"21 世纪 COE 计划"取得积极成果的基础上，日本政府又于 2007 年启动了作为其后续计划的"全球 COE 计划"。"全球 COE 计划"的资助对象是大学研究生院研究科专业（博士课程水平）、大学附属研究所、研究中心等。与"21 世纪 COE 计划"相比，"全球 COE 计划"精简了入选项目数量，同时提高了每个项目的资助金额，希望通过缩小规模、加大投入，进一步突出资助的重点，提高重点资助的效果。

同时，俄罗斯等与中国创建世界一流大学的政策路径相似，即以资助学校为主。2005 年，在《国民教育优先发展计划》的框架下，俄罗斯政府开始筹建联邦大学、创新型大学、国家研究型大学。目前为止，俄罗斯已经创建了 9 所联邦大学，29 所大学获得研究型大学的地位，57 所大学实施创新教育纲要。因此，在俄罗斯已经形成一批国内一流大学。这些大学占俄罗斯国立大学的 8%，但有占全国 17% 的大学生和 22% 的教师，这里有最好的教师和最优秀的研究人员。2012 年 5 月，俄罗斯颁布联邦总统令《关于国家政策在教育科学领域的实施措施》，正式提出"2020 年前，俄罗斯有不少于 5 所大学进入世界大学排名前 100 强"的世界一流大学目标。在新的政策中，俄罗斯继续坚持对高校的重点投入，同时也开始支持一流学科和学者的发展。

此外，法国等在资助过程中采取学校与学科并举的方式。2009 年，法国政府启动大型国家工程"未来投资计划"，其中包括"卓越大学计划""卓越实验室计划"等诸多与高等教育相关的子项目。"卓越大学计划"主要以学校为资助对象，而"卓越实验室计划""医疗教学研究中心计划"等子项目则是以学科为着眼点，每个子项目都有不同的侧重点。在实际运行过程中，"卓越大学计划"也非常注重与"未来投资计划"的其他子项目间的衔接。

中国创建世界一流大学政策曾长期偏向以资助学校为主，这与中国高等教育系统原本较为薄弱的硬件环境有关。自"985 工程"二期开始，学科资助开始成为政府政策的另一着力点，"优势学科创新平台""高等学校创新能力提升计划"等系列政策应运而生。尽管各类政策的侧重点有所不同，且在过去较长一段时间内取得了不俗的成绩，但与"世界一流"仍有一定的距离。就中国现阶段的国情而言，以学校为资助对象能够将经费以整体形式赋予高校，由学校自身进行自主调配，可以保障高校的自主权；以学科为资助对象不仅能发挥政府宏观引导的作用，而且也能使学科突破学校的界限，实现跨校合作，激发学科活力。因此，坚持学校与学科资助并举应该成为中国创建世界一流大学政策在下一阶段的主题思想之一。

四、拓宽资助高校类型，推进区域高等教育协同创新

目前绝大多数世界一流大学均为研究型大学。然而，一个健康的高等教育系统中并不仅有杰出的研究型大学，学科特色突出的专科大学、一流的职业院校等都可以建设成不同类型的世界一流大学。分类引导不同类型的大学争创世界一流，也应是政府及其有关部门的职责。多国及地区的经验表明，政府以地域为出发点，推进不同类型高等学校之间的合作式发展也是创建世界一流大学的路径之一。

法国的"卓越大学计划"在遴选院校集群时是按照法国区域的逻辑进行整合，旨在进行优势重组，促进这些大学、大学校和科研机构与经济、社会、文化等环境间的相互作用，寻求更深层次的整合。经过长达两年多的两轮项目遴选与审核后，巴黎-萨克雷大学从来自法国12个省区和地域的17个候选项目中胜出，获得9.5亿欧元的项目建设资金。该校在迈向卓越的过程中并非单打独斗，而是联合了巴黎-萨克雷及周边地区众多法国顶尖学府及研究机构。其中大多已经获得各自领域极高的国际认可，包括巴黎第十一大学、凡尔赛大学两所综合大学，巴黎高等商学院、巴黎高等理工学院等10所大学校，法国国立中央科学研究所等7个研究所以及2个商业合作机构。① 由此可见，法国的"卓越大学计划"既推崇同一区域内大学之间的合作，同时又兼顾合作机构之间的类型互补。

为了创建世界一流大学，韩国政府于1999—2005年实施了"BK21工程"。按规定，申请该工程的大学必须组成跨校"研究联盟"，它包含一所主导大学、一所或一所以上参与大学。具体而言，"BK21工程"由建设世界一流大学的研究生院、发展地方性大学、建立与世界知名大学之间的科研与教学伙伴关系三个子计划组成。在2000年9月正式公布的评审结果中，12所大学和2个科研院入选世界一流大学研究生院重点建设规划，42所地方性大学入选韩国优秀地方性大学重点建设项目。也就是说，韩国政府在推进世界一流大学建设时不仅将重点放在研究型大学的研究生院建设方面，要求这类大学要形成合作，组成跨校联盟，而且也兼顾了地方性大学的建设，促使地方性大学进一

---

① 张惠、刘宝存：《法国创建世界一流大学的政策及其特征》，载《高等教育研究》，2015(4)。

步增强与地方企业之间的关系。①

整合区域内不同类型高校的互补优势，在资源总量有限的条件下创建世界一流大学显得尤为重要。中国香港地区的某些高校正是在不断整合的进程中得以发展的，香港中文大学是在三所学院——崇基学院、新亚书院和联合书院的基础上建立并不断发展的。在课程建设方面，某些院校实现了深度协作。比如，香港科技大学与香港教育大学合作开办了学士学位课程，主要侧重于教师教育文凭及教师培训。香港教育大学的教师负责教授所有教育类课程，而修读此课程的香港科技大学理学士课程的学生在毕业后可成为合格教师。从 2003 年 9 月开始，除香港教育大学的学生外，所有研究生均可报读教资会资助的任何其他院校开设的课程，旨在拓展学生报读的课程范围及专业知识。

梳理中国创建世界一流大学政策的历程可以发现，中国政府也逐渐意识到拓宽资助高校类型的重要性。例如，"特色重点学科项目"开始资助非"211工程"大学的学科建设；"高等学校创新能力提升计划"取消对学校层级的限制，面向所有高校开始以学科为维度直接鼓励不同层级的高校、科研机构开展合作研究，发挥各自的优势。不过，现阶段中国不同类型高校的合作仍处于初级探索阶段，如何在课程建设、学位授予、产品研发等方面深入开展协同合作仍有待进一步加强。

五、引入第三方评价，加大社会的参与力度

创建世界一流大学政策在多数国家说到底还是一项政府行为，建设经费也多源自政府，这就意味着政府有权拷问其投入经费所产生的效益。就评价主体而言，为保证评价的公正性及专业性，目前国外多数国家在项目评价中主要引入第三方评价机构来替代政府。

以日本的"COE 计划"为例。为了确保卓越研究中心计划评审过程的独立性、客观性、公正性和专业性，文部科学省将卓越研究中心计划评审工作委托给中介机构日本学术振兴会执行。日本学术振兴会作为中心机构，联合大学评价与学位授予机构、日本私立学校振兴与共济事业团和大学基准协会等组织共同组建了"21 世纪 COE 计划委员会"，负责卓越研究中心计划评审细则

---

① 徐小洲、郑英蓓：《韩国的世界一流大学发展计划：BK21 工程》，载《高等工程教育研究》，2006(6)。

的制定、卓越研究中心计划的审查及监督评价、卓越研究中心计划的实施效果等相关事务。"21世纪COE计划委员会"由来自教育界和产业界的有识之士组成，委员人数基本控制在30人以内。为避免名牌大学委员过多所导致的相互庇护和内部"利益均沾"行为的发生，在委员会人选的安排上充分体现了参与的广泛性。例如，2002年，化学与材料科学领域的审查与评价部会的正、副委员长是来自公益法人研究机构的所长，其余18名委员有9名来自不同大学的教授，6名来自国立、公立研究机构的负责人，2名来自企业研发机构的负责人，1名来自大学评价与学位授予机构的教授。除了在资格筛选阶段采用多方参与的第三方评价外，日本政府及社会各方从不同的维度对创建大学卓越研究中心政策进行了有效的监督和评价。比如，日本学术振兴会侧重对各卓越研究中心研究活动的进展状况实施中期评价与事后评价；入选卓越研究中心计划的大学对卓越研究中心的研究实绩进行了自我评价；日本各大主流报刊基于外部视角侧重对"21世纪COE计划"第一批立项名单给予客观评价；日本文部科学省分别对"21世纪COE计划"与"全球COE计划"的实施效果进行了问卷调查等。由此可见，日本在创建世界一流大学的过程中非常注重对政策绩效的反思，强调发挥各利益相关方的主观积极性，加强对政策的全程评价。文部科学省将卓越研究中心计划委托给独立行政法人机构的做法显示了其对第三方组织在评价过程中的信任。

德国于2005年推行的"卓越计划"具体由联邦教育与研究部授权德国科学基金会和德国科学委员会组织实施，德国科学基金会委任的专业委员会和德国科学委员会委任的战略委员会共同组成了共同委员会。"卓越计划"主要涵盖三个层次的内容：研究生院、卓越集群、未来构想。其中研究生院和卓越集群项目的申请由专业委员会评审，未来构想项目的申请由战略委员会评审，评审结果提交给共同委员会。负责整个"卓越计划"的共同委员会成立的资助委员会根据专业委员会和战略委员会的建议给出最终资助意见。

不仅德、日两国如此，而且已经拥有大批世界一流大学的美、英两国在政府经费的评选过程中也多是将评选权交给第三方组织。比如，英格兰高等教育基金委员会就是一家非政府部门的公共机构，但却肩负着英格兰高校的政府经费分配的重责。在中国，创建世界一流大学的各项重点工程建设经费多源自政府，同时中国高校也多为公立性质。如果政府能够在创建世界一流大学政策的实施过程中加大对第三方评价的倚重，鼓励社会参与，应该有利于提高评价的客观性、公正性及专业性。当然，如果评价主体与评价标准能够及时与国际水平保持同步，甚至积极引入并引导国际力量，也许能够更快地融入国际高等教育话语体系，甚至达到引导国际潮流的最终目标。

六、加强监督评价，建立退出机制

创建世界一流大学政策其实是教育资源的分配问题。组织的逐利性及资源本身的稀缺性使大学在争取教育资源的过程中需要不断地提升自我的实力。退出机制的引入能够把资源的竞争变成一种常态，使大学在较长的一段时间内保持危机意识，追求卓越，同时也为未能获取教育资源的大学提供努力进取的希望，惠及更多的高等教育机构。德国、日本等都在创建世界一流大学政策中建立了退出机制，尽管具体形式有所区别，但都对提升经费的使用效率及政策内外高校的实力产生了积极的作用。

德国"卓越计划"的一大特色就是非终身制，即具备退出机制。由于参选未来构想项目的高校必须独立地入选至少一个研究生院项目和一个卓越集群项目，旨在从根本上重组大学以使其能成为世界最知名的大学，故此处以未来构想项目为"卓越计划"的缩影进行分析。在 2006—2011 年的第一期计划中，慕尼黑大学、慕尼黑工业大学、海德堡大学等 9 所大学分两批入选未来构想项目。在 2012—2017 年的第二期计划中，首轮入选的卡尔斯鲁厄理工学院、弗莱堡大学、哥廷根大学被淘汰，同时新增了德累斯顿工业大学、柏林洪堡大学、布莱梅大学、科隆大学、图宾根大学 5 所大学。与第一期的计划相比，只有慕尼黑大学、慕尼黑工业大学、亚琛工业大学、柏林自由大学、海德堡大学、康斯坦茨大学 6 所高校再次入选第二期的计划。当然，德国政府对于第一期的计划中被淘汰的高校并未采取立即停止资助的方法，而是给予了最高为期两年的"缓冲期"。在"缓冲期"内，联邦和各州支持的资助额度为 1.625 亿欧元，依据缓冲时限实行递减资助。这种动态且柔和的退出机制不仅通过引入竞争保持了整个德国高等教育系统的活力，而且也兼顾了科学研究的周期性，使被淘汰高校能顺利地完成原有计划，保障前期经费投入的有效性。此举对于向来推崇高等教育均质平衡发展的德国而言可谓一次重大突破。

我国台湾地区为创建世界一流大学推行了"发展国际一流大学及顶尖研究中心计划"，2011 年计划更名为"迈向顶尖大学计划"。第一期是 2006—2011 年，第二期是 2012—2017 年。为了支持世界一流大学的建设，台湾地区投入了大量的资金，但其经费投入方式具有阶段性。例如，在第一期建设中，建设经费是分两个阶段拨付到入选大学的。第一阶段为 2005—2007 年，共 17 所大学获得资助，包括台湾大学、成功大学、阳明大学等。第二阶段的后三年经费需要依照前两年计划的执行成效来重新申请。经过筛选，2008—2011 年获得资助的大学共 15 所，其中台北医学大学、中正大学、台湾师范大学的资助被取消，而高雄医学大学的环境医学则作为重点领域成为新入选的资助对象。除了具体入选名额的调整外，其他连续获得资助资格的大学所获得的具体经费也有所增减。例如，台湾清华大学的经费较第一阶段增加了 2 亿新台币，政治大学减少了 1 亿新台币等。第一期的计划实施结束后，各所大学重新申请第二期"迈向顶尖大学计划"的资助，共有 12 所学校的 39 个重点研究领域获得了资助。与第一期的计划 5 年评审 2 次不同的是，"迈向顶尖大学计划"计划在 5 年内进行 3 次评估考核，充分发挥淘汰机制的功能。①

除了固定名额的淘汰机制外，还有国家以评估结果为依据建立了奖惩制度，以此来推动已经入选相关项目的大学能够保持积极向上的态势。韩国政府在"BK21 工程"的基础上于 2008 年开启的"世界一流大学建设工程"就是一个典型案例。该工程在实施的过程中，韩国研究基金会通过年度评估、中期评估等任意取样的方式对研究的实施情况进行经常性的检查。年度评估的实施时间为 2009 年及 2011 年，该次评估对位于最后一位的团队减少其经费的 10％用来支援评估中位于第一位的团队，以促进各团队提高整体的研究质量。中期评估的实施时间为 2010 年及 2012 年，该次评估对最后一位的团队减少其经费的 20％，同样用来支援评估中位于第一位的团队。例如，2012 年，30 所大学的 117 个事业团接受了中期评估。最终共有 12 个事业团被撤销资格，并对每一类型排名最后 10％的事业团削减下一年度经费的 15％，对获得优秀事业团荣誉称号的 15 个事业团给予了下一年度经费 15％的激励奖金。②

---

① 包水梅、王洪才：《台湾建设世界一流大学之政策研究》，载《现代大学教育》，2013(3)。

② 张青：《韩国世界级高水平大学建设计划（WCU 计划）研究》，硕士学位论文，西南大学，2014。

　　我国大陆地区创建世界一流大学政策中更多的是推行入选高校的终身制。尽管"211工程""985工程"等项目高校在资格入选时经历了严格的筛选，而且项目在执行过程中也接受了多次项目评价，但由于这些重点项目并未设置退出机制，且评价结果未完全与入选学校所获得的教育经费联系起来。就这一角度而言，加强对各个重点项目的监督评价，建立科学而合理的退出机制在中国现阶段尤为重要。事实上，2015年11月刚刚出台的《统筹推进世界一流大学和一流学科建设总体方案》中对此也有提及，只是具体操作程序尚未细化。所以德国等其他国家或地区的经验值得借鉴。

七、落实和扩大高校的办学自主权，行政力量保持合理距离

　　多数世界一流大学之所以能脱颖而出的共同原因就是政府赋予它们较大的自主权，同时在大学内部行政权力对学术权力给予充分的尊重。各国在创建世界一流大学的过程中，尽管政府是经费的主要供给方，但德国、日本等多数国家或地区在评选受资助大学时即引入第三方组织负责，政府并不直接参与大学的评价与考核，具体情况此前已有详述，此处不再赘述。虽然俄罗斯、法国等国家或地区是由政府出面组织相关专家参与评估，政府仍然占据主导地位，但专家的意见仍不容小觑。例如，法国的"卓越大学计划"是由法国研究署来牵头负责，项目的具体选拔由欧洲大学协会主席让·马克·拉普教授领导的"国际评审团"负责，成员多是国际学术界及经济学界专家（国际专家及长期在国外研究的法国专家），包括"卓越实验室计划""卓越设备计划""医疗教学研究中心计划""低碳能源卓越大学计划""工艺研究中心计划"等"未来投资计划"其他子项目的评审团主席。项目投资总署参与评审团的审议，但不具有决议权。① 事实上，中国近年来也开始意识到应该控制政府对大学的干预力度。例如，2015年，《教育部关于深入推进教育管办评分离促进政府职能转变的若干意见》明确指出："改革开放以来，我国教育体制改革不断深化，政府、学校、社会之间关系逐步理顺，但政府管理教育还存在越位、缺位、错位的现象，学校自主发展、自我约束机制尚不健全，社会参与教育治理和评价还不充分。"该意见进一步提出："深化教育行政审批制度改革，全部取消非行政许可审批，建立规范教育行政审批的管理制度。……在有条件的地方

---

　　①　张惠、刘宝存：《法国创建世界一流大学的政策及其特征》，载《高等教育研究》，2015(4)。

和学校开展负面清单管理试点,清单之外的事项学校可自主施行,要尽量缩减负面清单事项的范围,更多采取事中、事后监管方式。"在中国创建世界一流大学的过程中,政府主动进行自我改革,为大学提供经费之外的配套体制改革,对于中国大学而言是一个非常积极的信号。只是政策颁布后,个别地区"应声"推出的"高校专业负面清单"令人担忧政策的实际执行会干扰大学的自主权,偏离了政策的初衷。事实上,落实大学自主权的实质,不在于要给大学多少权力,而是应该明晰政府和大学的权力边界,明确政府的"权力清单""责任清单"与"负面清单"。

在政府与高校的关系之外,在高等学校内部治理中学术权力应受到行政权力的尊重。世界一流大学的经验是,教师考核、课程设置等学术事务由学术委员会决断,成员均为校内教师,即校内与学术有关的事务均由学术人员决定,行政人员应该保持一定的距离。中国大学亦在制度上设有学术委员会,但在政策的实际执行过程中仍然存在行政干预学术的现象,究其原因与高校内部权责不明的管理结构有关。为了规范大学的内部运行,自 2006 年起中国实施了许多旨在推进高等教育法治化的举措,其中包括敦促各大高校建立大学章程。例如,《中华人民共和国高等教育法》明确把大学章程作为大学成立的必要条件,确立了大学章程的法律地位。教育部甚至为各大学的大学章程建设设立了时间表。《中央部委所属高等学校章程建设行动计划(2013—2015年)》提出,到 2015 年年底,教育部及中央部门所属的 114 所高等学校,分批全部完成章程制定和核准工作,"985 工程"建设高校原则上于 2014 年 6 月前完成章程的制定,"211 工程"建设高校原则上于 2014 年年底前完成章程的制定。大学章程的建立彰显了中国政府对于规范高校内部管理结构的意图,目前各校出台的章程就文本而言的确体现了尊重学术权力的现代大学精神。然而,目前各校的章程处于刚刚出台阶段,其究竟能否发挥应有功能或者终将沦为一纸文书,还要取决于章程的实施以及政府自身的定位。总而言之,在中国现有的高等教育管理体制下,行政权力确有其合理的适用范围,关键在于明确学术事务与行政事务的界限,做到权责分明,不轻易越界。

此外,加强大学内部管理人员的专业化,提高他们的服务意识也是通往世界一流大学之路的重要途径。在美国的一流大学中,无论是高级管理人员、教师,还是普通的行政人员以及负责学校治安的警察,大家对各自职责范围内的工作,几乎都有着高度的负责精神,且工作任务明确而具体,工作流程非常完善,工作过程细致入微。一旦出现新的问题,大家会迅速想办法加以解决。中国人民大学教授、哈佛大学高级研究者郭英剑教授以个人感受总结了美国一流大学的管理与服务意识：美国一流大学较为普遍的是，高级管理人员，有远见、敢担当，领导力强；全职教学人员，潜心教学、科研与服务，心无旁骛；普通行政人员，踏实肯干，注重效率，全心为他人服务。

创建世界一流大学是一条漫长而艰辛的道路，尤其对于中国这种高等教育基础本身并不雄厚的国家而言。然而，诚如老子所言"祸兮福之所倚，福兮祸之所伏"，在经济全球化时代，作为后发型国家也有不可替代的优势。即我们能够充分了解其他国家在创建世界一流大学过程中的经验与教训，集众家之所长，解我之所惑。需要注意的是，各国的经验与教训均与其具体国情、高等教育的发展历史等因素息息相关，在进行国际比较时切不可断章取义，必须与中国的具体情况进行有机结合，方能真正为我所用。

参考文献

一、著作图书

中文图书：

[美]弗朗西斯·C.福勒．教育政策学导论(第二版)[M]．许庆豫，译．
南京：江苏教育出版社，2007．

[美]亨利·埃兹科维茨．麻省理工学院与创业科学的兴起[M]．王孙禺，
袁本涛，等，译．北京：清华大学出版社，2007．

[美]约翰·S.布鲁贝克．高等教育哲学[M]．王承绪，郑继伟，张维平，
等，译．杭州：浙江教育出版社，1998．

[摩洛哥]杰米尔·萨米．世界一流大学：挑战与途径[M]．孙薇，王琪，
译．上海：上海交通大学出版社，2009．

[美]菲利普·阿特巴赫，[美]贾米尔·萨尔米．世界一流大学：发展中
国家和转型国家的大学案例研究[M]．王庆辉，王琪，周小颖，译校．上海：
上海交通大学出版社，2011．

郝维谦，龙正中．高等教育史[M]．海口：海南出版社，2000．

黄延复，刘述理．梅贻琦教育论著选[M]．北京：人民教育出版
社，1993．

刘念才，等．世界一流大学：特征·排名·建设[M]．上海：上海交通大
学出版社，2007．

邱均平，等．世界一流大学与科研机构学科竞争力评价研究报告(2011—
2012)[M]．北京：科学出版社，2011．

孙绵涛．教育政策学[M]．北京：中国人民大学出版社，2010．

王琪，程莹，刘念才．世界一流大学：共同的目标[M]．上海：上海交通
大学出版社，2013．

王雁．创业型大学：美国研究型大学模式变革的研究[M]．上海：同济大

学出版社，2011.

王英杰，刘宝存. 世界一流大学的形成与发展[M]. 太原：山西教育出版社，2008.

吴镇柔，陆叔云，汪太辅. 中华人民共和国研究生教育和学位制度史[M]. 北京：北京理工大学出版社，2001.

郭新立. 中国高水平大学建设之路——从 211 工程到 2011 计划[M]. 北京：高等教育出版社，2012.

张帆. 德国高等学校的兴衰与等级形成[M]. 北京：北京师范大学出版社，2012.

中华人民共和国教育部. 科教兴国的动员令[M]. 北京：北京大学出版社，1998.

外文图书：

Barnett，R. The Idea of Higher Education[M]. Buckingham，UK：Open University Press，1990.

Braun，D. & Merrien，F. X. Towards a New Model of Governance for Universities? A Comparative View[M]. London：Jessica Kingsley Publishers，1999.

Carnegie Commission on Higher Education. A Classification of Institution of Higher Education[M]. New Jersey：McGraw-Hill Book Company，1973.

Jamil Salmi. The Challenge of Establishing World-Class Univerities [M]. Washington，DC：The World Bank，2009.

OECD. Promoting Research Excellence：New Approaches to Funding [M]. OECD Publishing，2014.

Philip G. Altbach & Jamil Salmi. The Road to Academic Excellence：The Making of World-Class Research Universities [M]. Washington，DC：The World Bank，2011.

Jung Cheol Shin & Barbara M. Kehm. Institutionalization of World-Class University in Global Competition[M]. Dordrecht：Springer，2013.

二、期刊文献

中文文献：

[英]保罗·川内 . 建设世界一流大学：实施策略的全球调查[J]. 郭可慧，译 . 开放教育研究，2013(6).

安双宏 . 影响印度高等教育质量的几个因素[J]. 江苏高教，2000(4).

陈超 . 美国的世界一流大学战略与启示[J]. 中国高教研究，2008(11).

陈其荣 . 诺贝尔自然科学奖与世界一流大学[J]. 上海大学学报(社会科学版)，2010(6).

陈晓清 . 学科融合 研学共生 提升国际竞争力——日本"COE 计划"的启动、运作与成效[J]. 清华大学教育研究，2013(5).

陈学飞 . 理想导向型的政策制定——"985 工程"政策过程分析[J]. 北京大学教育评论，2006(1).

崔阳 . 如何创建世界一流大学——香港科技大学的探索[J]. 大学教育科学，2007(1).

丁学良 . 什么是世界一流大学[J]. 高等教育研究，2001(3).

耿有权 . 论美国世界一流大学建设模式的战略构建[J]. 外国教育研究，2010(10).

耿有权 . 生态学视野中的世界一流大学体系建设[J]. 现代大学教育，2009(2).

龚兴英，陈时见 . 日本"21 世纪 COE 计划"：背景、内容及意义[J]. 比较教育研究，2007(7).

韩立文，程栋昱，欧冬舒 . 什么是世界一流大学[J]. 北京大学教育评论，2006(4).

何斌 . 香港高等教育国际化现状分析[J]. 比较教育研究，2005(1).

胡德鑫 . 我国建设世界一流大学政策的演变逻辑与价值取向——基于多源流理论的分析视角[J]. 中国人民大学教育学刊，2018(1).

胡敏 . 高等教育项目制的府学博弈与治理——以 G 省高水平大学建设项目为例[J]. 教育发展研究，2018(19).

胡少伟，容万城 . 21 世纪香港高等教育发展战略[J]. 比较教育研究，2003(7).

焦磊 . 香港"差别有序"高等教育系统结构探析[J]. 江苏高教，2013(6).

李建超 . 香港高等教育和高校内部管理体制的特点与启示[J]. 中山大学

学报(社会科学版)，2006(1).

李进才．世界一流大学办学水平的启示[J]．武汉大学学报(哲学社会科学版)，1997(3).

李菊琪．对香港高等教育发展问题与经验的探究[J]．中山大学学报论丛，2005(6).

李润华．日本创建世界一流大学重点科研基地政策变迁[J]．外国教育研究，2010(8).

李英姿，刘晓洁．香港高等教育与区域经济互动双赢模式对我校建设多科性大学的启示[J]．江苏科技大学学报(社会科学版)，2010(3).

李子建，黄显涵，钟秉林．高等教育质量保证趋势——香港的经验[J]．比较教育研究，2010(1).

连进军．韩国的世界一流大学建设：BK21 工程述评[J]．大学教育科学，2011(2).

刘宝存，李润华．我国世界一流大学建设与日本创建大学卓越研究中心政策比较研究[J]．外国教育研究，2011(8).

刘宝存．大学的创新与保守——哈佛大学创建世界一流大学之路[J]．比较教育研究，2005(1).

刘宝存．如何创建研究型大学——牛津大学和哈佛大学的经验[J]．教育发展研究，2003(2).

刘宝存．世界一流大学发展模式的个性化选择[J]．比较教育研究，2007(6).

刘献君．论高校学科建设中的几个问题[J]．中国地质大学学报(社会科学版)，2010(4).

罗向阳．"双一流"建设：误区、基点与本土化[J]．现代教育管理，2016(10).

马璟．加州理工学院与世界一流大学定位[J]．高等工程教育研究，2004(2).

马丽君．法国"双轨制"下的世界一流大学建设——以巴黎高等师范学校为例[J]．现代教育管理，2016(8).

马万民．香港高等教育现代化的特点及其启示[J]．中国高教研究，2007(6).

米建国．日本的科研体制与科研重点[J]．现代日本经济，1985(4).

闵维方．以改革开放精神创建世界一流大学[J]．中国高等教育，2008(24).

牛欣欣，洪成文．香港科技大学的成功崛起——"小而精"特色战略的实施[J]．比较教育研究，2011(11).

孙进．德国博士后科研后备人才资助：机构、形式与特点[J]．河北师范大学学报(教育科学版),2013(10).

孙进.由均质转向分化? ——德国高等教育的发展趋向分析[J].比较教育研究,2013(8).

王晓阳,刘宝存,李婧.世界一流大学的定义、评价与研究——美国大学联合会常务副主席约翰·冯(John Vaugh)访谈录[J].比较教育研究,2010(1).

王英杰.规律与启示:关于建设世界一流大学的若干思考[J].比较教育研究,2001(7).

邬大光.九十年代香港高等教育的发展与前瞻[J].辽宁高等教育研究,1995(4).

邬大光.回顾与展望:九十年代香港高等教育[J].比较教育研究,1997(3).

肖军,许迈进.德国高中与大学教育衔接:背景、举措及特征[J].外国教育研究,2017(11).

肖军.从管控到治理:德国大学管理模式历史变迁研究[J].比较教育研究,2018(12).

谢维和.战略性大学与一流大学建设的新定位[J].清华大学教育研究,2003(3).

徐小洲,郑英蓓.韩国的世界一流大学发展计划:BK21工程[J].高等工程教育研究,2006(6).

徐旭东.斯坦福大学成为世界一流大学形成研究[J].现代教育科学,2005(1).

杨栋梁.日本推行高等教育改革的新举措[J].日本学刊,2003(5).

袁贵仁.建设社会主义高水平大学的动员令——学习江泽民同志关于建设一流大学的论述[J].求是,2002(7).

袁本涛.世界一流大学建设中的政府角色研究:以日本和韩国为例[J].清华大学教育研究,2006(1).

岳经纶,李晓康.延续与变迁:21世纪初的香港高等教育发展与改革[J].清华大学教育研究,2007(1).

张帆.德国大学"卓越计划"述评[J].比较教育研究,2007(12).

张国兵,陈学飞.我国教育政策过程的内输入特征——基于对"211工程"的实证研究[J].黑龙江高教研究,2006(8).

张惠,刘宝存.法国创建世界一流大学的政策及其特征[J].高等教育研究,2015(4).

张惠．困境与超越：论世界一流研究型大学的建设[J]．河南大学学报（社会科学版），2013(6)．

赵俊芳，王海燕．德国大学卓越计划的制度实践[J]．外国教育研究，2014(11)．

赵伟．从隐性走向显性：俄罗斯创建世界一流大学政策评析[J]．比较教育研究，2016(6)．

郑燕祥．发展教育枢纽与产业：大图像、功能、条件[J]．信报月刊（港），2009(12)．

周光礼．世界一流大学的特质[J]．中国高等教育，2010(12)．

外文文献：

Philip G. Altbach. The Costs and Benefits of World-Class Universities[J]. Academe，2004(1).

Deem，R.，Mok，Ka-Ho，& L. Lucas. Transforming Higher Education in Whose Image? Exploring the Concept of the "World-Class" University in Europe and Asia[J]. Higher Education Policy，2008(1).

French，N. J.，Massy，W. F.，& Young，K. Research Assessment in Hong Kong[J]. Higher Education，2001(1).

Gourikeremath，G. N.，Kumbar，B. D.，& Hadagali，G. S. Scientific Productivity of Universities Accredited with Universities with Potential for Excellence（UPE）Status in India[J]. Journal of Advances in Library and Information Science，2015(2).

Ho，K. K. Research Output among the Three Faculties of Business，Education，Humanities & Social Sciences in Six Hong Kong Universities[J]. Higher Education，1998(2).

Jean S. Kang. Initiatives for Change in Korean Higher Educaiton：Quest for Excellence of World-Class Universities[J]. International Education Studies，2015(7).

Joon-Young Hur & Donata Bessey. A Comparison of Higher Education Reform in South Korea[J]. Asia Pacific Education Review，2013(2).

Jung Cheol Shin & Soo Jeung Lee. Evolution of Research Universities as a National Research System in Korea：Accomplishments and Challenges[J]. Higher Education, 2015(2).

Kiyong Byun, Jae-Eun Jon, & Dongbin Kim. Quest for Building World-Class Universities in South Korea: Outcomes and Consequences[J]. Higher Educaiton, 2013(5).

Massy, W. F. Teaching and Learning Quality-Process Review: The Hong Kong Programme[J]. Quality in Higher Education, 1997(3).

Mohrman Kathryn, Ma Wanhua, & Baker D. The Research University in Transition: The Emerging Global Model[J]. Higher Education Policy, 2008(1).

Mok, Ka-Ho. Academic Capitalisation in the New Millennium: the Marketisation and Corporatisation of Higher Education in Hong Kong[J]. Policy & Politics, 2001(3).

Mok, Ka-Ho. The Cost of Managerialism: the Implications for the "McDonaldisation"of Higher Education in Hong Kong[J]. Journal of Higher Education Policy and Management, 1999(1).

Philip G. Altbach. One-Third of the Globe: The Future of Higher Education in China and India[J]. Prospects, 2009(1).

Philip G. Altbach. India's Higher Education Challenges[J]. Asia Pacific Education Review, 2014(4).

图书在版编目（CIP）数据

创建世界一流大学政策的国际比较研究/刘宝存，
张梦琦主编 .—北京：北京师范大学出版社，2021.1
（京师比较高等教育研究丛书）
ISBN 978-7-303-26272-4

Ⅰ.①创… Ⅱ.①刘…②张… Ⅲ.①高等教育—教
育政策—对比研究—世界 Ⅳ.①G649.1

中国版本图书馆 CIP 数据核字（2020）第 157495 号

营　销　中　心　电　话　010-58802135　010-58802786
北师大出版社教师教育分社微信公众号　**京师教师教育**

CHUANGJIANSHIJIEYILIUDAXUEZHENGCEDEGUOJIBIJIAOYANJIU

出版发行：北京师范大学出版社　www.bnupg.com
　　　　　北京市西城区新街口外大街 12-3 号
　　　　　邮政编码：100088
印　　刷：北京盛通印刷股份有限公司
经　　销：全国新华书店
开　　本：730 mm×980 mm　1/16
印　　张：25.75
字　　数：431 千字
版　　次：2021 年 1 月第 1 版
印　　次：2021 年 1 月第 1 次印刷
定　　价：95.00 元

策划编辑：鲍红玉　　　　责任编辑：马力敏　孟　浩
美术编辑：李向昕　　　　装帧设计：李向昕
责任校对：康　悦　　　　责任印制：马　洁